임동석중국사상100

사기열전

史記列傳

1/4

司馬遷 著 / 林東錫 譯註

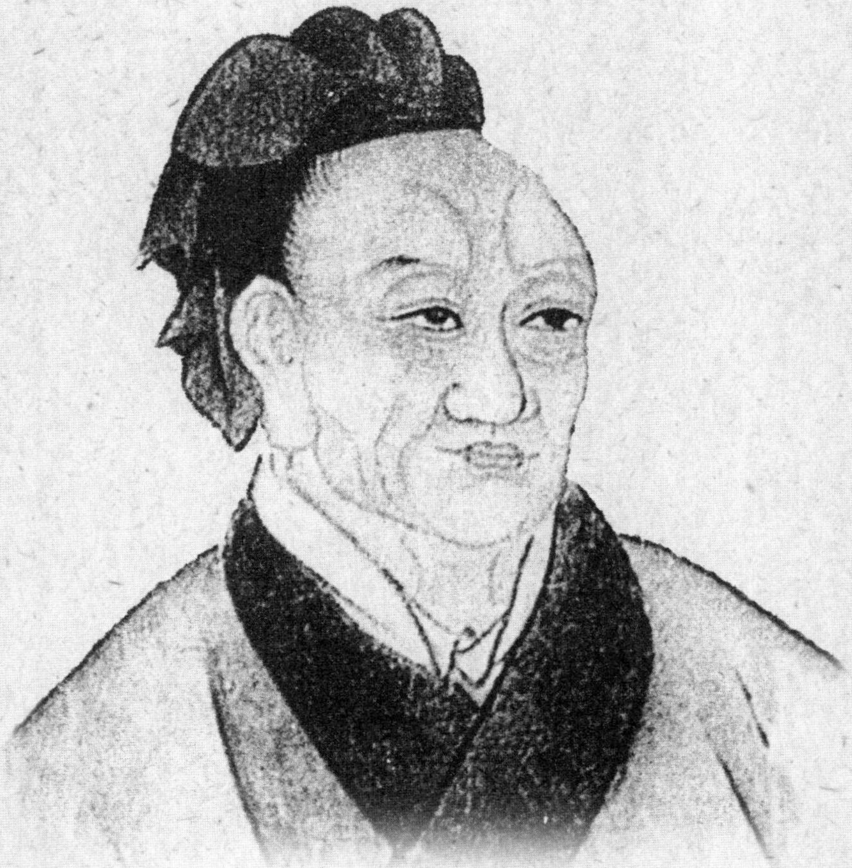

"상아, 물소 뿔, 진주, 옥. 진괴한 이런 물건들은 사람의 이목은 즐겁게 하지만 쓰임에는 적절하지 않다. 그런가 하면 금석이나 초목, 실, 삼베, 오곡, 육재는 쓰임에는 적절하나 이를 사용하면 닳아지고 취하면 고갈된다. 그렇다면 사람의 이목을 즐겁게 하면서 이를 사용하기에도 적절하며, 써도 닳지 아니하고 취하여도 고갈되지 않고, 똑똑한 자나 불초한 자라도 그를 통해 얻는 바가 각기 그 자신의 재능에 따라주고, 어진 사람이나 지혜로운 사람이나 그를 통해 보는 바가 각기 그 자신의 분수에 따라주되 무엇이든지 구하여 얻지 못할 것이 없는 것은 오직 책뿐이로다!"

《소동파전집》(34) 〈이씨산방장서기〉에서 구당(丘堂) 여원구(呂元九) 선생의 글씨

책머리에

한창 젊을 때 서당에서 우전雨田 선생에게 《사기》를 배웠다. 그 때는 너무 재미있고 너무 가슴 벅차 큰 희열감을 느낀 적이 한두 번이 아니었다. 그러나 당시 중국 원전을 구하기도 어려웠고 마음껏 다른 관련 자료를 구해 본다는 것도 쉬운 일이 아니었다. 그리하여 겨우 일본 판 〈한문대계〉 《사기열전》을 보며 있는 대로 관련 부분을 찾고 내용을 정리하여 내 나름대로 노트를 만들었던 기억이 지금도 새롭다.

그리고 천행으로 복을 받아 대만臺灣 유학 길에 나서서 그곳에 닿았을 때 그 많고 흔한 고전 원전과 전적에 흥분을 감출 수 없었다. 마음껏 중국 고전을 접할 수 있다는 것은 나로서는 세상에 태어난 기쁨이었으며 공부한다는 그 이상의 행복감을 안겨다 주었다. 그리하여 없는 돈을 털어 우선 〈25사〉 전질을 사서 전체 목록을 보며 "아, 이런 이야기의 원전이 여기에 들어 있구나!"라고 밤새는 줄 몰랐었다.

당장 《사기》를 처음부터 끝까지 읽으리라. 그리하여 노트를 마련 내용을 적어가며 전체를 파악하고 다시 《중국통사》를 곁에 놓고 대조하여 나의 사전 하나를 마련하였다.

그것이 지금 내가 고전 역주에 매달리도록 한 원동력이었다.

그리고 시간이 흘러 벌써 이렇게 훌쩍 망륙望六을 넘어 곧 기축己丑의 한 바퀴를 맞으면서 다시 그 젊은 날 고민도 걱정도 없이, 아니 앞으로 어떻게 살리라는 다짐도 없이 편하고 근심 없던 시절, 흥분에 차 읽던 《사기》를 다시 접하게 됨에 여러 상념이 나를 사로잡는다. 물론 일일이 각주를 달고 관련 자료를 제시하는 나의 역주 방식과 달리, 이 《사기》는 우선 양도 많고 내용도 복잡하여 급한 대로 원문 해석만을 위주로 책이 이루어지고 말았지만 그래도 그나마 조그만 결실은 맺었다고 위로하고 있다. 시중에 이미 《사기》

전체 번역도 나와 있고, 중국 본토에는 많은 역주서와 백화어 해석서가 있어 이에 관심이 있고 정밀하게 연구할 학자라면 그러한 자료를 활용하면 된다고 여기기 때문에 책임을 미루고자 한다. 그리하여 지금도 그 옛날 젊은 시절처럼 부담 없이 다시 책을 펼치며 읽고 싶은 생각에 전체 〈임동석중국사상100〉에 끼워 넣어 구색을 맞추어 보려는 것이다.

《사기》의 가치나 내용, 그리고 사마천의 그 울분에 찬 일생, 사학으로서의 《사기》와 중국 사학의 위대한 학술적 내용은 일일이 설명하지 않는다. 다만 이미 널리 알려진 일화와 숱한 고사, 전고典故, 이야기를 통해 우리는 사마천과 《사기》에 대하여 충분히 넘치도록 알고 있다고 믿는다.

따라서 이 《사기열전》은 일반 독자들도 그저 눈길 가는 대로, 혹 아무 페이지나 넘기면서 익히 들어온 이야기의 그 내용과 깊은 맛을 느끼면 되도록 만들었다.

이해하기 위하여 읽는 것은 그리 감동을 주지 못한다. 느끼면서 그저 내 이야기를 하고 있다고 여기는 것이 항상 사람 가슴에 오래 남는 법이다.

茁浦 임동석 취벽헌醉碧軒에서 적음.

일러두기

1. 이 책은 사마천司馬遷《사기史記》130권 중에 열전列傳 부분인 제61권 〈백이열전伯夷列傳〉부터 제130권 〈태사공자서太史公自序〉까지 모두 70권 전체를 완역한 것이다.
2. 제목의 001(61)은 앞은 전체 일련번호이며, 괄호 안의 숫자는 사기 원전의 차례에 따른 권 번호이다.
3. 각 열전은 한 사람의 전기만 실려 있는 경우도 있으나 복수로 실려 있을 경우 각 열전 아래 함께 실려 있는 인명(자, 호, 시호) 등을 부기하여 쉽게 그 인명을 찾아볼 수 있도록 하였다. 이에 따라 그 인물의 이름을 따로 제목으로 삼아 〈 〉안에 순서를 정하여 표시하였다.
4. 전체 문장은 각 열전 안에서의 내용도 주제나 단락의 구분에 따라 쉽게 이해할 수 있도록 한글로 제목을 풀어 실었다.
5. 앞에 한글 풀이를 싣고 뒤이어 원문을 현대 표점 방식에 따라 정리하여 실었다.
6. 주석註釋은 싣지 않았으며, 어쩔 수 없는 경우 간단하게 해당하는 곳에 괄호 안에 설명하였다.
7. 직역을 위주로 하였으나 일부 전체 뜻에 맞추어 의역한 부분도 있다.
8. 가능한 한 그림자료나 관련 삽화를 넣어, 읽고 느끼며 이해하는 데 편하도록 하였다.

해 제

Ⅰ. 역사 기록과 사서史書의 분류

중국의 역사 기록은 아주 먼 《상서》나 《춘추》 등까지 올라가며 실제 모든 기록은 역사였다고 말할 수 있다. 그 뒤 문서 기록의 구분으로 역사라는 분류가 있어 드디어 청대에는 '경사자집經史子集'의 4대 분류 중에 아주 중요한 자리를 차지하게 되었다.

그렇다면 역사 기록이란 무엇인가? '史'자는 《설문해자說文解字》에 "史, 記事者也, 從又(手)持中, 中正也"라 하였다. 또 《옥편玉篇》에는 "史, 掌書之官也"라 하였고, 《周禮》에는 "史, 掌官書以贊治"로 설명하였다.

이로 보면 '史'는 본래 고대에 문서를 관장하고 사건의 기록을 맡은 관리를 지칭하는 말이었다. 그가 맡은 일은 사실을 기록하는 것으로 사실을 그대로 기록하되 '중정공평中正公平'해야 하였다.

한편 중국에서 사관史官의 설치와 임명은 고대 황제黃帝 때부터 시작되었다고 한다. 즉, 창힐倉頡이라는 자를 좌사(左史: 왕의 언어를 기록함)로 삼고, 저송沮誦이라는 자를 우사(右史: 나라의 사건을 기록함)로 삼았다는 기록이 전하고 있다. 그에 대한 정확한 의미는 《예기禮記》 옥조편玉藻篇에 "임금의 행동이 있으면 좌사가 이를 기록하고, 임금의 명령에 대해서는 우사가 이를 기록한다"(動則左史書之, 言則右史書之)라 하여 각각 두 명씩 두어 그 기록의 범위와 임무를 나누었던 것이다.

그리고 주대周代에는 이미 태사太史와 소사小史, 그리고 내사內史, 외사外史, 좌사左史, 우사右史 등으로 세분하여 관리를 두었다고 하였다. 춘추시대의 제후들도 노魯, 위衛, 진晉은 태사를 두었고, 제齊는 남사南史, 초楚는 좌사左史 등의 관직을 둔 것으로 되어 있다. 그 뒤 한漢나라 때는 태사공(太史公, 武帝 때), 태사령(太史令, 宣帝 때), 난대령(蘭臺令, 明帝 때) 등을 두었고, 위진魏晉 때에는 저작랑著作郞, 수당隋唐 때에는 감수국사監修國史 명청明淸 때에는 한림원翰林院 등의 관직과 부서를 두어 역사 기록을 관장하였다.

또 '史'를 다르게 분(墳: 三墳, 즉 三皇의 역사 기록), 전(典: 五典, 즉 五帝의 역사 기록), 서(書: 尙書), 색(索, 좋은 것만 추린 것), 춘추春秋, 기紀, 지志, 략略 등으로 부르기도 하였으며 '史'라 칭한 것은 사마천司馬遷의 《사기》 이후로 보고 있다.

이러한 역사 기록의 저서가 고대에는 달리 구분되지 않았다. 즉 《한서》 예문지 유흠劉歆의 《칠략七略》에도 '史'를 분류한 것은 없다. 다만 〈육예략(六藝略 즉, 經學)의 《춘추春秋》 다음에 《전국책戰國策》, 《사기》 등을 넣어 경經의 부속으로 여겼던 것으로 볼 수 있다.

그 뒤 남조 양梁의 완효서阮孝緖가 12가지로 나누었으며, 《수서隋書》 경적지經籍志에 13가지로, 다시 《구당서舊唐書》 경적지經籍志와 《신당서新唐書》 예문지, 《송사宋史》 예문지 등도 이를 따랐다. 한편 《명사明史》 예문지에서는 10가지로 나누어 정사正史, 잡사雜史, 사초史抄, 고사故事, 직관職官, 의주儀注, 형법刑法, 전기傳記, 지리地理, 보첩譜牒으로 하였고 청대淸代 《사고전서총목제요四庫全書總目提要》에서는 15가지로 나누었다.

① 正史類 : 紀傳體의 史書로 《史記》, 《漢書》, 《後漢書》 등.
② 編年類 : 年代에 의한 記錄體로 《竹書紀年》, 《漢紀》, 《資治通鑑》 등.
③ 紀事本末類 : 事件의 始末을 기록한 것으로 《通鑑紀事本末》 등.
④ 別史類 : 《逸周書》, 《通志》, 《路史》 등.
⑤ 雜史類 : 《國語》, 《戰國策》 등.
⑥ 詔令奏議類 : 《兩漢詔令》, 《唐代詔令集》 등.
⑦ 傳記類 : 《晏子春秋》, 《高土傳》, 《列女傳》 등.
⑧ 史抄類 : 《漢書抄》, 《晋書抄》, 《正史削繁》 등.
⑨ 載記類 : 《吳越春秋》, 《越絶書》, 《十六國春秋》 등 僭僞書 종류.
⑩ 時令類 : 《歲時廣記》, 《月令通考》 등.
⑪ 地理類 : 《元和郡縣志》, 《太平寰宇記》 등.
⑫ 職官類 : 《唐六典》, 《玉堂雜記》 등.
⑬ 政書類 : 《通典》, 《通志》, 《文獻通考》 등.
⑭ 目錄類 : 《崇文總目》, 《集古錄》, 《金石錄》 등.
⑮ 史評類 : 《史通》, 《唐鑑》 등.

그 외에 近代 梁啓超는 《中國歷史研究法》에서 네 가지로 나누었다.

① 紀傳體: 사람 위주로 사건을 설명. 《史記》, 《漢書》, 《後漢書》 등.

② 編年體: 시간 위주로 기록. 《春秋》, 《左傳》, 《資治通鑑》, 《竹書紀年》 등.

③ 紀事本末體: 사건 위주로 기록. 《通鑑紀事本末》 등.

④ 政書體: 제도 위주로 기록. 《通典》, 《通志》, 《文獻通考》 등.

이에 따라 현대는 주로 중국 역사 기록 방법으로 '기전체', '편년체', '기사본말체' 등 세 가지 체재를 가장 중요한 3대 기술 방법으로 여기고 있다.

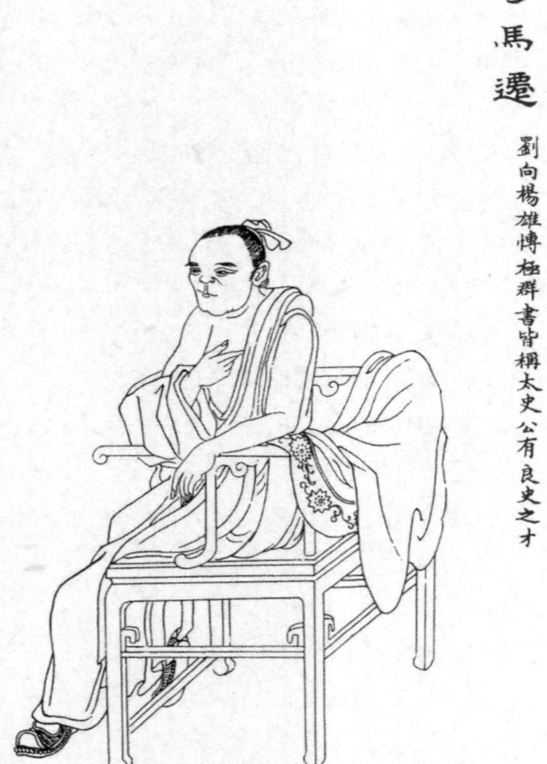

〈사마천(司馬遷)〉 清 上官周(畫) 〈晚笑堂畫傳〉

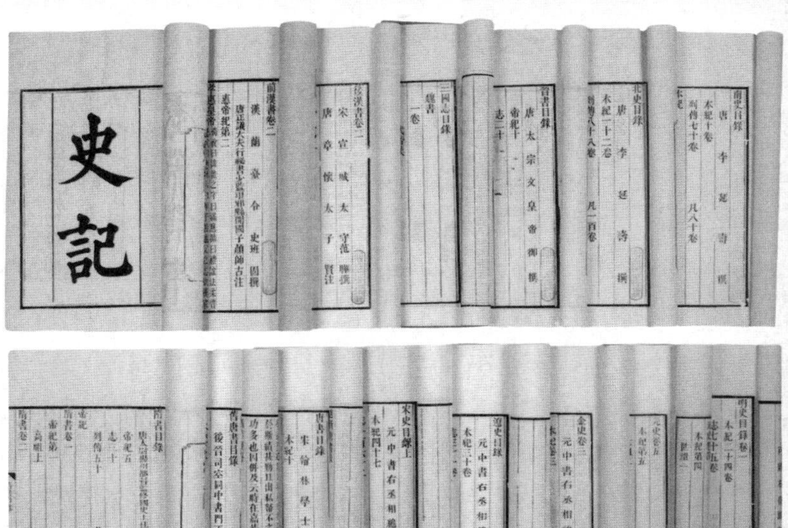

〈二十四史〉 清 乾隆《明史》 완간 후 24사를 正史로 정함.(史記, 漢書, 後漢書, 三國志, 晉書, 宋書, 南齊書, 梁書, 陳書, 魏書, 北齊書, 周書, 隋書, 南史, 北史, 舊唐書, 新唐書, 舊五代史, 新五代史, 宋史, 遼史, 金史, 元史, 明史) 뒤에 《新元史》를 넣어 현재 25사가 됨.

II. 紀傳體와 《사기》

1. 기전체와 〈이십오사二十五史〉

기전체는 흔히 '정사正史'로 불리며 현재의 '이십오사'가 그것이다.

이 기전체는 《사기》를 효시로 삼고 있다. 《사기》의 체제, 즉 본기本紀, 표表, 서書, 세가世家, 열전列傳 중에서 '본기'와 '열전'의 '紀'와 '傳'을 따서 붙인 명칭이다. 그러나 이십오사의 전체 체제가 비슷하기는 하나 상황에 따라 명칭과 분류가 다르다. 이를테면 '세가'를 '載記'(《진서》)로, '표'를 '年'으로, '서'를 '志'로 하는 등 다양하다.

기전체는 '인물'을 중심으로 한 역사 기술 방법이다. 기전체의 효시가 되고 있는 《사기》를 중심으로 살펴보면 '기(본기)'는 역사를 움직인 제왕(천자)에 대한 기록이다. 그러나 실제에 있어서는 '오제'를 하나로 묶고 하夏, 은殷, 주周, 진秦은 조대로 하나씩 기를 삼았고, 그 뒤는 인물(진시황, 한 고조 등)을 하나의 '紀'로 서술하였다. 그리고 제왕 아래의 여러 제후와 상국相國, 왕자 등은 '세가'라는 분류명칭을 써서 서술하였으며, 제후 아래의 서민과 개인적 역사인물은 '전'이라 하여 기술하되 성격이 같은 인물을 묶어 '열전'으로 넣기도 하였으며, 이민족도 이곳 열전에 넣어 기술하였다.

이상 세 가지는 바로 인물 위주의 역사 서술 방법이다. 그러나 역사 서술에서 인물만으로는 모든 역사 사실을 기록하기에는 부족하다. 그 때문에 표(역사연대표)를 만들어, 길게는 세대별로, 세밀하게는 월별로까지 구분하여 기록하였으며, 인물 이외의 제도, 즉 예악禮樂, 율력律曆, 천관天官, 봉선封禪, 하거河渠, 평준平準 등도 설명하는 등 총체적 기술 방법을 전개하여 독특한 체례를 형성하고 있다.

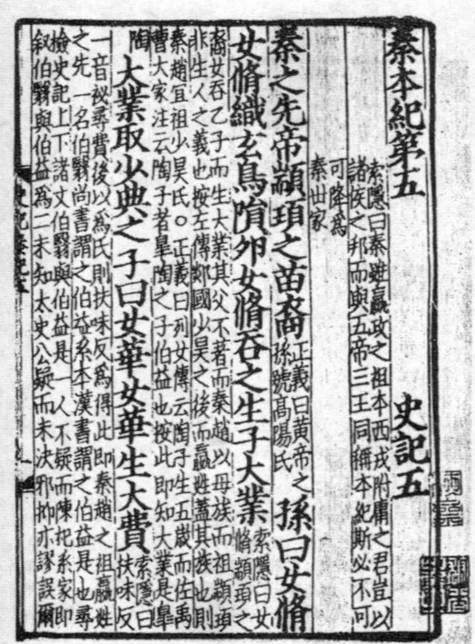

南宋 黃善夫 출간의 《史記》. 〈三家注〉를 合刻한 것임.

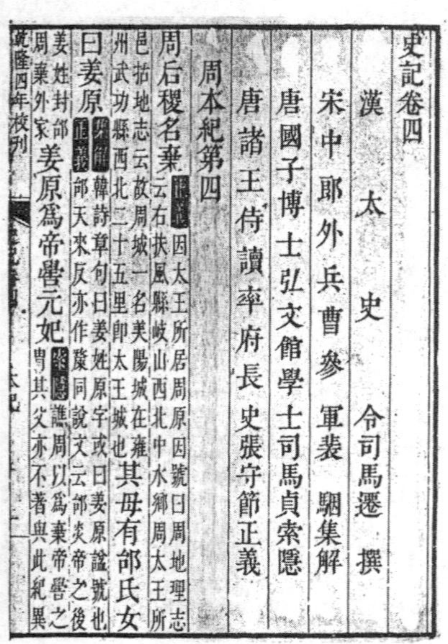

清代 武英殿 〈二十四史〉本 《史記》. 〈三家注〉 합본.

한편 지금의 이십오사가 확정되기까지는 '三史', '四史' 등 수의 증가가 있었다. 이를 대강 살펴보면 다음과 같다.

① 三史 : 당대 '九經三史'에서 《사기》, 《한서》, 《후한서》를 지정하여 이를 과거과목科擧科目으로 삼았다.

② 四史 : 三史에 진수陳壽의 《삼국지三國志》를 더한 것이다.

③ 十史 : 《삼국지》, 《진서晉書》, 《송서宋書》, 《남제서南齊書》, 《양서梁書》, 《진서陳書》, 《후위서後魏書》, 《북제서北齊書》, 《주서周書》, 《수서隋書》 등의 십대사를 '十史'라 하였으며 《사기》, 《한서》, 《후한서》는 포함하지 않았다.

④ 十三史 : '十史'에 《사기》, 《한서》, 《후한서》를 넣어 '十三史'라 하였다.

⑤ 十七史 : '四史'는 晉初에 완비되었으나, 그 후 《진서晉書》와 남북조에 대한 여러 사서는 당唐 태종太宗과 고종高宗 때에 이르도록 일반에게 공개되지 않았다. 그 뒤 송宋 인종仁宗 천성天聖 2년(1024)에 이르러 《수서隋書》를 숭문원崇文院에서 판각해 내기 시작하여, 그 후 13史와 《남사南史》, 《북사北史》, 《신당서新唐書》, 《신오대사新五代史》를 합하여 '十七史'라 부르게 된 것이다.

⑥ 十八史 : 앞의 十七史에 《송사宋史》를 더하여 원대元代에 증선지曾先之가 《십팔사략十八史略》을 지었다. 그러나 《송사》는 원 지정至正 5년(1345)에 이루어졌고, 《요사遼史》와 《금사金史》는 지정 4년에 이루어져 이 세 사서는 원 말에야 유포되었다. 따라서 증선지의 《십팔사략》은 실제 《송사》를 근거로 한 것이 아니고 다른 자료(《宋鑑論編》)를 이용한 것이다.

⑦ 十九史 : '十八史'에 《원사元史》를 넣은 것이다. 명초明初 양맹인梁孟寅의 《十九史略》은 《십팔사략》에 이 《원사》를 더하여 이루어진 약사略史이다.

⑧ 二十一史 : 명明 가정嘉靖 초에 남경의 국자감좨주國子監祭酒인 장방기張邦奇 등이 사서의 교각을 청하여 《요사》, 《금사》를 합하여 이십일사를 만들었고, 신종神宗 때 북경 국자감에서도 이십일사를 판각하였다(萬曆 24~34년).

⑨ 二十二史 : 청淸 건륭乾隆 4년(1739)에 《명사明史》가 완성되자 간행을 서둘렀다. 전대흔錢大昕의 《이십이사고이二十二史考異》와 조익趙翼의 《이십이사차기二十二史箚記》는 이를 고증한 것이다.

⑩ 二十三史 : 건륭 초에 《구당서舊唐書》를 더하여 '이십삼사'로 하였다.

⑪ 二十四史 : '二十三史'에 《영락대전永樂大典》에 실려 있던 설거정薛居正의 《구오대사舊五代史》와 구양수歐陽修의 《오대사기五代史記》를 뽑아 분리시킨 후 각각 하나의 사서로 삼았다.

⑫ 二十五史 : 민국 10년(1921년)에 산동山東의 가소민柯劭忞이 《신원사新元史》를 짓자, 당시 대총통 서세창徐世昌이 이를 정사에 넣을 것을 주장하여 《이십오사》로 확정되었다.

이상의 이십오사를 역사 순서에 맞추어 내용, 권수, 수찬자, 찬술 시기, 편찬 동기 등으로 나누어 분류하면 다음과 같다.

	1	2	3	4	5	6	7	8	9	10	11	12	13	14	15	16	17	18	19	20	21	22	23	24	25
이름	史記	漢書	後漢書	三國志	晉書	宋書	南齊書	梁書	陳書	後魏書	北齊書	周書	南史	北史	隋書	舊唐書	新唐書	舊五代史	新五代史	宋史	遼史	金史	元史	新元史	明史
本紀	12																							26	
世家	30																		10	6					
表	10	8																		32	8	4	6	7	13
書	8																								
列傳	70																								
紀(본기)		12	10	4	10	10	8	6	6	12	8	8	5	10	12	20	10	61	12	47	30	19	47		24
傳(열전)		70	80	61	70	60	40	50	30	92	42	42	50	70	88	150	150	77	45	249	46	73	97	151	220
載記(세가)					30																				
年(보표)																			1						
志(서)		10			20	30	11			10			30			30	50	12		162	31	39	53	70	75
考(서)																			3						
錄																			3						
권수	130	100	90	65	130	100	59	56	36	114	50	50	85	80	100	200	225	150	74	496	115	135	203	227	332
편찬자	司馬遷	班固	范曄	陳壽	房玄齡(등)	沈約	蕭子顯	姚思廉	姚思廉	魏收	李百藥	令狐德棻	李延壽	李延壽	魏徵(등)	劉昫(등)	歐陽修(등)	薛居正(등)	歐陽修(등)	托克托(등)	托克托(등)	托克托(등)	宋濂(등)	柯劭忞	張廷玉
편찬시기	漢	後漢	南朝梁	晉	唐	梁	梁	唐	唐	北齊	唐	唐	唐	唐	唐	後晉	宋	宋	宋	元	元	元	明	民國	清
경위	私撰	私撰	私撰	私撰	官撰	勅撰	私撰	勅撰	勅撰	勅撰	勅撰	勅撰	私撰	私撰	官撰	官撰	官私	官撰	私撰	官撰	官撰	官撰	官撰	私撰	官撰
비고																									

한편 二十五史가 다루고 있는 시대와 조대를 연결하면 다음과 같다.

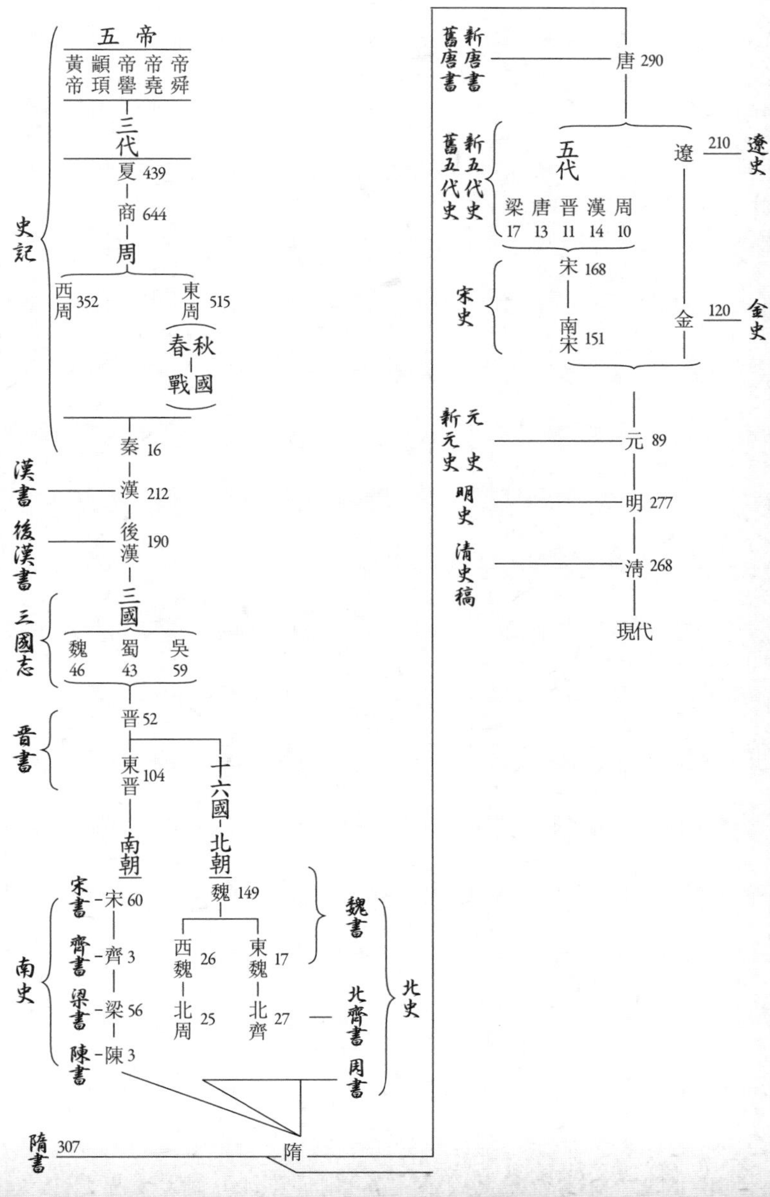

《史記》가 다루고 있는 시대와 조대

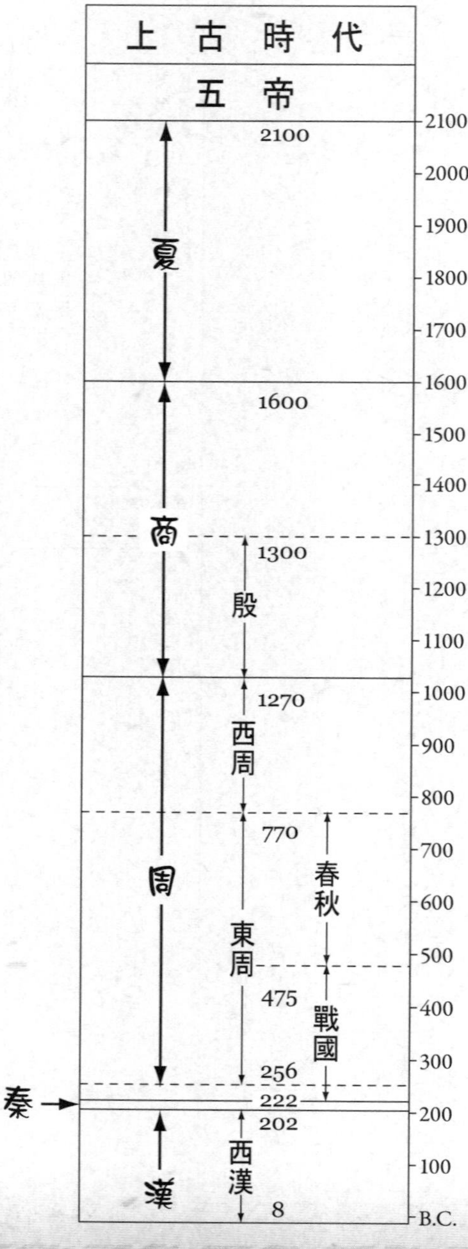

2. 《史記》(130권)

작자 사마천(司馬遷: B.C. 145?~B.C. 86?)은 사마담司馬談의 아들로 자는 子長이며 용문龍門에서 태어났다. 10세에 고문에 통달하였고, 20세에 강회江淮지역을 돌아 회계산會稽山의 우혈禹穴을 살펴보고 원상沅湘을 거쳐 북으로 문汶과 사泗 지방을 유람하였다. 제로(齊魯: 산동)를 돌아 양초梁楚를 다시 유람한 후, 낭중郎中이 되었으며, 뒤에 아버지를 이어 태사령太史令의 직책에 올랐다. 마침 이릉李陵을 변호하다가 무제武帝의 노여움을 사서 궁형宮刑을 자청하고, 그 울분을 사서史書 저술에 쏟아 황제黃帝 때부터 자신이 살았던 한漢 무제 때까지의 일을 기록한 불후의 명작 《태사공서太史公書》 130권을 지었다. 이것이 바로 지금의 《사기》이다. 이는 정사인 기전체의 효시가 되었으며, 역사서로서뿐만 아니라 문학서로서도 높은 가치를 인정받고 있다. 그리고 자신의 일생과 가계, 책을 저술하게 된 동기, 아울러 《사기》 전체 각 편의 요약 등을 맨 끝 〈태사공자서〉에 실어 설명하였다.

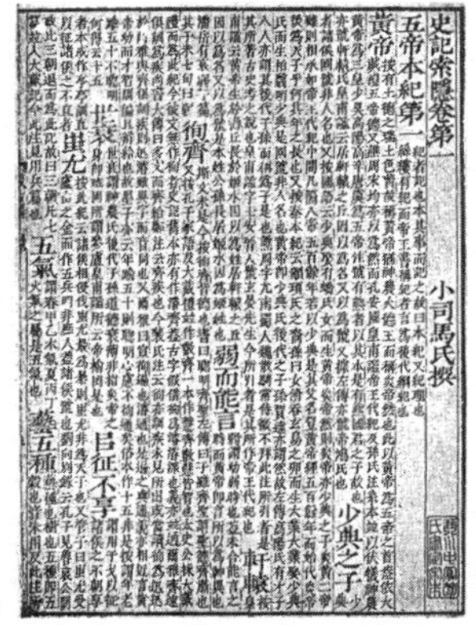

明代 毛氏 汲古閣에서 北宋 刊本을 覆刻한 《史記索隱》

이 책에 대해 배인(裴駰: 438년경, 南朝 宋의 聞喜 사람으로 裴松之의 아들)은 구경九經과 여러 사서를 근거로 《사기집해史記集解》를 남겼으며, 당唐 사마정(司馬貞: 河內 사람, 字는 子正)이 《사기색은史記索隱》을, 그리고 당 현종玄宗 때 장수절張守節이 《사기정의史記正義》를 써서 지금까지의 《사기》 연구에 좋은 참고가 되고 있다.

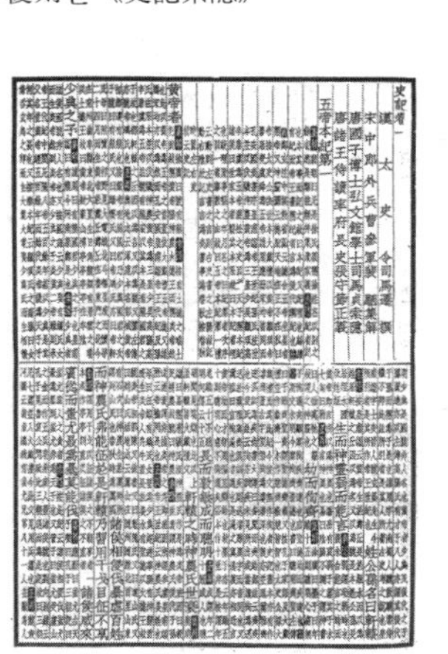

清 乾隆 12년(1747) 御製重刻本 〈二十一史〉의 《사기》

이 《사기》는 12본기, 10표, 8서, 30세가, 70열전 등 총 130권으로 이루어져 있다. 이를 살펴보면 다음과 같다.

① 12본기 : 五帝, 夏, 殷, 周, 秦, 始皇, 項羽, 高帝, 呂太后, 孝文, 孝景, 今上(武帝).

② 10표 : 三代世表, 十二諸侯年表, 六國年表, 秦楚之際月表, 漢興以來諸侯年表, 高祖功臣侯者年表, 惠景間侯者年表, 建元以來侯者年表, 王子侯者年表, 漢興以來將相名臣年表.

③ 8서 : 禮, 樂, 律, 曆, 天官, 封禪, 河渠, 平準.

④ 30세가 : 吳泰伯, 齊太公, 周公, 燕, 管蔡, 陳杞, 衛, 宋, 晋, 楚, 越王句踐, 鄭, 趙, 魏, 韓, 田敬仲完, 孔子, 陳涉, 外戚, 楚元王, 荊燕, 齊悼惠王, 蕭相國, 曹相國, 留侯, 陳丞相, 絳侯, 梁孝王, 五宗, 三王.

⑤ 70열전: 이 부분은 대개 네 가지로 분류해 볼 수 있다.

㈎ 自序類(1편)------太史公自序

㈏ 事類別(9편)------循吏, 儒林, 酷吏, 游俠, 佞幸, 滑稽, 日者, 龜策, 貨殖.

㈐ 異民族(6편)------匈奴, 南越, 東越, 朝鮮, 西南夷, 大宛.

㈑ 人動物(54편)——이외에 伯夷列傳 등 오로지 人物 한 사람, 혹은 비슷한 성격의 인물을 몇 사람씩 묶어 기록한 것.

앞서 밝혔듯이 이 책은 최초의 통대사通代史이며, 동시에 최초의 정사正史, 최초의 기전체紀傳體, 최초의 사찬(私撰, 私纂)이다. 이에 이 책이 다루고 있는 시기는 고대부터 기록하되 상고시대 전설에 대하여는 사마천 자신이 본기本紀로써 쓸 수 없다고 여겨 오제五帝를 묶어 〈오제본기五帝本紀〉로써 첫 본기로 삼았다. 그 뒤를 이어 중국 최초 왕조인 하夏나라를 시작으로, 은殷, 주周를 거쳐 진秦나라까지는 나라 이름, 혹 조대 이름을 본기로 하였으며, 첫 개인 제왕의 본기는 특이하게 진시황秦始皇을 시작으로 하고 있다. 그 다음부터는 자연스럽게 한나라 첫 고조로부터 천자(제왕)를 본기로 하여 자신이 살았던 시대의 무제武帝는 시호가 없이 살아 있던 제왕이므로 이를 〈금상본기今上本紀〉라 하여 모두 12본기가 된 것이다. 이를 조대와 제왕의 계보로 표시하면 다음과 같다.

夏朝世系圖
(B.C. 2100?~B.C. 1600?)

(一)禹 ── (二)啟 ┬ (三)太康
　　　　　　　　 └ (四)仲康 ── (五)相 ── (六)少康 ── (七)予 ──

── (八)槐 ── (九)芒 ── (十)泄 ┬ (十一)不降 ── (十四)孔甲 ──
　　　　　　　　　　　　　　 └ (十二)扃 ── (十三)廑

── (十五)臯 ── (十六)發 ── (十七)履癸(桀)

商朝世系圖
(B.C. 1600?~B.C. 1028)

(一)湯(太乙) ┬ 太丁 ── (四)太甲 ┬ (五)沃丁
　　　　　　 ├ (二)外丙　　　　 └ (六)太庚 ┬ (七)小甲
　　　　　　 └ (三)中壬　　　　　　　　　 ├ (八)雍己
　　　　　　　　　　　　　　　　　　　　　 └ (九)太戊 ──

┬ (十)仲丁 ── (十三)祖乙 ┬ (十四)祖辛 ── (十六)祖丁 ┬ (十八)陽甲
├ (十一)外壬　　　　　　 └ (十五)沃甲 ── (十七)南庚 ├ (十九)盤庚
└ (十二)河亶甲　　　　　　　　　　　　　　　　　　 ├ (二十)小辛
　　　　　　　　　　　　　　　　　　　　　　　　　 └ (二十一)小乙 ──

── (二十二)武丁 ┬ (二十三)祖庚
　　　　　　　　 └ (二十四)祖甲 ┬ (二十五)廩辛
　　　　　　　　　　　　　　　　 └ (二十六)庚丁 ── (二十七)武乙 ──

── (二十八)太丁 ── (二十九)帝乙 ── (三十)帝辛(紂)

西周世系圖
(B.C. 1027~B.C. 771)

(一)武王發 (B.C.1027~1025年) ── (二)成王誦 (B.C.1024~1005年) ── (三)康王釗 (B.C.1004~967年) ── (四)昭王瑕 (B.C.966~948年) ──

── (五)穆王滿 (B.C.947~928年) ┬ (六)共王繄扈 (B.C.927~908年) ── (七)懿王囏 (B.C.907~898年) ──
　　　　　　　　　　　　　　　 └ (八)孝王辟方 (B.C.897~888年)

── (九)夷王燮 (B.C.887~858年) ── (十)厲王胡 (B.C.857~842年) ── (十一)宣王靜* (B.C.827~782年) ── (十二)幽王宮湦 (B.C.781~771年)

* 선왕(姬靜) 즉위 전 B.C.841~828년은 '共和' 시기(총14년)임.

東周世系圖
(B.C.770~B.C.256)

(一)平王宜臼(幽王子) — 太子洩父 — (二)桓王林 (B.C.719~697年) — (三)莊王佗 (B.C.696~682年)
(B.C.770~720年)

(四)僖王胡齊 (B.C.681~677年) — (五)惠王閬 (B.C.676~652年) — (六)襄王鄭 (B.C.651~619年) — (七)頃王壬臣 (B.C.618~613年)

(八)匡王斑 (B.C.612~607年)

(九)定王瑜 (B.C.606~586年) — (十)簡王夷 (B.C.585~572年) — (十一)靈王泄心 (B.C.571~545年) — (十二)景王賢 (B.C.544~520年)

(十三)悼王猛 (B.C.520年, 不滿一年)

(十四)敬王匄 (B.C.519~477年) — (十五)元王仁 (B.C.476~469年) — (十六)定王介(貞定王) (B.C.468~441年)

(十七)哀王去疾 (B.C.441年, 不滿一年)

(十八)思王叔 (B.C.441年, 不滿一年)

(十九)考王嵬 (B.C.440~426年) — (二十)威烈王午 (B.C.425~402年) — (二十一)安王驕 (B.C.401~376年) — (二十二)烈王喜 (B.C.375~369年)

(二十三)顯王扁 (B.C.368~321年)

(二十四)慎靚王定 (B.C.320~315年) — (二十五)赧王延 (B.C.314~256年)

秦朝世系圖
(B.C.221~B.C.207)

(一)秦始皇嬴政 (B.C.246~210年) — 太子扶蘇 — (三)秦王子嬰 (B.C.207年 在位46日)

(二)二世胡亥 (B.C.209~207年)

西漢世系圖

(B.C. 202~A.D. 8)

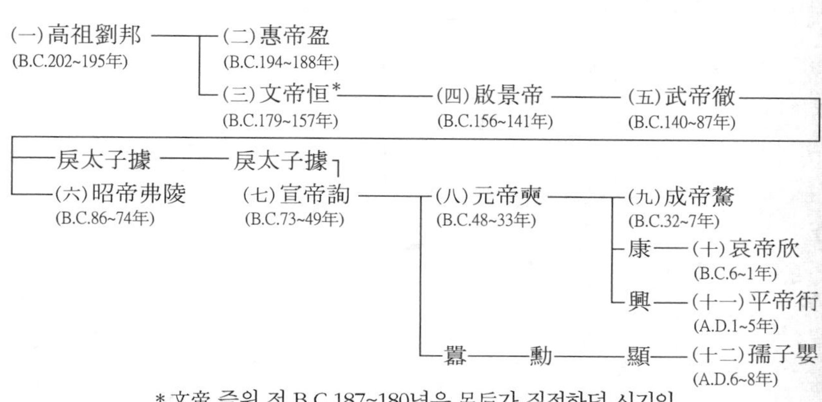

* 文帝 즉위 전 B.C.187~180년은 呂后가 집정하던 시기임.

明代 凌稚隆 輯校의 《史記評林》

清 乾隆 12년(1747) 御製重刻本 〈二十一史〉 서문과 《史記集解》

3. 《사기》 열전

다음으로 70열전에 대한 문제이다. 이는 제왕과 제후를 제외한 일반인에 대한 전기를 모은 것이다. 모두 70편으로 구성하였으나 그에 열거된 인물은 당연히 그보다 훨씬 많다. 각 편에 한 사람씩을 넣은 것도 있지만 같은 성격을 하나로 묶어 제목을 삼기도 하였고 또는 외국 이민족에 대한 기록도 이 열전에 넣었기 때문이다. 이에 〈어제중각본御製重刻本〉(清 乾隆 12년. 1747)《사기》 목록에 실린 표제 인물을 보면 다음과 같다.

61. 백이 열전(伯夷) → 伯夷
62. 관안 열전(管晏) → 管子(管仲), 晏子(晏嬰)
63. 노장신한 열전(老莊申韓) → 老子, 莊子, 申不害, 韓非子
64. 사마양저 열전(司馬穰苴) → 司馬穰苴
65. 손자오기 열전(孫子吳起) → 孫武, 吳起
66. 오자서 열전(伍子胥) → 伍子胥
67. 중니제자 열전(仲尼弟子) → 70제자 및 그 외 인물들
68. 상군 열전(商君) → 商鞅
69. 소진 열전(蘇秦) → 蘇秦
70. 장의 열전(張儀) → 張儀, 陳軫, 犀首
71. 저리자감무 열전(樗里子甘茂) → 樗里子, 甘茂, 甘羅
72. 양후 열전(穰侯) → 穰侯
73. 백기왕전 열전(白起王翦) → 白起, 王翦
74. 맹자순경 열전(孟子荀卿) → 孟子, 淳于髡, 愼到, 騶奭, 荀卿
75. 맹상군 열전(孟嘗君) → 孟嘗君
76. 평원군우경 열전(平原君虞卿) → 平原君, 虞卿
77. 위공자 열전(魏公子) → 信陵君
78. 춘신군 열전(春申君) → 春申君
79. 범저채택 열전(范雎蔡澤) → 范雎, 蔡澤
80. 악의 열전(樂毅) → 樂毅

81. 염파인상여 열전(廉頗藺相如) → 廉頗, 藺相如, 趙奢, 李牧
82. 전단 열전(田單) → 田單
83. 노중련추양 열전(魯仲連鄒陽) → 魯仲連, 鄒陽
84. 굴원가생 열전(屈原賈生) → 屈原, 賈誼
85. 여불위 열전(呂不韋) → 呂不韋
86. 자객 열전(刺客) → 曹沫, 專諸, 豫讓, 聶政, 荊軻
87. 이사 열전(李斯) → 李斯
88. 몽염 열전(蒙恬) → 蒙恬
89. 장이진여 열전(張耳陳餘) → 張耳, 陳餘
90. 위표팽월 열전(魏豹彭越) → 魏豹, 彭越
91. 경포 열전(黥布) → 黥布
92. 회음후 열전(淮陰侯) → 淮陰侯(韓信)
93. 한신노관 열전(韓信盧綰) → 韓王信, 盧綰
94. 전담 열전(田儋) → 田儋, 田横
95. 번역등관 열전(樊酈滕灌) → 樊噲, 酈商, 夏侯嬰, 灌嬰
96. 장승상 열전(張丞相)→張蒼, 周昌, 任敖, 申屠嘉, (附)韋賢, 魏相, 邴吉, 黃霸, 韋玄成, 匡衡
97. 역생육가 열전(酈生陸賈) → 酈食其, 陸賈, 朱建
98. 부근괴성 열전(傅靳蒯成) → 傅寬, 靳歙, 周緤
99. 유경숙손통 열전(劉敬叔孫通) → 劉敬, 叔孫通
100. 계포난포 열전(季布欒布) → 季布, 欒布
101. 원앙조착 열전(袁盎鼂錯) → 袁盎, 鼂錯
102. 장석지풍당 열전(張釋之馮唐) → 張釋之, 馮唐
103. 만석장숙 열전(萬石張叔) → 石奮, 衛綰, 直不疑, 周文, 張叔
104. 전숙 열전(田叔) → 田叔, 田仁 (附)任安
105. 편작창공 열전(扁鵲倉公) → 扁鵲, 倉公
106. 오왕비 열전(吳王濞) → 吳王(劉濞)
107. 위기무안후 열전(魏其武安侯) → 竇嬰, 田蚡, 灌夫
108. 한장유 열전(韓長孺) → 韓安國

109. 이장군 열전(李將軍) → 李廣

110. 흉노 열전(匈奴) → 匈奴

111. 위장군표기 열전(衛將軍驃騎) → 衛靑, 霍去病, 公孫賀, 李息, 公孫敖, 李沮, 張次公, 蘇建, 趙信, 張騫, 李蔡, 曹襄, 韓說, 郭昌, 趙食其, 荀彘, 路博德, 趙破奴

112. 평진후주보 열전(平津侯主父) → 公孫弘, 主父偃

113. 남월 열전(南越) → 南越尉佗

114. 동월 열전(東越) → 東越

115. 조선 열전(朝鮮) → 朝鮮

116. 서남이 열전(西南夷) → 西南夷

117. 사마상여 열전(司馬相如) → 司馬相如

118. 회남형산 열전(淮南衡山) → 淮南厲王, 淮南王(劉安), 衡山王

119. 순리 열전(循吏) → 孫叔敖, 子産, 公儀休, 石奢, 李離

120. 급정 열전(汲鄭) → 汲黯, 鄭當時

121. 유림 열전(儒林) → 申公, 轅固生, 韓生, 伏勝, 董仲舒, 胡毋生

122. 혹리 열전(酷吏)→郅都, 甯成, 周陽由, 趙禹, 張湯, 義縱, 王溫舒, 楊僕, 減宣, 杜周

123. 대완 열전(大宛) → 大宛, 烏孫, 康居, 奄蔡, 大月氏

124. 유협 열전(游俠) → 朱家, 劇孟, 郭解

125. 영행 열전(佞幸) → 鄧通, 韓嫣, 李延年

126. 골계 열전(滑稽)→淳于髡, 優孟, 優旃 (附) 東方朔, 東郭先生, 王先生, 西門豹

127. 일자 열전(日者) → 司馬季主

128. 귀책 열전(龜策) → 龜策

129. 화식 열전(貨殖)→范蠡, 子貢, 白圭, 猗頓, 卓氏, 程鄭, 宛孔氏, 師史, 任氏

130. 태사공자서(太史公自序) → 司馬遷

이상 순수 인명만 〈중니제자열전〉의 많은 인물을 제외하고도 정식으로 178명이나 되며, 지역(이민족 국가)은 10곳, 기타龜策 1곳 등 다양하며 숫자도 상당량이 된다. 따라서 《사기》 내에 실려 있는 인물은 제목만으로는 알 수 없으며 함께 포함된 자들도 일일이 찾아보아야 그 진정한 내용을 알 수 있다.

태사공 사마천 출생지 陝西省 韓城市의 '태사공 祠堂 정문'

한편 문장 중간에 〈보유補遺〉로 저선생褚先生으로 표기된 부분이 있다. 이는 한나라 원제元帝와 성제成帝 연간의 박사博士였던 저소손褚少孫을 가리킨다. 그는 사마천 사후 《사기》의 몇몇 부분을 보충하였으며, 지금 전하는 《사기》에는 이 〈보유〉 역시 그대로 싣고 있어, 본 〈열전〉 번역에도 이를 그대로 따랐음을 밝힌다.

태사공 사마천 출생지 陝西省 韓城市의 '태사공 祠堂과 司馬坡'

태사공 사마천의 무덤(陝西 韓城市)

〈大禹〉 像
東漢 畵像磚. 山東 嘉祥縣
武梁祠

禹임금이 한 손에 사(耜, 보습, 따비)를 들고 머리에 갓을 쓰고 소매가 넓은 옷寬袖衣을 입고 네모난 신方口鞋을 신고 치수 공사를 지휘하는 모습이다. 하나라 개국 군주로 흔히 '過門不入'의 고사를 남겼으며, 그 아들 啓가 이어받아 중국 최초의 세습 왕조 夏나라를 건립하였다. 儒家에서 聖人으로 모시고 있으며 그림의 세로 문자는 "夏禹長於地理, 脉泉知陰, 隨時設防, 退爲肉刑"(하나라 우임금은 땅의 이치에 밝아 땅 속의 샘줄기와 음지를 짚어내고 수시로 이를 막을 수 있는 설비를 하였으며 육형을 폐지하였다)이다.

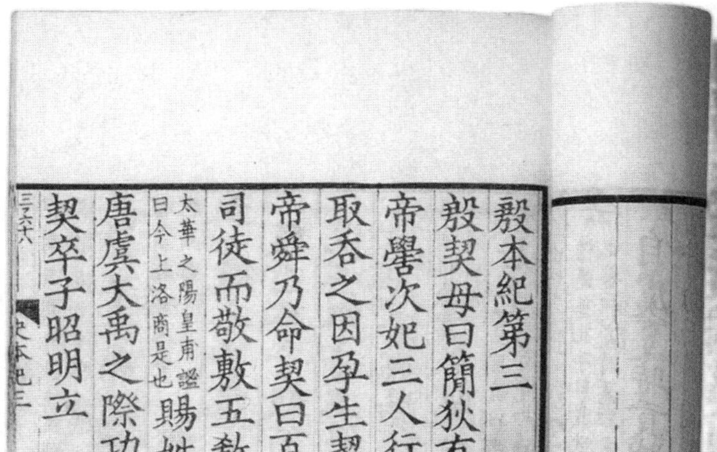

殷本紀第三　史記三

殷契母曰簡狄有娀氏之女(淮南子曰有娀在不周之北)爲帝嚳次妃三人行浴見玄鳥墮其卵簡狄取呑之因孕生契契長而佐禹治水有功帝舜乃命契曰百姓不親五品不訓汝爲司徒而敬敷五教五教在寬封於商(鄭玄曰商國在太華之陽皇甫謐曰今上洛商是也)賜姓子氏(禮緯曰祖以玄鳥生子也)契興於唐虞大禹之際功業著於百姓百姓以平

契卒子昭明立　昭明卒子相土立(宋忠曰相土就

《사기》 부분 〈은본기〉

차 례

史記列傳 上

史記列傳 중

史記列傳 三

史記列傳 參

史記列傳

001(61) 백이 열전伯夷列傳

◎ 허유에게 천하를 물려주려 하였으나

무릇 학자로서 전적에 이름이 올라있는 자는 매우 많지만, 믿을 만한 것은 육경六經:詩·書·禮·樂·易·春秋에서 찾을 수 있다. 그 중 《시詩》와 《서書》는 없어진 부분이 있어 완전하지는 못하나 그런대로 우虞:舜·하夏:禹 시대의 일을 알 수 있다.

요堯임금은 나이 들어 순舜에게 임금자리를 물려주었다. 순임금은 또 우禹에게 물려주었다. 이때에는 사악四嶽과 십이 목牧이 함께 우를 추천하여 우선 관직에서 그 인품과 능력을 시험하기 수십 년, 공을 세운 다음에야 임금자리를 물려주었다. 이렇게 절차를 밟는 것은 천하는 막중한 것이며, 임금은 가장 높은 위치이므로 천하를 계승하는 일이 어렵다는 것을 보여주기 위함이었다. 이런 이야기도 있다.

"요임금은 허유許由에게 천하를 물려주고자 하였으나, 허유는 이를 받지 않고 그런 말을 들은 것조차 부끄럽다 하여 도망쳐 숨어 버렸다. 하나라 시대에는 변수卞隨와 무광務光이란 사람도 또한 허유와 같은 행동을 하였다."

이런 사람들은 무엇 때문에 추앙받고 있는 것일까? 나 태사공太史公은 이렇게 여긴다.

내가 기산箕山에 올랐을 때, 그 산 위에 허유의 무덤이 있다는 말을 들었다. 공자는 옛 성현들을 차례로 열거하면서, 오태백吳太伯·백이와 같은 분들을 자세히 밝혀 놓았으나, 내가 듣던 바의 허유와 무광의 높은 절개에 대해서는 《시》나 《서》에 어디에도 언급이 없다. 어찌된 이유일까?

공자는 이렇게 말하였다.

"백이·숙제는 남의 잘못을 생각지 않았으며, 그런 까닭에 사람을 원망하는 일이 없었다. 저들은 인仁을 구하고자 하여 그것을 얻었는데 무엇을 원망하겠는가?"

夫學者載籍極博, 猶考信於六藝.《詩》·《書》雖缺, 然虞夏之文可知也. 堯將遜位, 讓於虞舜, 舜禹之閒, 岳牧咸薦, 乃試之於位, 典職數十年, 功用旣興, 然後授政. 示天下重器, 王者大統, 傳天下若斯之難也. 而說者曰堯讓天下於許由, 許由不受, 恥之逃隱. 及夏之時, 有卞隨·務光者. 此何以稱焉? 太史公曰: 余登箕山, 其上蓋有許由冢云. 孔子序列古之仁聖賢人, 如吳太伯·伯夷之倫詳矣. 余以所聞由·光義至高, 其文辭不少概見, 何哉?

孔子曰:「伯夷·叔齊, 不念舊惡, 怨是用希.」「求仁得仁, 又何怨乎?」

❁ 백이와 숙제

그러나 나는 백이는 마음 속으로는 슬퍼하였을 것으로 여긴다. 더구나 그의 시(《채미가采薇歌》)를 보면 공자의 말과 다른 점이 있다. 그의 전기는 다음과 같다.

백이·숙제는 고죽국孤竹國 왕의 아들로서, 아버지는 숙제에게 뒤를 잇게 할 생각이었다. 그러나 아버지가 죽은 뒤 숙제는 왕위를 형 백이에게 양보하였다. 백이는 아버지의 명령을 따라야 한다고 거절하며 끝내 숨어 버리고 말았다. 숙제도 또한 왕위에 오르지 않고 떠나 버렸다.

이렇게 되자 백성들은 그 다음 아들을 세워서 임금을 삼게 되었다.

그리하여 백이·숙제는 서백西伯 창姬昌이 늙은이를 잘 보살핀다는 말을 듣고, 주나라에 가서 살기로 하였다. 그런데 주나라에 갔더니 서백 창은 이미 죽었고, 뒤를 이은 아들 무왕武王, 姬發은 서백 창의 시호를 문왕文王이라 일컬으며 그의 위패를 수레에 싣고 동쪽 은殷나라 주왕紂王을 치려고 나서고 있었다. 백이·숙제는 무왕이 탄 말의 고삐를 잡고 이렇게 간언하였다.

"부왕이 돌아가시어 아직 장례도 끝나기 전에 무기를 손에 잡았으니 이것이 효孝라고 할 수 있겠습니까? 또한 신하로서

〈伯夷〉《三才圖會》

임금紂을 죽이려고 하니, 이 어찌 인仁이라 할 수 있겠습니까?"

그러자 왕의 좌우에 있던 신하들이 두 사람을 죽이려고 하였다. 이때 태공太公, 太公望 呂尙이 말하였다.

"이들은 의로운 사람이다."

이에 그들을 보호하여 보냈다.

그 뒤 무왕이 은나라를 평정하자, 천하 제후들은 주나라를 종주로 삼았으나, 백이·숙제만은 주나라 백성이 되는 것을 부끄러운 일이라 여겨, 신의를 지켜 주나라 곡식을 먹지 않고 수양산首陽山에 숨어들어 고사리를 뜯어먹으며 연명하였다. 그리하여 굶어 죽음에 이르러 이렇게 노래(〈채미가〉)를 불렀다.

余悲伯夷之意, 睹軼詩可異焉. 其傳曰: 伯夷·叔齊, 孤竹君之二子也. 父欲立叔齊, 及父卒, 叔齊讓伯夷. 伯夷曰:「父命也.」遂逃去. 叔齊亦不肯立而逃之. 國人立其中子. 於是伯夷·叔齊聞西伯昌善養老, 盍往歸焉. 及至, 西伯卒, 武王載木主, 號爲文王, 東伐紂. 伯夷·叔齊叩馬而諫曰:「父死不葬, 爰及干戈, 可謂孝乎? 以臣弑君, 可謂仁乎?」左右欲兵之. 太公曰:「此義人也.」扶而去之. 武王已平殷亂, 天下宗周, 而伯夷·叔齊恥之, 義不食周粟, 隱於首陽山, 采薇而食之. 及餓且死, 作歌.

고사리를 뜯으며

〈채미가〉의 노래는 이렇다.

저는 서산에 올라
고사리를 뜯네.
무왕은 폭력으로 폭력을 바꾸었건만
그 잘못을 알지 못하고 있네.
신농神農·우虞·하夏는 홀연히 사라졌으니
내 어디로 돌아갈거나.
아! 이제는 가리라,
목숨도 이미 지쳤도다!

백이·숙제는 마침내 수양산에서 굶어 죽었다.

이 노래를 두고 생각해 본다면 과연 백이·숙제는 사람을 원망하는 뜻이 전혀 없었다고 하겠는가? 어떤 이는 이렇게도 말하기도 하였다.

“하늘의 도리는 사사로움이 없어 언제나 착한 사람의 편이 된다.”

그렇다면, 백이·숙제와 같은 이는 과연 착한 사람이라고 할 수 있지 않겠는가? 어진 덕을 쌓고 행실을 깨끗이 하였는데도 그러나 마침내 굶어 죽고 말았도다!

其辭曰:「登彼西山兮, 采其薇矣. 以暴易暴兮, 不知其非矣. 神農·虞·夏忽焉沒兮, 我安適歸矣? 于嗟徂兮, 命之衰矣!」

遂餓死於首陽山. 由此觀之, 怨邪非邪?

或曰:「天道無親, 常與善人.」若伯夷·叔齊, 可謂善人者非邪? 積仁絜行如此而餓死!

천도란 과연 그른가 옳은가

이런 예는 또 있다. 공자는 문하에 있던 70명 제자 중에 오직 안연顔淵만을 가리켜 학문을 즐기는 사람이라 칭찬하였다. 그러나 안연을 항상 가난에서 벗어나지 못한 채 술지게미와 쌀겨로조차 배를 채우기가 어려워 마침내 일찍 죽고 말았다. 하늘이 착한 사람에게 베푸는 것이 이런 것인가?

그런가 하면 도척盜跖은 날마다 무고한 인명을 죽이고 사람의 간으로 회를 쳐서 먹고, 포악하고 방종한 도당 수천 명을 모아 천하를 횡행하였지만, 끝내 어떤 천벌도 받지 않고 제 수명을 온전히 누리고 살았다. 이런 것은 대체 무슨 덕이 있어서 그렇게 되었는가? 여기에 든 예는 두드러지게 드러나는 것들이다.

그밖에 근세에 이르러서도 그 하는 짓이 방종하여 남에게 못할 짓을 마음대로 하고도 종신토록 호강하며 살고, 부귀가 자손에까지 이어지는 예가 적지 않다. 그러나 걸음 한 번을 내딛는 데도 땅을 가려서 밟고, 말 한 마디를 하는 데도 적당한 때를 당해서만 말하고, 길을 가는 데도 지름길을 가지 않고, 공정한 일이 아니면 분발하지 않았고 살아가는 사람임에도 오히려 재앙을 만나는 경우란 헤아릴 수 없이 많다. 이런 일은 아주 나를 당혹스럽게 한다. 이러한 것이 하늘의 도리라면 천도라는 것은 과연 옳은 것인가, 그른 것인가?

공자는 이렇게 말하였다.

"길이 같지 않으면 서로 꾀하는 일도 같이하지 않는다."

이것은 각기 자기 의사를 좇아서 행할 것을 말한 것이다. 이에 공자는 이렇게도 말하기도 하였다.

"만약에 부귀가 찾아서 얻어질 수 있는 것이라면, 말채찍을 잡는 천한 직업일지라도 나는 이를 사양하지 않을 것이다. 만약에 구한다고 얻을 수 있는 것이 아니라면 나는 내가 좋아하는 것을 좇아 행할 것이다."

다시 이렇게도 말하였다.

"추운 계절이 되고 나서야 비로소 소나무와 잣나무가 시들지 않고 늦게 진다는 것을 알게 된다."

세상이 다 혼탁할 때 비로소 청렴한 사람이 더욱 돋보인다. 이는 세속 사람들은 부귀를 중시하고 청렴한 사람을 하찮게 여기기 때문이 아니겠는가?

공자가 말하였다.

"군자는 죽은 뒤에 자기 명성이 일컬어지지 않는 것을 걱정한다."

가의賈誼는 이렇게 말하였다.

"탐욕스런 자는 재물 때문에 죽고, 열사는 이름을 얻기 위해 죽고, 권세를 부리고자 하는 자는 권세 때문에 목숨을 잃고, 서민들은 그날그날 생활에 의지하여 살아간다."

"같은 빛은 서로 비추어 주고, 같은 무리는 서로 어울린다."

"용을 따라 구름이 생기고, 범을 따라 바람이 인다. 이처럼 성인이 이 세상에 나타나고서야 마침내 만물도 빛을 얻게 되는 것이다."

백이·숙제는 현인이지만, 공자의 기록을 통하여 비로소 그 이름이 드러나게 되었다. 안연顔淵은 학문에 충실하였지만 파리가 천리마 꼬리에 붙어 천 리를 가듯 공자의 칭찬을 얻고 나서 그 명성이 더욱더 돋보이게 된 것이다. 동굴에 살아가는 선비라도 나가고 들어감에 때의 이로움과 이롭지 못한 것이 있으니, 같은 이름을 가지고도 묻혀 사라져 칭해지지 않는 경우가 있으니 슬프도다!

촌구석에 살면서 품행을 닦고 이름을 세우고자 하는 사람이 아무리 능력이 있다 하더라도 덕망과 지위가 높은 선비의 도움을 받아 기록되지 않는다면 어떻게 이름을 후세에 그 흔적으로 남길 수 있겠는가?

且七十子之徒, 仲尼獨薦顔淵爲好學. 然回也屢空, 糟糠不厭, 而卒蚤夭. 天之報施善人, 其何如哉? 盜蹠日殺不辜, 肝人之肉, 暴戾恣睢, 聚黨數千人橫行天下, 竟以壽終. 是遵何德哉? 此其尤大彰明較著者也. 若至近世, 操行不軌, 專犯忌諱, 而終身逸樂, 富厚累世不絶. 或擇地而蹈之, 時然後出言, 行不由徑, 非公正不發憤, 而遇禍災者, 不可勝數也. 余甚惑焉, 儻所謂天道, 是邪非邪?

子曰「道不同不相爲謀」, 亦各從其志也. 故曰「富貴如可求, 雖執鞭之士, 吾亦爲之. 如不可求, 從吾所好」. 「歲寒, 然後知松柏之後凋」. 擧世混濁, 清士乃見. 豈以其重若彼, 其輕若此哉?

「君子疾沒世而名不稱焉.」 賈子曰: 「貪夫徇財, 烈士徇名, 夸者死權, 衆庶馮生.」 「同明相照, 同類相求.」 「雲從龍, 風從虎, 聖人作而萬物覩.」 伯夷·叔齊雖賢, 得夫子而名益彰. 顔淵雖篤學, 附驥尾而行益顯. 巖穴之士, 趣舍有時若此, 類名堙滅而不稱, 悲夫! 閭巷之人, 欲砥行立名者, 非附青雲之士, 惡能施于後世哉?

〈採薇圖〉 南宋 李唐 그림

晏子儉矣, 夷吾則奢; 齊桓以霸, 景公以治. 作管晏列傳。

002(62) 관안 열전管晏列傳

① 관자管子, 管仲 ② 안자晏子, 晏嬰

〈1〉관자管子, 管仲

환공을 패자로

관중管仲은 이름이 이오夷吾이며 영수潁水 남쪽 사람이다. 젊은 시절에는 포숙아鮑叔牙와 사귀었는데 포숙은 그의 어짊을 알고 있었다. 관중은 가난하여 항상 포숙을 속였으나 그래도 포숙은 항상 잘 대해 주었고 그러한 것을 거론하지 않았다.

〈管仲(管夷吾)〉《三才圖會》

이윽고 포숙은 제齊나라 공자公子 소백小白을 섬기게 되었고, 관중은 공자 규糾를 섬기게 되었다. 소백이 자립하여 왕위에 올라 환공桓公이 되자, 이에 맞섰던 공자 규는 싸움에 패하여 죽고 관중은 잡혀 갇히는 몸이 되었다. 포숙은 마침내 관중을 환공에게 추천하였고 이로써 관중은 등용되어 제나라 국정을 맡게 되었다.

제나라 환공은 패자의 지위에 올라, 여러 제후들과 아홉 차례에 걸쳐 회맹會盟함으로써 천하를 바로잡을 수 있었으니 이는 관중의 지모에 의한 것이었다.

管仲夷吾者, 潁上人也. 少時常與鮑叔牙游, 鮑叔知其賢. 管仲貧困, 常欺鮑叔, 鮑叔終善遇之, 不以爲言. 已而鮑叔事齊公子小白, 管仲事公子糾. 及小白立爲桓公, 公子糾死, 管仲囚焉. 鮑叔遂進管仲. 管仲旣用, 任政於齊, 齊桓公以霸, 九合諸侯, 一匡天下, 管仲之謀也.

◎ 나를 알아준 이는 포숙이로다

관중은 말하였다.

"내 일찍이 곤궁하였을 때 포숙과 함께 장사를 하였는데 이익을 나눌 때마다 내가 몫을 더 많이 가지곤 하였으나, 포숙은 나를 욕심 많은 사람이라고 여기지 않았는데, 이는 내가 가난한 줄을 알고 있었기 때문이다. 일찍이 나는 포숙을 위해 어떤 일을 도모하다가 실패하여 다시 더욱 곤경에 처하고 말았는데, 포숙은 나를 어리석다고 여기지 않았으니, 시운時運에 따라 이롭고 이롭지 않은 것이 있는 줄 것이라 이해해 주었다. 일찍이 나는 세 번 벼슬길에 나갔다가 세 번 모두 임금에게 쫓겨나고 말았지만, 포숙은 나를 능력이 없다고 여기지 않았다. 내가 시운을 만나지 못한 것이라 이해해 주었다. 일찍이 나는 전쟁에 나가 세 번을 싸웠다가 세 번 모두 패하여 달아나고 말았지만, 포숙은 나를 겁쟁이라고 하지 않았다. 나에게는 늙은 어머니가 계시기 때문이라 알아 주었다. 공자 규가 왕위 다툼에 졌을 때, 함께 도왔던 소홀召忽은 자결하였으나 나는 잡혀 욕된 몸이 되었지만 포숙은 나를 부끄러움을 모르는 자라고 하지 않았다. 내가 작은 절개를 지키지 못하는 것은 부끄러워하지 않지만, 이름을 천하에 알리지 못하는 것에 대해서는 부끄러워하는 인물이라 알아주었던 것이었다. 나를 낳은 이는 부모지만 나를 알아준 이는 포숙이다."

포숙은 관중을 천거한 후에 그 자신은 관중의 아랫자리에 내려앉았다. 포숙의 자손은 대대로 제나라의 녹을 받고 봉읍을 10여 대 동안이나 가졌으며 항상 명망 있는 대부의 집안으로 세상에 알려졌다.

세상 사람들은 관중의 현명함을 칭찬하기보다 오히려 포숙이 사람을 알아보는 눈이 밝은 것을 더 칭찬하였다.

管仲曰:「吾始困時, 嘗與鮑叔賈, 分財利多自與, 鮑叔不以我爲貪, 知我貧也. 吾嘗爲鮑叔謀事而更窮困, 鮑叔不以我爲愚, 知時有利不利也. 吾嘗三仕三見逐於君, 鮑叔不以我爲不肖, 知我不遭時也. 吾嘗三戰三走, 鮑叔不以我爲怯, 知我有老母也, 公子糾敗, 召忽死之, 吾幽囚受辱, 鮑叔不以我爲無恥, 知我不羞小節而恥功名不顯于天下也. 生我者父母, 知我者鮑子也.」

鮑叔旣進管仲, 以身下之. 子孫世祿於齊, 有封邑者十餘世, 常爲名大夫. 天下不多管仲之賢而多鮑叔能知人也.

창고가 가득해야 예절을 알고

관중이 제나라 재상이 되어 국정을 맡자, 변변치 못한 제나라였지만 바다에 인접한 지리의 이점을 살려 다른 나라와 교역을 통해 재물을 쌓고, 나라를 부유하게 하여 군대를 튼튼히 길렀으며, 백성과 고락을 함께 하였다.

《管子》

그러므로 그가 저술한 책 《관자管子》에는 이런 말이 있다.

"사람이란 창고가 가득해야 예절을 알며, 먹고 입는 것이 풍족해야 영욕을 안다. 임금이 법도를 실천하면 육친六親이 굳게 결합하지만, 사유四維: 禮義廉恥가 펼쳐지지 못하면 나라가 망한다. 영을 내리는 것이란 물이 낮은 곳으로 흐르는 것과 같아 그렇게 해야 민심을 순응하게 할 수 있다."

나라에서 의논한 정책은 백성이 쉽게 행할 수 있도록 하고, 백성이 바라는 것은 소망대로 잘 들어 주었으며, 싫어하는 것은 제거하여 불편을 덜어 주었다.

밖으로 설령 화가 될 수 있는 일이라도 관중은 그것을 잘 이용하여 복이 되도록 바꾸었고, 실패를 돌이켜 성공으로 이끌었으며 일의 경중과 이해 득실을 살피는 데 신중하였다.

管仲旣任政相齊, 以區區之齊在海濱, 通貨積財, 富國彊兵, 與俗同好惡. 故其稱曰:「倉廩實而知禮節, 衣食足而知榮辱, 上服度則六親固. 四維不張, 國乃滅亡. 下令如流水之原, 令順民心.」故論卑而易行. 俗之所欲, 因而予之; 俗之所否, 因而去之. 其爲政也, 善因禍而爲福, 轉敗而爲功. 貴輕重, 愼權衡.

주는 것이 얻는 것

환공이 부인 소희少姬의 일로 노하여 남쪽의 채蔡나라를 쳤을 때 관중은 채나라의 이웃 초楚나라를 함께 쳤다. 때마침 초나라가 주실周室에 보내야 하는 공물 포모包茅를 바치지 않았음을 책망한다는 구실을 붙였다.

제 환공(齊桓公)

또 환공이 북쪽 산융山戎을 치게 되자, 관중은 그 기회에 연燕나라를 호령하여 그들의 조상 소공召公의 어진 정치를 부활하도록 하였다.

또 가柯 땅에서 환공이 노魯나라로부터 빼앗았던 땅을 돌려주기로 한 노나라 장수 조말曹沫과의 약속을 어기려고 하자, 관중은 화를 복으로 돌리기 위해 환공을 설득하여 약속을 지키게 하였다. 이로써 제나라에 대한 제후들의 신임을 더욱 굳힐 수 있었다. 그러므로 "주는 것이 곧 얻는 것임을 안다는 것이 정치의 보배"라고 말하는 것이다.

관중이 가진 재산은 제나라 왕실 재산에 못지 않았고, 삼귀三歸와 반점反坫이 다 갖춰져 있었으나, 제나라 사람들은 이것을 분에 넘치는 사치라고 여기지 않았다.

관중이 죽은 후에도 제나라는 관중의 정책을 그대로 썼기 때문에 항상 제후 중에서 굳건한 세력을 그대로 지켜 나갔다. 그 뒤 백여 년이 지나 안자晏子라는 사람이 나타났다.

桓公實怒少姬, 南襲蔡, 管仲因而伐楚, 責包茅不入貢於周室. 桓公實北征山戎, 而管仲因而令燕修召公之政. 於柯之會, 桓公欲背曹沫之約, 管仲因而信之, 諸侯由是歸齊. 故曰:「知與之爲取, 政之寶也.」

管仲富擬於公室, 有三歸·反坫, 齊人不以爲侈. 管仲卒, 齊國遵其政, 常彊於諸侯. 後百餘年而有晏子焉.

〈2〉안자晏子, 晏嬰

지극히 검소했던 안자

안평중晏平仲 안영晏嬰은 내萊 땅의 이유夷維 사람이다. 그는 제나라 영공靈公, 장공莊公, 경공景公을 섬겼으며 절약과 검소함을 지키며 힘써 노력하여 제나라에 중한 인물이 되었다. 그는 제나라 재상이 된 뒤에도 밥상에 두 가지 이상의 고기 반찬을 놓지 않았고, 아내에게는 비단옷을 입지 않도록 하였으며, 조정에 들어가서는 임금의 질문에는 바르고 신중하게 대답하고, 묻지 않을 때는 품행을 지켜 스스로 조심하였다.

〈晏子(晏嬰)〉 清 顧沅 〈古聖賢像傳〉

나라에서 정책을 펼 때는 임금의 명령이 바르면 그에 순종하고 그렇지 않을 때는 일을 잘 가늠하여 틀림이 없도록 실행하였다. 그 때문에 세 임금(영공·장공·경공) 시대에 제후들 사이에서 이름을 떨칠 수 있었다.

晏平仲嬰者, 萊之夷維人也. 事齊靈公·莊公·景公, 以節儉力行重於齊. 旣相齊, 食不重肉, 妾不衣帛. 其在朝, 君語及之, 卽危言; 語不及之, 卽危行. 國有道, 卽順命; 無道, 卽衡命. 以此三世顯名於諸侯.

◎ 월석보의 의절

월석보越石父라는 현인이 어쩌다가 죄를 범하여 죄수들 속에 섞여 있었다. 안자가 외출하는 도중에 우연히 죄수가 된 월석보와 마주치자, 자신의 수레에 매인 왼쪽 말을 풀어 대속금(보석금)으로 내주고, 월석보를 수레에 태워 함께 집으로 돌아왔다. 그런데 집에 도착한 안자가 아무런 인사말도 없이 그대로 안으로 들어가 버리자, 월석보는 한참 기다리다가 절교를 청하였다.

안자는 깜짝 놀라 의관을 바로 하고 월석보에게 이렇게 사과하였다.

"내嬰 비록 어질지는 못하나 선생을 구해 드렸는데, 어째서 선생은 이렇게도 성급히 인연을 끊으려는 것이오?"

그러자 월석보는 이렇게 말하였다.

"그런 것이 아니오. 내가 듣건대 군자는 자신을 알아주지 않는 자에게는 자신의 뜻을 굽히지만, 자기를 알아주는 자에게는 자신의 뜻을 편다고 하였소. 내가 죄수가 되어 있는 동안 옥리들은 나를 모르는 사람들이었소. 그런데 당신이 나를 풀어 준 것은 나를 알기 때문이 아니었소? 지기知己로서 예가 없다면 그대로 죄수로 있는 것만 못하오. 그 때문에 절교를 청한 것이오."

안자는 이에 느낀 바 있어 월석보를 안으로 모셔 상객으로 대우하였다.

越石父賢, 在縲紲中. 晏子出, 遭之塗, 解左驂贖之, 載歸. 弗謝, 入閨. 久之, 越石父請絶. 晏子懼然, 攝衣冠謝曰:「嬰雖不仁, 免子於戹, 何子求絶之速也?」石父曰:「不然. 吾聞君子詘於不知己而信於知己者. 方吾在縲紲中, 彼不知我也. 夫子旣已感寤而贖我, 是知己; 知己而無禮, 固不如在縲紲之中.」晏子於是延入爲上客.

◎ 마부의 아내

안자가 제나라 재상으로 있던 어느 날 외출을 하려는데 마부의 아내가 문틈으로 자기 남편을 엿보았다.

남편은 재상의 마부로써 큰 일산을 받쳐들고 네 필의 말에 채찍질을 하면서 의기양양하여 매우 흐뭇한 얼굴이었다.

이윽고 남편이 돌아오자 마부의 아내는 이혼하기를 청하였다. 남편이 까닭을 묻자 아내는 이렇게 말하였다.

"안자라는 분은 키가 6척도 못되지만, 그 몸은 제나라 재상으로 이름을 제후들 사이에 떨치고 있습니다. 오늘 제가 외출하는 것을 살펴보았더니, 그분은 그럼에도 매우 조심스러운 행동을 보이면서 언제나 남에게 겸손한 태도가 있었습니다. 그런데 당신은 키가 8척이나 되건만 겨우 남의 마부가 된 처지에 그것이 자랑스럽다는 듯이 의기양양한 표정이었습니다. 내가 이혼하기를 바라는 것은 이 때문입니다."

이 일이 있은 뒤 마부는 스스로 마음을 눌러 남에게 겸손하였다. 안자가 이상히 여겨 묻자 마부는 사실대로 대답하였다. 이에 안자는 그를 추천하여 대부로 삼아 주었다.

晏子爲齊相, 出, 其御之妻從門閒而闚其夫. 其夫爲相御, 擁大蓋, 策駟馬, 意氣揚揚, 甚自得也. 旣而歸, 其妻請去. 夫問其故. 妻曰:「晏子長不滿六尺, 身相齊國, 名顯諸侯. 今者妾觀其出, 志念深矣, 常有以自下者. 今子長八尺, 乃爲人僕御, 然子之意自以爲足, 妾是以求去也.」其後夫自抑損. 晏子怪而問之, 御以實對. 晏子薦以爲大夫.

사마천의 평어

나 태사공은 이렇게 생각한다.

나는 관중이 쓴《관자管子》라는 책의《목민牧民》·《산고山高》·《승마乘馬》·《경중輕重》·《구부九府》의 각 편과 안자의 일을 기록한《안자춘추晏子春秋》를 읽었는데 그 내용이 매우 상세하였다.

이미 저서에 대해서는 보았으니, 그 행동과 일처리를 보고자 하여 차례대로 그들의 전기를 기록한 것이다. 그 책은 세상에 많이 알려져 있으므로 언급하지 않고 여기에서는 빠져 있는 것만을 논하였다.

관중은 세상에서 흔히 말하는 현신賢臣이었지만 공자는 그를 소인小人이라 하였다.

제환공과 관자(畫像磚, 東漢)

관중은 어찌 주나라 왕실의 쇠미함을 보고, 현군인 제환공을 도와 왕도王道로써 천하를 다스리는 군자가 되도록 하지 않고, 단지 패자로서의 이름만 떨치도록하는 데 그쳤는가?

이런 옛말에 "그 잘한 점을 더욱 잘하게 하고 잘못된 점은 바로잡아 주는 것이 상하가 서로 친숙해지는 것이 된다"라 하였으니 이야말로 관중을 두고 하는 말이 아니겠는가?

안자는 제齊나라 장공莊公이 대부 최저崔杼의 반역으로 죽었을 때 그 시체 앞에 엎드려 곡하고 예를 하였으나, 예를 마친 다음에 그대로 떠나버리고 적을 치려고 하지 않았다. 그렇다면 그는 이른바 의를 보고도 행하지 않은 비겁한 자였던가?

그러나 임금에게 충간할 때에는 조금도 임금의 얼굴 표정에 구애되지 않았던 것을 보면 이른바 '나아가서는 충성을 다할 것을 생각하고, 물러나서는 허물을 보충할 것을 생각한다'는 것으로 알아주어야 하지 않겠는가!

가령 안자가 오늘에 있다면 나는 그를 위해 채찍을 잡는 천한 일을 할지라도 그를 흠모할 것이다.

太史公曰: 吾讀管氏《牧民》·《山高》·《乘馬》·《輕重》·《九府》, 及《晏子春秋》, 詳哉其言之也. 旣見其著書, 欲觀其行事, 故次其傳. 至其書, 世多有之, 是以不論, 論其軼事.

管仲世所謂賢臣, 然孔子小之. 豈以爲周道衰微, 桓公旣賢, 而不勉之至王, 乃稱霸哉? 語曰「將順其美, 匡救其惡, 故上下能相親也」. 豈管仲之謂乎?

方晏子伏莊公尸哭之, 成禮然後去, 豈所謂「見義不爲無勇」者邪? 至其諫說, 犯君之顔, 此所謂「進思盡忠, 退思補過」者哉! 假令晏子而在, 余雖爲之執鞭, 所忻慕焉.

003(63) 노장신한 열전老莊申韓列傳

① 노자老子, 李耳 ② 장자莊子, 莊周
③ 신자申子, 申不害 ④ 한비자韓非子, 韓非

〈1〉노자李耳

육신과 뼈는 썩어 없어지는 것

노자老子는 초楚나라 고현苦縣 여향厲鄕 곡인리曲仁里 사람으로 성은 이李씨요, 이름은 이耳, 자는 백양伯陽, 호는 담聃이라 한다. 주周나라 장서실藏書室의 사史라는 벼슬을 하였다.

공자가 주周나라에 머무를 때 노자에게 '예禮'에 대해 묻자 노자는 이렇게 말하였다.

"그대가 말하는 옛 성인들은 이미 그 육신과 뼈가 썩어 없어졌고 다만 그 말만 남아있을 뿐이오. 군자는 때를 얻으면 수레를 타는 귀한 몸이 되지만 그렇지 못할 때에는 떠돌이 신세가 되고 마는 것이라오. 훌륭한 장사꾼은 물건을 깊이 간직하여 밖에서는 빈 것 같아 보이지만 속이 실하고, 군자는 풍성한 덕을 몸에 깊이 갖추어 겉보기에는 어리석은 것 같지만 사람됨이 충실하다고 들었소. 그대의 교만한 기운과 그 많은 욕심은 버리시오. 그런 것은 그대를 위해 아무런 도움이 되지 않소. 내가 그대에게 말하고자 하는 것은 다만 이런 것일 뿐이오."

공자는 돌아가 제자에게 이렇게 말하였다.

"새는 날고, 물고기는 헤엄치고, 짐승은 달리는 것이라는 것은 나도 잘 알고 있다. 달리는 것은 그물로 잡고, 헤엄치는 것은 낚시로 낚으며, 날아다니는 것은 화살로 떨어뜨릴 수 있지만, 용이라면 나는 그것을 알 수 없다. 그것은 바람과 구름을 타고 하늘에 오른다고 한다. 내 오늘 노자를 만났는데 그러한 용과 같다고나 할까!"

老子者, 楚苦縣厲鄕曲仁里人也, 姓李氏, 名耳, 字聃, 周守藏室之史也. 孔子適周, 將問禮於老子. 老子曰:「子所言者, 其人與骨皆已朽矣, 獨其言在耳. 且君子得其時則駕, 不得其時則蓬累而行. 吾聞之, 良賈深藏若虛, 君子盛德, 容貌若愚. 去子之驕氣與多欲, 態色與淫志, 是皆無益於子之身. 吾所以告子, 若是而已.」

孔子去, 謂弟子曰:「鳥, 吾知其能飛; 魚, 吾知其能游; 獸, 吾知其能走. 走者可以爲罔, 游者可以爲綸, 飛者可以爲矰. 至於龍吾不能知, 其乘風雲而上天. 吾今日見老子, 其猶龍邪!」

《도덕경》 5천 자

노자는 도와 덕을 닦았고, 그 학문을 스스로 숨겨 헛된 이름이 드러나지 않도록 하기에 힘썼다. 오랫동안 주나라에 있었는데 주나라가 쇠약해지자, 마침내 주나라를 떠나기로 작정하고 함곡관函谷關에 이르렀을 때 관령關令 윤희尹喜가 청하였다.

"선생께서는 이제 은둔하려 하시니 저를 위해 억지로라도 글을 써 주십시오."

이에 노자는 상·하 2편의 글을 저술하여 도와 덕의 의미를 5천여 글자로 남기고 함곡관을 떠났다. 그 뒤로 노자를 본 사람이 아무도 없었다. 어떤 사람은 "노래자老萊子 역시 초나라 사람으로 15편의 저서를 남겨 도가의 깊은 뜻을 밝혔는데 공자와 같은 시대 사람이었다"라고 하였다.

대체로 노자는 160여 세, 혹은 200여 세를 살았다고 한다. 그토록 장수한 것은 도를 닦아 양생을 잘한 때문일 것이다.

〈老子騎牛圖〉 晁補之 그림

老子脩道德, 其學以自隱無名爲務. 居周久之, 見周之衰, 迺遂去. 至關, 關令尹喜曰: 「子將隱矣, 彊爲我著書.」 於是老子迺著書上下篇, 言道德之意五千餘言而去, 莫知其所終.

或曰: 「老萊子亦楚人也, 著書十五篇, 言道家之用, 與孔子同時云.」

누가 노자인가

공자가 죽은 지 129년 되는 해에 역사 기록에 의하면, 주周나라 태사太史 담儋이라는 사람이 진秦나라 헌공獻公을 만나 이렇게 말하였다고 한다.

"진나라는 처음에 주나라에 합쳐졌다가 500년이 지나면 분리되고, 그로부터 70년이 지나면 패왕霸王이 나올 것이다."

어떤 사람은 여기의 담이란 사람이 노자라고 말하고, 또 어떤 사람은 이를 아니라 하니 그 사실 여부를 알 수가 없다.

노자의 아들은 이름을 종宗이라 하는데 위魏나라 장군이 되어 단간段干을 봉토로 받았다. 종宗의 아들은 주注, 주의 아들은 궁宮, 궁의 현손은 가假이다. 가는 한나라 문제孝文帝를 섬겼다. 가의 아들 해解는 교서왕膠西王 앙卬의 태부太傅가 되었으며 그로부터 제나라에 살게 되었다.

세간에서 노자를 배우는 자는 유학을 배척하고, 유학의 무리는 노자의 학문을 배척한다. '도가 같지 않으면 서로 꾀하는 일도 같이하지 않는다'는 말은 이를 두고 한 것이 아니겠는가? 이이李耳의 주장이란 무위자화無爲自化와 청정자정清靜自正이었던 것이다.

蓋老子百有六十餘歲, 或言二百餘歲, 以其脩道而養壽也.

自孔子死之後百二十九年, 而史記周太史儋見秦獻公曰: 「始秦與周合, 合五百歲而離, 離七十歲而霸王者出焉.」 或曰儋卽老子, 或曰非也, 世莫知其然否. 老子, 隱君子也.

老子之子名宗, 宗爲魏將, 封於段干. 宗子注, 注子宮, 宮玄孫假, 假仕於漢孝文帝. 而假之子解爲膠西王卬太傅, 因家于齊焉.

世之學老子者則絀儒學, 儒學亦絀老子. 「道不同不相爲謀」, 豈謂是邪? 李耳無爲自化, 清靜自正.

〈2〉장자莊子, 莊周

넓고 깊은 학문

장자莊子는 몽蒙 땅 사람으로, 이름은 주周이다. 일찍이 몽 지방의 칠원漆園이라는 곳에서 관리가 되었다. 양혜왕梁惠王·제선왕齊宣王과 같은 시대 사람으로 매우 박학하여 들여다보지 않은 학문이 없을 정도였으며 그의 주된 학문의 근본은 노자에 기초를 두고 있었다.

저서는 10여만 자에 달하는 것이었으며 대체로 노자의 학문에 설명을 더한 우화이다. 〈어부漁父〉, 〈도척盜跖〉, 〈거협胠篋〉편을 지어서 공자의 무리를 비판하면서 노자의 학술을 밝혔다. 〈외루허畏累虛〉·〈항상자亢桑子〉 같은 것은 모두 가공의 이야기로서 사실이 아닌 것들이다. 그러나 장자의 문장은 매우 훌륭하여, 세상일과 인정을 살피고 이로써 유가儒家와 묵자墨子의 학설을 공격하여 당시의 석학이라고 하는 그 누구도 장자의 공격으로부터 벗어날 수 없을 정도였다.

〈莊子(莊周)〉《三才圖會》

그의 말은 바다와 같아서 끝이 없고, 모든 것을 자신의 주장에 맞추되 걸림이 없이 분방하였다. 그런 까닭에 왕공이나 대인들에게는 우대를 받지 못하였다.

莊子者, 蒙人也, 名周. 周嘗爲蒙漆園吏, 與梁惠王·齊宣王同時, 其學無所不闚, 然其要本歸於老子之言. 故其著書十餘萬言, 大抵率寓言也. 作〈漁父〉·〈盜跖〉·〈胠篋〉, 以詆訿孔子之徒, 以明老子之術. 〈畏累虛〉·〈亢桑子〉之屬, 皆空語無事實. 然善屬書離辭, 指事類情, 用剽剝儒·墨, 雖當世宿學不能自解免也. 其言洸洋自恣以適己, 故自王公大人不能器之.

돼지를 부러워한들

초나라 위왕威王이 장주莊周가 어질다는 말을 듣고, 사신을 보내 예물로써 후히 대우하고 재상으로 맞아들이고자 하였다. 그러자 장주는 웃으면서 초나라 사신에게 이렇게 말하였다.

"천금이라면 돈으로서는 큰 돈이고 재상이라면 벼슬로서 높은 자리이지요. 그러나 그대는 교제郊祭에 제물로 바쳐지는 소를 보지 못하였소? 그 소는 몇 년을 두고 잘 먹고 무늬 옷을 입지만, 결국은 태묘에 바쳐지는 제물의 희생이 되고 말지요. 바로 그때를 당해 하찮은 돼지를 부러워한들 그런 돼지의 자유를 얻을 수 있겠소? 그대는 어서 돌아가시오. 나를 욕되게 하지 마시오. 나는 차라리 더럽고 탁한 곳에서 노닐며 내 자유를 누릴지언정, 나라를 가진 자에게 얽매이고 싶지는 않소. 종신토록 벼슬을 하지 않고 나의 뜻에 따라 쾌적하게 지내고 싶소."

楚威王聞莊周賢, 使使厚幣迎之, 許以爲相. 莊周笑謂楚使者曰:「千金, 重利; 卿相, 尊位也. 子獨不見郊祭之犧牛乎? 養食之數歲, 衣以文繡, 以入太廟. 當是之時, 雖欲爲孤豚, 豈可得乎? 子亟去, 無汚我. 我寧游戲汚瀆之中自快, 無爲有國者所羈, 終身不仕, 以快吾志焉.」

〈3〉신불해申不害

형명술

신불해申不害는 경京 땅 사람으로 본래 정鄭나라 하급관리였으나, 법가의 학술을 배워 한韓나라 소후昭侯에게 기용되어 재상이 되었다. 안으로 정교를 바로 세우고, 밖으로는 제후들과 응대하기 15년, 이렇게 하여 그 자신의 몸이 죽을 때까지 나라는 잘 다스려졌고 병력은 막강하여 감히 한나라를 침범하는 나라가 없었다.

신불해의 학문은 황제黃帝·노자老子에 근본을 두고 형명술刑名術을 주로 하였다. 그의 저서는 2편이 있는데 이를 《신자申子》라 한다.

申不害者, 京人也, 故鄭之賤臣. 學術以干韓昭侯, 昭侯用爲相. 內脩政敎, 外應諸侯, 十五年. 終申子之身, 國治兵彊, 無侵韓者.

申子之學本於黃老而主刑名. 著書二篇, 號曰《申子》.

〈4〉한비자韓非子, 韓非

◎ 말더듬이 한비

한비韓非는 한韓나라 공자公子 중 한 사람으로, 형명刑名·법술法術의 학문을 좋아하였는데, 역시 그 근본의 결론은 황로黃老의 학문에 있었다.

한비는 날 때부터 말더듬이로서 말솜씨는 뛰어나지 못하였으나, 저술에는 훌륭한 재능이 있었다. 이사李斯와 함께 순경荀卿을 스승으로 섬겼으며, 재주에 있어서는 이사도 한비에게 미칠 수 없다고 스스로 인정할 정도였다.

한나라 국토가 깎여 힘이 약해지는 것을 보고, 한비는 자주 한왕에게 글을 올려 충간하였으나, 한왕 안安은 한비를 불러 쓰지 않았다. 이런 일로 해서 한비는 위정자가 나라를 다스리는 데 법제를 밝히고, 신하를 권력으로 부리고, 나라를 부강하게 하고, 병력을 튼튼히 하고, 인재를 구하고, 어진 사람을 쓰야 함에도 그렇게 하지 않을 뿐만 아니라 도리어 쓸모 없는 소인배들을 쓰면서, 그들을 공로가 있는 자의 위에 앉히는 것을 통탄하였다.

韓非者, 韓之諸公子也. 喜刑名法術之學, 而其歸本於黃老. 非爲人口吃, 不能道說, 而善著書. 與李斯俱事荀卿, 斯自以爲不如非.

非見韓之削弱, 數以書諫韓王, 韓王不能用. 於是韓非疾治國不務脩明其法制, 執勢以御其臣下, 富國彊兵而以求人任賢, 反擧浮淫之蠹而加之於功實之上.

◎ 유자는 글로 법을 문란하게 하는 자들

한비는 이렇게 생각하였다.

'유자儒者는 글로 법을 문란케 하고, 협객俠客의 무리는 무력으로 나라의 법을 범한다. 태평 무사한 때는 이름 있는 문인을 귀하게 쓰는 것도 좋으나, 나라가 위급한 때에는 갑옷 입은 무인을 임용해야 할 것이다. 지금 나라가 녹을 주어 기르는 사람은 위급한 때에 쓸 수 없는 자들이고, 위급할 때 쓰이는 사람들은 평소 녹을 주어 기른 자들이 아니다.'

그리하여 한비는 청렴 강직한 인물이 사악한 신하들 때문에 쓰이지 못하고 있는 것을 슬퍼하며, 옛 왕들이 이루어 놓았던 정사의 성패에 관한 변천 과정을 살펴 〈고분孤憤〉, 〈오두五蠹〉, 〈내외저설內外儲說〉, 〈세림說林〉, 〈세난說難〉 등 10여만 자의 글을 엮어 냈다.

그런데 한비가 유세遊說의 어려움을 주제로 하여 지은 〈세난〉편은 매우 자세한 것이었음에도 그 자신은 마침내 유세의 공이 없이 진나라에서 죽어 스스로는 그러한 화를 면치 못하고 말았다.

以爲儒者用文亂法, 而俠者以武犯禁. 寬則寵名譽之人, 急則用介冑之士. 今者所養非所用, 所用非所養. 悲廉直不容於邪枉之臣, 觀往者得失之變, 故作〈孤憤〉·〈五蠹〉·〈內外儲說〉·〈說林〉·〈說難〉十餘萬言. 然韓非知說之難, 爲《說難》書甚具, 終死於秦, 不能自脫.

유세의 어려움

〈세난〉편에는 다음과 같이 씌어 있다.

'대체로 유세의 어려움은 나의 지식으로서 상대편을 설득하기가 어렵다는 것이 아니다. 또 나의 말솜씨로 상대에게 나의 의사를 분명히 밝히기 어렵다는 것도 아니며, 자기가 말할 바를 자유롭게 다 말하기가 어려운 것도 아니다. 대체로 유세의 어려움은 군주라는 상대편의 마음을 통찰하고 나의 주장을 그 마음에 잘 맞추어 끼워 넣는 데에 있다.

상대가 명예욕에 마음이 쏠려 있을 때, 재물의 이익을 주제로 거론하면 속물이라고 하여 경시당하고 만다. 그와 반대로 상대편이 재물의 이익을 바라고 있을 때 명예를 주제로 거론하면 상식이 없고 세상일에 어둡다고 하여 소용 없는 것이라 무시당하기 십상이다.

상대가 내심으로는 이익을 바라면서 겉으로 명예를 바랄 때, 명예를 이야기하면 겉으로는 받아들이는 척하면서도 내심으로는 은근히 꺼려하게 된다. 만약 이런 자에게 이익을 거론하면 내심으로는 은근히 그것을 받아들이면서도 겉으로는 그것을 멀리한다. 유세를 하려면 이러한 기미를 잘 파악하지 않으면 안 된다.

대체로 일은 은밀히 진행시키면 성취하고 말이 새어나가면 실패한다. 그렇지만 유세객이 유세를 하다 보면 우연히 군주가 숨기는 일을 거론하게 되는 경우가 있다. 그런 때는 목숨이 위험하다. 또 유세객이 군주에게 있는 과실의 단서를 찾아내고 거기에 다시 분명한 논설을 세워서 그 허점을 밝혔다가는 역시 목숨이 위험하다.

유세객이 아직 군주의 두터운 은혜도 입지 않았는데, 연설에 함축이 있는 지혜를 번득거리는 것은 그 연설이 효과를 거두고 공을 이룰지라도 별로 덕이 되는 것이 아니며, 효과를 거두지 못하고 실패한다면 엉뚱한 일까지 의심을 받게 된다. 그러한 자의 목숨도 역시 위험하다. 대체로 군주가 남에게서 계교를 얻어 그에 힘입어 자기의 공을 세우고자 생각할 때 유세객이 그 내막을 알면 유세객의 목숨은 위험하다.

군주가 겉으로는 딴 일을 하는 것처럼 가장하고 뒤로 비열한 일을 하려고 의도할 때, 유세객이 그것을 아는 체하면 목숨이 위험하다. 군주가 도무지 하고 싶어하지 않는 일을 강요한다거나 도저히 중지할 수 없는 일을 그치도록 강요해도 목숨이 위험하다.

따라서 군주에게 명군과 현군에 관하여 거론하면 속으로 군주를 비방하는 것이라 의심을 받게 되고, 미천한 자를 얘기하면 군주의 권세를 팔려는 줄로 여기며, 군주가 총애하는 자를 거론하면 그를 이용하려는 의도가 있다고 여기며, 군주가 미워하는 자를 화제로 삼으면 군주의 마음을 시험하려는 것으로 여기며, 말을 꾸미지 않고 간결하게 표현하면 무식한 자라고 업신여기고, 여러 학설을 끌어다가 해박하게 담론하면 말이 많다고 여긴다. 사실에 근거하여 솔직하게 의견을 말하면 소심한 겁쟁이로서 말을 제대로 못하는 자라 여기고, 생각한 바를 거침없이 말하면 버릇없고 오만한 자라 여김을 받고, 이러쿵저러쿵 따져서 말하면 방자하고 오만한 자라 여김을 받고 만다. 이런 것이 유세의 어려움이니 유념해 두어야 할 것이다.

대체로 유세의 요령은 상대편 군주의 긍지를 만족케 하고, 그의 부끄러워함을 건드리지 않는 데 있다. 상대편이 자신의 계책을 지혜로운 것으로 여긴다면 그 때는 그의 결점을 꼬집지 말 것이며, 자기의 결단을 용감한 것으로 여기면 그 때는 그에게 대들어 그를 노하게 해서는 안 된다. 그리고 자신의 능력을 과장하더라도 그 일의 어려움을 들어 가로막아서는 안 된다.

유세객은 어떤 일에 군주가 계획하는 일과 같은 계책을 가진 자가 있으면 그 사람을 칭찬하고, 군주가 하는 일과 같은 행위를 하는 자가 있으면 그 사람을 다치게 하지 말며, 군주와 같은 실패를 하는 자가 있으면 그것을 실패가 아니라고 두둔해 주면 된다. 큰 충성이란 순수한 것이니 다른 뜻이 없는 것이므로 군주에게 거스름이 없어야 하며, 군주가 스스로 깨닫도록 하여 배격함이 없도록 해야 하며, 그런 테두리 안에서 자신의 변재와 지력을 발휘할 것이다. 이것이 군주에게 신임을 받고 의심을 사지 않는 것이며, 자기의 변설을 다하는 것이 된다.

이리하여 오랜 시일이 지나 임금의 총애가 두터워진 뒤라면 깊이 들어가서 계획을 실천해도 의심받지 않을 것이며, 임금과 논쟁하고 간諫하더라도 화를 입지 않을 것이니 그때 유세객이 국가의 이해를 명백히 하여 군주가 공적을 얻도록 하며, 그때 옳고 그름을 바르게 말하면 영화를 얻게 된다. 그리하여 군신이 서로 손상하지 않는 것이 성공의 유세인 것이다.'

〈說難〉曰: 凡說之難, 非吾知之有以說之難也; 又非吾辯之難能明吾意之難也; 又非吾敢橫失能盡之難也. 凡說之難, 在知所說之心, 可以吾說當之.

所說出於爲名高者也, 而說之以厚利, 則見下節而遇卑賤, 必弃遠矣. 所說出於厚利者也, 而說之以名高, 則見無心而遠事情, 必不收矣. 所說實爲厚利而顯爲名高者也, 而說之以名高, 則陽收其身而實疏之; 若說之以厚利, 則陰用其言而顯弃其身. 此之不可不知也.

夫事以密成, 語以泄敗. 未必其身泄之也, 而語及其所匿之事, 如是者身危. 貴人有過端, 而說者明言善議以推其惡者, 則身危. 周澤未渥也而語極知,說行而有功則德亡, 說不行而有敗則見疑, 如是者身危. 夫貴人得計而欲自以爲功, 說者與知焉, 則身危. 彼顯有所出事, 迺自以爲也故, 說者與知焉, 則身危. 彊之以其所必不爲, 止之以其所不能已者, 身危. 故曰: 與之論大人, 則以爲閒己; 與之論細人, 則以爲粥權. 論其所愛, 則以爲借資; 論其所憎, 則以爲嘗己. 徑省其辭, 則不知而屈之; 汎濫博文, 則多而久之. 順事陳意, 則曰怯懦而不盡; 慮事廣肆, 則曰草野而倨侮. 此說之難, 不可不知也.

凡說之務, 在知飾所說之所敬, 而滅其所醜. 彼自知其計, 則毋以其失窮之; 自勇其斷, 則毋以其敵怒之; 自多其力, 則毋以其難概之. 規異事與同計, 譽異人與同行者, 則以飾之無傷也. 有與同失者, 則明飾其無失也. 大忠無所拂悟, 辭言無所擊排, 迺後申其辯知焉. 此所以親近不疑, 知盡之難也. 得曠日彌久, 而周澤旣渥, 深計而不疑, 交爭而不罪, 迺明計利害以致其功, 直指是非以飾其身, 以此相持, 此說之成也.

고통의 값어치

은殷나라 탕왕湯王의 재상 이윤伊尹은 일찍이 하찮은 요리사였고, 진목공秦穆公의 재상 백리해百里奚는 포로였으나, 그런 것은 모두가 군주에게 임용되기 위한 수단이었다. 이 두 사람 다 성인이면서도 그렇게도 몸을 수고롭게 하고 천한 일을 겪은 후에 세상에 빛을 보았다. 이렇게 본다면 재능 있는 인재라도 그런 수고로운 일을 거론할 것이 못된다.

伊尹爲庖, 百里奚爲虜, 皆所由干其上也. 故此二子者, 皆聖人也, 猶不能無役身而涉世如此其汙也, 則非能仕之所說也.

이웃집에서 일러준 충고

송宋나라에 한 부자가 있었는데 비로 인해 토담이 무너지자 그의 아들이 아버지에게 말하였다.

"고쳐 쌓지 않으면 도둑이 들까 걱정됩니다."

이웃집 주인도 역시 같은 말로 충고하였다. 그런데 그 날 밤 정말 도둑이

들어 많은 재물을 잃고 말았다. 그러자 아버지는 아들은 현명하다 여기면서 이웃집 주인에게는 의심을 품었다.

宋有富人, 天雨牆壞. 其子曰「不築且有盜」, 其鄰人之父亦云, 暮而果大亡其財, 其家甚知其子而疑鄰人之父.

교묘한 계략

옛날 정鄭나라 무공武公이 호胡를 치려 자신의 딸을 호나라의 임금에게 시집 보냈다. 그런 다음에 여러 신하들에게 물었다.

"내가 출병코자 하는데 어느 나라를 치면 좋겠는가?"

관기사關其思라는 자가 말하였다.

"호나라를 쳐야 합니다."

그러자 무공이 말하였다.

"호나라는 형제의 의가 있는 나라다. 그대는 어찌 호나라를 치라는 것인가?"

그리고 나서 관기사에게 죄를 씌워 죽여버렸다.

호나라 임금은 이 말을 전해 듣고, 정나라는 자신들과 친한 나라라 여기면서 그들의 공격에 아무런 대비하지 않았다. 이에 정나라의 군대는 호나라를 습격하여 빼앗아 버렸다.

이처럼 이웃집 사람과 관기사가 말한 것은 어느 쪽이나 모두 타당하였건만, 한 사람은 죽음을 당하고 또 한 사람은 의심을 받았다. 이런 일은 지혜를 내는 일이 어려운 것이 아니라 지혜를 쓰는 것이 어렵다는 뜻이다.

昔者鄭武公欲伐胡, 迺以其子妻之. 因問羣臣曰:「吾欲用兵, 誰可伐者?」關其思曰:「胡可伐.」迺戮關其思, 曰:「胡, 兄弟之國也, 子言伐之, 何也?」胡君聞之, 以鄭爲親己而不備鄭. 鄭人襲胡, 取之. 此二說者, 其知皆當矣, 然而甚者爲戮, 薄者見疑. 非知之難也, 處知則難矣.

◎ 사랑과 증오는 변하나니

옛날에 미자하彌子瑕라는 자가 위衛나라 임금의 총애를 받았다. 위나라 국법에는 함부로 임금의 수레를 타는 자는 월형刖刑(다리 잘리는 형벌)에 처하도록 되어 있었다. 그런데 밤중에 어떤 사람이 미자의 어머니가 병이 났다고 미자에게 알려오자, 미자는 주위를 속이고 임금의 수레를 타고서 대궐 문을 빠져나갔다.

위나라 임금은 이를 듣고 그를 현명하다 이렇게 칭찬하였다.

"얼마나 극진한 효도인가. 어머니를 위하느라 월형도 겁내지 아니하였으니!"

또 어느 날 임금과 함께 과수원에 행차하였을 때, 미자가 복숭아를 한 입 베어먹어 보았더니 그 맛이 매우 달아, 이에 먹던 것을 임금에게 올렸다. 임금은 말하였다.

"얼마나 임금을 생각하는 정이 깊은가? 자기가 입을 대었던 것조차 잊어버리고 나를 이토록 생각해 주다니!"

그 뒤 미자가 늙고 임금의 총애도 멀어졌으며 결국 죄를 짓게 되자 임금은 이렇게 말하였다.

"미자는 일찍이 나를 속이고 내 수레를 탔으며, 또 자기가 먹던 복숭아를 내게 먹였다."

미자의 행위는 처음이나 나중이나 변함이 없었건만, 앞서는 현명하다 하였고 뒤에는 죄를 범하였다고 말한 것은 사랑과 미움의 변화 때문이다. 그런 까닭에 군주에게 신뢰받고 있을 때는 지혜가 임금의 마음에 들어 더욱더 친밀하게 되지만, 반대로 미움을 받을 때는 죄를 범하는 짓을 한다고 하여 더욱더 멀어지게 되는 것이다.

昔者彌子瑕見愛於衛君. 衛國之法, 竊駕君車者罪至刖. 旣而彌子之母病, 人聞, 往夜告之, 彌子矯駕君車而出. 君聞之而賢之曰: 「孝哉, 爲母之故而犯刖罪!」 與君游果園, 彌子食桃而甘, 不盡而奉君. 君曰: 「愛我哉, 忘其口而念我!」 及彌子色衰而愛弛, 得罪於君. 君曰: 「是嘗矯駕吾車, 又嘗食我以其餘桃.」 故彌子之行未變於初也, 前見賢而後獲罪者, 愛憎之至變也.

◎ 역린을 건드리지 마라

따라서 임금에게 간하고 유세하는 자는 임금이 신뢰하고 미워하는 정도를 통찰한 다음에 말을 꺼내야 하는 것이다.

용은 잘 길들이면 그 등에도 탈 수 있으나, 다만 목덜미에 직경 한 자 가량의 역린逆鱗이 있어 사람이 이것을 건드리면 반드시 그 건드린 사람을 죽인다고 한다. 임금에게도 이러한 비늘이 있다. 유세객으로서 임금의 역린을 건드리는 일이 없으면 유세는 거의 성공이라 할 수 있으리라.

故有愛於主, 則知當而加親; 見憎於主, 則罪當而加疏. 故諫說之士不可不察愛憎之主而後說之矣.

夫龍之爲蟲也, 可擾狎而騎也. 然其喉下有逆鱗徑尺, 人有嬰之, 則必殺人. 人主亦有逆鱗, 說之者能無嬰人主之逆鱗, 則幾矣.

◎ 한비의 억울한 죽음

혹자가 한비의 저술을 진秦나라에 가지고 와서 전해 주자 진왕은 〈고분〉, 〈오두〉 두 편의 문장을 보고 이렇게 말하였다.

"아! 나는 이 글을 쓴 자를 만나 사귈 수 있다면 죽어도 한이 없겠다!"

그러자 이사李斯가 말하였다.

"이것은 한비가 저술한 책입니다."

진왕은 한비를 얻으려고 급히 한韓나라를 공격하였다. 한왕은 처음에 한비를 등용하지 않았으나, 위급한 지경에 이르자 한비를 진나라에 사신으로 보내었다. 진왕이 한비를 만나 마음에는 들기는 하였으나, 아직 믿고 등용하지는 않고 있을 때였다. 이때 이사와 요가姚賈는 한비가 등용되면 자기들에게 불리하리라 여겨 한비를 비방하여 이렇게 말하였다.

"한비는 한나라 공자 중 한 사람입니다. 이제 대왕께서 천하를 통일하고자 하는 이때 한비를 등용하면 한비는 결국 자신의 고국 한나라를 위해 일하게 될 것이요, 우리 진나라에게는 아무런 도움이 되지 않을 것입니다. 이야말로 사람의 마음인 것입니다. 이제 대왕께서 한비를 쓰지도 않은 채 오랫동안 머물게 하였다가 돌려보낸다면 뒷날에 화만 남기는 결과가 될 것입니다. 허물을 뒤집어 씌워 죽이느니만 못합니다."

진왕은 그럴 수 있다고 여겨 한비를 옥리의 손에 맡겨 처리하도록 하였다. 이사는 한비에게 독약을 보내어 스스로 목숨을 끊도록 하였다. 한비는 직접 임금에게 진언하기를 청원하였으나 임금을 만날 수 없었다.

진왕은 뒤에 이를 후회하고 사자를 보내어 살려주려 하였지만 이미 한비는 죽은 뒤였다.

人或傳其書至秦. 秦王見〈孤憤〉·〈五蠹〉之書, 曰:「嗟乎, 寡人得見此人與之游, 死不恨矣!」李斯曰:「此韓非之所著書也.」秦因急攻韓. 韓王始不用非, 及急, 迺遣非使秦. 秦王悅之, 未信用. 李斯·姚賈害之, 毀之曰:「韓非, 韓之諸公子也. 今王欲幷諸侯, 非終爲韓不爲秦, 此人之情也. 今王不用, 久留而歸之, 此自遺患也, 不如以過法誅之.」秦王以爲然, 下吏治非. 李斯使人遺非藥, 使自殺. 韓非欲自陳, 不得見. 秦王後悔之, 使人赦之, 非已死矣.

스스로는 화를 벗어나지 못하였으니

신불해와 한비는 둘 모두 책을 저술하여 후세에 전하였으므로 이를 배우는 사람들이 많았다. 나는 다만 한비가 〈세난〉편을 짓고도 자신은 그 화를 벗어나지 못하였던 것을 슬프게 생각한다.

申子·韓子皆著書, 傳於後世, 學者多有. 余獨悲韓子爲〈說難〉而不能自脫耳.

사마천의 평어

나 태사공은 이렇게 생각한다.

노자가 귀하게 여긴 도道는 허무하여 실체가 없고, 자연에 의하여 변화를 따르며 무위無爲 속에서도 끝없이 변화함을 중시한다. 그 때문에 그의 저서의 문장은 미묘하여 이해하기 어려운 것이라고 한다. 장자는 노자의 도덕을 더 넓혀서 자신의 생각을 자유롭게 펼쳤다. 그 요지는 자연으로 돌아가라는 것이다. 신불해의 학문은 낮고도 가까운 것으로, 도덕을 형명刑名·법술에 비추어 적용시킨 것이다. 한비는 법률에 의하여 먹줄을 그어 놓은 것처럼 결단하고 옳고 그름이 명확하나, 그 결론이 너무도 가혹하여 인사를 끊고 마는 것이다.

이상의 학설은 어느 것이나 다 도덕을 근본으로 하는 것이지만, 그 중 노자의 사상이 가장 심원한 것이라 하겠다.

太史公曰: 老子所貴道, 虛無, 因應變化於無爲, 故著書辭稱微妙難識. 莊子散道德, 放論, 要亦歸之自然. 申子卑卑, 施之於名實. 韓子引繩墨, 切事情, 明是非, 其極慘礉少恩. 皆原於道德之意, 而老子深遠矣.

史記列傳

004(64) 사마양저 열전司馬穰苴列傳

사마양저司馬穰苴, 田穰苴

늦었으니 목을 베어라

사마양저는 전완田完의 먼 후손이다. 제齊나라 경공景公 때 진晉나라는 아阿와 견甄 땅을 공격해 오고, 연燕나라는 하상河上을 침범하여 제齊나라 군대가 패하고 말았다. 경공이 이를 걱정하자 안영晏嬰이 전양저田穰苴를 이렇게 추천하였다.

〈司馬穰苴〉

"양저는 전씨 집안의 서얼이지만, 그의 글은 능히 많은 사람은 끌어들이고 그의 무예는 능히 적을 놀라게 할 만합니다. 원컨대 임금께서 시험해 보시기 바랍니다."

경공은 양저를 불러 그와 군사에 대하여 말을 나누어 보고는 크게 만족하였다. 이에 그를 장군으로 삼아 군사를 이끌고 연·진 두 나라의 군사를 막도록 하였다. 양저가 임금에게 말하였다.

"신은 원래 비천한 자입니다만 왕께서 저를 백성과 오졸伍卒 가운데에서 뽑아 대부의 윗자리에 처하도록 하셨으나, 병졸들은 아직 저에게 다가오지 아니하고 백성들도 저를 신임하지 않고 있습니다. 이처럼 신분이 미천하고 권세가 가벼우니, 원컨대 왕께서 총애하시고 백성들에게도 존경받는 신하 하나를 부려 저의 군사를 감독하도록 하여 주시면 될 것입니다."

이에 경공은 이를 허락하고 장가莊賈를 시켜 그 일을 하도록 하였다. 양저는 경공에게 떠나는 인사를 드리고 나서 장가와 이렇게 약속하였다.

"내일 정오에 군영에서 만납시다."

이튿날 양저는 먼저 군영으로 달려가 해시계를 세우고 물시계를 걸어 놓은 다음 장가를 기다렸다. 장가는 본디 교만한 자로써 이때도 장수는 자신의 군대요, 자신은 그 군대의 감독이니 급히 서두를 것이 없다고 여겨 친척과 친구들의 송별을 받으며 머물러 술을 마시고 있었다.

정오가 되어도 장가가 오지 않자 양저는 해시계를 엎어 버리고 물시계를 쏟아 버린 다음, 들어가 군영을 순시하고 군사를 정돈하여 지켜야 할 군령을 시달하였다. 약속이 이미 확정되고 저녁때가 되어서야 겨우 장가가 나타났다. 양저가 물었다.

"어찌하여 이렇게 늦었소?"

장가가 말하였다.

"못난 저에게 대부와 친척들이 송별회를 열어 주어 그 때문에 이처럼 늦었습니다."

양저는 이렇게 말하였다.

"장군이란 명령을 받은 날이면 집을 잊고, 군영에 이르러 군령을 약속하고 나면 어버이도 잊어야 하며, 북채를 잡고 북을 치며 급히 공격할 때면 자신을 잊어버려야 하는 것이오! 지금 적이 깊숙이 침입하여 나라가 소란하고 사병들은 국경을 지키느라 몸을 햇볕에 드러낸 채 고생하고 있소. 왕께서는 자리에 누워서도 편한 잠을 자지 못하고 음식을 먹어도 맛을 모르며, 백성들의 목숨은 모두 당신에게 달려 있는 이 때에 송별회라니 그 무슨 말이오!"

그리고는 군정軍正(군사재판관)을 불러 물었다.

"군법에 기한을 어겼을 때의 죄는 무엇인가?"

그가 대답하였다.

"참수에 해당합니다."

장가는 겁을 먹고 사자를 시켜 말을 달려 경공에게 알리며 구원을 청하였다. 양저는 사자가 떠나고 아직 돌아오지 않았을 때 양저는 드디어 장가를 베어 이를 삼군에 널리 알려버렸다. 삼군의 병사들은 모두 두려워 떨었다.

한참 뒤에 경공이 보낸 사자가 장가를 사면하라는 부절을 가지고 말을 달려 군영 안으로 들이닥쳤다. 양저가 사자에게 말하였다.

"장수가 진중에 있을 때에는 임금의 명령이라 할지라도 받들지 않을 수 있는 것이 있소."

그리고는 다시 군정에게 물었다.

"삼군의 군영 안으로 말을 달려 들어오는 경우의 죄는 어떤 것인가?"

군정이 대답하였다.

"참수에 해당합니다."

이 말을 들은 사자는 크게 겁을 냈다. 그러자 양저가 말하였다.

"임금의 사자는 죽일 수 없다."

그리고는 그 사자를 태워 온 수레의 마부와 수레의 왼편 곁나무와 왼편의 곁말을 목베어 전군에 본보기로 하였다. 양저는 사자를 보내 경공에게 이 사실을 보고하게 하고는 드디어 싸움터로 출동하였다.

司馬穰苴者, 田完之苗裔也. 齊景公時, 晉伐阿·甄, 而燕侵河上, 齊師敗績. 景公患之. 晏嬰乃薦田穰苴曰:「穰苴雖田氏庶孼, 然其人文能附衆, 武能威敵, 願君試之.」景公召穰苴, 與語兵事, 大說之, 以爲將軍, 將兵扞燕晉之師. 穰苴曰:「臣素卑賤, 君擢之閭伍之中, 加之大夫之上, 士卒未附, 百姓不信, 人微權輕, 願得君之寵臣, 國之所尊, 以監軍, 乃可.」於是景公許之, 使莊賈往. 穰苴旣辭, 與莊賈約曰:「旦日日中會於軍門.」穰苴先馳至軍, 立表下漏待賈. 賈素驕貴, 以爲將己之軍而己爲監, 不甚急; 親戚左右送之, 留飮. 日中而賈不至. 穰苴則仆表決漏, 入, 行軍勒兵, 申明約束. 約束旣定, 夕時, 莊賈乃至. 穰苴曰:「何後期爲?」賈謝曰:「不佞大夫親戚送之, 故留.」穰苴曰:「將受命之日則忘其家, 臨軍約束則忘其親, 援枹鼓之急則忘其身. 今敵國深侵, 邦內騷動, 士卒暴露於境, 君寢不安席, 食不甘味, 百姓之命皆懸於君, 何謂相送乎!」召軍正問曰:「軍法期而後至者云何?」對曰:「當斬.」莊賈懼, 使人馳報景公, 請救. 旣往, 未及反, 於是遂斬莊賈以徇三軍. 三軍之士皆振慄. 久之, 景公遣使者持節赦賈, 馳入軍中. 穰苴曰:「將在軍, 君令有所不受.」問軍正曰:「馳三軍法何?」正曰:「當斬.」使者大懼. 穰苴曰:「君之使不可殺之.」乃斬其僕, 車之左駙, 馬之左驂, 以徇三軍. 遣使者還報, 然後行.

◎ 사마양저병법

양저는 병사들의 숙사·우물·아궁이·음식을 비롯하여 문병·의약에까지 모두 몸소 마음을 쓰고, 장군에게 주어지는 급비는 모두 병사들에게로 베풀어 주었다. 자신도 병사들과 양식을 같이 하되, 가장 허약한 병사의 분량과 똑같이 하였다. 이렇게 하자 3일 만에 다시 군사를 정비하게 되었고, 병든 병사들까지도 모두 출동을 같이 하기를 원하여 앞다투어 분발하여 싸움터로 나아갔다.

진나라 군사들이 이를 듣자 싸움을 그치고 물러났으며, 연나라 군사도 이를 듣고 황하를 건너 해산하였다. 이에 양저는 이들을 추격하여 잃었던 땅을 되찾고 군사를 인솔하여 돌아왔다. 그리고 도성에 닿기 전에 대오를 풀고 군령을 해제하고 임금에 대한 충성을 맹세한 다음 도성으로 들어왔다.

경공은 대부들과 함께 교외로 나와 군사들을 맞이하여 위로하고 개선의 예를 행하였다. 이어 궁궐로 돌아와 양저를 맞이하고 그를 대사마大司馬로 높여 임명하였다. 그리하여 양저는 제나라에서 날로 존경을 받는 사람이 되었다.

얼마 후 대부 포씨鮑氏·고씨高氏·국씨國氏 무리들이 양저를 음해하여 경공에게 양저를 헐뜯었다. 경공은 양저를 물러나게 하였으며 양저는 끝내 병으로 죽고 말았다.

양저의 일족인 전걸田乞·전표田豹의 무리들은 이 일로 해서 고씨·국씨의 일족을 원망하였다. 그 뒤, 전상田常이 간공簡公을 죽였을 때에 고씨·국씨의 일족을 모두 죽였다.

전상의 증손 전화田和에 이르러 자립하여 그 손자 전인田因이 제나라 위왕威王이 되었다. 제 위왕은 군사를 움직이고 위력을 보이는 일에 양저의 방법을 많이 모방하였으며, 그리하여 제후들은 모두 제나라에 조공을 하며 받들게 되었던 것이다.

제 위왕은 대부들에게 명하여 옛날의 《사마병법》을 연구하게 하고, 거기에 양저의 병법을 더하여 책을 모아 《사마양저병법司馬穰苴兵法》이라 하였다.

士卒次舍井竈飮食問疾醫藥, 身自拊循之. 悉取將軍之資糧享士卒, 身與士卒平分糧食. 最比其羸弱者, 三日而後勒兵. 病者皆求行, 爭奮出爲之赴戰. 晉師聞之, 爲罷去. 燕師聞之, 度水而解. 於是追擊之, 遂取所亡封內故境而引兵歸. 未至國, 釋兵旅, 解約束, 誓盟而後入邑. 景公與諸大夫郊迎, 勞師成禮, 然後反歸寢. 旣見穰苴, 尊爲大司馬. 田氏日以益尊於齊.

已而大夫鮑氏, 高·國之屬害之, 譖於景公. 景公退穰苴, 苴發疾而死. 田乞·田豹之徒由此怨高·國等. 其後及田常殺簡公, 盡滅高子·國子之族. 至常曾孫和, 因自立爲齊威王, 用兵行威, 大放穰苴之法, 而諸侯朝齊.

齊威王使大夫追論古者《司馬兵法》而附穰苴於其中, 因號曰《司馬穰苴兵法》.

사마천의 평어

나 태사공은 이렇게 생각한다.

내가 《사마병법》을 읽어 보았더니 그 내용은 범위가 넓고 크며, 사상이 심원하여, 하·은·주 3대의 성왕들도 전쟁에서 이토록 심원한 의의를 선양하였다고는 말하기 어렵다. 그러나 문장은 좀 과장된 바도 없지 않다.

만약 무릇 양저 같은 인물이라면 보잘것없는 작은 제나라에서 군사를 움직였을 뿐이니 어느 겨를에 《사마병법》을 우러러볼 수 있었겠는가? 세상에는 이미 《사마병법》이 많이 있으므로 여기서는 더 논하지 않기로 하고 양저의 열전만을 기록한다.

太史公曰: 余讀《司馬兵法》, 閎廓深遠, 雖三代征伐, 未能竟其義, 如其文也, 亦少褒矣. 若夫穰苴, 區區爲小國行師, 何暇及《司馬兵法》之揖讓乎? 世旣多《司馬兵法》, 以故不論, 著穰苴之列傳焉.

史記列傳

005(65) 손자오기 열전孫子吳起列傳

① 손자孫子(孫武) ② 손빈孫臏 ③ 오자吳子(吳起)

〈1〉손자孫子, 孫武

오나라 궁녀의 목을 베다

손자, 즉 손무孫武는 제齊나라 사람으로 병법으로써 오왕吳王 합려闔廬를 만나자 합려가 말하였다.

"그대의 병법서 13편을 내가 모두 읽어 보았소. 실제로 군대를 훈련시켜 보일 수 있겠소?"

손무가 대답하였다.

"할 수 있지요."

합려가 물었다.

"부인들로서 시험할 수 있소?"

"할 수 있습니다."

〈孫武〉

이리하여 합려는 허락을 하고 궁중의 미녀 180명을 불러내었다. 손자는 그들을 두 대열로 나누고, 왕의 총희 두 여인을 각각 대장으로 삼았다. 그리고 전원에게 창을 들게 한 다음 명령을 내렸다.

"너희들은 가슴과 왼손, 오른손, 그리고 등이 어디 있는지 알고 있는가?"

부인들이 대답하였다.

"알고 있습니다."

손자가 말하였다.

"'앞쪽' 하면 가슴 쪽을 바라보고, '왼쪽' 하면 왼손 쪽을, '오른쪽' 하면 오른손 쪽을, '뒤로' 하면 등 뒤쪽을 보아야 한다."

부인들이 말하였다.

"알겠습니다."

이렇게 약속이 선포되자 손자는 지휘용 부월鈇鉞을 갖추어 두고, 세 번, 다섯 번씩 되풀이해 가며 군령을 설명하였다. 그런데 막상 북을 치며 오른쪽으로 행진하도록 하였으나, 여자들은 웃어대기만 할 뿐 움직이지 않았다. 손자는 다시 말하였다.

"군령이 분명하지가 못하고, 명령 전달이 충분치 못한 것은 장수의 죄이다."

다시 세 번 군령을 들려주고 다섯 번 설명을 한 다음 큰북을 울려 왼쪽으로 가도록 명하였다.

그러나 부인들은 다시 웃어대기만 할 뿐이었다. 그러자 손자는 이렇게 말하였다.

宮女訓練圖의 〈孫武〉

"군령이 분명치 못하고 전달이 불충분한 것은 장수의 죄이지만, 이미 군령이 분명히 전달되어 있는데도 병사들이 규정대로 움직이지 않는 것은 곧 관리의 죄이다."

그리고는 좌우의 두 대장을 참수하려 하였다. 누대 위에서 이를 지켜보던 오왕은 자신의 총희 두 사람이 손자의 손에 참수되려는 것에 놀라 황급히 전령을 보내어 제지하였다.

"과인은 이미 장군의 용병이 뛰어나다는 것을 알았소. 과인에게 그 두 여자가 없다면 밥을 먹어도 맛을 알 수 없을 정도이니 원컨대 참수하지 말기를 바라오."

그러나 손자는 엄히 말하였다.

"저는 이미 왕의 명을 받아 장수가 되었습니다. 장수가 군영에 있을 때에는 왕의 명령일지라도 받지 않을 수도 있습니다."

마침내 두 대장의 목을 베고 왕이 그 다음으로 사랑하는 여자를 뽑아 새로 대장으로 세웠다. 그리고는 다시 북을 울리고 호령을 내렸다. 그러자 부인들은 왼쪽이라고 하면 왼쪽으로, 오른쪽이라고 하면 오른쪽으로, 앞으로 하면 앞으로, 뒤로 하면 뒤로, 꿇어앉는 것도 일어나는 것도 모두 마치 자나 먹줄처럼 정확히 행하면서 감히 어떤 소리도 내지 못하는 것이었다. 손자는 비로소 오왕에게 전령을 보냈다.

"부대는 이미 갖춰져 있습니다. 왕께서는 내려오셔서 시험해 보십시오. 왕께서 부리고 싶은 대로 부릴 수 있을 것이니 물과 불 속이라도 뛰어들 것입니다."

그러나 왕은 이렇게 말하였다.

"장군은 훈련을 끝내고 숙사에서 쉬도록 하오. 과인은 내려가 보기를 원치 않소."

吳宮教戰圖 《三十六計》石印本 삽화

孫子武者, 齊人也. 以兵法見於吳王闔廬. 闔廬曰:「子之十三篇, 吾盡觀之矣, 可以小試勒兵乎?」對曰:「可.」闔廬曰:「可試以婦人乎?」曰:「可.」於是許之, 出宮中美女, 得百八十人. 孫子分爲二隊, 以王之寵姬二人各爲隊長, 皆令持戟. 令之曰:「汝知而心與左右手背乎?」婦人曰:「知之.」孫子曰:「前, 則視心; 左, 視左手; 右, 視右手; 後, 卽視背.」婦人曰:「諾.」約束旣布, 乃設鈇鉞, 卽三令五申之. 於是鼓之右, 婦人大笑. 孫子曰:「約束不明, 申令不熟, 將之罪也.」復三令五申而鼓之左, 婦人復大笑. 孫子曰:「約束不明, 申令不熟, 將之罪也; 旣已明而不如法者, 吏士之罪也.」乃欲斬左右隊長. 吳王從臺上觀, 見且斬愛姬, 大駭. 趣使使下令曰:「寡人已知將軍能用兵矣. 寡人非此二姬, 食不甘味, 願勿斬也.」孫子曰:「臣旣已受命爲將, 將在軍, 君命有所不受.」遂斬隊長二人以徇. 用其次爲隊長, 於是復鼓之. 婦人左右前後跪起皆中規矩繩墨, 無敢出聲. 於是孫子使使報王曰:「兵旣整齊, 王可試下觀之, 唯王所欲用之, 雖赴水火猶可也.」吳王曰:「將軍罷休就舍, 寡人不願下觀.」

병법을 좋아한다면서

손자는 이렇게 말하였다.

"왕은 한갓 병법에 대한 말만을 좋아할 뿐, 병법을 실제로 사용할 수 없겠습니다."

그리하여 합려는 손자가 용병에 뛰어난 것을 인정하였고 마침내는 그를 장군으로 삼았다. 그 뒤 오나라는 서쪽으로 초楚나라를 무찔러 서울인 영郢을 점령하고, 북쪽으로는 제齊나라와 진晉나라를 위협하여 그 이름을 천하에 날리게 되었으니 이는 손자의 힘이 함께 했기 때문이다.

孫子曰:「王徒好其言, 不能用其實.」於是闔廬知孫子能用兵, 卒以爲將. 西破彊楚, 入郢, 北威齊晉, 顯名諸侯, 孫子與有力焉.

《손자병법》 아래: 은작산 출토(1972)의 손자병법 죽간(4942매). 산동 臨沂縣 은작산 1호 한묘

〈演陣教美人戰圖〉 판화

《손자병법》 청대 판본

〈2〉손빈孫臏

다리 잘린 손빈

〈손빈(孫臏)〉

손무가 죽고 100년쯤 지나 손빈孫臏이 등장하였다. 손빈은 아읍阿邑과 견읍甄邑 근처에서 태어났다. 손무의 후손으로 일찍이 방연龐涓과 함께 병법을 배웠다.

방연은 공부를 마친 다음, 재빨리 위魏나라에서 벼슬하여 혜왕惠王의 장군이 되었다. 그러나 방연은 스스로 손빈을 당할 수는 없다고 생각하고 있었으므로, 몰래 사람을 보내어 손빈을 불러들였다. 그가 찾아오자 방연은 그의 재능이 자기보다 훨씬 뛰어남을 두려워한 나머지, 시기하여 없는 죄를 뒤집어씌워 그 벌로 두 다리를 자르고 묵형墨刑을 가하였다. 그렇게 되면 손빈이 부끄러워서라도 숨어 살리라 생각한 것이다.

孫武旣死, 後百餘歲有孫臏. 臏生阿鄄之閒, 臏亦孫武之後世子孫也. 孫臏嘗與龐涓俱學兵法. 龐涓旣事魏, 得爲惠王將軍, 而自以爲能不及孫臏, 乃陰使召孫臏. 臏至, 龐涓恐其賢於己, 疾之, 則以法刑斷其兩足而黥之, 欲隱勿見.

전기의 빈객이 되다

그 뒤 제나라 사신이 위나라 수도 대량大梁을 방문하게 되었다. 그 때 손빈은 부끄러움을 무릅쓰고 몰래 제나라 사신을 만나 이야기를 나누었다. 제나라 사신은 이내 손빈의 재능을 알아차리고 몰래 자기의 수레에 숨겨 제나라로 데리고 갔다. 제나라에 간 손빈은 곧 장군 전기田忌의 인정을 받아 그의 빈객으로 머물게 되었다. 전기는 공자들과 자주 마차 경주로 내기를 즐기곤 하였다. 어느 날 손빈은 그 내기를 구경하다가 허점을 알아차리게 되었다. 경기는 네 마리의 말이 끄는 수레를 한 조로 하여 3조가 각 한 번씩 차례로 세 번 경기를 벌이게 되어 있었다. 손빈은 그 3조의 말을 각기 비교한 끝에 속력에는 별 차이가 없지만, 말에 세 등급이 있음을 알고 전기에게 이렇게 일러 주었다.

"내기를 거십시오. 내가 장군을 이기게 해 드리리다."

전기는 손빈을 믿고 제나라 왕과 공자들에게 다시 천금을 걸고 내기를 하자고 제안하였다. 그리하여 다시 경기를 시작하게 되자, 손빈은 그에 앞서 전기에게 승리할 수 있는 비방을 일러 주었다.

"장군의 제일 느린 하등 말을 상대편의 가장 빠른 상등 말과 달리게 하고, 장군의 상등 말은 상대편의 중등 말에, 장군의 중등 말은 상대편의 하등 말과 달리게 하십시오."

경기가 끝나자 전기는 2승 1패의 전적을 거두었으므로 결국 내기에 이겨 천금을 얻었다.

이 일로 손빈의 재능을 더욱 신임하게 된 전기는 마침내 위왕威王에게 그를 천거하였다. 위왕 역시 손빈과 병법에 관한 문답을 가진 뒤 그를 즉시 군사軍師로 삼았다.

齊使者如梁, 孫臏以刑徒陰見, 說齊使. 齊使以爲奇, 竊載與之齊. 齊將田忌善而客待之. 忌數與齊諸公子馳逐重射. 孫子見其馬足不甚相遠, 馬有上·中·下輩. 於是孫子謂田忌曰:「君弟重射, 臣能令君勝.」田忌信然之, 與王及諸公子逐射千金. 及臨質, 孫子曰:「今以君之下駟與彼上駟, 取君上駟與彼中駟, 取君中駟與彼下駟.」旣馳三輩畢, 而田忌一不勝而再勝, 卒得王千金. 於是忌進孫子於威王. 威王問兵法, 遂以爲師.

손빈의 계책

그 뒤 위魏나라가 조趙나라를 공격하자, 조나라는 다급하여 제나라에 구원을 청하였다. 위왕은 손빈을 장군으로 삼아 조나라를 구원하려 하였으나, 손빈은 스스로 '형벌을 받은 사람'임을 이유로 사양하였다. 이에 위왕은 전기를 장군으로 삼되 손빈은 군사로서 치거輜車 안에 들어앉아 작전을 세우도록 하였다. 이윽고 전기가 군대를 출동시키려 하자 손빈이 나아가 계책을 말하였다.

"실이 엉킨 것을 풀려면 잡아당기거나 두들겨서는 안 됩니다. 싸움을 편들려면 덮어놓고 주먹만 휘두른다고 되는 것이 아닙니다. 상대가 노리는 점을 가로막을 것이 아니라, 상대의 무방비 상태에 있는 허점을 칠 때 싸움은 자연 풀리게 되는 것입니다. 지금 위나라와 조나라가 마주 싸우고 있기 때문에 위나라에 남아 있는 자는 다만 노약자들뿐입니다. 이제 장군께서는 군사를 이끌고 위나라 서울 대량大梁을 급히 점령하십시오. 이것이 바로 적의 허점입니다. 따라서 위나라 군사는 자신들의 도성을 구하기 위하여 조나라에 대한 공격을 풀고 말 것입니다. 이야말로 한 번 움직여 조나라의 포위를 풀고 동시에 위나라를 피폐하게 만드는 일입니다."

전기가 손빈의 계책을 따르자, 과연 위나라 군사는 조나라 수도 한단邯鄲에서 급히 물러났다. 제나라 군대는 이를 계릉桂陵에서 여유 있게 맞아 싸워 대승을 거두었다.

其後魏伐趙, 趙急, 請救於齊. 齊威王欲將孫臏, 臏辭謝曰:「刑餘之人不可.」於是乃以田忌爲將, 而孫子爲師, 居輜車中, 坐爲計謀. 田忌欲引兵之趙, 孫子曰:「夫解雜亂紛糾者不控捲, 救鬪者不搏撠, 批亢擣虛, 形格勢禁, 則自爲解耳. 今梁趙相攻; 輕兵銳卒必竭於外, 老弱罷於內. 君不若引兵疾走大梁, 據其街路, 衝其方虛, 彼必釋趙而自救. 是我一擧解趙之圍而收獘於魏也.」田忌從之, 魏果去邯鄲, 與齊戰於桂陵, 大破梁軍.

아궁이 수를 줄여 나가라

그로부터 13년 뒤, 위나라가 조나라와 더불어 한나라를 공격하게 되었다. 한나라는 위급한 사정을 제나라에 알려 왔다. 제나라는 전기를 대장으로 삼아 구원하도록 하였다. 전기는 또다시 곧장 대량을 향해 쳐들어갔다.

위나라 대장 방연은 급보를 받자, 즉시 한나라를 버려 두고 귀로에 올랐으나 이미 국경을 넘어선 제나라 군사는 서쪽으로 계속 진격하고 있었다. 이때 손빈은 전기에게 이렇게 말하였다.

"저들 삼진三晉:韓·魏·趙의 군사는 원래 사납고 용맹스러울 뿐 아니라 제나라를 경멸하고 있습니다. 심지어는 제나라 군사를 가리켜 겁쟁이라고 부르고 있습니다. 그런데 전쟁을 잘하는 사람은, 주어진 형세를 잘 이용하여 자기에게 유리하도록 이끌어 나갑니다. 병법에는 '승리에 취해 백 리를 급히 달리는 군사는 그 상장군을 잃게 되고, 50리를 급히 달리는 군사는 절반밖에 목적지에 도착하지 못한다'라 하였습니다. 적이 우리를 겁쟁이로 생각하고 있는 만큼 그들에게 더욱 약하다는 거짓을 보여 주게 되면, 적은 우리 꾀에 빠져 급히 추격해 오게 될 것입니다. 그러니 우리 군대가 위나라 땅을 넘어선 오늘부터 숙영지를 움직일 때마다 아궁이 수를 줄이는 것이 상책입니다. 즉 오늘은 10만 개, 내일은 6만 개, 모레는 3만 개, 이렇게 줄여 나가는 겁니다."

전기는 그대로 실행하였다.

방연은 제나라 군대를 추격하기 사흘째에 이르자 탄성을 올렸다.

"나는 처음부터 제나라 군사가 겁쟁이란 것을 알고 있었지만 내 생각과 다름없구나. 우리 땅을 침범한 지 사흘만에 벌써 도망병이 반을 훨씬 넘다니."

後十三歲, 魏與趙攻韓, 韓告急於齊. 齊使田忌將而往, 直走大梁. 魏將龐涓聞之, 去韓而歸, 齊軍旣已過而西矣. 孫子謂田忌曰:「彼三晉之兵素悍勇而輕齊, 齊號爲怯, 善戰者因其勢而利導之. 兵法, 百里而趣利者蹶上將, 五十里而趣利者軍半至. 使齊軍入魏地爲十萬竈, 明日爲五萬竈, 又明日爲三萬竈.」龐涓行三日, 大喜, 曰:「我固知齊軍怯, 入吾地三日, 士卒亡者過半矣.」

◎ 방연이 나무 아래에서 죽다

그리고 곧 보병은 따로 떼어놓은 채 기병 등 정예부대만을 이끌고 이틀 길을 하루만에 달려 급히 제나라 군대를 추격하였다. 손빈이 위나라 군사의 속도를 계산해 본 결과, 저녁 무렵이면 위나라의 마릉馬陵에 도착할 수 있을 것 같았다. 마릉은 길이 좁고 양쪽에는 험한 산이 많아 복병을 두기에 알맞은 곳이었다. 손빈은 길옆에 있는 큰 나무를 골라 껍질을 벗겨 낸 다음 그 흰 부분에 이렇게 써 놓았다.

"방연이 이 나무 밑에서 죽으리라."

그리고 제나라 군사들 가운데서 활 잘 쏘는 사람을 무수히 뽑아 큰 활을 지닌 채 길 양쪽에 매복하도록 하고 이렇게 명령해 두었다.

"날이 저물어 이곳에 불이 밝혀짐과 동시에 일제히 활을 쏘도록 하라."

방연은 과연 날이 저문 뒤에야 그 나무 밑에 이르게 되었고, 흰 부분에 쓰인 글씨를 보기 위하여 불을 밝히게 하였다. 방연이 그것을 미처 다 읽기도 전에 제나라 복병의 수많은 화살이 일제히 쏟아져 내렸다. 위나라 군사는 갈팡질팡 앞뒤를 분간하지 못하였다. 방연은 자신의 지혜를 써 볼 겨를도 없이 싸움에 패하게 된 것을 알고 이렇게 말하였다.

"내가 결국 그 녀석의 이름을 떨치게 해 주었구나!"

그리고 스스로 칼로 목을 베어 죽어버렸다.

제나라 군사는 승세를 몰아 위魏나라 군사를 전멸시키고, 위나라 태자 신申을 포로로 잡아 돌아왔다. 손빈은 이 승리로 인해 천하에 이름을 떨쳤으며 세상에 그의 병법이 전해지게 되었다.

乃弃其步軍, 與其輕銳倍日并行逐之. 孫子度其行, 暮當至馬陵. 馬陵道陝, 而旁多阻隘, 可伏兵, 乃斫大樹白而書之曰「龐涓死于此樹之下」. 於是令齊軍善射者萬弩, 夾道而伏, 期曰「暮見火擧而俱發」. 龐涓果夜至所木下, 見白書, 乃鑽火燭之. 讀其書未畢, 齊軍萬弩俱發, 魏軍大亂相失. 龐涓自知智窮兵敗, 乃自剄, 曰:「遂成豎子之名!」齊因乘勝盡破其軍, 虜魏太子申以歸. 孫臏以此名顯天下, 世傳其兵法.

〈3〉 오기吳起

아내를 죽여 의심을 벗어나다

오기吳起는 위衛나라 사람으로 병사를 다루는 데에 능하였다. 일찍이 증자曾子, 曾參에게 배웠으며 노魯나라 임금을 섬겼다. 제나라가 노나라를 공격하자 노나라에서는 오기를 장군으로 임용하려 하였으나, 그의 아내가 제나라 여자였으므로 혹시나 하는 의심을 품고 망설이고 있는 때였다.

그러자 오기는 공을 세우겠다는 일념으로 자신의 아내를 죽여 자기와 제나라와의 관계를 분명히 밝혔다. 그 결과 오기는 노나라 장군에 임명되었다. 오기는 장군이 되어 제나라와 싸워 대승을 거두었다. 그러나 노나라 사람들은 오히려 오기를 이렇게 악평하였다.

"오기는 시기심이 많고 잔인하다. 젊었을 때만 해도 벼슬을 구하러 돌아다니다가 천금이나 되는 가산을 탕진하였을 뿐 아니라, 이를 조롱한 마을 사람들을 30여 명이나 죽이고 위衛나라를 빠져 나왔다. 그때 오기는 어머니 앞에서 자기 팔을 물어뜯으며 '대신이나 재상이 되기 전에는 다시 고향에 돌아오지 않겠습니다'라고 맹세하더니, 증자를 모시고 있던 중에 그 어머니가 죽었지만 맹세를 지켜 돌아오지 않았다. 그 때문에 오기는 증자에게 '매정한 놈'이라는 소리를 듣고 쫓겨나 노나라에 오게 된 것이다. 노나라에서 병법을 배우고 노나라 임금을 섬긴 뒤로는, 제 아내까지 죽여 임금의 의심을 풀었다. 그러나 노나라 같은 작은 나라가 큰 나라와 싸워 이겼다면, 오히려 그 때문에 제후들의 표적이 되기 십상이다. 더군다나 노나라와 위나라는 형제의 나라다. 그 위衛나라에서 도망쳐 온 오기를 계속 중용한다는 것은 곧 위나라와의 친교를 그르치는 것이 된다."

〈오기(吳起)〉

오기에 대한 이러한 악평을 전해들은 노나라 임금 역시 마음속에 의혹이 생기게 되었고 마침내는 오기를 해임하고 말았다.

吳起者, 衛人也, 好用兵. 嘗學於曾子, 事魯君. 齊人攻魯, 魯欲將吳起, 吳起取齊女爲妻, 而魯疑之. 吳起於是欲就名, 遂殺其妻, 以明不與齊也. 魯卒以爲將. 將而攻齊, 大破之.

魯人或惡吳起曰:「起之爲人, 猜忍人也. 其少時, 家累千金, 游仕不遂, 遂破其家. 鄕黨笑之, 吳起殺其謗己者三十餘人, 而東出衛郭門. 與其母訣, 齧臂而盟曰:『起不爲卿相, 不復入衛.』遂事曾子. 居頃之, 其母死, 起終不歸. 曾子薄之, 而與起絶. 起乃之魯, 學兵法以事魯君. 魯君疑之, 起殺妻以求將. 夫魯小國, 而有戰勝之名, 則諸侯圖魯矣. 且魯衛兄弟之國也, 而君用起, 則是弃衛.」魯君疑之, 謝吳起.

위문후를 찾아가다

오기는 찾아갈 곳을 궁리하다가 그 당시 어진 임금으로 칭송받던 위魏나라 문후文侯를 택하였다. 문후가 자신의 중신 이극李克에게 물었다.

"오기는 어떤 사람이오?"

이극이 대답하였다.

"오기는 재물을 탐내고 색을 좋아하기는 하나, 병사를 다루는 일에서는 사마양저司馬穰苴도 따를 수 없을 정도입니다."

이리하여 문후는 오기를 장군에 임명하였다. 과연 오기는 진秦나라를 쳐서 다섯 개 성을 함락시켰다.

吳起於是聞魏文侯賢, 欲事之. 文侯問李克曰:「吳起何如人哉?」李克曰:「起貪而好色, 然用兵司馬穰苴不能過也.」於是魏文侯以爲將, 擊秦, 拔五城.

◎ 병사의 종기 고름을 빨아주다

오기는 장군으로서 군대를 거느릴 때에는 언제나 하급 병사들과 의식을 같이 하였고, 누울 때도 자리를 까는 법이 없었으며 행군할 때도 수레에 타지 않았다. 또한 자기가 먹을 양식은 직접 가지고 다니는 등 병사들과 모든 고락을 함께 하였다.

한 번은 병사들 가운데 종기를 앓는 사람이 생기자, 오기는 그의 고름을 입으로 빨아냈다. 그러자 그 병졸의 어머니가 이를 듣고 소리내어 울었다. 어떤 사람이 그 이유를 물었다.

"당신 아들은 졸병에 지나지 않는데 장군께서 친히 종기를 빨아 주었다는데 어찌하여 우는 거요?"

그 어머니는 이렇게 말하였다.

"그런 게 아닙니다. 지난해에도 오기 장군께서 그 애 아비의 종기를 빨아 주었습니다. 그는 감격한 나머지 도망치지 않고 끝까지 싸우다가 죽고 말았습니다. 장군께서 지금 또 그 아들의 종기를 빨아 주었으니 그 자식도 필경은 어디선가 싸우다가 죽을 것입니다. 그 때문에 우는 것입니다."

부하의 종기를 빨아주는 오기 石印本 《東周列國志》 삽화

문후는 오기가 병사 다루는 일에 뛰어날 뿐 아니라 청렴하고 공평하여 병사들에게 신망을 얻고 있음을 알고 그를 서하西河 태수로 임명하여 진나라와 한나라 군사를 막게 하였다.

起之爲將, 與士卒最下者同衣食. 臥不設席, 行不騎乘, 親裹贏糧, 與士卒分勞苦. 卒有病疽者, 起爲吮之. 卒母聞而哭之. 人曰:「子卒也, 而將軍自吮其疽, 何哭爲?」母曰:「非然也. 往年吳公吮其父, 其父戰不旋踵, 遂死於敵. 吳公今又吮其子, 妾不知其死所矣. 是以哭之.」

文侯以吳起善用兵, 廉平, 盡能得士心, 乃以爲西河守, 以拒秦·韓.

지형의 험난함보다 임금의 덕이 낫다

〈吳起遭亂箭圖〉 명각본 《新列國志》 삽화

문후가 죽은 뒤 오기는 계속하여 문후의 아들 무후武侯를 섬겼다. 무후는 언젠가 서하에 배를 띄우고 물을 따라 내려가다가 중간쯤에 이르러 뒤를 돌아보며 오기에게 이렇게 말하였다.

"참으로 아름답구려. 이 산과 물이 험난한 것이야말로 우리 위나라의 보배가 아니고 무엇이겠소!"

이에 오기가 공손히 대답하였다.

"나라가 보배로 삼아야 할 것은 임금의 덕일 뿐 지형의 험준함에 있지 않습니다. 옛날 삼묘三苗씨의 나라는 왼쪽에 동정호洞庭湖를 끼고 있고, 오른쪽에 팽려호彭蠡湖를 끼고 있었으나, 덕의를 닦지 않았기 때문에 하나라 우禹임금에게 멸망당하고 말았습니다. 하나라의 걸왕桀王이 살던 곳은 황하黃河와 제수濟水를 왼쪽에 끼고, 태산泰山과 화산華山이 오른쪽을 막아주고 있었으며, 이궐伊闕이 그 남쪽에 있고, 양장羊腸이 그 북쪽에 있었으나, 그 정사가 어질지 못한 나머지 은나라 탕왕湯王에게 쫓겨나고 말았습니다. 은나라 주왕紂王은 맹문산孟門山을 왼쪽으로, 태행산太行山을 오른쪽으로 하고, 상산常山이 그 북쪽에 있고, 황하가 그 남쪽을 둘러 있었으나, 주왕이 덕으로써 정치를 하지 않아 무왕武王이 그를 죽여버렸습니다. 이로써 미루어 보건대 중요한 것은 임금의 덕에 있지 지형의 험난함에 있는 것은 아니옵니다. 만일 임금께서 덕을 닦지 않으시면 이 배 안의 사람들도 모두 적이 될 것이옵니다."

무후가 감탄하였다.

"과연 옳은 말이오."

그리고 즉시 오기에게 계속 서하 태수를 맡도록 하였다. 이로부터 오기의 명성은 날로 높아갔다.

魏文侯旣卒, 起事其子武侯. 武侯浮西河而下, 中流, 顧而謂吳起曰:「美哉乎山河之固, 此魏國之寶也!」起對曰:「在德不在險. 昔三苗氏左洞庭, 右彭蠡, 德義不修, 禹滅之. 夏桀之居, 左河濟, 右泰華, 伊闕在其南, 羊腸在其北, 修政不仁, 湯放之. 殷紂之國, 左孟門, 右太行, 常山在其北, 大河經其南, 修政不德, 武王殺之. 由此觀之, 在德不在險. 若君不修德, 舟中之人盡爲敵國也.」武侯曰:「善.」

(卽封)吳起爲西河守, 甚有聲名.

◎ 지위가 높은 까닭

그 무렵 위魏나라에서는 새로 재상 직책을 마련하고 전문田文을 그 자리에 임명하였다. 오기는 자신이 되리라 기대하였다가 그렇게 되지 않자, 이를 못마땅하게 여긴 나머지 전문에게 이렇게 말하였다.

"당신과 공로를 비교해 보고 싶은데 어떻소?"

전문이 대답하였다.

"좋소."

오기가 물었다.

"삼군三軍의 장군이 되어 병사들로 하여금 기꺼이 나라를 위해 목숨 바쳐 싸우게 하며, 또 적국이 감히 우리 위나라를 넘볼 수 없게 하는 점에 있어서 당신과 나와 어느 쪽이 더 낫다고 생각하시오?"

전문이 대답하였다.

"제가 당신에게 미치지 못하지요."

오기가 물었다.

"백관을 다스리고 백성들로부터 믿음을 얻으며 나라의 재정을 튼튼히 하는 점에서는 누가 낫겠소?"

전문이 말하였다.

"그것도 당신만 못하지요."

오기가 물었다.

“서하를 지켜 진나라 군사가 감히 동쪽으로 향해 우리 위나라를 칠 생각을 하지 못하게 하고, 한·조 두 나라를 함께 복종하게 만드는 점에 있어서는 누가 낫겠소?”

전문이 대답하였다.

“그 역시 당신을 따를 수 없소.”

오기가 말하였다.

“이 세 가지 점 모두 당신은 나만 못한데 지위는 나보다 높으니 무슨 까닭이오?”

전문이 말하였다.

“왕께서 아직 나이가 어려 온 나라가 불안에 싸여 있소. 대신들은 아직 왕에게 심복하고 있지 않으며 백성들도 왕을 믿지 못하고 있소. 이처럼 안전하지 못한 때에 우리 중의 어느 쪽이 재상으로 적합하겠소?”

오기는 잠자코 말이 없다가 얼마 뒤에야 입을 열었다.

“당신에게 맡기겠지요.”

전문이 말하였다.

“이것이 내가 당신보다 윗자리에 앉게 된 까닭이오.”

그제야 오기는 자신이 전문만 못하다는 것을 인정하게 되었다.

魏置相, 相田文. 吳起不悅, 謂田文曰:「請與子論功, 可乎?」田文曰:「可.」起曰:「將三軍, 使士卒樂死, 敵國不敢謀, 子孰與起?」文曰:「不如子.」起曰:「治百官, 親萬民, 實府庫, 子孰與起?」文曰:「不如子.」起曰:「守西河而秦兵不敢東鄕, 韓趙賓從, 子孰與起?」文曰:「不如子.」起曰:「此三者, 子皆出吾下, 而位加吾上, 何也?」文曰:「主少國疑, 大臣未附, 百姓不信, 方是之時, 屬之於子乎? 屬之於我乎?」起默然良久, 曰:「屬之子矣.」文曰:「此乃吾所以居子之上也.」吳起乃自知弗如田文.

◎ 성난 얼굴의 공주

그 뒤 전문이 죽자 공숙公叔이 재상이 되었다. 공숙은 또한 위나라의 공주에게 장가들어 위세를 떨치고 있었다. 그러나 공숙은 늘 오기가 방해가 되었으므로 벼르고 있었다. 때마침 부하 하나가 이렇게 진언해 왔다.

"오기를 내쫓기란 쉽습니다."

공숙이 물었다.

"어떻게 한다는 것인가?"

그 자가 말하였다.

"오기란 사람은 절조가 굳세고 청렴하지만 명예를 좋아합니다. 그러니 상공께서 먼저 무후와 말씀하실 기회를 만들어 '오기는 현인입니다. 왕께서는 아직 나이 젊으시고, 또 강한 진나라와 국경을 맞대고 있습니다. 신은 오기가 우리나라에 머물러 있을 생각이 없는 것이 아닌가 걱정이옵니다' 하십시오. 무후께서는 '어떻게 하면 그를 머무르게 할 수 있겠는가'라고 물으실 것입니다. 그러면 상공께서는 무후에게 '시험삼아 공주를 아내로 보내도록 해 보시면 어떻겠습니까? 오기가 머물러 있을 생각이 있으면 틀림없이 승락할 것이요, 머무를 생각이 없다면 틀림없이 사양할 것입니다. 이로써 판단하면 됩니다'라고 하십시오. 그렇게 말씀해 두시고 오기를 초대하여 함께 댁으로 가신 뒤에 공주로 하여금 성난 얼굴로 상공을 푸대접하는 태도를 보이도록 하십시오. 오기는 공주가 상공을 푸대접하는 것을 보게 되면 공주에게 장가들 생각이 없어져 임금의 청을 거절하게 될 것입니다."

결국 오기는 무후에게 자신이 공주에게 장가들기를 사양하고 말았다. 이를 계기로 무후는 오기를 의심하여 그를 신임하지 않게 되었다.

오기는 죄를 입게 될까 두려워 초楚나라로 가 버렸다.

田文旣死, 公叔爲相, 尙魏公主, 而害吳起. 公叔之僕曰: 「起易去也.」 公叔曰: 「柰何?」 其僕曰: 「吳起爲人節廉而自喜名也. 君因先與武侯言曰: 『夫吳起賢人也, 而侯之國小, 又與彊秦壤界, 臣竊恐起之無留心也.』 武侯卽曰: 『柰何?』 君因謂武侯曰: 『試延以公主, 起有留心則必受之, 無留心則必辭矣.

以此卜之.』君因召吳起而與歸, 卽令公主怒而輕君. 吳起見公主之賤君也, 則必辭.」於是吳起見公主之賤魏相, 果辭魏武侯. 武侯疑之而弗信也. 吳起懼得罪, 遂去, 卽之楚.

왕의 시신 뒤에 몸을 숨기다

초楚나라 도왕悼王은 일찍부터 오기가 똑똑한 사람이라는 소문을 들어온 터라, 오기를 맞아 곧 초나라 재상에 임명하였다. 오기는 법령을 자세히 밝히고 긴박하지 않은 관직들을 없앴으며, 또 왕족들 중에서도 이미 멀어진 사람들의 봉록을 폐지시켜, 거기서 얻은 재원으로 군사를 양성하였다. 그는 강병책을 적극 추진하여 합종이니 연횡이니 하는 유세객의 논리를 무시해 버렸다. 이리하여 남쪽으로는 백월百越을 평정하고, 북쪽으로는 진陳·채蔡를 초나라에 병합하였으며, 삼진三晉을 물리치고, 서쪽으로 진秦나라를 쳤다. 제후들은 초나라가 점점 강해지는 것을 두려워하였다.

〈마릉복노(馬陵伏弩)〉《三十六計》 석인본 판화

한편 오기로 인해 벼슬자리를 잃은 초나라 왕족들은 모두 오기를 미워하며 죽일 기회를 엿보고 있었다. 그러다가 마침내 도왕의 죽음을 계기로 폭발하고 말았다. 대신들이 반란을 일으켜 일제히 오기를 공격하였다. 오기는 마침내 쫓기다가 도왕의 영구를 둔 방으로 가서 시신 뒤에 엎드려 있었다. 그러나 오기를 쫓던 자들은 전혀 개의치 않고 오기에게 화살을 쏘아붙였다. 오기는 죽었지만 화살은 도왕의 시신까지 꿰뚫었다. 도왕의 장례식이 끝나고 태자가 즉위하자, 재상 영윤令尹에게 명하여 오기를 쏘느라 왕의 시신에까지 화살을 쏘아 댄 자들을 모조리 잡아죽이도록 하였다. 이로 인해 멸족의 화를 입은 자가 70여 세대나 되었다.

楚悼王素聞起賢, 至則相楚. 明法審令, 捐不急之官, 廢公族疏遠者, 以撫養戰鬪之士. 要在彊兵, 破馳說之言從橫者. 於是南平百越; 北幷陳蔡, 卻三晉; 西伐秦. 諸侯患楚之彊. 故楚之貴戚盡欲害吳起. 及悼王死, 宗室大臣作亂而攻吳起, 吳起走之王尸而伏之. 擊起之徒因射刺吳起, 幷中悼王. 悼王旣葬, 太子立, 乃使令尹盡誅射吳起而幷中王尸者. 坐射起而夷宗死者七十餘家.

사마천의 평어

나 태사공은 이렇게 생각한다.

세상에서 군사를 논하는 사람은 누구나 《손자》 13편에 대해 거론하며 오기의 《병법》도 세상에 많이 유포되어 있으므로 여기서는 그것을 생략한 채 다만 그들의 사적과 시책에 대해서만 논하였다.

옛말에 '행동에 능하다고 하여 반드시 말에도 능한 것은 아니며, 말에 능한 자라고 해서 반드시 행동에도 능한 것은 아니다'라 하였다.

손빈은 방연을 치는 데에는 그토록 밝았지만 그에 앞서 다리가 잘리는 형벌의 재앙을 막지는 못하였다. 오기는 무후에게는 지형의 험난함보다 임금의 덕이 낫다고 말하였지만, 자신이 초나라에서 행한 것은 각박하고 은혜 따위는 나몰라라 하였다가 결국 자신의 몸을 망쳤으니 슬픈 일이로다!

太史公曰: 世俗所稱師旅, 皆道《孫子》十三篇, 吳起《兵法》, 世多有, 故弗論, 論其行事所施設者. 語曰: 「能行之者未必能言, 能言之者未必能行.」 孫子籌策龐涓明矣, 然不能蚤救患於被刑. 吳起說武侯以形勢不如德, 然行之於楚, 以刻暴少恩亡其軀. 悲夫!

006(66) 오자서 열전伍子胥列傳

오자서伍子胥, 伍員

미인을 태자에게 줄 것이 아니라 직접 차지하십시오

〈伍子胥〉《三才圖會》

오자서伍子胥는 초楚나라 사람이다. 이름은 원員이다. 원의 아버지는 오사伍奢, 형은 오상伍尙이며 그들의 조상으로는 오거伍擧가 있었다. 오거는 초나라 장왕莊王을 섬기며 바른 말을 잘한 인물로 세상에 알려져 있다. 이에 그 후손들은 초나라의 명문 집안으로 꼽히게 되었다.

당시는 초평왕楚平王 때로 왕에게는 건建이라는 태자가 있었다. 평왕은 오사를 건의 태부太傅로, 비무기費無忌를 소부少傅로 임명하였는데 비무기는 태자 건建에게 충성을 다하지 아니하는 자였다.

평왕은 태자 비妃를 진秦나라에서 맞아오기 위해 비무기를 보냈다. 그런데 진나라 공주가 미인인 것을 본 비무기는 말을 달려 돌아와서는 평왕에게 이렇게 보고하였다.

"진나라 공주는 절세 미인입니다. 왕께서 진나라 공주를 직접 맞이하시고 태자에게는 달리 비를 맞이하도록 하는 것이 좋겠습니다."

평왕은 마침내 스스로 그 진나라 공주를 차지하고 그녀를 더없이 사랑하여 아들 진軫을 낳게 되었다. 그리고 태자에게는 따로 비를 맞아 주었다.

이렇게 해서 태자를 보필하던 비무기는 진나라 공주의 일로 인해 평왕을 모시게 되었다. 그러나 평왕의 사후가 걱정이었다. 태자가 임금이 되면 자기 목숨이 위험할 것임을 알게 된 그는 겁이 난 나머지 태자 건을 증상하기 시작하였다. 건의 어머니는 채蔡나라 사람으로 평왕이 총애하지도 않는 여자였다.

비무기의 뜻대로 평왕은 차츰 건을 멀리 하게 되어, 끝내는 변경 성보城父의 태수로 임명하여 국경을 지키도록 해 버렸다. 얼마 뒤에 비무기는 또다시 밤낮으로 태자의 결점을 왕에게 참소하기 시작하였다.

"태자는 진나라 공주의 일로 인해 틀림없이 원한을 품고 있을 것입니다. 왕께서는 태자를 경계하셔야 합니다. 태자는 성보에서 군대를 거느리고 밖으로 제후들과 교제를 맺고 도성으로 쳐들어와 반란을 일으키려 하고 있습니다."

이에 평왕은 태자의 태부 오사를 불러들여 사실을 캐물었다. 오사는 비무기가 태자를 왕에게 참소한 것을 알고 있었으므로 이렇게 간하였다.

"왕께서는 어찌하여 참소로써 사람을 해치려는 소인의 말을 믿으시고 친자식을 멀리하려 하십니까?"

그러자 비무기는 이렇게 다그쳤다.

"왕께서 지금 당장 제거하지 않으셨다가 반란이 일어나면 결국은 왕께서 포로가 될 뿐입니다."

이 말에 평왕은 노하여 곧 오사를 옥에 가두고, 성보에 사마司馬 분양奮揚을 보내어 태자를 죽여 없애도록 명하였다. 분양은 길을 떠나기는 하였으나, 도중에서 태자에게 사람을 미리 보내어 이렇게 일러 주었다.

"급히 떠나십시오. 그렇지 않으면 죽게 됩니다."

이에 태자 건은 송宋나라로 도망쳤다.

伍子胥者, 楚人也, 名員. 員父曰伍奢. 員兄曰伍尙. 其先曰伍擧, 以直諫事楚莊王, 有顯, 故其後世有名於楚.

楚平王有太子名曰建, 使伍奢爲太傅, 費無忌爲少傅. 無忌不忠於太子建. 平王使無忌爲太子取婦於秦, 秦女好, 無忌馳歸報平王曰:「秦女絶美, 王可自取, 而更爲太子取婦.」平王遂自取秦女而絶愛幸之, 生子軫. 更爲太子取婦.

無忌旣以秦女自媚於平王, 因去太子而事平王. 恐一旦平王卒而太子立, 殺己, 乃因讒太子建. 建母, 蔡女也, 無寵於平王. 平王稍益疏建, 使建守城父,備邊兵.

頃之, 無忌又日夜言太子短於王曰:「太子以秦女之故, 不能無怨望, 願王少自備也. 自太子居城父, 將兵, 外交諸侯, 且欲入爲亂矣.」平王乃召其太傅伍奢考問之. 伍奢知無忌讒太子於平王, 因曰:「王獨柰何以讒賊小臣疏骨肉之親乎?」無忌曰:「王今不制, 其事成矣. 王且見禽.」於是平王怒, 囚伍奢, 而使城父司馬奮揚往殺太子. 行未至, 奮揚使人先告太子:「太子急去, 不然將誅.」太子建亡奔宋.

큰아들은 내가 오라면 오겠지만

일이 이쯤 성공하자 비무기는 다시 임금에게 이렇게 말하였다.

"오사에게는 두 아들이 있는데 모두 똑똑합니다. 지금 죽여 없애지 않으면 초나라의 걱정거리가 될 것입니다. 그들의 아비를 인질로 잡아 불러들이십시오. 그렇지 않으면 초나라의 화가 될 것입니다."

왕은 옥중의 오사에게 이렇게 전하였다.

"너의 두 아들을 불러들이면 너는 살아남을 수 있으려니와 불러들이지 못하면 죽음을 면치 못할 것이다."

오왕(吳王) 부차(夫差) 명말청초 馬駘《馬駘畫寶》

그러자 오사는 이렇게 대답하였다.

"큰아들 오상은 속이 깊어 부르면 틀림없이 올 것이다. 그러나 오원伍員, 伍子胥은 마음이 굳세어 남의 말에 귀를 기울이려 하지 않으며, 치욕을 참고 견디는 성격이라 큰 일을 이룩하게 될 것이다. 그는 이곳으로 오면 아비와 자식이 함께 잡히게 된다는 것을 훤히 알고 있을 터인즉 부른다고 올 리가 없다."

그러나 왕은 그의 말을 듣지 않고 사람을 보내 두 아들을 불러들이게 하였다.

"너희들이 오면 그대들의 아버지를 살려 주려니와 오지 않으면 당장 죽여 버리겠다."

오상이 가려 하자 동생 오원은 이렇게 말렸다.

"초나라에서 우리 형제를 부르는 것은, 우리 아버지를 살려 주기 위한 것이 아닙니다. 도망치는 자가 있으면, 후환이 될까 두려워 아버지를 볼모로 하여 우리 둘을 불러들이려는 것입니다. 가는 날이면 부자가 함께 죽고 말 뿐, 아버지께 조금도 도움이 되지 못합니다. 찾아갔다가 함께 죽고나면 아버지의 원수를 어떻게 갚을 수 있겠습니까? 일단 다른 나라로 달아났다가 힘을 빌려 아버지의 원수를 갚느니만 못합니다. 부자가 함께 죽어서는 안 됩니다."

그러나 오상은 동생 오원에게 이렇게 말하였다.

"나도 내가 가더라도 아버지의 목숨을 구하지 못한다는 것을 알고 있다. 그러나 아버지가 살기 위해 나를 불렀는데 가지 않았다가 뒷날 원수도 갚을 수 없게 되면 결국은 세상의 웃음거리만 되고 만다."

그리고 덧붙여 말하였다.

"너는 도망가거라! 그리하여 아버지 죽인 원수를 갚아 다오. 나는 아버지가 계신 곳으로 가서 죽겠다."

이리하여 오상은 자진해 갇히고 말았다. 그러자 사자는 오원마저 잡으려 하였다. 그러나 오원은 사자에게 화살을 겨누고 있어 사자가 감히 달려들지 못하였다. 마침내 오자서는 도망을 쳐 태자 건이 피신한 송나라로 가서 그를 섬겼다. 옥중의 오사는 아들 오원이 도망쳤다는 소식을 듣자 이렇게 말하였다.

"초나라 임금과 신하들은 머지않아 전쟁으로 고통을 겪게 될 것이다."

부름에 응한 오상이 초나라 도읍에 이르자, 평왕은 오사 부자를 함께 처형해 버렸다.

無忌言於平王曰:「伍奢有二子, 皆賢, 不誅且爲楚憂. 可以其父質而召之, 不然且爲楚患.」王使使謂伍奢曰:「能致汝二子則生, 不能則死.」伍奢曰:「尙爲人仁, 呼必來. 員爲人剛戾忍訽, 能成大事, 彼見來之幷禽, 其勢必不來.」王不聽, 使人召二子曰:「來, 吾生汝父; 不來, 今殺奢也.」伍尙欲往, 員曰:「楚之召我兄弟, 非欲以生我父也, 恐有脫者後生患, 故以父爲質, 詐召二子. 二子到, 則父子俱死. 何益父之死? 往而令讎不得報耳. 不如奔他國, 借力以雪父之恥, 俱滅, 無爲也.」伍尙曰:「我知往終不能全父命. 然恨父召我以求生而不往, 後不能雪恥, 終爲天下笑耳.」謂員:「可去矣! 汝能報殺父之讎, 我將歸死.」尙旣就執, 使者捕伍胥. 伍胥貫弓執矢嚮使者, 使者不敢進, 伍胥遂亡. 聞太子建之在宋, 往從之. 奢聞子胥之亡也, 曰:「楚國君臣且苦兵矣.」伍尙至楚, 楚幷殺奢與尙也.

◎ 태자와의 망명 생활

이윽고 오자서가 송나라에 도착하자, 송나라에서는 때마침 '화씨華氏의 난亂'이 일어나 오자서는 태자 건과 함께 다시 정鄭나라로 달아났다. 정나라 사람들은 그들을 대단히 우대해 주었으나, 태자 건은 정나라가 작은 나라로서 힘이 되지 못한다 여겨 다시 진晉나라로 옮겨갔다.

그러자 진나라 경공頃公이 태자 건에게 이러한 제의를 하였다.

"태자는 정나라와 친한 사이여서 그들에게 믿음을 얻고 있소. 그러니 태자가 우리 진나라를 위하여 내응해 주고, 내가 밖에서 공격을 하면 정나라를 멸망시킬 수 있을 것입니다. 정나라를 없앤 다음 태자를 그곳에 봉하면 어떻겠소?"

이 말에 태자는 욕심을 부려 정나라로 되돌아왔다. 그러나 좋은 기회가 채 오기도 전에 마침 사사로운 일로 태자가 자신의 종자를 죽이려 하였다. 그러자 태자의 음모를 알고 있던 종자는 정나라에 그 일을 고발해 버렸고, 정나라 정공定公은 재상 자산子産에게 명하여 태자 건을 죽이고 말았다.

伍胥旣至宋, 宋有華氏之亂, 乃與太子建俱奔於鄭. 鄭人甚善之. 太子建又適晉, 晉頃公曰:「太子旣善鄭, 鄭信太子. 太子能爲我內應, 而我攻其外,滅鄭必矣. 滅鄭而封太子.」太子乃還鄭. 事未會, 會自私欲殺其從者, 從者知其謀, 乃告之於鄭. 鄭定公與子產誅殺太子建.

◎ 강가의 어부

건의 아들로 승勝이 있었는데 오자서는 두려움 끝에 그 승을 데리고 함께 오吳나라로 달아났다. 그러나 국경 소관昭關에 이르자 관문을 지키는 관리가 그를 잡으려 하고 있었던 터라, 오자서는 하는 수 없이 승과 헤어져 홀로 도망쳐야 했다. 쫓기던 오자서는 가까스로 강수江水에 이르러, 마침 배를 띄우고 있던 어부의 도움을 받아 겨우 위험에서 벗어날 수 있었다. 오자서는 강을 건너자마자 차고 있던 칼을 풀어 어부에게 주며 이렇게 고마움을 표시하였다.

"이 칼은 백금百金의 값어치를 지니고 있으니 이것을 당신에게 사례로 드리겠소."

그러자 어부가 이렇게 말하였다.

"초나라에는 이런 방이 나붙었소. 오자서를 잡는 사람에게는 곡식 5만 섬과 집규執珪의 벼슬을 준다고 말이오. 만일 내게 욕심이 있었다면 어찌 한갓 이런 백금의 칼 정도에 그치겠소!"

어부는 칼을 받지 않았다.

오자서는 오나라에 들어섰으나, 도성으로 가는 도중에 병에 시달리고 혹은 걸식을 하는 등 심한 고생을 겪었다.

오나라에 이르자 마침 공자 요僚가 정권을 잡고 공자 광光이 장군으로 있었다. 오자서는 공자 광을 통해 왕을 알현하게 되었다.

建有子名勝. 伍胥懼, 乃與勝俱奔吳. 到昭關, 昭關欲執之. 伍胥遂與勝獨身步走, 幾不得脫. 追者在後. 至江, 江上有一漁父乘船, 知伍胥之急, 乃渡伍胥. 伍胥既渡, 解其劍曰:「此劍直百金, 以與父.」父曰:「楚國之法, 得伍胥者賜粟五萬石, 爵執珪, 豈徒百金劍邪!」不受. 伍胥未至吳而疾, 止中道, 乞食. 至於吳, 吳王僚方用事, 公子光爲將. 伍胥乃因公子光以求見吳王.

❂ 초나라를 칩시다

그 한참 뒤 오나라와 초나라 사이에 분쟁이 일어났다. 초나라 국경에 있는 종리鍾離라는 고을과 오나라 국경에 있는 비량지卑梁氏라는 고을은 함께 누에를 치고 살았는데, 양쪽 고을의 여자들이 뽕 때문에 시비가 붙어 싸움으로 번지게 된 것이었다. 두 고을의 여자들은 뽕잎을 서로 차지하려다가 싸움을 하게 되어, 그로 인해 초평왕의 분노를 사서 마침내는 두 나라가 군사를 일으켜 마주 싸우게 되었다. 오나라는 공자 광으로 하여금 초나라를 치게 하였다. 공자 광은 초나라의 종리와 거소居巢를 함락시킨 다음 돌아왔다. 이 무렵 오자서가 오왕 요에게 이렇게 권유하였다.

"초나라를 아예 멸망시킬 수 있으니 다시 공자 광을 보내십시오."

그러자 공자 광은 그의 의견에 반대하고 나섰다.

"저 오자서란 사람은 아버지와 형이 초나라에서 죽음을 당하였습니다. 그가 왕께 초나라를 치도록 권하는 것은 자신의 원수를 갚기 위해서입니다. 초나라를 치더라도 아직 꼭 이길 수 있다고 볼 수는 없습니다."

오자서는 그 말을 듣고 비로소 공자 광의 속셈을 알아차렸다. 광은 왕을 죽이고 자신이 왕위를 차지하고 싶어하기 때문에, 지금은 국내 밖의 문제를 거론해 보았자 소용이 없음을 깨달은 것이다. 그리하여 전제專諸라는 인물을 공자 광에게 천거해 두고, 그 자신은 물러나 태자 건의 아들 승과 함께 들에서 농사를 지으며 때가 오기를 기다렸다.

久之, 楚平王以其邊邑鍾離與吳邊邑卑梁氏俱蠶, 兩女子爭桑相攻, 乃大怒, 至於兩國擧兵相伐. 吳使公子光伐楚, 拔其鍾離·居巢而歸. 伍子胥說吳王僚曰:「楚可破也. 願復遣公子光.」公子光謂吳王曰:「彼伍胥父兄爲戮於楚, 而勸王伐楚者, 欲以自報其讎耳. 伐楚未可破也.」伍胥知公子光有內志, 欲殺王而自立, 未可說以外事, 乃進專諸於公子光, 退而與太子建之子勝耕於野.

공자 광의 속셈

그로부터 5년이 지나 초나라 평왕이 죽었다. 그리고 앞서 태자 건에게서 가로챈 진나라 공주의 아들 진軫이 그 뒤를 이었으니 그가 곧 소왕昭王이다.

오왕 요는 초나라의 국상을 틈타 두 공자 개여蓋餘와 촉용燭庸으로 하여금 초나라를 기습 공격하도록 하였다. 그러나 초나라는 즉각 응전해 왔을 뿐 아니라 오히려 오나라 군대의 퇴로를 차단하고 말았다.

한편 오나라의 국내가 텅 비다시피 되자, 공자 광은 전제를 시켜 오왕 요를 찔러 죽이고 스스로 왕위에 올랐다. 이가 바로 오왕 합려闔廬이다.

합려는 왕이 되자 바로 오자서를 불러들여 행인行人에 임명하고 함께 나라일을 도모하게 되었다. 때마침 초나라에서는 대신 극완郤宛과 백주리伯州犁가 주살되자, 백주리의 손자 백비伯嚭가 오나라로 망명해 왔으며 이에 합려는 그를 대부에 임명하였다.

앞서 오왕 요의 명령에 의해 초나라로 쳐들어갔다가 퇴로가 끊기어 돌아올 수 없었던 두 공자는, 그 뒤 합려가 요를 죽이고 임금이 되었다는 말을 듣고는 군사를 거느린 채 초나라에 항복하였고 초나라는 그들을 서舒 땅에 봉하였다.

합려는 즉위한 지 3년에 군사를 일으켜 오자서·백비와 함께 초나라를 쳐서 서 땅을 함락시키고, 초나라에 투항하였던 두 공자를 사로잡았다. 나아가 그 여세로 초나라 수도 영郢까지 쳐들어가려 하였으나 장군 손무孫武가 만류하였다.

"백성들의 고달픔이 너무도 큽니다. 아직 그 때가 아닙니다. 좀더 기다리십시오."

합려는 군사를 돌리고 말았다.

합려 4년, 오나라는 초나라를 쳐서 육六과 잠灊 땅을 빼앗았고, 5년에는 월越나라를 쳐서 승리하였다. 6년, 이번에는 초나라에서 소왕의 명을 받은 공자 낭와囊瓦가 군사를 거느리고 오나라를 침공해 왔으므로, 합려는 오자서에게 이를 맞아 싸우도록 하였다.

오자서는 초나라 군사를 예장豫章에서 크게 이기고 초나라 거소居巢를 점령하였다.

五年而楚平王卒. 初, 平王所奪太子建秦女生子軫, 急平王卒, 軫竟立爲後, 是爲昭王. 吳王僚因楚喪, 使二公子將兵往襲楚. 楚發兵絶吳兵之後, 不得歸. 吳國內空, 而公子光乃令專諸襲刺吳王僚而自立, 是爲吳王闔廬. 闔廬旣立, 得志, 乃召伍員以爲行人, 而與謀國事.

楚誅其大臣郤宛·伯州犁, 伯州犁之孫伯嚭亡奔吳, 吳亦以嚭爲大夫. 前王僚所遣二公子將兵伐楚者, 道絶不得歸. 後聞闔廬弑王僚自立, 遂以其兵降楚, 楚封之於舒. 闔廬立三年, 乃興師與伍胥·伯嚭伐楚, 拔舒, 遂禽故吳反二將軍. 因欲至郢, 將軍孫武曰:「民勞, 未可, 且待之.」乃歸.

四年, 吳伐楚, 取六與灊. 五年, 伐越, 敗之. 六年, 楚昭王使公子囊瓦將兵伐吳. 吳使伍員迎擊, 大破楚軍於豫章, 取楚之居巢.

해는 지고 갈 길은 멀고

합려 9년, 드디어 오왕은 오자서와 손무를 불러 상의하였다.

"앞서 경들은 아직 초나라 수도로 쳐들어갈 시기가 아니라고 하였는데 지금은 과연 어떻소?"

두 사람이 함께 대답하였다.

"초나라 장군 낭와는 탐욕스러워 초나라 속국 당唐과 채蔡 두 나라의 원한을 사고 있습니다. 왕께서 크게 초나라를 치실 생각이시면 먼저 당나라와 채나라를 우리편으로 끌어들이십시오. 그렇게 하면 성공할 수 있을 것입니다."

합려는 그 말을 수용하여 국내 모든 군사를 동원하여 당·채와 협력하고 초나라로 쳐들어가서 초군과 한수漢水에서 맞서 진을 쳤다. 이때 오왕의 동생 부개夫概가 선봉을 서려 하였으나 왕이 허락하지 않았다.

그런데도 부개는 자신이 거느린 군사 5천 명을 이끌고 초나라 장수 자상子常을 공격하였다. 자상은 패하여 정나라로 도망쳤다. 이리하여 오나라는 승세를 몰고 진격을 시작하여 다섯 번 싸운 끝에 마침내 수도 영郢에 이르렀다.

기묘일己卯日에 초나라 소왕은 도망을 치고 그 이튿날 경진일庚辰日에 오왕은 영 땅에 입성하였다.

소왕은 영을 탈출하여 운몽雲夢으로 갔는데 밤에 도적들이 왕을 습격하여 왕은 다시 운鄖이란 소국으로 달아났다. 이때 운공鄖公의 동생 회懷가 이렇게 말하였다.

"초나라 평왕이 우리 아버지를 죽였으니 내가 그 아들을 죽인다고 나쁠 것은 없지 않은가!"

운공은 자기 아우가 소왕을 죽일까 겁이 나서 소왕과 함께 수隨라는 소국으로 달아났다. 그러자 소왕을 추격하던 오나라 군사들은 수를 포위한 다음 수나라 사람들에게 이렇게 일렀다.

"주周나라 자손으로 한천漢川에 있던 자들은 모조리 초나라에게 멸망당하였다."

이에 수나라 사람들이 소왕을 죽이려 들자, 왕자 기綦는 왕을 숨겨둔 채 대신 죽으려 하였다. 하지만 때마침 수나라 사람들은 소왕을 오나라로 넘겨주는 일에 대하여 점을 쳐 보았더니, 그 점괘가 불길하여 그만 오나라의 청을 거절하고 소왕을 넘겨주지 않았다.

오자서는 전에 초나라 대부 신포서申包胥와 친하게 지냈었는데, 오자서는 일찍이 망명길에 오를 때 신포서에게 자신의 결심을 이렇게 털어놓은 적이 있었다.

"나는 기어코 초나라를 뒤엎고 말 것이오."

그러자 신포서는 이렇게 대답하였다.

"나는 반드시 초나라를 지킬 것이오."

그런데 오나라 군사가 영을 공격하였을 때, 오자서는 소왕을 잡으려 하였으나 뜻을 이루지 못하자 대신 평왕의 무덤을 파헤쳤다. 그리고 그 시신에 매질을 3백 번이나 한 뒤에야 그쳤다. 이때 산중으로 피신해 있던 신포서가 오자서에게 사람을 보내어 이렇게 말을 전하도록 하였다.

"당신의 복수는 너무 지나치지 않소? 내 듣기로 '사람이 많으면 한때는 하늘을 이길 수도 있지만 하늘의 뜻이 정해지면 사람을 깨뜨릴 수도 있다'라고 하였소. 당신은 원래 평왕의 신하로서 몸소 그를 섬겼는데, 지금 그 평왕의 시신을 욕보였으니 천리에 어긋나는 일로 이보다 더한 것이 어디에 있겠소?"

오자서는 그 사자에게 이렇게 일렀다.

"부디 내가 신포서에게 사과한다고 전하되 '해는 지고 갈 길은 멀어 앞뒤를 분간할 겨를이 없었다'고 말해 주시오."

九年, 吳王闔廬謂子胥·孫武曰: 「始子言郢未可入, 今果何如?」 二子對曰: 「楚將囊瓦貪, 而唐·蔡皆怨之. 王必欲大伐之, 必先得唐·蔡乃可.」 闔廬聽之, 悉興師與唐·蔡伐楚, 與楚夾漢水而陳. 吳王之弟夫概將兵請從, 王不聽, 遂以其屬五千人擊楚將子常. 子常敗走, 奔鄭. 於是吳乘勝而前, 五戰, 遂至郢. 己卯, 楚昭王出奔. 庚辰, 吳王入郢.

昭王出亡, 入雲夢; 盜擊王, 王走鄖. 鄖公弟懷曰: 「平王殺我父, 我殺其子, 不亦可乎!」 鄖公恐其弟殺王, 與王奔隨. 吳兵圍隨, 謂隨人曰: 「周之子孫在漢川者, 楚盡滅之.」 隨人欲殺王, 王子綦匿王, 己自爲王以當之. 隨人卜與王於吳, 不吉, 乃謝吳不與王.

始伍員與申包胥爲交, 員之亡也, 謂包胥曰: 「我必覆楚.」 包胥曰: 「我必存之.」 及吳兵入郢, 伍子胥求昭王. 旣不得, 乃掘楚平王墓, 出其尸, 鞭之三百, 然後已. 申包胥亡於山中, 使人謂子胥曰: 「子之報讎, 其以甚乎! 吾聞之: 人衆者勝天, 天定亦能破人. 今子故平王之臣, 親北面而事之, 今至於僇死人, 此豈其無天道之極乎?」 伍子胥曰: 「爲我謝申包胥曰: 『吾日莫途遠, 吾故倒行而逆施之.』」

진나라 조정에서 이레 밤낮을 운 신포서

신포서는 진秦나라로 달려가 초나라의 위급함을 고하면서 구원을 청하였으나 진나라에서는 들으려 하지 않았다. 그러자 신포서는 진나라 대궐 앞뜰에서 밤낮을 쉬지 않고 울었다.

이레 밤낮 이레 동안 쉬지 않고 울음소리가 끊이지 않자, 진나라 애공哀公이 그를 딱하게 여겨 이렇게 말하였다.

"초나라가 무도하기는 하지만 이같이 충성스런 신하가 있으니 망하게 그냥 둘 수야 없지 않겠는가?"

그리고는 전차 5백 대를 보내어 초나라를 도와 오나라를 치도록 하였다.

6월, 진나라 군사는 오나라 군사와 직稷 땅에서 싸워 이겼다.

한편 오왕 합려는 오랫동안 초나라에 머물러 있으면서 소왕을 찾고 있었는데 그 동안에 합려의 아우 부개가 싸움터에서 먼저 도망쳐 나와 스스로 왕위에 올라 있었다.

합려는 그 소식을 듣자 즉시 초나라를 버리고 귀국해 부개를 쳤다. 부개는 싸움에 패하여 초나라로 달아났다.

오나라에 내란이 일어난 것을 알게 된 초나라 소왕은, 서둘러 영으로 돌아와 부개를 당계堂溪에 봉하고 당계씨라 불렀다. 초나라는 다시 오나라와 싸워 이겼다. 오나라 왕은 자기 나라로 돌아갔다.

그로부터 2년 뒤, 합려는 태자 부차夫差에게 군사를 거느리고 초나라를 치도록 하여 파番를 점령하였다. 초나라는 오나라가 다시 크게 쳐들어올까 겁이 나서 수도를 영에서 약鄀으로 옮겼다.

당시 오나라는 오자서·손무의 계책에 의해 서쪽으로는 강한 초나라를 깨뜨리고, 북쪽으로는 제나라와 진晉나라를 누르고 남쪽으로는 월나라를 굴복시켰다.

그로부터 4년 뒤에 공자孔子가 노나라의 재상이 되었다.

於是申包胥走秦告急, 求救於秦. 秦不許. 包胥立於秦廷, 晝夜哭, 七日七夜不絶其聲. 秦哀公憐之, 曰:「楚雖無道, 有臣若是, 可無存乎?」乃遣車五百乘救楚擊吳. 六月, 敗吳兵於稷. 會吳王久留楚求昭王, 而闔廬弟夫概乃亡歸, 自立爲王. 闔廬聞之, 乃釋楚而歸, 擊其弟夫概. 夫概敗走, 遂奔楚. 楚昭王見吳有內亂, 乃復入郢. 封夫概於堂谿, 爲堂谿氏. 楚復與吳戰, 敗吳, 吳王乃歸.

後二歲, 闔廬使太子夫差將兵伐楚, 取番. 楚懼吳復大來, 乃去郢, 徙於鄀. 當是時, 吳以伍子胥·孫武之謀, 西破彊楚, 北威齊晉, 南服越人.

其後四年, 孔子相魯.

네 아버지를 죽인 원한을 잊겠느냐

다시 5년 뒤, 오나라는 월나라를 쳤다. 월왕 구천句踐은 고소姑蘇에서 오나라 군사를 맞아 싸워 승리를 거두고 오왕 합려의 손가락에 상처를 입혔다.

이로써 오나라 군사는 퇴각하였으나 그 뒤 합려는 손가락 상처가 원인이 되어 죽고 말았다. 임종 때 그는 태자 부차에게 이런 유언을 내렸다.

"너는 구천이 이 아비를 죽인 것을 잊을 수 있겠느냐?"

부차가 대답하였다.

"감히 잊지 못하옵니다."

그 날 저녁에 합려는 죽었다.

부차는 왕이 되자 백비伯嚭를 태재太宰로 임명하여 군사들에게 싸움과 활쏘기를 가르쳤다. 그로부터 2년 뒤 월나라를 쳐서 부초산夫湫山에서 승리하였다. 월왕 구천은 패잔병 5천 명을 거느리고 회계산會稽山 꼭대기에 머물러 있으면서, 대부 문종文種으로 하여금 오나라 태재 백비에게 후한 뇌물을 보내어 강화를 청하였다. 이때 월왕은 나라를 바치는 동시에 오나라의 신하가 되고 자신의 아내는 그의 첩이 되도록 하겠다고 하여, 오왕이 이를 허락하려 하였으나 오자서가 간하였다.

"월왕은 고통을 잘 견디는 사람입니다. 지금 왕께서 그를 없애버리지 않으면 뒷날 틀림없이 후회하게 될 것입니다."

그러나 오왕은 그의 말을 듣지 않고 태재 백비의 계책에 따라 월나라와 강화를 맺었다.

後五年, 伐越. 越王句踐迎擊, 敗吳於姑蘇, 傷闔廬指, 軍卻. 闔廬病創將死, 謂太子夫差曰:「爾忘句踐殺爾父乎?」夫差對曰:「不敢忘.」是夕, 闔廬死. 夫差旣立爲王, 以伯嚭爲太宰, 習戰射. 二年後伐越, 敗越於夫湫. 越王句踐乃以餘兵五千人棲於會稽之上, 使大夫種厚幣遺吳太宰嚭以請和, 求委國爲臣妾. 吳王將許之. 伍子胥諫曰:「越王爲人能辛苦. 今王不滅, 後必悔之.」吳王不聽, 用太宰嚭計, 與越平.

◎ 월왕 구천을 조심하시오

그로부터 5년 뒤, 제齊나라 경공景公이 죽었다. 오왕은 제나라의 새 임금이 아직 나이가 어리고 대신들이 세력 다툼을 벌이고 있다는 말을 듣고는 기회라 여겨 군사를 일으켜 북쪽으로 제나라를 치려 하였다.

이때 오자서가 또 다시 간언하였다.

"구천은 맛있는 음식을 먹지 않으며, 백성들의 죽은 이를 조문하고 병든 자를 위문하여 훗날 그들을 요긴하게 쓸 생각을 하고 있습니다. 구천이 살아 있는 한 이는 틀림없이 오나라의 걱정거리가 되고 말 것입니다. 지금 오나라에게 월나라가 있음은 마치 사람의 뱃속에 병이 들어 있는 것과 같습니다. 그런데 왕께선 월나라를 먼저 처치하지 아니하고 제나라 치는 데에 힘을 쏟으려 하시니 어찌 잘못이 아니겠습니까!"

그러나 오나라 왕은 아랑곳하지 않은 채 제나라를 쳐서 제나라 군사를 애릉艾陵에서 대패시킨 다음 여세를 몰아 추鄒나라와 노나라 임금까지 위협하고 돌아왔다. 오나라 왕은 그 뒤로 점점 더 오자서를 멀리하며 그의 계책을 들으려 하지 않았다.

월나라 미인 〈西施〉

그로부터 4년 뒤, 오왕은 다시 북쪽으로 제나라를 치려 하였다. 이때 월왕 구천은 자공子貢의 모책을 써서 군사를 거느리고 오나라를 도우는 척하며, 또 귀중한 보물을 태재 백비에게 바쳐 환심을 샀다. 백비는 벌써부터 자주 월나라의 뇌물을 받고 있었으므로, 더없이 월나라를 좋아하여 신임하면서 밤낮으로 오왕에게 월나라를 두둔하였다. 이에 오왕은 백비와 같이 월나라를 믿게 되었다. 이에 오자서가 말하였다.

"월나라는 오나라에 있어서 뱃속에 들어 있는 병과 같습니다. 지금 월나라의 아부에 찬 거짓말을 믿고 제나라를 탐내고 있으나, 제나라를 깨뜨리고 그 땅을 빼앗는다 해도 그것은 자갈밭과 같은 것이어서 아무런 가치도 없습니다. 또 《서경》 〈반경盤庚〉편의 고誥에 '옳고 그른 것을 거스르며 조심하지 않는 사람은, 가볍게는 코를 베고, 무겁게는 죽여 이 땅에 악의 씨가 번식하지 못하도록 하라'고 하였는데 이것이 바로 상商나라가 흥하게 된 까닭입니다. 바라건대 왕께서는 제나라를 버려두고 월나라를 먼저 처리하십시오. 그렇게 하지 않으면 뒷날 후회해도 소용없을 것입니다."

오왕은 역시 오자서의 간언을 받아들이지 않았다. 뿐만 아니라 이번에는 오자서를 제나라에 사신으로 보냈다. 자서는 떠나기에 앞서 그 아들에게 이렇게 일렀다.

"나는 자주 왕에게 여러 차례 간언해 보았으나 왕은 내 말을 듣지 않았다. 나는 머지않아 오나라가 망하는 것을 보게 되겠지만, 너까지 오나라의 멸망에 휩쓸려 죽는다는 것은 무익한 일이다."

그리하여 그 아들을 데리고 가서 제나라 포鮑씨에게 부탁을 해 두고 돌아와 오왕에게 정세를 보고하였다.

其後五年, 而吳王聞齊景公死而大臣爭寵, 新君弱, 乃興師北伐齊. 伍子胥諫曰:「句踐食不重味, 弔死問疾, 且欲有所用之也. 此人不死, 必爲吳患. 今吳之有越, 猶人之有腹心疾也. 而王不先越而乃務齊, 不亦謬乎!」吳王不聽, 伐齊, 大敗齊師於艾陵, 遂威鄒·魯之君以歸. 益疏子胥之謀.

其後四年, 吳王將北伐齊, 越王句踐用子貢之謀, 乃率其衆以助吳, 而重寶以獻遺太宰嚭. 太宰嚭旣數受越賂, 其愛信越殊甚, 日夜爲言於吳王. 吳王信用嚭之計. 伍子胥諫曰:「夫越, 腹心之病, 今信其浮辭詐僞而貪齊. 破齊, 譬猶石田, 無所用之. 且《盤庚之誥》曰:『有顚越不恭, 劓殄滅之, 俾無遺育, 無使易種于玆邑.』此商之所以興. 願王釋齊而先越; 若不然, 後將悔之無及.」而吳王不聽, 使子胥於齊. 子胥臨行, 謂其子曰:「吾數諫王, 王不用, 吾今見吳之亡矣. 汝與吳俱亡, 無益也.」乃屬其子於齊鮑牧, 而還報吳.

◎ 내 눈을 도려 오나라 동문에 걸어다오

오나라 태재 백비는 일찍부터 오자서와 사이가 나빴으므로 이렇게 모략하였다.

"오자서는 강포하고 인정이 없으며 사람을 의심하여 해치려는 마음을 가지고 있습니다. 그는 왕께 대해서도 원망을 품고 있으니 장차 큰 화근이 될 것입니다. 앞서 왕께서 제나라를 치려 하였을 때 자서는 이를 반대하였습니다. 그러나 결국은 제나라를 쳐서 큰 공을 세우셨습니다. 이때 자서는 마땅히 기뻐하였어야 함에도 오히려 자신의 주장이 받아들여지지 않았다고 부끄러워하며 반대로 원망을 품고 있습니다. 지금 왕께서 다시금 제나라를 치려는데, 자서는 극력 반대하여 출병을 막으려 하고 있습니다. 그것은 단순히 오나라가 패하여 자기의 주장이 옳았다는 것이 증명되기를 바라는 마음에서일 뿐입니다. 이제 왕께서 몸소 출정을 하게 되고, 국내의 모든 병력이 동원되어 제나라를 치게 될 경우, 오자서는 자신의 의견이 받아들여지지 않은 데 대한 불만에서 함께 따라가기를 꺼려하며 병을 핑계로 가지 않으려 할 것입니다. 왕께서 대비책을 강구하지 않으면 안될 줄로 아옵니다. 이러한 상황에서는 그가 재앙을 일으키는 것도 그리 어려운 일은 아닙니다. 그리고 제가 사람을 시켜 알아본 결과, 자서는 제나라에 사신으로 갔을 때 자신의 아들을 제나라 포씨에게 맡기고 왔다 하옵니다. 이것으로 보아 자서는 신하된 몸으로서 안으로 뜻을 얻지 못하였다고 해서 밖으로 제후들을 의지하려 하고 있으며, 자신은 선왕의 모신이었는데도 지금은 저버림을 당하고 있다 하여 언제나 앙심을 품고 있는 것입니다. 왕께서는 어서 서둘러 대책을 강구하셔야 됩니다."

그러자 오왕이 말하였다.

"경이 말하지 않아도 나 역시 의심을 하고 있던 터였소."

그리하여 오자서에게 사람을 보내어 촉루屬鏤라는 칼을 내리면서 일렀다.

"그대는 이 칼로 죽으시오."

오자서는 하늘을 우러러보며 탄식하였다.

"슬프도다. 참소를 일삼는 신하 백비가 나라를 어지럽히려 하고 있는데 왕은 도리어 충신인 나를 죽이려 하다니! 나는 그의 아버지를 패자로 만들어 주었고, 또 그가 아직 태자가 되기 전 여러 왕자들이 태자가 되려고 경쟁하고 있을 때 죽음을 무릅쓰고 그를 태자로 정하도록 해 주었다. 그렇지 않았다면 그는 태자가 될 수 없었다. 그가 태자에 올라 오나라를 내게 나누어 주겠다고 하였지만, 나는 감히 그것을 원하지 않았다. 그런데 지금 아첨하는 신하의 말만 듣고 나를 죽이려 하는구나!"

그리고 그의 가신들에게 이렇게 명하였다.

"반드시 내 무덤 위에 가래나무를 심어 관을 짤 목재로 쓰도록 하라. 그리고 내 눈알을 빼내 오나라 서울 동문東門 위에 걸어 두어 월나라 군사들이 쳐들어와 오나라를 없애버리는 것을 똑똑히 볼 수 있도록 하라."

그리고 자서는 스스로 목을 베어 죽었다. 오왕은 이 말을 듣고 크게 노하여 자서의 시체를 끌어내다가 말가죽으로 만든 자루에 넣어 강물에 던져 버렸다. 오나라 사람들은 그를 불쌍히 여겨 강수江水 기슭에 오자서를 위해 사당을 세우고 그 산 이름을 서산胥山이라 하였다.

吳太宰嚭旣與子胥有隙, 因讒曰:「子胥爲人剛暴, 少恩, 猜賊, 其怨望恐爲深禍也. 前日王欲伐齊, 子胥以爲不可, 王卒伐之而有大功. 子胥恥其計謀不用, 乃反怨望. 而今王又復伐齊, 子胥專愎彊諫, 沮毁用事, 徒幸吳之敗以自勝其計謀耳. 今王自行, 悉國中武力以伐齊, 而子胥諫不用, 因輟謝, 詳病不行. 王不可不備, 此起禍不難. 且嚭使人微伺之, 其使於齊也, 乃屬其子於齊之鮑氏. 夫爲人臣, 內不得意, 外倚諸侯, 自以爲先王之謀臣, 今不見用, 常鞅鞅怨望. 願王早圖之.」吳王曰:「微子之言, 吾亦疑之.」乃使使賜伍子胥屬鏤之劍, 曰:「子以此死.」伍子胥仰天歎曰:「嗟乎! 讒臣嚭爲亂矣, 王乃反誅我. 我令若父霸. 自若未立時, 諸公子爭立, 我以死爭之於先王, 幾不得立. 若旣得立, 欲分吳國予我, 我顧不敢望也. 然今若聽諛臣言以殺長者.」乃告其舍人曰:「必樹吾墓上以梓, 令可以爲器; 而抉吾眼縣吳東門之上, 以觀越寇之入滅吳也.」乃自剄死. 吳王聞之大怒, 乃取子胥尸盛以鴟夷革, 浮之江中. 吳人憐之, 爲立祠於江上, 因命曰胥山.

◎ 오나라의 멸망

오나라 왕은 이윽고 오자서를 죽이고 난 다음 마침내 제나라를 쳤다. 그때 제나라에서는 포씨가 당시 임금 도공悼公을 죽이고 양생陽生을 왕으로 세웠다. 오왕은 역적을 무찌른다는 명분을 세우긴 하였으나 이기지 못하고 자기 나라로 돌아왔다.

2년 후, 오나라 왕은 노나라, 위나라 두 임금魯 哀公과 衛 出公을 불러 탁고橐皐에서 희맹을 가졌다. 그리고 다시 이듬해 북쪽의 황지黃池에서 제후들과 회맹하여 주나라 왕실을 보호한다는 명분을 내세웠다.

그러자 월왕 구천이 그 기회를 틈타 오나라를 공격하여 오나라 태자를 죽이고 오나라 군사를 쳐부수었다. 오왕은 그 소식을 듣고 돌아와 사신을 시켜 월나라에게 후한 선물을 보내면서 화친을 맺었다.

그로부터 9년 뒤에 월왕 구천은 마침내 오나라를 없애 버리고 부차를 죽였다. 태재 백비 또한 그 임금에게 충성을 다하지 않고 다른 나라로부터 많은 뇌물을 받으며 구천 자신과 내통하였다는 이유로 죽였다.

吳王旣誅伍子胥, 遂伐齊. 齊鮑氏殺其君悼公而立陽生. 吳王欲討其賊, 不勝而去. 其後二年, 吳王召魯衛之君會之橐皐. 其明年, 因北大會諸侯於黃池, 以令周室. 越王句踐襲殺吳太子, 破吳兵. 吳王聞之, 乃歸, 使使厚幣與越平. 後九年, 越王句踐遂滅吳, 殺王夫差; 而誅太宰嚭, 以不忠於其君, 而外受重賂, 與己比周也.

◎ 백공의 난

처음 오자서가 전에 함께 도망하였던 초나라 태자 건의 아들 승은 오나라에 살고 있었다. 오왕 부차 때 초楚나라 혜왕惠王이 승을 초나라로 불러들이려 하자, 당시 초나라의 귀족 섭공葉公이 말렸다.

"승은 용맹스러움을 좋아하여 남몰래 결사대를 구해 모집하고 있습니다. 무엇인가 음모를 꾸미고 있는 것이 분명합니다."

그러나 혜왕은 듣지 않고 드디어 승을 불러들여 초나라 변경 언鄢에 머물러 살게 하고 백공白公이라 불렀다.

백공이 초나라로 돌아온 지 3년 되던 해에 오나라가 오자서를 죽였다.

백공은 초나라로 돌아온 뒤부터는 정나라가 아버지를 죽인 것에 원한을 품고 결사대를 기르며 정나라에게 원수 갚을 계획을 짜고 있었다. 그러다가 초나라로 돌아온 지 5년 되던 해 정나라를 칠 것을 청해 초나라 영윤令尹 자서子西의 허락을 받았다.

그런데 아직 출병도 하기 전에 진晉나라가 정나라를 치는 바람에 정나라는 초나라에 구원을 청해 왔다. 초나라는 자서에게 명령하여 정나라를 구원하도록 시켰다. 그리하여 자서가 정나라를 도와 진나라와 화평을 맺고 돌아오자 백공 승은 화를 내며 이렇게 말하였다.

"이제부터는 정나라가 원수이기 전에 자서가 원수이다."

백공 승은 이렇게 손수 칼을 갈고 있었다. 그런데 누군가가 이렇게 물었다.

"어떻게 하려는 겁니까?"

승은 별 생각 없이 대답하였다.

"자서를 죽일 작정이다."

이 말을 전해 들은 자서는 웃으며 말하였다.

"승은 아직 알卵 같은 존재일 뿐이다. 무엇을 하겠다는 건가?"

그로부터 4년 뒤, 백공 승은 석걸石乞을 데리고 조정에 나가 영윤 자서子西와 사마 자기子綦를 습격해 죽이고 말았다. 그때 석걸이 말하였다.

"왕도 죽여야만 합니다."

이에 백공 승은 혜왕마저 죽이려 하자 혜왕은 재빨리 고부高府로 피신을 하였다. 그리고 다시 석걸의 시종 굴고屈固가 혜왕을 업고 소부인昭夫人의 궁으로 달아났다. 한편 백공의 반란 소식을 들은 섭공이 군사들을 이끌고 백공을 공격하였다. 백공의 무리들이 패하자 백공은 산 속으로 달아나 자결하였다. 섭공은 석걸을 잡아 백공의 시신이 있는 곳을 물었으나 끝내 말하지 않았으므로 섭공은 기름 가마에 삶아 죽이겠다고 위협하였다. 그러자 석걸은 이렇게 말하였다.

"일이 성공되면 경卿이 되었겠지만, 실패하였으니 삶아 죽음을 당하는 것이 진실로 당연한 이치이다.”

그리고는 끝내 백공의 시신이 있는 곳을 말하지 않았다.

섭공은 드디어 석걸을 삶아 죽이고 혜왕을 찾아내어 다시 왕으로 세웠다.

伍子胥初所與俱亡故楚太子建之子勝者. 在於吳. 吳王夫差之時, 楚惠王欲召勝歸楚. 葉公諫曰:「勝好勇而陰求死士, 殆有私乎!」惠王不聽. 遂召勝, 使居楚之邊邑鄢, 號爲白公. 白公歸楚三年而吳誅子胥.

白公勝旣歸楚, 怨鄭之殺其父, 乃陰養死士求報鄭. 歸楚五年, 請伐鄭, 楚令尹子西許之. 兵未發而晉伐鄭, 鄭請救於楚. 楚使子西往救, 與盟而還. 白公勝怒曰:「非鄭之仇, 乃子西也.」勝自礪劍, 人問曰:「何以爲?」勝曰:「欲以殺子西.」子西聞之, 笑曰:「勝如卵耳, 何能爲也.」

其後四歲, 白公勝與石乞襲殺楚令尹子西·司馬子綦於朝. 石乞曰:「不殺王, 不可.」乃劫(之)王如高府. 石乞從者屈固負楚惠王亡走昭夫人之宮. 葉公聞白公爲亂, 率其國人攻白公. 白公之徒敗, 亡走山中, 自殺. 而虜石乞, 而問白公尸處, 不言將亨. 石乞曰:「事成爲卿, 不成而亨, 固其職也.」終不肯告其尸處. 遂亨石乞, 而求惠王復立之.

◎ 사마천의 평어

나 태사공은 이렇게 생각한다.

원한의 해독이 사람에게 끼치는 영향은 참으로 처참하지 않은가! 임금으로서도 그 신하에게 원한을 사서는 안 되거늘, 하물며 같은 지위에 있는 사람들끼리임에랴. 처음 오자서가 아버지 오사를 따라 함께 죽고 말았다면 땅강아지나 개미와 다를 것이 무엇이겠는가! 인질로 잡힌 아버지의 부름을 거절하여, 작은 의를 버리고 그로 인해 아버지와 형의 원수를 갚아 큰 치욕을 씻음으로써 그 이름을 후세에 남기게 되었으니 참으로 비장한 일이다! 오자서가 초나라에 쫓기는 몸이 되어 강수 기슭에서 오도가도 못하게 되었을 때는 거지 노릇까지 하였지만, 그의 생각이야 잠시인들 초나라 수도 영郢을 잊었겠는가? 그러므로 그는 모든 고초를 참고 견디며 공명을 이룰 수 있었다. 강인한 대장부가 아니고서야 누가 능히 이런 일을 해낼 수 있었겠는가? 백공도 그 자신이 임금이 되려고만 하지 않았더라면 그의 공적과 모책 등에 볼 만한 것들이 많았을 것이로다!

太史公曰: 怨毒之於人甚矣哉! 王者尙不能行之於臣下, 況同列乎! 向令伍子胥從奢俱死, 何異螻蟻. 弃小義, 雪大恥, 名垂於後世, 悲夫! 方子胥窘於江上, 道乞食, 志豈嘗須臾忘郢邪? 故隱忍就功名, 非烈丈夫孰能致此哉? 白公如不自立爲君者, 其功謀亦不可勝道者哉!

史記列傳

007(67) 중니제자 열전仲尼弟子列傳

공자의 제자들

공자孔子가 말하였다.

"내 제자로서 학업에 힘써 육예六藝에 통달한 자가 77명이다. 모두가 뛰어난 재능을 지닌 자들이지만, 그들 중에서도 덕행德行에는 안연顔淵·민자건閔子騫·염백우冉伯牛·중궁仲弓, 정치에서는 염유冉有·계로季路가 있으며, 변설辯舌에서는 재아宰我·자공子貢이, 문학에서는 자유子遊·자하子夏가 특히 뛰어났다. 그러나 다 각기 결점도 있어서 전손사顓孫師는 생각이 치우친 데가 있고, 증삼曾參은 둔한 편이며, 고시高柴는 우직하고, 중유仲由는 거친 데가 있다. 도를 즐기는 안회顔回는 자주 끼니가 떨어지는 형편이다. 또한 단목사端木賜는 내 가르침을 따르지 않고 돈벌이에만 힘을 기울이고 있는데 그래도 그의 판단은 비교적 정확하다."

〈孔子講學圖〉

공자가 존경하는 인물로서는 주周나라의 노자老子와 위衛나라의 거백옥蘧伯玉, 제齊나라의 안평중晏平仲, 초楚나라의 노래자老萊子, 정鄭나라의 자산子産, 노魯나라의 맹공작孟公綽 등이 있었고 또 가끔 장문중臧文仲, 유하혜柳下惠, 동제백화銅鞮伯華, 개산介山의 자연子然을 자주 칭찬하였으나, 이들은 모두 공자보다 앞 시대의 사람들이어서 세상을 함께 하지는 않았다.

孔子曰「受業身通者七十有七人」, 皆異能之士也. 德行: 顔淵, 閔子騫, 冉伯牛, 仲弓. 政事: 冉有, 季路. 言語: 宰我, 子貢. 文學: 子游, 子夏. 師也辟, 參也魯, 柴也愚, 由也喭, 回也屢空. 賜不受命而貨殖焉, 億則屢中.

孔子之所嚴事: 於周則老子; 於衛, 蘧伯玉; 於齊, 晏平仲; 於楚, 老萊子; 於鄭, 子產; 於魯, 孟公綽. 數稱臧文仲·柳下惠·銅鞮伯華·介山子然, 孔子皆後之, 不並世.

◎ 안회(자연)

안회는 노나라 사람이다. 자가 자연子淵이며 공자보다 30세 아래이다. 언젠가 안연이 인仁에 대하여 여쭙자 공자는 이렇게 대답하였다.

"자신의 사사로운 욕심을 이겨내어 예禮로 돌아가면 온 천하가 그의 인덕을 그리워하게 될 것이다."

공자는 또 안회에 관하여 이렇게 말하였다.

"어질다, 안회여. 거친 밥 한 그릇에 국 한 사발로 누추한 골목에 살고 있다. 보통 사람들은 어쩌다 불평도 하련만 회는 오히려 즐거움으로 삼는다. 나와 이야기할 때에는 바보처럼 듣고만 있는데 물러가서 그 행동하는 것을 보면, 내게서 들은 바를 그대로 옮기고 있으니 어리석은 자는 아니다. 세상이 필요로 할 때면 도를 그대로 행하고 물러나면 조용히 도를 즐길 수 있는 사람은 오직 나와 너뿐이구나!"

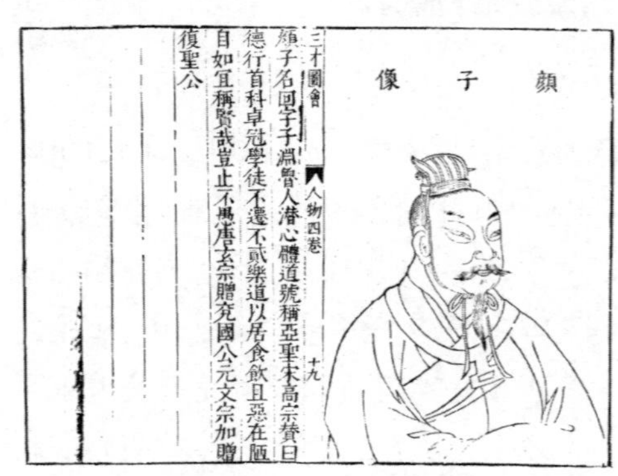

〈顔子(顔回)〉《三才圖會》

안회는 29세에 머리털이 모두 다 희어졌고 젊은 나이에 세상을 떠났는데 이때 공자는 소리내어 울면서 이렇게 탄식하였다.

"내가 안회를 제자로 가지게 된 뒤부터 다른 제자들이 더욱 나와 다정해질 수 있었는데."

그 뒤 노魯나라 애공哀公이 "제자들 중에 누가 학문을 좋아합니까?"라고 묻자 공자는 이렇게 대답하였다.

"안회라는 자가 있지요. 학문을 좋아하였으며 노한 감정을 옮기지 아니하고 같은 잘못을 두 번 다시 되풀이하지 않습니다. 그러나 불행히 명이 짧아 지금은 죽고 없습니다.”

顔回者, 魯人也, 字子淵. 少孔子三十歲.

顔淵問仁, 孔子曰:「克己復禮, 天下歸仁焉.」

孔子曰:「賢哉回也! 一簞食, 一瓢飮, 在陋巷, 人不堪其憂, 回也不改其樂.」回也如愚; 退而省其私, 亦足以發, 回也不愚.「用之則行, 捨之則藏, 唯我與爾有是夫!」

回年二十九, 髮盡白, 蚤死. 孔子哭之慟, 曰:「自吾有回, 門人益親.」魯哀公問:「弟子孰爲好學?」孔子對曰:「有顔回者好學, 不遷怒, 不貳過. 不幸短命死矣, 今也則亡.」

민자건(민손)

민손閔損은 자가 자건子騫이며 공자보다 15세 아래이다.

그에 대하여 공자는 이렇게 말하였다.

“효자로다, 자건이여. 사람들은 그가 참으로 효자임을 알고 있기 때문에 그의 부모 형제들이 그를 효자라고 칭찬해도 조금도 틀리다 생각지를 않는다.”

한때 노나라 대부 계씨季氏가 자건을 불러 벼슬을 주려고 하였으나 자건은 권력을 자랑하는 그의 녹을 받는 것이 싫어서 사자에게 이렇게 거절하였다.

“만일 또다시 나를 부르는 일이 있으면, 나는 노나라를 떠나 문수汶水로 가서 살게 될 거요.”

閔損字子騫. 少孔子十五歲.

孔子曰:「孝哉閔子騫! 人不閒於其父母昆弟之言.」不仕大夫, 不食汙君之祿.「如有復我者, 必在汶上矣.」

◎ 염경(백우)

염경冉耕은 자가 백우伯牛이며 공자에게서 덕행이 뛰어나다는 말을 들었다. 그 백우가 못된 병에 걸렸을 때 공자는 문병을 가서 창 너머로 그의 손을 잡고 이렇게 말하였다.

"천명이로다! 이런 훌륭한 사람이 그런 병을 가지게 된 것은 천명이라고 할 수밖에 없도다!"

冉耕字伯牛. 孔子以爲有德行.

伯牛有惡疾, 孔子往問之, 自牖執其手, 曰:「命也夫! 斯人也而有斯疾, 命也夫!」

◎ 염옹(중궁)

염옹冉雍은 자가 중궁仲弓이며 공자보다 29세 아래이다.

언젠가 중궁이 정치에 대해 묻자 공자는 이렇게 말하였다.

"내 집을 나가 세상과 교제를 할 때에는 귀중한 손님을 접대하듯 해야 한다. 벼슬에 올라 백성을 부릴 경우에는 큰 제사를 지낼 때처럼 신중하게 해야 한다. 그리하면 제후국에서도 대신들의 집에서도 원망하는 사람이 없을 것이다."

공자는 중궁의 덕행이 뛰어나다는 것을 이렇게 인정하였다.

"옹은 임금자리에도 앉을 만하다."

또 중궁의 아버지는 미천한 사람이었으나 공자는 그에 대해 이렇게 말하였다.

"보기 싫은 얼룩소 새끼라도 털빛깔이 붉고 뿔이 곧다면 사람들이 제사에 쓰려고 하지 않으려 해도 제사를 받는 산천 신령들은 그것을 마다할 리가 있겠는가?"

冉雍字仲弓.

仲弓問政, 孔子曰:「出門如見大賓, 使民如承大祭. 在邦無怨, 在家無怨.」

孔子以仲弓爲有德行, 曰:「雍也可使南面.」
仲弓父, 賤人. 孔子曰:「犁牛之子騂且角, 雖欲勿用, 山川其舍諸?」

염구(자유)

염구冉求는 자가 자유子有이며 공자보다 29세 아래이다.

노나라 대부 계씨의 재宰로 있었다. 언젠가 계강자季康子가 그에 대해 공자에게 물었다.

"염구는 어진 사람입니까?"

공자는 이렇게 대답하였다.

"1천 호가 되는 고을과 백승百乘의 나라라면 염구는 훌륭히 그 고을을 다스려 나갈 수 있겠지만, 그가 어진지의 여부는 나도 알 수 없소."

계강자가 다시 물었다.

"자로子路는 어진 사람입니까?"

공자는 이렇게 대답하였다.

"염구와 같소."

언젠가 염구가 공자에게 여쭈었다.

"의로운 일을 들었을 때에는 그대로 행해야 합니까?"

그러자 공자가 대답하였다.

"그대로 행해야 한다."

그런데 다시 자로가 같은 질문을 하였다.

"의로운 일을 들었을 때에는 그대로 행해야 합니까?"

이에 공자는 이렇게 말하였다.

"아버지와 형이 계신데 어떻게 상의도 없이 어찌 들은 것을 그대로 행할 수 있겠느냐?"

이에 자화子華가 공자의 대답이 달라진 것을 의아히 여겨 여쭈었다.

"감히 여쭙니다만 질문은 같은데 어찌 대답이 서로 다릅니까?"

그러자 공자는 이렇게 대답하였다.

"염구는 사람이 소극적이기 때문에 용기를 불어넣어 준 것이다. 하지만 자로는 덤비는 성질이라서 눌러둔 것일 뿐이다."

冉求字子有, 少孔子二十九歲. 爲季氏宰.

季康子問孔子曰: 「冉求仁乎?」 曰: 「千室之邑, 百乘之家, 求也可使治其賦. 仁則吾不知也.」 復問: 「子路仁乎?」 孔子對曰: 「如求.」

求問曰: 「聞斯行諸?」 子曰: 「行之.」 子路問: 「聞斯行諸?」 子曰: 「有父兄在, 如之何其聞斯行之!」 子華怪之, 「敢問問同而答異?」 孔子曰: 「求也退, 故進之. 由也兼人, 故退之.」

◎ 중유(자로)

중유仲由는 노나라 사람이다. 자가 자로子路이며 공자보다 9세 아래이다.

자로는 성격이 거칠고 용맹하였으며 자존심이 강하였다. 수탉의 꼬리로 관을 만들어 쓰고, 수퇘지의 가죽으로 만든 주머니를 허리에 차고, 공자를 업신여기며 폭행하려고도 하였다. 그러나 공자가 항상 예로써 대하며 차츰 바른 길로 이끌어 주었으므로, 감화를 받은 나머지 얼마 후엔 유자儒者의 옷을 입고 예물을 올린 다음 공자의 문인들을 통해 공자의 제자가 되고 싶다고 하였다.

〈子路(仲由)〉

자로가 정치의 요점에 대해 여쭙자 공자는 이렇게 일러주었다.

"먼저 몸소 백성들에 앞장서서 그들을 인도하고 백성들을 위해 수고를 아끼지 않으면 된다."

대답이 너무 간단하여 더 가르쳐 줄 것을 청하였으나 공자는 역시 간단하게 잘라 말할 뿐이었다.

"지금 말한 것을 게을리하지 말고 행하면 된다."

자로가 다시 여쭈었다.

"군자에게도 용맹은 필요합니까?"

공자가 대답하였다.

"군자는 의를 가장 소중히 여긴다. 군자가 용맹함만을 좋아하고 의를 소중히 하지 않으면 세상은 어지럽게 되고, 소인이 용맹함만을 좋아하고 의를 소중히 하지 않으면 도적이 된다."

자로는 좋은 말을 들으면 그것을 곧 실천에 옮기는 성격이었으며 좋은 말씀을 듣고도 미처 실행할 수 없을 경우에는 아무리 좋은 말일지라도 더 듣지 않으려 하였다.

언젠가 공자는 자로에 대해 이렇게 말하였다.

"한 마디 말로써 송사의 판결을 내릴 수 있는 자는 자로일 것이다. 용맹함은 자로가 나보다 앞서지만, 사물에 대한 변별력이 부족한 것이 흠이다. 자로와 같은 사람은 제 명에 살다가 죽기 어려울 것이다. 자로는 또 해진 솜 두루마기를 입은 채 여우나 담비 옷을 입은 사람과 같이 있더라도 조금도 부끄러워하지 않을 것이다. 그러나 그의 학문은 대청에까지는 올라와 있으나 아직 방 안에까지는 들어오지 못하고 있다."

언젠가 계강자가 물었다.

"중유는 어진 사람입니까?"

공자는 이렇게 대답하였다.

"천승千乘의 나라 정도는 잘 다스릴 수 있겠지만 그가 어진 지의 여부는 잘 모르겠소."

仲由字子路, 卞人也. 少孔子九歲.

子路性鄙, 好勇力, 志伉直, 冠雄雞, 佩豭豚, 陵暴孔子. 孔子設禮稍誘子路, 子路後儒服委質, 因門人請爲弟子.

子路問政, 孔子曰: 「先之, 勞之.」 請益. 曰: 「無倦.」

子路問: 「君子尚勇乎?」 孔子曰: 「義之爲上. 君子好勇而無義則亂, 小人好勇而無義則盜.」

子路有聞, 未之能行, 唯恐有聞.

孔子曰: 「片言可以折獄者, 其由也與!」 「由也好勇過我, 無所取材.」

「若由也，不得其死然.」「衣敝緼袍與衣狐貉者立而不恥者，其由也與!」「由也升堂矣，未入於室也.」

季康子問:「仲由仁乎?」孔子曰:「千乘之國可使治其賦，不知其仁.」

자로가 죽었으리라

자로는 공자가 여러 나라를 유람하는 데에 기꺼이 수행하며 장저長沮·걸닉桀溺·하조장인荷蓧丈人 등을 만났다.

자로가 노나라 계씨의 재상이 되었을 때, 계손자季孫子가 공자에게 이렇게 물었다.

"자로는 대신의 자격을 가졌다고 말할 수 있습니까?"

공자가 대답하였다.

"보통 신하라고 말할 수 있지요."

자로가 위衛나라 포蒲 땅의 대부로 초빙 받아 공자에게 인사를 하러 오자 공자는 이렇게 말하였다.

"포라는 지방은 장사壯士들이 많아 다스리기가 힘든 곳이다. 그러므로 내 말을 잘 들어라. 네가 언제나 몸을 겸손하게 가지면 그 장사들을 거느릴 수 있을 것이다. 너그럽고 올바르면 백성들이 너를 따르게 될 것이다. 공손하여 바른 정치를 행함으로써 온 고을이 편안히 지내게 되면 그것이 임금의 은혜에 보답하는 것이 된다."

이보다 앞서 위衛나라 영공靈公에게는 사랑하는 부인이 있어 이름을 남자南子라 하였다. 영공의 태자 괴외蒯聵는 남자에게 죄를 범하고 처벌이 두려워 국외로 망명을 하였다. 영공이 죽자 남자는 공자 영郢을 세우려 하였으나 영이 듣지 않으면서 이렇게 말하였다.

"망명한 태자의 아들 첩輒이 지금 버티고 있습니다."

위나라에서는 첩을 임금으로 세웠다. 그가 바로 출공出公이다. 출공이 즉위한 지 12년이 되도록 그의 아버지 괴외는 망명지에서 위衛나라로 돌아오지 못하였다. 이 무렵 자로가 마침 위나라 대부 공회孔悝의 읍재邑宰로 있었다.

괴외는 공회를 자기 편으로 끌어들여 반란을 일으킬 생각으로, 몰래 공회의 집으로 숨어 들어갔다. 마침내 그는 무리들과 함께 출공을 습격하였다. 출공은 노나라로 달아나고 괴외가 그 임금자리에 올랐는데 이가 장공莊公이다.

공회가 난을 일으켰을 때 자로는 밖에 있다가 이 소식을 듣고 달려오다가 위나라 성문에서 나오는 자고子羔와 마주치게 되었다. 자고는 자로를 말렸다.

"출공은 이미 떠나 버렸고 성문은 벌써 닫혀 있으니 그냥 돌아가는 편이 좋을 거요. 공연한 화를 입을 필요는 없습니다."

그러나 자로는 굽히지 않았다.

"출공의 녹을 먹은 자로서 어떻게 주군의 역경을 저버릴 수 있겠소?"

자고는 그대로 떠나 버렸다. 마침 성 안으로 들어가는 사자가 있어 성문이 열리게 되는 틈을 타고 자로는 사자의 뒤를 따라 들어가서 괴외가 있는 곳을 향하였다. 괴외는 공회와 함께 누대에 올라 있었는데 자로는 괴외를 향해 소리쳤다.

"임금께서는 어찌 공회를 쓰려 하십니까? 그를 내려보내 죽이도록 해 주십시오."

괴외가 듣지 않자 자로는 누대를 불태우려 하였다. 괴외는 겁을 먹고 석걸石乞과 호염壺黶을 내려보내어 자로를 공격하도록 하였다. 그들의 칼이 자로의 갓끈을 끊었다. 그러자 자로는 이렇게 외쳤다.

"군자는 죽더라도 관을 벗지 않는다."

그리고는 끈을 다시 맨 다음 숨졌다.

공자는 위나라에 난이 있었다는 말을 듣고 탄식하였다.

"슬프다! 자로가 죽었으리라!"

이윽고 과연 자로가 죽었다는 소식이 전해오자 공자는 이렇게 말하였다.

"내가 자로를 제자로 둔 뒤로 세상 사람들의 비난을 듣지 않았다."

이때 자공은 노나라를 위하여 제나라에 사신으로 갔다.

子路喜從游, 遇長沮·桀溺·荷蓧丈人.

子路爲季氏宰, 季孫問曰:「子路可謂大臣與?」孔子曰:「可謂具臣矣.」

子路爲蒲大夫, 辭孔子. 孔子曰:「蒲多壯士, 又難治. 然吾語汝: 恭以敬, 可以執勇; 寬以正, 可以比衆; 恭正以靜, 可以報上.」

初, 衛靈公有寵姬曰南子. 靈公太子蕢聵得過南子, 懼誅出奔. 及靈公卒而夫人欲立公子郢. 郢不肯, 曰:「亡人太子之子輒在.」於是衛立輒爲君, 是爲出公. 出公立十二年, 其父蕢聵居外, 不得入. 子路爲衛大夫孔悝之邑宰. 蕢聵乃與孔悝作亂, 謀入孔悝家, 遂與其徒襲攻出公. 出公奔魯, 而蕢聵入立, 是爲莊公. 方孔悝作亂, 子路在外, 聞之而馳往. 遇子羔出衛城門, 謂子路曰:「出公去矣, 而門已閉, 子可還矣, 毋空受其禍.」子路曰:「食其食者不避其難.」子羔卒去. 有使者入城, 城門開, 子路隨而入. 造蕢聵, 蕢聵與孔悝登臺. 子路曰:「君焉用孔悝? 請得而殺之.」蕢聵弗聽. 於是子路欲燔臺, 蕢聵懼, 乃下石乞·壺黶攻子路, 擊斷子路之纓. 子路曰:「君子死而冠不免.」遂結纓而死.

孔子聞衛亂, 曰:「嗟乎, 由死矣!」已而果死. 故孔子曰:「自吾得由, 惡言不聞於耳.」是時子貢爲魯使於齊.

재여(자아)

재여宰予는 자가 자아子我이며 말솜씨에 능하였다. 그는 공자에게 가르침을 받게 된 뒤 이렇게 여쭈었다.

"부모의 상喪을 3년이나 입는 것은 너무 긴 것 같지 않습니까? 군자는 하루도 예禮와 악樂을 떠나서는 살 수 없는데 3년 동안이나 부모의 상 때문에 예를 닦지 않으면 예는 무너질 것이며 또 3년 동안이나 음악을 버려 둔다면 음악 또한 무너질 것입니다. 1년이 지나면 지난 해 거둬들인 곡식은 다 먹게 되고 햇곡식이 익게 됩니다. 나무를 마주 비벼 불씨를 일으키는 것도 한 해에 한 번씩 바뀌게 되니 부모의 상도 1년으로 하는 것이 좋을 줄 압니다."

그러자 공자가 되물었다.

"그것으로 네 마음이 편안하겠느냐?"

재여가 말하였다.

"그러합니다."

공자가 다시 말하였다.

"네 마음에 편안하거든 그렇게 하려무나. 그렇지만 군자가 부모의 상을 입는 동안은 맛있는 음식도 그 맛을 모르게 되고 음악을 들어도 즐겁지 않기 때문에 그렇게 하지 않는 것이다."

재여가 물러가자 공자는 말하였다.

"재여는 참으로 마음이 어질지 못하구나. 자식이 태어나면 3년이 지난 뒤라야 부모의 품을 벗어난다. 그러므로 부모에 대한 3년상이란 천하의 통의通義이다."

재여가 낮잠을 자는 모습을 본 공자는 이렇게 한탄하였다.

"썩은 나무에는 조각할 수 없고 더러운 흙의 허물어지는 흙담은 흙손으로 고쳐 바를 수가 없다."

또 재여가 오제五帝의 덕德에 대하여 여쭙자 공자는 이렇게 말하였다.

"너는 그런 것을 물을 자격이 없다."

그 뒤 재여는 제나라 임치臨菑의 대부가 되어 전상田常과 함께 난을 일으켰다가 멸족의 화를 당하고 말았는데 공자는 그 일을 부끄러워하였다.

宰予字子我. 利口辯辭. 旣受業, 問:「三年之喪不已久乎? 君子三年不爲禮, 禮必壞; 三年不爲樂, 樂必崩. 舊穀旣沒, 新穀旣升, 鑽燧改火, 期可已矣.」子曰:「於汝安乎?」曰:「安.」「汝安則爲之. 君子居喪, 食旨不甘, 聞樂不樂, 故弗爲也.」宰我出, 子曰:「予之不仁也! 子生三年然後免於父母之懷. 夫三年之喪, 天下之通義也.」

宰予晝寢. 子曰:「朽木不可雕也, 糞土之牆不可圬也.」

宰我問五帝之德, 子曰:「予非其人也.」

宰我爲臨菑大夫, 與田常作亂, 以夷其族, 孔子恥之.

단목사(자공)

단목사端沐賜는 위衛나라 사람으로 자가 자공子貢이며 공자보다 31세 아래이다. 자공은 변설에 뛰어났으나 공자는 항상 이 점을 경계시켰다.

〈子貢(端木賜)〉

언젠가 공자가 자공에게 물었다.

"너는 안회와 비교하여 누가 낫다고 생각하느냐?"

자공이 대답하였다.

"감히 어떻게 안회를 따를 수 있겠습니까? 안회는 하나를 들으면 열을 알지만 저는 하나를 들으면 둘을 알 뿐입니다."

자공이 공자의 가르침을 받은 뒤에 공자에게 여쭈었다.

"저는 어떤 사람입니까?"

공자가 말하였다.

"너는 그릇이다."

자공이 다시 여쭈었다.

"어떤 그릇입니까?"

공자가 대답하엿다.

"호련瑚璉이지."

端沐賜, 衛人, 字子貢. 少孔子三十一歲.

子貢利口巧辭, 孔子常黜其辯. 問曰:「汝與回也孰愈?」對曰:「賜也何敢望回! 回也聞一以知十, 賜也聞一以知二.」

子貢旣已受業, 問曰:「賜何人也?」孔子曰:「汝器也.」曰:「何器也?」曰:「瑚璉也.」

◎ 진자금(진강)

어느 날 진자금陳子禽, 陳亢이 자공에게 물었다.

"공자께서는 누구에게 배웠습니까?"

자공이 말하였다.

"주나라 문왕·무왕의 도는 아직 완전히 없어진 것이 아니고 사람들에게 전해 내려오고 있소. 어진 사람은 그 중에서 큰 것들을 알고 있고 어질지 못한 사람이라도 그 중에서 작은 것들을 알고 있소. 어느 것 하나 문왕·무왕의 도가 아닌 것이 없으므로 선생님께서는 어디서나 배우지 않는 것이 없소. 그러니 어찌 일정한 스승이 있을 수 있겠소!"

진자금이 자공에게 다시 물었다.

"공자께서는 이 나라에 오셔서는 반드시 정치에 관한 자문을 받으시게 되는데 이는 공자 쪽에서 요구해서 그렇게 되는 것입니까? 아니면 이 나라의 군주가 요구해서 그렇게 하시는 것입니까?"

자공이 대답하였다.

"선생님께서는 온溫·양良·공恭·검儉·양讓의 덕목을 갖추고 계시므로 저절로 그렇게 되는 것이오. 선생님은 요구하고 계시다고도 볼 수 있지만 그 요구하는 방법은 벼슬을 찾아다니는 다른 사람들과 다르오."

陳子禽問子貢曰:「仲尼焉學?」子貢曰:「文武之道未墜於地, 在人, 賢者識其大者, 不賢者識其小者, 莫不有文武之道. 夫子焉不學, 而亦何常師之有!」又問曰:「孔子適是國必聞其政. 求之與? 抑與之與?」子貢曰:「夫子溫良恭儉讓以得之. 夫子之求之也, 其諸異乎人之求之也.」

◎ 자공을 보내어 노나라를 구하다

자공이 공자에게 여쭈었다.

"부유하지만 교만하지 않고 가난하지만 비굴하지 않다면 어떻습니까?"

공자가 대답하였다.

"그런대로 괜찮다. 그러나 가난해도 도를 즐기고 부유하면서도 예를 좋아하는 것만은 같지 못하다."

제나라 대부 전상이 난을 일으키려 하였으나 국내의 거족인 고씨高氏·국씨國氏·포씨鮑氏·안씨晏氏의 세력이 두려웠다. 그리하여 계획을 바꾸어 그들 군사를 합쳐 노나라를 치기로 하였다. 공자가 이를 알게 되자 제자들에게 말하였다.

"노나라는 우리 조상의 무덤이 있는 곳으로 부모의 나라이다. 그 나라가 이처럼 위기에 놓여 있는데 너희들은 어찌하여 나서지 않는가?"

자로가 나서겠다고 청하였으나 공자가 말렸다. 잇달아 자장子張과 자석子石이 나가 보겠다고 하였으나 공자는 역시 허락하지 않았다. 자공이 나가겠다고 하자 공자는 비로소 승낙하였다. 자공은 곧 제나라로 가서 전상을 달랬다.

"상공께서 노나라를 치려고 하는 것은 잘못입니다. 무릇 노나라는 치기 힘든 나라입니다. 그 성벽은 얇고 낮으며 그 못은 좁고 얕으며 그 임금은 어리석고 어질지 못하며 대신들은 거짓에 가득 차 있으며 쓸모가 없습니다. 그리고 그 군사와 백성들은 전쟁을 싫어하고 있습니다. 이 때문에 싸울 상대가 되지 못합니다. 그보다는 오나라를 치는 쪽이 유리합니다. 오나라는 성벽은 높고 두꺼우며, 못은 넓고 깊으며, 무기는 튼튼한 새 것이며, 병사들은 정예들뿐이고 식량도 충분하며, 중무기와 정병이 모두 그 성 안에 들어 있습니다. 또 훌륭한 장수들이 그곳을 지키고 있으니 이런 나라야말로 치기가 쉬운 것입니다."

전상이 버럭 화를 내어 말하였다.

"그것이 어렵다고 말하는 것은 세상 사람들이 쉽다고 하는 것이며, 그대가 쉽다고 하는 것은 세상 사람들이 어렵다고 하는 것인데, 그처럼 서로 상반되는 말을 하고 있으니 어찌된 것이오?"

자공이 이렇게 설명하였다.

"나는 '나라 안에 걱정이 있으면 강한 적을 치고, 걱정이 나라 밖에 있으면 약한 적을 친다'고 들었습니다. 그런데 지금 상공의 걱정거리는 나라 안에 있습니다. 듣건대 제나라 임금께서는 상공을 세 번이나 군君에 봉하려 하였으나, 세 번 다 실패하고 말았다고 합니다. 그것은 곧 제나라 대신들 가운데 반대하는 사람들이 있기 때문입니다. 그러한 형편에서는 상공이 노나라를 쳐서 이겨 제나라의 영토를 넓혀 보십시오. 싸움에 이긴 것으로 임금의 마음을 더욱 교만하게 할 뿐이며, 노나라를 깨뜨린 것으로 대신들의 위세만을 더하게 할 뿐입니다. 상공의 공로는 인정을 받지 못할 것이며, 임금과의 거리만 멀어지게 될 것입니다. 결국 상공께서는 위로는 임금의 마음을 교만하게 하고 아래로는 여러 신하들의 세력만을 키워 주는 꼴이 될 것이니, 상공께서 바라는 큰 일을 이루기란 더욱 어렵게 될 뿐입니다. 임금이 교만하면 방자한 일을 하게 되고, 신하가 교만해지면 권력을 다투게 됩니다. 그렇게 되면 상공께서는 위로는 임금과 사이가 멀어지고, 아래로는 대신과 맞서게 되어 제나라에서 발판을 닦기가 위태롭게 됩니다. 이에 오나라를 치는 것이 유리하다고 말씀드린 것입니다. 오나라를 쳐서 이기지 못할 경우, 백성들은 밖에서 싸워 죽게 되고, 대신들은 안에서 발판을 잃게 됩니다. 결국 상공으로서는 위로는 강한 적이 없어지게 되고, 아래로는 백성들의 비난을 받지 않게 되며 임금을 고립시켜 제나라를 마음대로 할 수 자로서는 오직 상공만이 남게 됩니다."

전상이 말하였다.

"과연 그렇겠군요. 그러나 우리 군사는 벌써 노나라로 향하고 있소. 이제 다시 노나라에서 물러나 오나라로 향하도록 한다면 대신들은 나를 의심하게 될 것이오. 어떻게 하면 좋겠소?"

자공이 말하였다.

"상공께선 군사를 멈추게 한 채 노나라를 공격하지 말아 주십시오. 그 동안에 내가 오나라 왕에게로 가서 오나라가 노나라를 도와 제나라를 치도록 하겠습니다. 그렇게 되었을 때 상공께서는 군사를 이끌고 오나라를 맞아 싸우면 됩니다."

전상은 이를 허락하고 자공을 남쪽으로 보내어 오왕을 만나도록 하였다. 자공이 오왕에게 이렇게 유세하였다.

"제가 듣기로 '제왕은 속국의 대를 끊는 일이 없고 패자는 적국을 강하게 만들지 않는다'고 하였습니다. 한편, 천 균千鈞의 무거운 것도, 겨우 1수銖나 1량兩의 작은 무게를 더함으로써 저울눈이 옮겨지게 되는 것입니다.

지금 제나라는 만승萬乘의 대국으로서 다시 천승千乘의 노나라를 자신의 편으로 만들어 오나라와 세력을 겨루려 하고 있습니다. 이는 왕을 위해 걱정하지 않을 수 없습니다. 그리고 또 오나라로서는 노나라를 구원하는 것은 명분을 살리는 것이 되며, 제나라를 친다는 것은 큰 이익이 되는 것입니다. 사수泗水 주위의 제후들을 내 편으로 끌어들여 포학한 제나라를 무찌르고 다시 진晉나라를 굴복시킨다면, 이보다 더 큰 이익이 또 어디에 있겠습니까? 망해 가는 노나라를 보전시킨다는 명분을 내세우지만, 실상은 강대한 제나라를 꺾어 누르게 되는 것이 됩니다. 지혜로운 사람이면 지체 없이 이를 실행하게 될 것입니다."

오왕은 이렇게 말하였다.

"훌륭하오. 그러나 과인은 일찍이 월나라와 싸워 월왕을 회계산會稽山에 몰아넣은 일이 있었소. 그런 뒤로 월왕은 원한을 품고 군사를 기르며 장차 우리 오나라에 원수를 갚으려 하고 있소. 과인이 월나라를 칠 때까지 기다려 주오. 그리고 나서 내 그대의 의견을 따르겠소."

자공이 말하였다.

"월나라의 힘이란 약소국인 노나라보다도 더 나을 것이 없습니다. 왕께서 제나라를 내버려둔 채 월나라를 치시게 되면, 그 동안에 제나라는 노나라를 완전히 평정하고 말 것입니다. 또 왕께서는 이제 장차 패자로서 망하려는 것을 붙들어 주고 끊어지려는 것을 이어 주는 것으로써 명분을 삼고 계십니다. 그런데 약한 월나라를 치고 강한 제나라를 두려워하는 것은 용기라 말할 수 없습니다. 대체로 용기 있는 사람은 어려운 것을 피하지 않고 어진 사람은 괴로운 사람을 궁지로 몰아넣지 않으며 지혜로운 사람은 때를 놓치지 않고, 제왕은 속국의 뒤를 끊지 않음으로써 그 의를 살리게 되는 것입니다. 지금 월나라를 그대로 둠으로써 제후에게 어질다는 것을 보여 주게 되고, 노나라를 구원하여 제나라를 치고 그 위력을 진나라에 더하게 되면, 제후들은 틀림없이 서로 앞을 다투어 오나라로 찾아들 것이니, 그렇게 되면 패업霸業을 이루게 되는 것입니다. 또 왕께서 굳이 월나라를 염려하고 계시다면, 신이 동쪽으로 가서 월왕을 만나 월나라로 하여금 군사를 보내어 오나라가 제나라 치는 것을 돕도록 하겠습니다. 그렇게 되면 실제로는 월나라 안을 텅 비게 만들게 되며 명분상으로는 제후를 거느리고 제나라를 치는 것이 됩니다."

오나라 왕은 크게 기뻐하여 자공을 월나라로 보내주었다.

자공이 온다는 소식을 들은 월왕 구천은 길을 깨끗이 쓸고 교외에까지 마중을 나와, 몸소 자공의 수레를 몰아 숙사까지 모시며 이렇게 말하였다.

"오랑캐 나라에 대부께서는 어떻게 이런 귀한 걸음을 하셨습니까?"

자공이 말하였다.

"이번에 제가 오왕을 보고 노나라를 도와 제나라를 치도록 권하였습니다. 오왕은 그것을 바라고는 있으나, 다만 월나라가 걱정이 되어 '월나라를 쳐서 없앨 때까지 기다려 주면 그렇게 하겠다'고 하더이다. 지금 오나라가 월나라를 깨뜨릴 것이 분명합니다. 그리고 또 보복할 뜻도 없으면서 상대편으로부터 의심을 갖도록 하는 것은 서투른 일입니다. 남에게 보복할 뜻을 가졌다 하더라도 상대편으로 하여금 그것을 알아차리도록 하는 짓은 불안한 일입니다. 일이 실천에 옮겨지기도 전에 계획이 새어 나가는 것은 위험한 일입니다. 이 세 가지는 일을 하는 데 있어 커다란 방해가 되는 것입니다."

월왕 구천은 머리를 조아리며 두 번 절하고 말하였다.

"저는 일찍이 내 힘도 헤아리지 못하고 오나라와 싸워 패함으로써 회계에서 치욕을 당하고 말았습니다. 그때의 분함은 아직도 뼛속까지 사무쳐 있습니다. 그로부터 오늘날까지 낮이나 밤이나 복수할 생각에 입술과 혀가 타들어 가고 있습니다. 그저 오나라 왕을 죽이고 나도 함께 죽었으면 하는 바람입니다."

구천이 오나라에 복수할 수 있는 좋은 방법을 묻자 자공이 이렇게 일러주었다.

"오왕은 그의 사람됨이 사납고 잔인하여 신하들은 견뎌 내기 어려울 지경입니다. 나라는 거듭되는 전쟁으로 극도로 피폐해져 있고 사졸들은 더 이상 참을 수 없는 형편에 놓여 있습니다. 백성들은 왕을 원망하고 대신들은 충성을 바치지 않고 않습니다. 충신 오자서伍子胥는 간언하다가 죽었고, 태재太宰 백비伯嚭는 말로는 정치를 하고 있으나, 임금의 잘못을 그대로 따르며 다만 자신의 사욕만을 채우려 하고 있으니, 참으로 나라를 망치는 정치라 아니할 수 없습니다. 만일 왕께서 원군을 보내어 오왕의 뜻을 받들며 귀중한 보물을 바쳐 환심을 사고 정중히 예를 갖추게 되면, 오왕은 마음놓고 제나라를 치게 될 것입니다. 그리하여 만일 오왕이 제나라와의 싸움에서 패배하면 그것은 왕의 복이 되는 것이며, 만일 이길 경우에는 틀림없이 군사를 이끌고 진晉나라로 향하게 될 것입니다. 그렇게 되면 저는 북쪽으로 올라가 진왕晉王을 만나 함께 오나라를 치도록 설득시키겠습니다. 그러면 틀림없이 오나라를 약하게 만들 수 있습니다. 오나라의 정예부대는 제나라와의 싸움에서 모두 꺾이게 되고, 중장비를 갖춘 군사는 진나라에서 고통을 겪게 될 것이니, 왕께서 이렇게 지쳐버린 오나라를 누르시게 되면 오나라는 틀림없이 멸망하고 말 것입니다."

월왕은 크게 기뻐하며 이를 승낙하였다. 그리고 자공에게 황금 100일鎰과 칼 한 자루, 좋은 창 두 자루를 선사하였다. 그러나 자공은 그것들을 받지 않고 떠나와 오왕에게 보고하였다.

"신은 삼가 대왕의 말씀을 월왕에게 전하였습니다. 월왕은 크게 송구스러워하며 '저는 불행하게도 어릴 때 아버지를 잃고 분수도 생각하지 못한 채 오나라에 대해 죄를 범하였습니다. 그러나 싸움에 패해 몸은 욕을 당하고 회계에 숨어살게 된 까닭에 나라는 빈터가 되어 잡초만이 무성할 지경에 이르렀습니다. 그러나 다행히도 대왕의 은혜를 입어 다시 조상의 제사를 받들게 되었습니다. 죽어도 이 은혜는 잊을 수 없습니다. 어떻게 오나라에 대해 음모를 꾸밀 수 있겠습니까'라고 말하더이다."

그로부터 닷새 뒤, 월나라는 대부 문종文種을 오나라에 사신으로 보내어 머리를 조아리며 오나라 왕에게 이렇게 말하였다.

"동해 [월나라] 구천의 사자 신 문종은 사자로서의 예를 차려 대왕의 신하를 통해 문안드리옵니다. 듣건대 대왕께서 이번에 대의의 군사를 일으켜 강국을 무찌르고 약소국을 구원하기 위하여 포학한 제나라를 징계하여 주나라 왕실을 편안히 하려 하신다기에 우리 월나라는 국내에 있는 군사 3천 명을 모두 동원하여, 구천은 스스로 갑옷을 두르고 무기를 들어 앞장서서 적의 화살과 돌을 받고자 합니다. 그리하여 월나라의 천한 신하 문종은 선대에서 물려받은 갑옷 스무 벌과 도끼, 장인이 만든 굴로屈盧라는 창과 차고 다니면 빛이 나는 칼을 받들어 출정을 축하드립니다."

오나라 왕은 크게 기뻐하며 자공에게 물었다.

"월왕은 몸소 과인을 따라 제나라를 칠 것을 바라고 있는데 이를 허락해도 좋겠소?"

자공이 말하였다.

"안 됩니다. 남의 나라를 텅 비게 해 놓고, 그 군사를 있는 대로 모두 동원시키고 나서, 또 그 왕까지 싸움터로 나가게 한다는 것은 옳지 못한 일입니다. 대왕께서는 월나라의 예물을 거두시고 그 군사만을 허락하신 다음 그 왕의 종군은 사양하십시오."

오왕은 자공의 의견을 좇아 월왕의 종군을 거절하였다. 이리하여 오왕은 마침내 아홉 고을의 군대를 동원시켜 제나라를 치게 되었다.

일이 이쯤 되자 자공은 또다시 오나라를 떠나 이번에는 진晉나라로 가서 진왕에게 말하였다.

"신은 듣건대 '생각이 미리 정해져 있지 않으면 급한 일에 대처할 수가 없고, 군사가 먼저 정비되어 있지 않으면 적을 이기지 못한다'라 하였습니다. 지금 제나라와 오나라는 서로 맞붙어 싸움을 벌이고 있는데 만일 오나라가 지면 월나라가 오나라를 공격할 것이 틀림없지만 오나라가 이기게 되면 틀림없이 그 군사를 몰고 진晉나라로 쳐들어오게 될 것입니다."

진나라 왕은 크게 겁을 내어 물었다.

"어떻게 하면 좋겠소?"

자공이 말하였다.

"군대를 갖추어 병사들을 편히 쉬게 하고 기다리십시오."

진나라 왕은 그렇게 하겠노라고 승낙하였다. 자공은 진나라를 떠나 다시 노나라로 향하였다.

오나라 왕은 예정대로 제나라와 애릉艾陵에서 싸워 제나라 군사를 대파하고 장군 7명이 이끄는 군사를 포로로 잡았다. 오나라 왕은 돌아가지 않고 과연 군대를 이끌고 진나라로 향하였다. 그리하여 진나라 군사와 황지黃池에서 마주쳐 서로 자웅을 겨루게 되었다. 진나라 군사의 공격에 오히려 오나라가 대패하고 말았다.

월왕이 이 소식을 듣자 곧바로 강수江水를 건너 오나라를 습격해 들어가, 오나라 도성에서 7리 떨어진 곳에 진을 쳤다. 오나라 왕은 급보에 접하고 진나라를 버리고 돌아와 월나라와 오호五湖에서 싸웠으나 세 번 모두 패하고, 결국 월나라 군대에게 도성까지 내주었다. 월나라 군사가 오나라 왕궁을 포위하여 오왕 부차를 죽이고 재상 백비를 사형에 처하였다.

월왕은 오나라에 승리한 지 3년 뒤에 동방 제후들 사이의 패자가 되었다.

이와 같이 자공이 한 번 나섬으로써, 노나라를 구하고 제나라를 뒤흔들었으며 오나라를 격파하고 진나라를 강대하게 만들었고 또 월나라를 패자로 만들었다. 자공이 뛰어다님으로써 각국의 형세가 뒤바뀌어 10년 동안 5개 나라에 각각 커다란 변화가 있었다.

자공은 또 평소에 물건을 사서 저장해 두었다가 시세가 오르면 내다 팔아서 재산을 모았다. 또 남의 좋은 점을 드러내 주기를 좋아하였으나 남의 잘못을 덮어 주지는 못하였다. 일찍이 노나라와 위衛나라의 재상이 되어 집에 천 금을 쌓아 두기도 하였다. 그는 제나라에서 세상을 마쳤다.

子貢問曰:「富而無驕, 貧而無諂, 何如?」孔子曰:「可也; 不如貧而樂道, 富而好禮.」

田常欲作亂於齊, 憚高·國·鮑·晏, 故移其兵欲以伐魯. 孔子聞之, 謂門弟子曰:「夫魯, 墳墓所處, 父母之國, 國危如此, 二三子何爲莫出?」子路請出, 孔子止之. 子張·子石請行, 孔子弗許. 子貢請行, 孔子許之.

遂行, 至齊, 說田常曰:「君之伐魯過矣. 夫魯, 難伐之國, 其城薄以卑, 其地狹以泄, 其君愚而不仁, 大臣僞而無用, 其士民又惡甲兵之事, 此不可與戰. 君不如伐吳. 夫吳, 城高以厚, 地廣以深, 甲堅以新, 士選以飽, 重器精兵盡在其中, 又使明大夫守之, 此易伐也.」田常忿然作色曰:「子之所難, 人之所易; 子之所易, 人之所難: 而以教常, 何也?」子貢曰:「臣聞之, 憂在內者攻彊, 憂在外者攻弱. 今君憂在內. 吾聞君三封而三不成者, 大臣有不聽者也. 今君破魯以廣齊, 戰勝以驕主, 破國以尊臣, 而君之功不與焉, 則交日疏於主. 是君上驕主心, 下恣羣臣, 求以成大事, 難矣. 夫上驕則恣, 臣驕則爭, 是君上與主有郤, 下與大臣交爭也. 如此, 則君之立於齊危矣. 故曰不如伐吳.

伐吳不勝, 民人外死, 大臣內空, 是君上無彊臣之敵, 下無民人之過, 孤主制齊者唯君也.」田常曰:「善. 雖然, 吾兵業已加魯矣, 去而之吳, 大臣疑我, 柰何?」子貢曰:「君按兵無伐, 臣請往使吳王, 令之救魯而伐齊, 君因以兵迎之.」田常許之, 使子貢南見吳王.

說曰:「臣聞之, 王者不絕世, 霸者無彊敵, 千鈞之重加銖兩而移. 今以萬乘之齊而私千乘之魯, 與吳爭彊, 竊爲王危之. 且夫救魯, 顯名也; 伐齊, 大利也. 以撫泗上諸侯, 誅暴齊以服彊晉, 利莫大焉. 名存亡魯, 實困彊齊, 智者不疑也.」吳王曰:「善. 雖然, 吾嘗與越戰, 棲之會稽. 越王苦身養士, 有報我心. 子待我伐越而聽子.」子貢曰:「越之勁不過魯, 吳之彊不過齊, 王置齊而伐越, 則齊已平魯矣. 且王方以存亡繼絕爲名, 夫伐小越而畏彊齊, 非勇也. 夫勇者不避難, 仁者不窮約, 智者不失時, 王者不絕世, 以立其義. 今存越示諸侯以仁, 救魯伐齊, 威加晉國, 諸侯必相率而朝吳, 霸業成矣. 且王必惡越, 臣請東見越王, 令出兵以從, 此實空越, 名從諸侯以伐也.」吳王大說, 乃使子貢之越.

越王除道郊迎, 身御至舍而問曰:「此蠻夷之國, 大夫何以儼然辱而臨之?」子貢曰:「今者吾說吳王以救魯伐齊, 其志欲之而畏越, 曰『待我伐越乃可』. 如此, 破越必矣. 且夫無報人之志而令人疑之, 拙也; 有報人之志, 使人知之, 殆也; 事未發而先聞, 危也. 三者舉事之大患.」句踐頓首再拜曰:「孤嘗不料力, 乃與吳戰, 困於會稽, 痛入於骨髓, 日夜焦脣乾舌, 徒欲與吳王接踵而死, 孤之願也.」遂問子貢. 子貢曰:「吳王爲人猛暴, 羣臣不堪; 國家敝以數戰, 士卒弗忍; 百姓怨上, 大臣內變; 子胥以諫死, 太宰嚭用事, 順君之過以安其私: 是殘國之治也. 今王誠發士卒佐之以徼其志, 重寶以說其心, 卑辭以尊其禮, 其伐齊必也. 彼戰不勝, 王之福矣. 戰勝, 必以兵臨晉, 臣請北見晉君, 令共攻之, 弱吳必矣. 其銳兵盡於齊, 重甲困於晉, 而王制其敝, 此滅吳必矣.」越王大說, 許諾. 送子貢金百鎰, 劍一, 良矛二. 子貢不受, 遂行.

報吳王曰:「臣敬以大王之言告越王, 越王大恐, 曰:『孤不幸, 少失先人, 內不自量, 抵罪於吳, 軍敗身辱, 棲于會稽, 國爲虛莽, 賴大王之賜, 使得奉俎豆而修祭祀, 死不敢忘, 何謀之敢慮!』」後五日, 越使大夫種頓首言於吳王曰:「東海役臣孤句踐使者臣種, 敢修下吏問於左右. 今竊聞大王將興大義, 誅彊救弱, 困暴齊而撫周室, 請悉起境內士卒三千人, 孤請自被堅執銳,以先受矢石. 因越賤臣種奉先人藏器, 甲二十領, 鈇屈盧之矛, 步光之劍, 以賀軍吏.」吳王大說, 以告子貢曰:「越王欲身從寡人伐齊, 可乎?」子貢曰:「不可. 夫空人之國, 悉人之衆, 又從其君, 不義. 君受其幣, 許其師, 而辭其君.」吳王許諾. 乃謝越王. 於是吳王乃遂發九郡兵伐齊.

子貢因去之晉, 謂晉君曰:「臣聞之, 慮不先定不可以應卒, 兵不先辨不可以勝敵. 今夫齊與吳將戰, 彼戰而不勝, 越亂之必矣; 與齊戰而勝, 必以其兵臨晉.」晉君大恐, 曰:「爲之柰何?」子貢曰:「修兵休卒以待之.」晉君許諾.

子貢去而之魯. 吳王果與齊人戰於艾陵, 大破齊師, 獲七將軍之兵而不歸, 果以兵臨晉, 與晉人相遇黃池之上. 吳晉爭彊. 晉人擊之, 大敗吳師. 越王聞之, 涉江襲吳, 去城七里而軍. 吳王聞之, 去晉而歸, 與越戰於五湖. 三戰不勝, 城門不守, 越遂圍王宮, 殺夫差而戮其相. 破吳三年, 東向而霸.

故子貢一出, 存魯, 亂齊, 破吳, 彊晉而霸越. 子貢一使, 使勢相破, 十年之中, 五國各有變.

子貢好廢舉, 與時轉貨貲. 喜揚人之美, 不能匿人之過. 常相魯衛, 家累千金, 卒終于齊.

언언(자유)

언언言偃은 오나라 사람으로 자가 자유子游이며 공자보다 45세 아래이다.

자유는 공자의 가르침을 받게 된 뒤에 노나라 무성武城 고을의 재宰가 되었다. 공자가 무성을 지나가다 거문고를 타며 노래하는 소리를 듣고 기뻐 미소지으며 말하였다.

"닭 잡는 데 어찌 소 잡는 칼을 쓰랴?"

그러자 자유가 이렇게 대답하였다.

"전에 저는 선생님으로부터 '군자가 도를 배우면 사람을 사랑하게 되고, 소인이 도를 배우면 마음이 착해져서 부리기가 쉽다'라고 들었습니다."

그러자 공자는 옆에 있는 다른 제자들을 돌아보며 말하였다.

"너희들, 지금 언언이 한 말이 옳다. 방금 내가 한 말은 농담이었다."

공자는 자유가 문학에 능통함을 인정하고 있었다.

言偃, 吳人, 字子游. 少孔子四十五歲.

子游旣已受業, 爲武城宰. 孔子過, 聞弦歌之聲. 孔子莞爾而笑曰: 「割雞焉用牛刀?」 子游曰: 「昔者偃聞諸夫子曰, 君子學道則愛人, 小人學道則易使.」 孔子曰: 「二三子, 偃之言是也. 前言戲之耳.」 孔子以爲子游習於文學.

복상(자하)

복상卜商은 자가 자하子夏이며 공자보다 44세 아래이다.

자하가 공자에게 여쭈었다.

"'예쁘게 웃는 입가의 아름다움이여, 아름다운 눈의 흑백의 선명함이여, 흰 바탕으로써 아름다움을 이루었네'라는 시는 무슨 뜻입니까?"

공자가 말하였다.

"그림으로 말한다면, 먼저 흰 바탕이 있은 뒤에 색을 칠하여 다듬는 것과 같은 것이다."

자하가 다시 여쭈었다.

"충신忠信이 바탕이 되고 예禮로써 다듬게 된다는 말씀이옵니까?"

공자는 이렇게 말하였다.

"그렇다. 비로소 너와 《시》에 대하여 말할 수 있겠구나."

자공이 공자에게 이렇게 물었다.

"사師, 子張와 상商 중 누가 더 낫습니까?"

공자가 대답하였다.

"자장은 지나친 데가 있고 상은 좀 미치지 못한 데가 있다."

자공이 여쭈었다.

"그렇다면 자장이 낫다는 말씀입니까?"

공자가 말하였다.

"아니다. 지나친 거나 미치지 못한 거나 마찬가지다."

공자가 자하에게 말하였다.

"너는 도에 힘쓰는 군자의 선비가 되어야지, 명성을 좇는 소인의 선비가 되어서는 안 된다."

공자가 죽은 뒤 자하는 서하西河에 살면서 사람들에게 학문을 가르쳤다. 위魏나라 문후文侯도 그를 스승으로 모셨다. 그 뒤 자하는 아들을 잃자 너무도 서러워한 나머지 눈이 멀었다.

卜商字子夏. 少孔子四十四歲.

子夏問:「『巧笑倩兮, 美目盼兮, 素以爲絢兮』, 何謂也?」子曰:「繪事後素.」曰:「禮後乎?」孔子曰:「商始可與言《詩》已矣.」

子貢問:「師與商孰賢?」子曰:「師也過, 商也不及.」問:「然則師愈與?」曰:「過猶不及.」

子謂子夏曰:「汝爲君子儒, 無爲小人儒.」

孔子旣沒, 子夏居西河敎授, 爲魏文侯師. 其子死, 哭之失明.

전손사(자장)

전손사顓孫師는 진陳나라 사람으로 자가 자장子張이며 공자보다 48세 아래이다. 자장이 벼슬자리를 얻는 방법에 대해 여쭙자 공자는 이렇게 대답하였다.

"우선 많이 들어라. 그리고 의심나는 점은 빼버린 다음 그 나머지만을 조심하여 말하게 되면 말에 실수가 적다. 또 많이 보아라. 그리고 위태로운 것을 뺀 다음, 그 나머지를 조심해서 행하게 되면 행동에 뉘우침이 적다. 말에 실수가 적고 행동에 뉘우침이 적으면 벼슬은 구하지 않아도 절로 얻어지게 마련이다."

뒤에 공자 일행이 진陳나라와 채蔡나라 사이에서 곤욕을 겪고 있을 때, 자장이 세상에서 행세할 수 있는 방법이 무어냐고 공자에게 물었다. 이때 공자는 대답하였다.

"말이 참되고 믿음이 있으며 행동이 착실하고 조심스러우면, 비록 야만국에 가 있어도 행세할 수 있을 것이다. 말이 참되지 못하고 믿음이 없으며 행동이 착실하지 못하고 조심스럽지 못하면, 비록 자기 마을에 있더라도 행세할 수 없을 것이다. 이 교훈이 서 있을 때면 눈앞에 어른거리고 수레에 올라타서는 횡목에 기대어 있는 것처럼, 항상 몸에 지니고 있은 후에야 행세할 수 있게 된다."

자장은 이 말을 잊어버리지 않을 생각으로 허리띠에다 적어 두었다.

자장은 또 공자에게 이렇게도 여쭈었다.

"선비는 어떻게 해야만 통달하였다고 할 수 있습니까?"

공자가 되물었다.

"도대체 네가 말하는 그 통달이란 어떤 것이냐?"

자장이 대답하였다.

"나라에 있어서나 집에 있어서나 이름이 알려지는 것입니다."

공자가 말하였다.

"그것은 명망이지 통달은 아니다. 통달이란 것은 꾸밈이 없이 진실하고 정직하여, 의를 좋아하며 남의 말을 알아듣고 얼굴빛을 잘 살피며 항상 주의하여 남에게 자신을 낮춘다. 그러면 나라에 있어서나 집에 있어서나 틀림없이 통달하게 될 것이다. 그러나 명망이란 것은 겉으로만 어진 척하며 행동은 도리에 벗어나게 하고 그리고도 그것이 잘하는 일인 양 의심하지 않고 행동한다. 그러면 나라에 있어서나 집에 있어서나 명망이 좋아지게 된다."

顓孫師, 陳人, 字子張. 少孔子四十八歲.

子張問干祿, 孔子曰:「多聞闕疑, 愼言其餘, 則寡尤; 多見闕殆, 愼行其餘, 則寡悔. 言寡尤, 行寡悔, 祿在其中矣.」

他日從在陳蔡閒, 困, 問行. 孔子曰:「言忠信, 行篤敬, 雖蠻貊之國行也; 言不忠信, 行不篤敬, 雖州里行乎哉! 立則見其參於前也, 在輿則見其倚於衡, 夫然後行.」子張書諸紳.

子張問:「士何如斯可謂之達矣?」孔子曰:「何哉, 爾所謂達者?」子張對曰:「在國必聞, 在家必聞.」孔子曰:「是聞也, 非達也. 夫達者, 質直而好義, 察言而觀色, 慮以下人, 在國及家必達. 夫聞也者, 色取仁而行違, 居之不疑, 在國及家必聞.」

◎ 증삼(자여)

증삼曾參은 노나라 남무성南武城 사람으로 자는 자여子輿이며 공자보다 46세 아래이다.

공자는 증삼이 효도에 능통한 것을 인정하고 그에게 더욱 가르침을 주어 《효경孝經》을 짓도록 하였다. 그 뒤 증삼은 노나라에서 죽었다.

〈曾子(曾參)〉《三才圖會》

曾參, 南武城人, 字子輿. 少孔子四十六歲.

孔子以爲能通孝道, 故授之業. 作《孝經》. 死於魯.

◎ 담대멸명(자우)

담대멸명澹臺滅明은 무성武城 사람으로 자가 자우子羽이며 공자보다 39세 아래이다.

얼굴이 못생겨 공자에게 처음 가르침을 받으러 왔을 때 공자는 그가 모자라는 사람인 줄로만 여겼다. 그러나 가르침을 받은 뒤 물러나 깊이 행실을 닦으며 길을 갈 때에도 지름길로 가는 일이 없고 공사가 아니면 경대부卿大夫를 만나는 일이 없었다.

남쪽으로 내려가 강수江水 근처에 살고 있을 때는, 그를 따르는 제자만 300명에 이르렀다. 그는 제자들에게 물건을 주고받는 것과 벼슬자리에 나아가고 그만두고 하는 것을 의리에 맞게 하도록 가르쳐, 그의 이름이 제후들에게 널리 알려지게 되었다.

공자는 그러한 그의 평판을 듣자 이렇게 술회하였다.

"나는 말 잘하는 것으로 사람을 판단하였다가 재여에게 실수를 하였고, 얼굴로서 사람을 판단하였다가 자우에게 실수를 하였다."

澹臺滅明, 武城人, 字子羽. 少孔子三十九歲.

狀貌甚惡. 欲事孔子, 孔子以爲材薄. 旣已受業, 退而修行, 行不由徑, 非公事不見卿大夫.

南游至江, 從弟子三百人, 設取予去就, 名施乎諸侯. 孔子聞之, 曰:「吾以言取人, 失之宰予; 以貌取人, 失之子羽.」

복부제(자천)

복부제宓不齊는 자가 자천子賤이며 공자보다는 30세 아래이다. 공자는 자천에 대하여 이렇게 평하였다.

"군자로다! 그러나 노나라에 군자가 없었던들 그가 그런 군자의 도리를 어떻게 배울 수 있었겠는가?"

자천이 선보單父의 재宰로 있을 때였다. 그가 공자에게 말씀드렸다.

"이 나라에는 저보다 훌륭한 인물로 섬길 분이 다섯 사람이나 있어, 저에게 나라를 어떻게 다스리는지 가르쳐 주었습니다."

그러자 공자는 이렇게 탄식하였다.

"안타까운 일이다. 복부제가 다스리는 땅이 너무 좁구나. 만일 그가 다스리는 곳이 컸더라면 훌륭한 정치를 펼 수 있었을 텐데."

宓不齊字子賤. 少孔子三十歲.

孔子謂「子賤君子哉! 魯無君子, 斯焉取斯?」

子賤爲單父宰, 反命於孔子, 曰:「此國有賢不齊者五人, 教不齊所以治者.」孔子曰:「惜哉不齊所治者小, 所治者大則庶幾矣.」

원헌(자사)

원헌原憲은 자가 자사子思였으며 공자보다 36세 아래이다.

언젠가 자사가 치욕이 무엇인가에 대하여 여쭙자 공자는 이렇게 대답하였다.

"나라에 도가 제대로 시행되는 데도 도리를 다하지 못하면서 녹을 먹고, 나라에 도가 제대로 시행되지 않는데도 벼슬자리에 연연하여 녹을 먹는다면 그것이 수치스러운 일이다."

자사가 다시 공자에게 여쭈었다.

"남에게 이기기를 좋아하는 것, 스스로의 공을 자랑하는 것, 남을 원망하는 것, 탐욕스러운 것, 이 네 가지를 행하지 않으면 어질다고 말할 수 있겠습니까?"

공자가 말하였다.

"그렇게 하기는 어려운 일이겠지만 그것만으로 어질다고 할 수 있을는지는 모르겠다."

공자가 죽은 뒤, 원헌은 풀이 우거진 늪가에 숨어 살았다. 그 때 자공이 위衛나라 재상이 되어 네 마리 말이 끄는 마차를 타고 기마 호위병과 함께 원헌을 찾아와 인사하였다. 원헌은 다 떨어진 의관을 갖추고 그를 맞이하였다. 자공은 그의 초라한 모습을 보고 안타까워하며 말하였다.

"그대는 무슨 병을 앓고 있는 것입니까?"

원헌이 말하였다.

"내 듣기로 '재물이 없는 사람을 가난하다 하고, 도를 배우고도 실행하지 못하는 사람을 병들었다 한다'라 하였소. 내 비록 가난하기는 하나 병들지는 않았소."

자공은 몹시 부끄러하며 마음 아파하였다. 그리고 자사와 헤어져 돌아간 뒤에도 평생토록 이때의 실언을 수치로 여겼다.

原憲字子思. 少孔子三十六歲.

子思問恥. 孔子曰:「國有道, 穀. 國無道, 穀, 恥也.」

子思曰:「克伐怨欲不行焉, 可以爲仁乎?」孔子曰:「可以爲難矣, 仁則吾弗知也.」

孔子卒, 原憲遂亡在草澤中. 子貢相衛, 而結駟連騎, 排藜藿入窮閻, 過謝原憲. 憲攝敝衣冠見子貢. 子貢恥之, 曰:「夫子豈病乎?」原憲曰:「吾聞之, 無財者謂之貧, 學道而不能行者謂之病. 若憲, 貧也, 非病也.」子貢慚, 不懌而去, 終身恥其言之過也.

◎ 공야장(자장)

공야장公冶長은 제나라 사람으로 자를 자장子長이라 하였다.

공자는 이런 말을 하였다.

“공야장은 사위를 삼을 만하다. 일찍이 감옥에 갇힌 일이 있었지만 그것은 그의 죄가 아니었다.”

그리고는 그를 자기 사위로 삼았다.

公冶長, 齊人, 字子長.

孔子曰: 「長可妻也, 雖在累紲之中, 非其罪也.」 以其子妻之.

◎ 남궁괄(자용)

남궁괄南宮括은 자를 자용子容이라 하였다.

자용이 공자에게 이렇게 여쭈었다.

“예羿는 활을 잘 쏘고, 오奡는 땅에서도 배를 움직일 수 있었건만 다같이 제 명대로 살지 못하였고, 하나라 우왕禹王과 주나라 후직后稷은 몸소 밭갈이하며 고생을 하였어도 천하를 차지할 수가 있었던 것은 무슨 까닭입니까?”

그러나 공자는 대답하지 않았다. 자용이 물러간 뒤에 이렇게 말하였다.

“자용은 군자로구나. 덕을 소중히 하는구나. 그 사람은 도가 지켜지는 나라에서는 크게 쓰일 것이고, 도가 지켜지지 않는 나라에서라도 죽는 형벌 정도는 면할 수 있을 것이다.”

자용은 《시》를 읽고 ‘흰 옥의 티는 갈아 없앨 수 있지만 말言의 흠은 어찌할 도리가 없다’는 구절에 이르자, 세 번이나 이를 되풀이해 읽으며 말을 조심하는 데 마음을 썼다. 공자는 조카딸을 그에게 시집보내었다.

南宮括字子容.

問孔子曰: 「羿善射, 奡盪舟, 俱不得其死然; 禹稷躬稼而有天下?」 孔子弗答. 容出, 孔子曰: 「君子哉若人! 上德哉若人!」 「國有道, 不廢; 國無道, 免於刑戮.」 三復曰 珪之玷」, 以其兄之子妻之.

◎ 공석애(계차)

공석애公晳哀는 자를 계차季次라 하였는데 공자는 그를 이렇게 평하였다. "천하 사람들은 도를 행하지 않고도 대부분이 대부의 가신이 되어 도성에서 벼슬을 하며 지내건만, 오직 계차만은 지조를 지키며 벼슬하지 않고 있다."

公晳哀字季次.
孔子曰:「天下無行, 多爲家臣, 仕於都; 唯季次未嘗仕.」

◎ 증점(석)

증점曾蒧, 曾點은 자가 석晳이다. 그가 공자를 모시고 있으면서 공자로부터 이런 요청을 받았다.
"너의 뜻을 말해 보아라."
증점은 이렇게 말하였다.
"새로 만든 봄옷을 입고, 젊은이 5, 6명과 아이들 6, 7명을 데리고 기수沂水로 가서 목욕을 하고, 무우舞雩의 누대 밑에서 바람을 쐰 다음, 시를 읊으며 돌아오고 싶습니다."
그러자 공자는 감탄하여 말하였다.
"나도 너와 함께 하고 싶구나!"

曾蒧字晳.
侍孔子, 孔子曰:「言爾志.」蒧曰:「春服旣成, 冠者五六人, 童子六七人, 浴乎沂, 風乎舞雩, 詠而歸.」孔子喟爾歎曰:「吾與蒧也!」

◎ 안무요(노)

안무요顔無繇는 자가 노路이며 안회顔回의 아버지이다. 부자父子는 각각 다른 시기에 공자에게서 배웠다. 안회가 죽었을 때, 가난한 안로顔路는 공자의 수레를 팔아 그것으로 곽槨을 만들 수 있게 해달라고 청하였다. 그러자 공자는 이렇게 거절하였다.

"잘났든 못났든 누구나 자기 자식을 말하게 된다. 내 아들 공리孔鯉가 죽었을 때에도 관만 썼지 곽은 쓰지 못했다. 나는 수레를 팔아서까지 곽을 만들어 주지는 못했다. 그것은 대부가 된 처지에 내가 수레 없이 걸어다닐 수 없었기 때문이다."

顔無繇字路. 路者, 顔回父, 父子嘗各異時事孔子.

顔回死, 顔路貧, 請孔子車以葬. 孔子曰:「材不材, 亦各言其子也. 鯉也死, 有棺而無槨, 吾不徒行以爲之槨, 以吾從大夫之後, 不可以徒行.」

상구(자목)

상구商瞿는 노나라 사람으로 자가 자목子木이며 공자보다 29세 아래이다.

공자는 《역경》을 상구에게 전수하였고, 상구는 그것을 초나라 사람 간비자馯臂子 자홍子弘에게 전수하였다. 홍弘은 다시 강동江東의 교자용자矯子庸疪에게 전수하였으며, 자疪는 연燕나라 사람 주자가수周子家豎에게 전수하였다. 주자가수는 순우淳于 사람 광자승우光子乘羽에게 전수하였고, 곽자승우는 제齊나라 사람 전자장하田子莊何에게 전수하였다. 전자장하는 동무東武 사람 왕자중동王子中同에게 전수하였고, 왕자중동은 또 치천菑川의 양하楊何에게 전수하였으며 이 양하는 원삭元朔 연간에 《역경》에 능통하다 하여 한漢나라 중대부中大夫에 임명되었다.

商瞿, 魯人, 字子木. 少孔子二十九歲.

孔子傳《易》於瞿. 瞿傳楚人馯臂子弘, 弘傳江東人矯子庸疪, 疪傳燕人周子家豎, 豎傳淳于人光子乘羽, 羽傳齊人田子莊何, 何傳東武人王子中同, 同傳菑川人楊何. 何元朔中以治《易》爲漢中大夫.

고시(자고)

고시高柴는 자가 자고子羔이며 공자보다 30세 아래이다.

자고는 키가 5척이 채 못되었다. 공자에게 가르침을 받을 때 공자는 그를 우직하다고 평하였다. 자로가 이 자고를 비읍費邑의 재상으로 천거하자 공자는 말하였다.

"아직 학문이 넉넉지 못한 사람에게 정치를 하게 하는 것은 그를 해치게 하는 것이다."

그러자 자로가 다시 여쭈었다.

"다스려야 할 백성들이 있고 바로잡아야 할 나라가 있는데, 어떻게 꼭 글을 읽는 것만을 학문이라 할 수 있겠습니까?"

이에 공자가 꾸짖었다.

"그러기에 말만 잘하는 사람을 미워하는 것이다."

高柴字子羔. 少孔子三十歲.

子羔長不盈五尺, 受業孔子, 孔子以爲愚.

子路使子羔爲費郈宰, 孔子曰:「賊夫人之子!」子路曰:「有民人焉, 有社稷焉, 何必讀書然後爲學!」孔子曰:「是故惡夫佞者.」

◎ 칠조개(자개)

칠조개漆彫開는 자가 자개子開이며 공자보다 11세 아래이다.

공자는 자개의 학문과 재능을 인정하여 그에게 벼슬길에 나설 것을 권하였다. 그러자 자개는 이렇게 대답하였다.

"저는 아직 공부가 부족해서 벼슬을 할 자신이 없습니다."

공자는 그가 도에 뜻을 두고 있는 것을 알고 기뻐하였다.

漆彫開字子開. 少孔子十一歲.

孔子使開仕, 對曰:「吾斯之未能信.」孔子說.

◎ 공백료(자주)

공백료公伯繚는 자가 자주子周이다. 언젠가 자주가 계손季孫에게 자로를 헐뜯자 자복경백子服景伯이 분개하여 그 사실을 공자에게 말하였다.

"계손은 공백료의 말에 속아 자로를 노엽게 하고 있습니다. 제가 비록 무력하지만 공백료 정도는 사형에 처하여 시체를 저잣거리에 내걸 수 있습니다."

그러자 공자는 말하였다.

"도가 행해지는 것도 천명이고 행해지지 않는 것도 천명이다. 공백료 따위가 천명을 어찌할 수 있겠는가!"

公伯繚字子周.

周愬子路於季孫, 子服景伯以告孔子, 曰:「夫子固有惑志, 繚也, 吾力猶能肆諸市朝.」孔子曰:「道之將行, 命也; 道之將廢, 命也. 公伯繚其如命何!」

사마경(자우)

사마경司馬耕은 자가 자우子牛이다.

자우는 말이 많고 성질이 조급한 사람이다. 언젠가 공자에게 인仁에 대해 여쭙자 공자는 이렇게 대답하였다.

"어진 사람은 말을 함부로 하지 않는다."

그러자 자우가 여쭈었다.

"말을 함부로 하지 않는다면 그것만으로 어진 사람이 된다는 것입니까?"

공자가 말하였다.

"인을 실천하는 것이 어려우니 말인들 어찌 함부로 할 수 있겠느냐!"

자우가 군자에 대하여 여쭙자 공자는 이렇게 말하였다.

"군자는 걱정하지 않고 두려워하지도 않는다."

자우가 또 물었다.

"걱정하지 않고 두려워하지 않는다면, 그것만으로 군자라 할 수 있습니까?"

그러자 공자는 대답하였다.

"마음을 돌이켜보아 부끄러운 점이 없으면, 무엇을 걱정하고 무엇을 두려워하겠느냐!"

司馬耕字子牛.

牛多言而躁. 問仁於孔子, 孔子曰:「仁者其言也訒.」曰:「其言也訒. 斯可謂之仁乎?」子曰:「爲之難, 言之得無訒乎!」

問君子, 子曰:「君子不憂不懼.」曰:「不憂不懼, 斯可謂之君子乎?」子曰:「內省不疚, 夫何憂何懼!」

번수(자지)

번수樊須는 자가 자지子遲이며 공자보다 36세 아래이다.

한 번은 번수가 농사짓는 법을 배우고 싶다고 청하자 공자는 이렇게 대답하였다.

"나는 노련한 농부만 못하다."

다시 채소 가꾸는 법을 배우고 싶다고 청하자 공자가 대답하였다.

"나는 채소 가꾸는 늙은이만 못하다."

번수가 물러나자 공자는 이렇게 탄식하였다.

"번수는 소인이로다. 윗사람이 예를 좋아하면 백성들은 자연 그를 존경하지 않을 수 없고, 윗사람이 의를 좋아하면 백성들은 자연 따르지 않을 수 없으며, 윗사람이 신信을 좋아하면 백성들은 자연 성실하지 않을 수 없다. 이같이 하면 사방의 백성들은 그 자식들을 등에 업고 찾아오게 될 텐데, 농사짓고 채소 가꾸는 방법을 배워 어디에 쓰겠는가?"

또 번수가 인仁에 대하여 여쭙자 공자는 말하였다.

"사람을 사랑하는 것이다."

또, 지智에 대하여 여쭙자 공자가 말하였다.

"사람을 아는 것이다."

樊須字子遲. 少孔子三十六歲.

樊遲請學稼, 孔子曰:「吾不如老農.」請學圃, 曰:「吾不如老圃.」樊遲出, 孔子曰:「小人哉樊須也! 上好禮, 則民莫敢不敬; 上好義, 則民莫敢不服; 上好信, 則民莫敢不用情. 夫如是, 則四方之民襁負其子而至矣, 焉用稼!」

樊遲問仁, 子曰:「愛人.」問智, 曰:「知人.」

◎ 유약(유자)

유약有若은 공자보다 43세 아래이다. 유약은 이렇게 말하였다.

"예를 운용하는 데는 조화가 가장 중요하다. 옛날 선왕先王들의 도에서도 조화가 있음으로써 아름다운 것이다. 그러나 큰 일이고 작은 일이고 조화만 가지고는 잘 되지 않을 경우도 있다. 조화가 소중하다는 것만 알고 예로써 이를 절도 있게 하지 않으면 일이 원만히 이루어질 수 없다."

유약은 또 이렇게 말하였다.

"신信이란 말한 것을 틀림없이 실행하는 것이지만 그 신도 말의 내용이 도의에 가까운 것이라야만 비로소 행할 수 있는 것이다. 공손한 것이 좋은 것이긴 하지만 그것도 예절에 맞게 해야만 치욕을 당하지 않게 된다. 사람들과 사귀는 것은 중요한 일이지만 그것도 친할 만한 사람과 사귀어야만 끝까지 잘 사귀게 되는 것이다."

공자가 죽은 뒤에도 제자들은 공자를 사모해 마지않았다. 우연히 유약의 얼굴이 공자를 많이 닮았으므로, 제자들은 서로 상의한 끝에 그를 스승으로 추대하고 마치 공자를 모시듯이 그를 위하였다.

그 뒤 어느 날 제자 한 사람이 나아가 유약에게 물었다.

"전에 공자께서는 외출할 때 제게 우산을 준비시켰는데 과연 도중에 비가 내렸습니다. 제가 '선생님, 비가 올 것을 어떻게 미리 아셨습니까?'하고 여쭈었더니 공자께서는 '《시》에 달이 필성畢星에 걸리면 큰비가 내린다고 하지 않았느냐? 간밤에 달이 필성에 걸려 있었느니라'라고 하셨습니다. 이에 그 뒤부터 주의해 보았는데 달이 필성에 머물러 있어도 비가 오지 않는 경우가 있었습니다. 또 상구商瞿는 나이 많도록 자식이 없으므로 그의 어머니가 그를 새로 장가를 들이려 하였습니다. 마침 공자께서 상구를 제나라로 심부름을 보내려고 하였으므로 상구의 어머니는 그런 사정을 말하고 연기해 줄 것을 청하였습니다. 그러자 공자께서는 '걱정할 것 없소. 구는 마흔이 넘어서면 다섯 아들을 두게 될 것입니다'라 하였습니다. 그 뒤 과연 그렇게 되었습니다. 공자께서는 어떻게 그런 것들을 알 수 있었을까요?"

유약은 대답할 수가 없어 잠자코 있었다. 그러자 제자들은 일제히 일어나 그에게 말하였다.

"유자有子여, 그 자리에서 물러나 주시오. 그곳은 당신이 앉아 있을 자리가 아닙니다."

有若少孔子四十三歲. 有若曰:「禮之用, 和爲貴, 先王之道斯爲美. 小大由之, 有所不行; 知和而和, 不以禮節之, 亦不可行也.」「信近於義, 言可復也; 恭近於禮, 遠恥辱也; 因不失其親, 亦可宗也.」

孔子旣沒, 弟子思慕, 有若狀似孔子, 弟子相與共立爲師, 師之如夫子時也. 他日, 弟子進問曰:「昔夫子當行, 使弟子持雨具, 已而果雨. 弟子問曰:『夫子何以知之?』夫子曰:『《詩》不云乎?「月離于畢, 俾滂沱矣.」昨暮月不宿畢乎?』他日, 月宿畢, 竟不雨. 商瞿年長無子, 其母爲取室. 孔子使之齊, 瞿母請之. 孔子曰:『無憂, 瞿年四十後當有五丈夫子.』已而果然. 敢問夫子何以知此?」有若默然無以應. 弟子起曰:「有子避之, 此非子之座也!」

공서적(자화)

공서적公西赤은 자가 자화子華이며 공자보다 42세 아래였다. 자화가 제나라로 심부름을 가게 되었을 때, 염유冉有는 자화의 어머니를 돕고자 그가 없는 동안 먹을 양식을 청구하였다. 그때 공자가 말하였다.

"한 부釜를 주어라."

그러자 염유가 더 주기를 청하자 공자는 이렇게 말하였다.

"한 유庾를 주어라."

그런데도 염유는 다섯 병秉의 많은 양을 자화의 어머니에게 주었다. 그러자 공자는 이렇게 말하였다.

"공서적이 제나라로 떠날 때에 살찐 말을 타고 좋은 갖옷을 입고 있었다. 그는 결코 가난하지 않다. 나는 '군자는 사람의 어려움을 돕되 부유한 자에게 더 보태 주는 일은 없어야 한다'고 들었다."

公西赤字子華. 少孔子四十二歲.

子華使於齊, 冉有爲其母請粟. 孔子曰:「與之釜.」請益, 曰:「與之庾.」冉子與之粟五秉. 孔子曰:「赤之適齊也, 乘肥馬, 衣輕裘. 吾聞君子周急不繼富.」

무마시(자기)

무마시巫馬施는 자가 자기子旗이며 공자보다 30세 아래이다.

진陳나라 사패司敗가 공자에게 이렇게 질문하였다.

"노魯나라 소공昭公은 예를 압니까?"

공자가 대답하였다.

"압니다."

사패가 물러 나와 무마시와 마주앉아 이렇게 말하였다.

"듣건대 군자는 편드는 일이 없다고 들었는데 공자와 같은 군자도 역시 편을 드는군요. 노나라 왕(소공)은 오나라 여자를 부인으로 맞은 다음 이름을 맹자孟子라고 불렀소. 그것은 맹자의 성이 희씨姬氏였으므로 동성同姓인 것을 꺼려 바꾸어 부른 것이 아니겠소? 그런 노나라 임금이 만일 예를 안다고 한다면, 천하에 예를 모르는 사람이 어디 있겠소?"

무마시가 공자에게 그의 말을 전하자 공자는 이렇게 말하였다.

"나는 행복한 사람이다. 내가 잘못을 저지르면 남이 반드시 가르쳐 준다. 그러나 신하로서는 임금의 잘못을 다른 사람에게 말해서는 안 된다. 그것을 숨기는 것이 예이다."

巫馬施字子旗. 少孔子三十歲.

陳司敗問孔子曰:「魯昭公知禮乎?」孔子曰:「知禮.」退而揖巫馬旗曰:「吾聞君子不黨, 君子亦黨乎? 魯君娶吳女爲夫人, 命之爲孟子. 孟子姓姬, 諱稱同姓, 故謂之孟子. 魯君而知禮, 孰不知禮!」施以告孔子, 孔子曰:「丘也幸, 苟有過, 人必知之. 臣不可言君親之惡, 爲諱者, 禮也.」

❂ 그 밖의 제자들

양전梁鱣은 자가 숙어叔魚이며 공자보다 29세 아래이다.

안행顔幸은 자가 자류子柳이며 공자보다 46세 아래이다.

염유冉孺는 자가 자로子魯이며 공자보다 50세 아래이다.

조휼曹卹은 자가 자순子循이며 공자보다 50세 아래이다.

백건伯虔은 자가 자석子析이며 공자보다 50세 아래이다.

공손룡公孫龍은 자가 자석子石이며 공자보다 53세 아래이다.

이상 자석까지의 35명은, 나이와 성명이 분명하고 공자에게 가르침을 받고 또 문답한 것도 기록으로 전해지고 있다.

그러나 그 밖의 42명은 나이도 분명하지 않고 기록에 전해진 것도 볼 수가 없다. 그 이름만 기록해 둔다.

염계冉季는 자가 자산子産이다.

공조구자公祖句玆는 자가 자지子之이다.

진조秦祖는 자가 자남子南이다.

칠조차漆雕哆는 자가 자렴子斂이다.

안고顔高는 자가 자교子驕이다.

칠조도보漆雕徒父이다.

양사적壤駟赤은 자가 자도子徒이다.

상택商澤.

석작촉石作蜀은 자가 자명子明이다.

임부제任不齊는 자가 선選이다.

공량유公良孺는 자가 자정子正이다.

후거后處는 자가 자리子里이다.

진염秦冉은 자가 개開이다.

공하수公夏首는 자가 승乘이다.

해용잠奚容箴은 자가 자석子晳이다.

공견정公肩定은 자가 자중子中이다.

안조顔祖는 자가 양襄이다.

교선鄡單은 자가 자가子家이다.
구정강句井疆.
한보흑罕父黑은 자가 자색子索이다.
진상秦商은 자가 자비子丕, 또는 비자丕玆이다.
신당申黨은 자가 주周이다.
안지복顔之僕은 자가 숙叔이다.
영기榮旂는 자가 자기子祈이다.
현성懸成은 자가 자기子祺이다.
좌인영左人郢은 자가 행行이다.
연급燕伋은 자가 사思이다.
정국鄭國은 자가 자도子徒이다.
진비秦非는 자가 자지子之이다.
시지상施之常은 자가 자항子恒이다.
안쾌顔噲는 자가 자성子聲이다.
보숙승步叔乘은 자가 자거子車이다.
원항적原亢籍.
악해樂欬는 자가 자성子聲이다.
염혈廉絜은 자가 용庸이다.
숙중회叔仲會는 자가 자기子期이다.
안하顔何는 자가 염冉이다.
적흑狄黑은 자가 석晳이다.
방손邦巽은 자가 자렴子斂이다.
공충孔忠.
공서여여公西輿如는 자가 자상子上이다.
공서점公西葴은 자가 자상子上이다.

梁鱣字叔魚. 少孔子二十九歲.
顔幸字子柳. 少孔子四十六歲.
冉孺字子魯, 少孔子五十歲.

曹卹字子循. 少孔子五十歲.

伯虔字子析, 少孔子五十歲.

公孫龍字子石. 少孔子五十三歲.

自子石已右三十五人, 顯有年名及受業聞見于書傳. 其四十有二人, 無年及不見書傳者紀于左:

冉季字子產.

公祖句茲字子之.

秦祖字子南.

漆雕哆字子斂.

顏高字子驕.

漆雕徒父.

壤駟赤字子徒.

商澤.

石作蜀字子明.

任不齊字選.

公良孺字子正.

后處字子里.

秦冉字開.

公夏首字乘.

奚容箴字子晳.

公肩定字子中.

顏祖字襄.

鄡單字子家.

句井疆.

罕父黑字子索.

秦商字子丕.

申黨字周.

顏之僕字叔.

榮旂字子祈.

縣成字子祺.

左人郢字行.

燕伋字思.

鄭國字子徒.

秦非字子之.

施之常字子恒.

顔噲字子聲.

步叔乘字子車.

原亢籍.

樂欬字子聲.

廉絜字庸.

叔仲會字子期.

顔何字冉.

狄黑字晳.

邦巽字子斂.

孔忠.

公西輿如字子上.

公西葴字子上.

사마천의 평어

나 태사공은 이렇게 생각한다.

세상의 학자들로 공자의 70여 명 제자에 대해 말하는 사람이 많으나, 칭찬하는 사람들 가운데에는 실제보다 지나친 사람도 있으며, 비방하는 사람들 가운데에는 사실보다 더 심하게 평하기도 한다. 그 어느 쪽이나 모두 참모습을 모르고 말하는 것이다. 제자들의 명부는 공씨의 벽 속에서 나온 고문古文의 기록에 의한 것이므로 대체로 정확한 것이리라. 나는 제자들의 성과 이름과 말한 것들을 모두 《논어》에 있는 공자와 그 제자의 문답에서 추려 함께 엮어 이 편을 만들었는데, 의심나는 것은 여기에서 누락시켰다.

太史公曰: 學者多稱七十子之徒, 譽者或過其實, 毁者或損其眞, 鈞之未覩厥容貌, 則論言弟子籍, 出孔氏古文近是. 余以弟子名姓文字悉取《論語》弟子問幷次爲篇, 疑者闕焉.

008(68) 상군 열전商君列傳

상군商君, 商鞅, 衛鞅, 公孫鞅

쓰지 않으려거든 죽여 없애시오

商鞅의 변법과 농경 잠업 장려

상군商君은 위衛나라 왕의 서공자庶公子들 중의 한 사람으로 이름은 앙鞅, 성은 공손公孫이며 그 조상은 희씨姬氏 성이었다.

상앙은 젊어서 법가의 학문을 좋아하였고, 위魏나라 재상 공숙좌公叔座를 섬겨 중서자中庶子의 벼슬을 하였다.

공숙좌는 상앙이 똑똑함을 알고 있었으나 아직 왕에게 천거할 기회를 얻지 못하고 있었다. 그런데 마침 공숙좌가 병이 났을 때 위魏나라 혜왕惠王은 친히 병상에 찾아와 문병하면서 이렇게 물었다.

"만약 그대 공숙의 병이 낫지 않게 되면 나라를 누구에게 맡기는 것이 좋겠습니까?"

공숙은 말하였다.

"저의 중서자로 있는 공손앙은 나이는 비록 어리나 뛰어난 재주를 가진 사람입니다. 대왕께서는 나라일을 그에게 맡기는 것이 좋을 것입니다."

왕이 잠자코 있다가 그냥 가려고 하자, 공숙좌는 사람들을 멀리하고 나서 왕에게 이렇게 말하였다.

"대왕께서 공손앙을 쓰지 않고자 하신다면 반드시 그를 죽여 나라 밖으로 나가지 못하도록 하십시오."

왕이 수긍하고 돌아가자 공숙좌는 공손앙을 불러 이렇게 말하였다.

"조금 전에 임금이 누구를 가히 재상으로 삼을 만한 인물로 보느냐고 묻기에, 내 자네를 천거하였는데 임금의 얼굴빛은 내 말을 받아들일 같지 않았네. 나는 임금께 먼저 충성을 다한 뒤에 신하를 돌봐야 한다고 생각하여 임금께 '만약에 공손앙을 쓰지 않으려거든 죽여 없애야 한다'라고 하였더니 임금께서도 수긍을 하셨네. 그대는 빨리 달아나게. 오래지 않아 잡히게 될는지도 모르네."

공손앙은 말하였다.

"왕께서 나를 쓰라고 한 상공의 말씀을 받아들이지 않는다면, 또 어찌 나를 죽이라 하는 상공의 말씀을 받아들이겠습니까?"

앙은 끝내 도망하지 않았다.

혜왕은 공숙의 집을 나와 좌우 신하들에게 말하였다.

"공숙의 병이 위중하니 슬픈 일이오. 국가의 정사를 공손앙에게 맡기라고 나에게 권하다니, 이야말로 어찌 이처럼 망령된 말이 아닐 수 있겠소?"

商君者, 衛之諸庶孽公子也, 名鞅, 姓公孫氏, 其祖本姬姓也. 鞅少好刑名之學, 事魏相公叔座爲中庶子. 公叔座知其賢, 未及進. 會座病, 魏惠王親往問病, 曰:「公叔病有如不可諱, 將柰社稷何?」公叔曰:「座之中庶子公孫鞅, 年雖少, 有奇才, 願王擧國而聽之.」王嘿然. 王且去, 座屛人言曰:「王卽不聽用鞅, 必殺之, 無令出境.」王許諾而去. 公叔座召鞅謝曰:「今者, 王問可以爲相者, 我言若, 王色不許我. 我方先君後臣, 因謂王卽弗用鞅, 當殺之. 王許我. 汝可疾去矣, 且見禽.」鞅曰:「彼王不能用君之言任臣, 又安能用君之言殺臣乎?」卒不去. 惠王旣去, 而謂左右曰:「公叔病甚, 悲乎, 欲令寡人以國聽公孫鞅也, 豈不悖哉!」

◎ 계책을 가진 자 함양으로 모여라

공숙이 죽은 뒤에, 공손앙은 진秦나라 효공孝公이 나라 안에 영을 내려 현자를 구하고 선조 목공穆公의 패업을 이어 동쪽의 잃은 땅을 회복하려 한다는 말을 듣고, 마침내 서쪽 진나라로 가서 효공의 총신 경감景監의 인도로 효공을 만나게 되었다.

위앙衛鞅은 효공을 뵙고 오랫동안에 말을 나누어 보았다.

그러나 효공은 이따금 졸면서 위앙의 말을 잘 듣지를 않는 것이었다. 참다 못한 위앙은 벌떡 일어나 나와 버렸다. 효공은 노하여 경감에게 말하였다.

"그대의 빈객은 망령된 사람이니 어찌 임용할 수 있겠소?"

경감이 위앙을 꾸짖자 앙은 이렇게 말하였다.

"저는 공에게 오제五帝의 도리를 설명하였는데 그 뜻을 깨닫지 못하셨군요. 한 5일 뒤에 다시 공을 알현케 해 주시오."

이렇게 하여 위앙은 다시 효공을 뵙고 거듭 설명을 하였다. 그러나 역시 공의 마음에는 들지 않았다. 물러나 온 후 효공은 다시 경감을 꾸짖고, 경감은 또한 원앙을 책망하였다. 원앙은 다시 말하였다.

"저는 공에게 삼왕三王의 도리를 설명하였는데 아직도 공의 마음에 들지 않으셨군요. 한 번 더 공을 뵙게 해 주시오."

위앙이 또다시 효공을 만났더니 효공은 그제야 위앙을 좋게 보기는 하였지만 그래도 아직 쓰지는 않았다. 위앙이 물러나오자 효공은 경감에게 이렇게 말하였다.

"그대의 빈객은 쓸 만한 사람이오. 더불어 얘기할 만하오."

위앙이 경감에게 말하였다.

"제가 임금께 오패五霸를 설명하였더니 임금의 뜻이 움직여 내가 말한 바를 쓸 만한 것으로 생각하는 모양이오. 아무쪼록 한 번만 더 임금을 만나게 해 주시오. 나는 임금의 뜻이 어디에 있는지 이제 알았소."

위앙이 다시 또 효공을 만났다. 이번에는 효공이 얘기에 열중하여 무릎이 위앙 앞으로 나오는 것도 모르고 있을 지경이었다. 여러 날 말을 주고받았으나 싫어하는 빛이 아니었다. 경감이 물었다.

"그대는 어떻게 하여 우리 왕의 마음을 그렇게 사로잡았소? 왕께서 대단히 기뻐하시오."

위앙이 대답하였다.

"저는 왕에게 삼황 오제의 도리를 실행하면, 하·은·주 3대의 치세와 어깨를 겨룰 만한 태평성대를 누릴 것이라고 말하였더니 임금은 '그것은 아득한 것이다. 나는 기다릴 시간이 없다. 현군은 제각기 당대에 이름을 천하에 드러내는 것이다. 어찌하여 유유히 수십, 수백 년 제왕의 도리를 성취하기를 기다리고 있겠는가?'라고 하더이다. 이에 내가 부국의 정책을 왕에게 설명하였더니 왕은 크게 기뻐하였소. 그러나 은·주 시대 임금의 덕행에는 미치지 못하오."

公叔旣死, 公孫鞅聞秦孝公下令國中求賢者, 將修繆公之業, 東復侵地, 迺遂西入秦, 因孝公寵臣景監以求見孝公. 孝公旣見衛鞅, 語事良久, 孝公時時睡, 弗聽. 罷而孝公怒景監曰:「子之客妄人耳, 安足用邪!」景監以讓衛鞅. 衛鞅曰:「吾說公以帝道, 其志不開悟矣.」後五日, 復求見鞅. 鞅復見孝公, 益愈, 然而未中旨. 罷而孝公復讓景監, 景監亦讓鞅. 鞅曰:「吾說公以王道而未入也. 請復見鞅」鞅復見孝公, 孝公善之而未用也. 罷而去. 孝公謂景監曰:「汝客善, 可與語矣.」鞅曰:「吾說公以霸道, 其意欲用之矣. 誠復見我, 我知之矣.」衛鞅復見孝公. 公與語, 不自知厀之前於席也. 語數日不厭. 景監曰:「子何以中吾君? 吾君之驩甚也.」鞅曰:「吾說君以帝王之道比三代, 而君曰:『久遠, 吾不能待. 且賢君者, 各及其身顯名天下, 安能邑邑待數十百年以成帝王乎?』故吾以彊國之術說君, 君大說之耳. 然亦難以比德於殷周矣.」

◎ 확신이 있어야 합니다

효공은 위앙을 등용하였지만 위앙이 법을 고치려 하자, 천하 사람들이 자신을 비방할 것을 두려워하였다. 그러자 위앙이 말하였다.

"확신이 없는 행동에는 공명이 따를 수 없으며, 확신이 없는 사업은 성공할 수 없습니다. 다른 사람보다 뛰어난 행동을 하는 자는 원래 세상 사람들의 비난을 받기가 일쑤이며, 탁견이 있는 자는 반드시 백성들에게 비방을 듣기가 일쑤인 것입니다. 어리석은 자는 이미 이루어진 일도 모르고 있지만 지혜로운 자는 그 일에 앞서 다가올 일을 알아내는 것입니다. 그러므로 백성들은 일이 시작할 때는 의견을 물어보아서는 안 되며, 성공한 연후에 즐거움을 함께 하기만 하면 되는 것입니다. 지극한 덕을 말하는 자는 세속과 타협하지 않으며, 큰 공을 이루는 자는 뭇 사람들과 상의하지 않습니다. 그런 까닭에 성인은 굳이 나라를 튼튼히 할 수 있으면 구태여 옛것을 본뜨지 않으며 백성을 이롭게 할 수 있으면 구태여 옛날의 예법을 따르려 하지도 않습니다."

효공은 옳다고 여겼다.

그러나 신하 감룡甘龍은 반대하고 나섰다.

"그렇지 않습니다. 성인은 백성들의 풍속을 바꾸지 않은 채 교화시키며, 지혜로운 자는 법을 고치지 않고 다스립니다. 백성들의 풍속에 따라 교화시키면 수고를 들이지 않고도 공을 이루며, 시행되고 있는 법으로 다스리면 관리도 익히 알아 백성들도 편안하게 됩니다."

위앙이 말하였다.

"감룡이 말하는 바는 속된 생각입니다. 평범한 사람은 습관에 안주하고, 학자는 자기가 배운 것에만 몰두합니다. 이 두 부류의 사람들은 법을 지키는 것은 할 수 있지만, 법 테두리를 벗어나는 문제는 함께 논의하지 못합니다. 하·은·주 삼대는 예악 제도가 달랐으나 천하에 임금 노릇을 하였고, 오백五伯은 똑 같은 법을 쓰지 않았으면서도 패자가 되었습니다. 지혜로운 자는 법을 만들고 어리석은 자는 예법의 통제를 받으며, 현명한 자는 법을 고치고 평범한 자는 예법에 얽매이는 것입니다."

그러자 이번에는 두지杜摯가 말하였다.

"백 곱절의 이익이 나는 것이 아니라면 법은 고칠 수 없는 것이며 열 배의 효과가 없으면 그릇을 바꿔서는 안 됩니다. 옛것을 본받으면 허물이 없고 예법을 따르면 사악함이 없습니다."

위앙은 말하였다.

"나라를 다스리는 데는 하나의 길만 있는 것이 아닙니다. 그 나라에 편하다면 옛 법을 좇아야만 할 필요는 없습니다. 그러므로 은나라 탕왕과 주나라 무왕은 옛것을 따르지 않고도 임금 노릇을 하였으며, 하나라 걸왕과 은나라 주왕은 옛것을 바꾸지 않았어도 망하였습니다. 옛 법을 반대하는 자라고 비난할 것이 아니며, 옛 법을 따르는 자라고 반드시 칭찬할 것도 못 되는 것입니다."

효공은 위앙의 말이 옳다고 여겼다. 위앙은 좌서장左庶長에 임용되어 마침내 옛 법을 바꿔 새로운 법령을 정하였다.

새로 만든 법에 의하면 민가는 다섯 집이나 열 집씩 통반을 만들고, 서로 감시하여 연좌의 책임을 지도록 하여, 죄지은 자를 신고하지 않는 자는 허리를 베는 형벌로 다스리고, 신고한 자에게는 적의 머리를 벤 것과 똑같은 상을 주고, 숨기는 자는 적에게 항복한 것과 동일한 벌로 다스리도록 하였다. 백성들 가운데 한 집에 남자가 두 사람 이상이 있는 경우에는 부역과 납세를 두 배로 하고, 전투에서 공을 세운 자는 각각 정도에 따라 상등의 작위를 주고, 사사로운 일로 싸움을 일삼은 자는 각각 경중에 따라 처벌토록 하였다.

어른이나 아이나 힘을 합하여 밭 갈고 베 짜는 일을 본업으로 하고, 곡식과 베를 많이 바치는 자는 부역과 부세를 면제하며, 상공업에 종사하여 이익만 추구하는 자와 게을러서 가난한 자는 밝혀 내어 관청의 노비로 삼도록 하였다. 종실의 일족이라도 전투에서 공이 없으면 이를 조사하여 공족公族의 장부에서 제적하고, 신분상의 존비와 봉록의 등급을 분명히 하여 각각 차등을 두었다. 일가가 점유한 전택田宅의 넓이와 신첩·노비의 수 및 의복의 제도도 작위의 등급에 따라 차별이 있도록 하였다. 군대에서 공로가 있는 자는 영예를 누리지만 군대에서 공을 세우지 못한 자는 부유하더라도 존경받을 수 없게 하였다.

孝公旣用衛鞅, 鞅欲變法, 恐天下議己. 衛鞅曰:「疑行無名, 疑事無功. 且夫有高人之行者, 固見非於世; 有獨知之慮者, 必見敖於民. 愚者闇於成事, 知者見於未萌. 民不可與慮始而可與樂成. 論至德者不和於俗, 成大功者不謀於衆. 是以聖人苟可以彊國, 不法其故; 苟可以利民, 不循其禮.」孝公曰:「善.」甘龍曰:「不然. 聖人不易民而敎, 知者不變法而治. 因民而敎, 不勞而成功; 緣法而治者, 吏習而民安之.」衛鞅曰:「龍之所言, 世俗之言也. 常人安於故俗, 學者溺於所聞. 以此兩者居官守法可也, 非所與論於法之外也. 三代不同禮而王, 五伯不同法而霸. 智者作法, 愚者制焉; 賢者更禮, 不肖者拘焉.」杜摯曰:「利不百, 不變法; 功不十, 不易器. 法古無過, 循禮無邪.」衛鞅曰:「治世不一道, 便國不法古. 故湯武不循古而王, 夏殷不易禮而亡.

反古者不可非, 而循禮者不足多.」 孝公曰: 「善.」 以衛鞅爲左庶長, 卒定變法之令.

令民爲什伍, 而相牧司連坐. 不告姦者腰斬, 告姦者與斬敵首同賞, 匿姦者與降敵同罰. 民有二男以上不分異者, 倍其賦. 有軍功者, 各以率受上爵; 爲私鬭者, 各以輕重被刑大小. 僇力本業, 耕織致粟帛多者復其身. 事末利及怠而貧者, 擧以爲收孥. 宗室非有軍功論, 不得爲屬籍. 明尊卑爵秩等級, 各以差次名田宅, 臣妾衣服以家次. 有功者顯榮, 無功者雖富無所芬華.

이 나무를 옮기는 자에게 상금을 주리라

이와 같이 새 법령이 제정되었으나 아직 공포는 하지 않았다. 백성들이 새 법령을 신임하지 않을 것을 염려해서였다.

그리하여 높이가 세 길 되는 나무를 도성 저잣거리의 남문에 세워놓고 백성들에게 이렇게 글을 걸어 알렸다.

"이 나무를 북문에다 옮겨 놓는 자에게는 10금金을 주리라."

그러나 모두들 이상히만 여기고 옮기려는 자가 없으므로 다시 이렇게 널리 알렸다.

"이 나무를 북문에다 옮기는 자에게는 50금을 주겠다."

어떤 자가 이것을 옮기자 그 자리에서 50금을 주어 나라가 백성을 속이지 않음을 분명히 알렸다. 그리고는 마침내 새 법령을 공포하였다.

令旣具, 未布, 恐民之不信, 已乃立三丈之木於國都市南門, 募民有能徙置北門者予十金. 民怪之, 莫敢徙. 復曰「能徙者予五十金」. 有一人徙之, 輒予五十金, 以明不欺. 卒下令.

태자가 법을 어기다

새로운 법령이 시행되자, 1년 동안에 진나라 백성으로 도성에 몰려와 새 법령의 불편함을 고하는 자가 수천 명이나 되었다.

그런데 마침 태자가 법을 어기는 일이 벌어지자 위앙은 이렇게 말하였다.

"법이 잘 시행되지 못하는 것은 위에 있는 자부터 법을 지키지 않기 때문이오."

그는 법에 따라 태자를 처벌하려 하였다. 그러나 임금의 뒤를 이을 태자를 형벌에 처하기는 어려운 일이었다. 이에 태자의 태부 공자 건虔을 대신 처형하고 태사太師 공손고公孫賈를 경형黥刑에 처하였다.

이튿날부터 진나라 백성들은 모두 법을 지켰다. 법을 시행한 지 10년에 진나라의 백성들은 매우 만족하였고 길바닥에 떨어진 물건도 주워 가는 사람이 없었다. 산중에는 도적이 없어졌고 집집마다 모두 넉넉하고 사람마다 모두 풍족하였으며 백성은 전쟁에 나서면 용감하였고 사사로운 싸움은 사라졌으며 도시나 시골의 행정은 잘 다스려졌다. 과거에 법령이 불편하다고 말하였던 자가 이제 와서는 법령이 편리하다고 말하러 오기도 하였다. 위앙은 이렇게 말하였다.

"이런 자들은 모두 교화를 어지럽히는 자이다."

그리고는 모두 변방의 성으로 쫓아 버렸다. 그렇게 되자 그 뒤로는 감히 법령에 대해 이러니저러니 말하는 자가 없었다. 이러한 공에 의해 위앙은 대량조大良造의 직위에 올랐다.

그런 연후에 위앙은 군대를 이끌고 위魏나라 안읍安邑을 포위하여 항복을 받았다. 그로부터 3년 뒤에 진나라는 함양咸陽에 누문·궁전·정원을 이룩하고, 옹雍에서 이곳 함양으로 도읍을 옮겼다. 백성들에게 영을 내려 부자 형제가 세대를 공동으로 하는 것을 금하고, 또 작은 향鄕과 읍邑과 촌락을 모아 현縣을 만들고, 현을 다스리는 관리로 현령縣令·현승縣丞을 두었는데 모두 31개 현이 있었다. 논밭의 경계를 개방하여 경작을 자유롭게 할 수 있도록 하고 부역과 세납을 공평히 하였으며 도량형을 통일하였다.

그 4년 뒤에 공자 건이 또 법령을 위반하자 의형劓刑을 내렸다. 그 뒤 5년에는 진나라가 크게 부강하여졌고, 주나라 천자는 효공에게 조육胙肉을 하사하고 제후들은 모두 이를 경축하였다.

다음 해에 제나라가 위魏나라 군사를 마릉馬陵에서 깨뜨리고 위魏나라 태자 신申을 사로잡고 장군 방연龐涓을 죽이는 일이 있었다.

이듬해에 위앙은 효공에게 이렇게 아뢰었다.

“진과 위의 관계는 마치 사람의 뱃속에 질병이 있는 것과 같아서, 위나라가 진나라를 삼키지 않으면 진나라가 위나라를 삼켜야 합니다. 왜냐하면 위나라는 험준한 산맥의 서편에 있어서 안읍安邑에 도읍을 정하고 있으며, 진나라와는 황하를 사이에 두고 산동의 이익을 독점하고 있습니다. 유리하다고 생각되는 때는 서쪽에서 진나라를 침략하고, 힘에 모자라면 동쪽의 땅을 침략하기 때문입니다. 지금 진나라는 임금의 훌륭한 덕으로 번영하고 있으나 위나라는 지난해에 제나라에게 크게 패하였고 제후들은 위나라를 배반하고 있습니다. 지금이야말로 위나라를 치기에 좋은 기회입니다. 위나라는 진나라의 공격을 지탱하지 못하게 되면 틀림없이 동쪽으로 옮겨갈 것입니다. 동쪽으로 옮겨가면 진나라는 황하와 험준한 준령의 요새에 웅거하여 동쪽 제후들을 제압할 수 있을 것입니다. 이는 제왕의 대업을 이룰 수 있는 길입니다.”

효공은 옳다고 생각하고, 위앙을 장수로 하여 위魏나라를 치도록 하였다. 위나라에서는 공자 앙卬을 장수로 하여 진나라를 맞아 싸우게 되었다. 위앙은 위공자 앙에게 이렇게 편지를 보냈다.

“나는 본래 그대 공자와 절친한 사이로 이제 함께 양군의 장수로 갈라져 있으나 서로 공격을 일삼는 것은 참으로 마음 아픈 일이오. 공자와 직접 회견하여 휴전을 맹세하고 즐거이 술을 마시며 진·위의 평화를 의논하고 싶소.”

令行於民朞年, 秦民之國都言初令之不便者以千數. 於是太子犯法. 衛鞅曰:「法之不行, 自上犯之.」將法太子. 太子, 君嗣也, 不可施刑, 刑其傅公子虔, 黥其師公孫賈. 明日, 秦人皆趨令. 行之十年, 秦民大說, 道不拾遺, 山無盜賊, 家給人足. 民勇於公戰, 怯於私鬬, 鄕邑大治. 秦民初言令不便者有來言令便者, 衛鞅曰「此皆亂化之民也」, 盡遷之於邊城. 其後民莫敢議令. 於是以鞅爲大良造. 將兵圍魏安邑, 降之. 居三年, 作爲築冀闕宮庭於咸陽, 秦自雍徙都之. 而令民父子兄弟同室內息者爲禁. 而集小(都)鄕邑聚爲縣, 置令·丞, 凡三十一縣. 爲田開阡陌封疆, 而賦稅平. 平斗桶權衡丈尺. 行之四年, 公子虔復犯約, 劓之. 居五年, 秦人富彊, 天子致胙於孝公, 諸侯畢賀.

其明年, 齊敗魏兵於馬陵, 虜其太子申, 殺將軍龐涓. 其明年, 衛鞅說孝公曰:「秦之與魏, 譬若人之有腹心疾, 非魏幷秦, 秦卽幷魏. 何者? 魏居領阨之西, 都安邑, 與秦界河而獨擅山東之利. 利則西侵秦, 病則東收地. 今以君之賢聖, 國賴以盛. 而魏往年大破於齊, 諸侯畔之, 可因此時伐魏. 魏不支秦, 必東徙. 東徙, 秦據河山之固, 東鄕以制諸侯, 此帝王之業也.」孝公以爲然, 使衛鞅將而伐魏. 魏使公子卬將而擊之. 軍旣相距, 衛鞅遺魏將公子卬書曰:「吾始與公子驩, 今俱爲兩國將, 不忍相攻, 可與公子面相見, 盟, 樂飮而罷兵, 以安秦魏.」

◎ 공숙좌의 말을 듣지 않았다가

위나라 공자 앙은 옳다고 생각하고, 맹약을 맺고 만나 술을 마셨다. 그런데 위앙은 무장한 복병으로 하여금 불의에 습격하여, 위나라 공자 앙을 사로잡고 위군을 공격하여 모조리 깨뜨리고 진나라로 돌아왔다.

위나라 혜왕은 자기 나라 군사가 자주 제·진 두 나라에 패하여 국내의 재력·병력이 쇠약해지고 국토가 하루하루 깎여 감을 두려워하여, 사자를 보내어 하수河水 서쪽 땅을 진나라에 바치고 화친을 꾀하였다. 그리하여 위나라는 마침내 국도 안읍을 버리고 대량大梁으로 도읍을 옮겼다.

위나라 혜왕이 말하였다.

"나는 이제야 공숙좌의 진언을 듣지 않은 것을 후회한다."

위앙이 위나라를 치고 돌아오자, 진나라는 위앙을 상오商於의 땅 15개 읍邑에 봉하고 호를 상군商君이라 내려주었다.

魏公子卬以爲然. 會盟已, 飮, 而衛鞅伏甲士而襲虜魏公子卬, 因攻其軍, 盡破之以歸秦. 魏惠王兵數破於齊秦, 國內空, 日以削, 恐, 乃使使割河西之地獻於秦以和. 而魏遂去安邑, 徙都大梁. 梁惠王曰:「寡人恨不用公叔座之言也.」衛鞅旣破魏還, 秦封之於·商十五邑, 號爲商君.

천 마리의 양가죽이 여우 한 마리만 못하오

상군이 진나라 재상 자리에 있기를 10년, 그 동안에 진나라의 종족, 외척으로 그를 원망하는 자가 많았다. 진나라에 숨어사는 선비 조량趙良이 상군 위앙을 찾아오자 상군은 이렇게 말하였다.

"내가 당신을 만나게 된 것은 맹란고孟蘭皐의 소개가 있었기 때문입니다. 나는 앞으로도 그대와 교제하기를 원하는데 어떻소?"

조량이 대답하였다.

"나는 굳이 사귀고 싶지 않습니다. 공자는 '어진 이를 추천하여 주인으로 받드는 자는 번영하고, 어질지 못한 자를 모아 그 주인이 되는 자는 몰락한다'고 말하였는데 나는 어질지 못하기 때문에 감히 당신의 뜻을 따를 수 없습니다. 내가 듣기로 '있을 만한 지위가 아닌데 그 지위에 있는 것을 탐위貪位라 하고, 자기가 누릴 명성이 아닌데 그 명성을 누리는 것을 탐명貪名이라 한다'고 하였는데 만약에 당신의 뜻에 따른다면 아마도 탐위·탐명하는 사람이 될 것입니다. 그러므로 굳이 당신의 뜻을 따를 수 없는 것입니다."

위앙이 말하였다.

"그대는 진나라를 다스리는 나의 방식을 옳지 않다고 생각하고 있소?"

조량이 말하였다.

"남의 말에 반성하고 경청하는 것을 총聰이라 하고, 사물을 보되 마음의 눈으로 보는 것을 명明이라 하며, 자기를 이기는 것을 강強이라고 합니다. 순임금의 말씀에 '스스로 겸손하면 존경을 받게 된다'고 하였는데 상군 그대는 순임금의 도를 따라야 합니다. 나에게 물을 것도 없는 일입니다."

상군이 말하였다.

"처음에 진나라에는 융적戎翟의 풍습이 있어 부자간에 구별이 없고 처를 공유하였소. 지금 나는 그 풍습을 고쳐 남녀의 구별을 두고 또 크게 누문을 세워 그 훌륭하기가 노나라와 위衛나라와 같게 하였소. 그대는 나의 진나라 통치를 보고 오고대부五羖大夫 백리해百里奚와 비교할 때 어느 편이 현명하다고 생각하오?"

조량이 대답하였다.

“천 마리 양의 가죽이 여우 한 마리의 겨드랑이 가죽만 못합니다. 천 사람의 아부는 한 사람의 올곧은 직언에는 미치지 못합니다. 주나라 무왕은 신하의 올곧은 직언으로 번영하고, 은나라 주왕은 신하의 맹종으로 망하였습니다. 상군께서 만약 무왕을 잘못하였다고 나무라지 않는다면, 내가 종일 솔직하게 말씀드려도 나를 죽이지는 않으시겠지요? 불손함을 죄로 돌리지 않기를 바랍니다.”

상군 위앙이 말하였다.

“옛말에도 ‘겉치레의 말은 허황되고 마음 속에서 나오는 말은 진실되며, 듣기 괴로운 말은 약이요, 달콤한 말은 독’이라 하였소. 만일 그대가 종일 직언을 해 준다면 그것은 나에게는 약이 되는 것이오. 나는 선생을 스승으로 섬기려고 하는데 선생께서는 또 어찌하여 사양하려 하시오?”

조량이 말하였다.

“저 오고대부는 초楚나라의 미천한 신분 출신이었습니다. 진秦나라 목공穆公이 그가 현명하다는 말을 듣고 만나고자 하였으나, 가려고 해도 노자가 없었습니다. 하는 수 없이 자기 몸을 진나라 여행자에게 팔아 볼품 없는 옷을 걸치고 소를 치며 따라갔습니다. 1년 뒤에 목공은 백리해가 현명하다는 것을 알고 하찮은 소치기에서 일약 재상으로 세웠는데 진나라에서는 아무도 그것을 허물로 여기는 사람이 없었습니다. 그가 진나라 재상을 지낸 지 6, 7년이 지나 동쪽 정나라를 치고, 세 번 진晉나라의 임금을 세우고 형荊나라로부터 한 번 진晉나라를 구해 주었습니다. 교령敎令을 국내에 반포하여 나라 백성들을 감화시켰습니다. 그리하여 파巴 땅의 사람도 공물을 바치고 은덕을 제후에 베풀어 팔융八戎까지도 귀순토록 하였습니다.

서융西戎 사람 유여由余도 명성을 듣고 관문을 두드려 회견을 청하였습니다. 오고대부는 진나라의 재상이 된 이래 피곤해도 수레에서 걸터앉지 않았고, 더워도 수레에 포장을 덮지 않았으며, 국내를 순시할 때에도 행차의 수레를 따르게 하지 않았고 무장한 호위를 거느리지 않았으며, 그 공적은 낱낱이 기록되어 조정의 서고에 보존되고, 덕행은 길이 후세에 전해졌습니다. 죽음을 당해서는 진나라 남녀들이 눈물을 흘렸고 어린이들도 노랫소리를 내지 않았으며, 방아 찧는 사람들까지도 방아타령을 읊조리지 않았습니다.

이는 오고대부의 덕에 의한 것입니다.

그런데 당신이 진왕을 뵈온 것은 임금의 총신 경감의 인도에 의한 것이니, 경감을 주인으로 하여 의뢰한 것은 명예라 할 수가 없습니다. 진나라의 재상이 되어서는 백성의 이익을 일로 삼지 않고, 누문을 건축한 것은 공업이라 할 수 없습니다. 태자의 스승을 경형黥刑벌에 처하고, 가혹한 형벌로써 백성을 징벌한 것은 원한을 쌓고 화를 모은 일입니다. 당신은 왕의 명령보다도 깊게 백성들을 교화시키고, 백성들은 왕이 명령하는 것보다 당신이 하는 일을 더 빨리 따라야 했습니다. 지금 당신이 세운 제도는 도에 등진 것이며 고친 국법은 도리에 어긋난 것이니 이를 두고 교화라 할 수는 없습니다.

또 당신은 임금처럼 남쪽을 향하고 앉아 임금과 똑같이 '과인寡人'이라 일컬으며, 날로 진나라 귀공자를 핍박하고 있습니다. 《시》에 '쥐한테도 예의가 있는데 사람으로서 예의가 없구나. 사람으로서 예의가 없으면 어찌 빨리 죽지도 않을까'라 하였는데, 이 시로 보더라도 당신의 행동으로는 천수를 온전히 누릴 수가 없을 것입니다. 공자 건은 코를 잃은 것을 부끄러워하여 문을 닫고 밖으로 나오지 않기 이미 8년이나 됩니다. 당신은 또 축환祝懽을 죽였고 공손고公孫賈를 경형에 처하였습니다.

《시》에도 '인심을 얻는 자는 흥하고 인심을 잃는 자는 망한다'라 하였는데 당신이 범한 온갖 일들은 도저히 인심을 얻을 수 없는 것들입니다. 당신은 외출할 때에 후거後車 수십 수레에, 종거從車에는 무장병을 싣고 힘센 자를 옆에 태우고 창과 극戟을 가진 자가 수레 가까이에서 달리게 하였습니다. 이 중에서 하나라도 부족하면 당신은 절대로 외출하지 않았습니다. 《서》에 '덕을 믿는 자는 번영하고 힘을 믿는 자는 망한다'라 하였습니다. 당신의 목숨은 참으로 아침 이슬처럼 위태로운 데도 아직도 목숨을 연장하여 더 오래 살기를 바랍니까?

나이를 늘리고 천수를 다하고자 한다면 무엇보다도 상과 오의 15개 읍을 반환하고, 시골로 물러나 전원에 물을 주며 살지 않겠습니까? 진왕에게 권하여 동굴에 숨어사는 현자를 나타나게 하고, 늙은이를 부양하고, 고아를 돌보고, 부형을 공경하고, 공 있는 자를 관에 앉히고, 덕 있는 자를 존경하도록 하면 조금은 편안할 것입니다. 그런데 당신은 아직까지 오히려 상과 오에서 얻는 부유함을 탐하고 진나라의 정치를 마음대로 주무르고 백성의 원망을 쌓고 있으니, 만약 진왕이 하루아침에 세상을 떠나 조정에 서지 못하게 되면, 진나라가 당신을 제거하려고 할 것은 너무도 당연한 일입니다. 당신의 파멸은 한 발을 들고 넘어지기를 기다리는 것만큼이나 잠깐 사이일 것입니다."

그러나 상군은 이 말을 따르지 않았다.

商君相秦十年, 宗室貴戚多怨望者. 趙良見商君. 商君曰:「鞅之得見也, 從孟蘭皐, 今鞅請得交, 可乎?」趙良曰:「僕弗敢願也. 孔丘有言曰:『推賢而戴者進, 聚不肖而王者退.』僕不肖, 故不敢受命. 僕聞之曰:『非其位而居之曰貪位, 非其名而有之曰貪名.』僕聽君之義, 則恐僕貪位貪名也. 故不敢聞命.」商君曰:「子不說吾治秦與?」趙良曰:「反聽之謂聰, 內視之謂明, 自勝之謂彊. 虞舜有言曰:『自卑也尙矣.』君不若道虞舜之道, 無爲問僕矣.」商君曰:「始秦戎翟之敎, 父子無別, 同室而居. 今我更制其敎, 而爲其男女之別, 大築冀闕, 營如魯衛矣. 子觀我治秦也, 孰與五羖大夫賢?」趙良曰:「千羊之皮, 不如一狐之掖; 千人之諾諾, 不如一士之諤諤. 武王諤諤以昌, 殷紂墨墨以亡. 君若不非武王乎, 則僕請終日正言而無誅, 可乎?」商君曰:「語有之矣, 貌言華也, 至言實也, 苦言藥也, 甘言疾也. 夫子果肯終日正言, 鞅之藥也. 鞅將事子, 子又何辭焉!」趙良曰:「夫五羖大夫, 荊之鄙人也. 聞秦繆公之賢而願望見, 行而無資, 自粥於秦客, 被褐食牛. 期年, 繆公知之, 擧之牛口之下, 而加之百姓之上, 秦國莫敢望焉. 相秦六七年, 而東伐鄭, 三置晉國之君, 一救荊國之禍. 發敎封內, 而巴人致貢; 施德諸侯, 而八戎來服. 由余聞之, 款關請見. 五羖大夫之相秦也, 勞不坐乘, 暑不張蓋, 行於國中, 不從車乘, 不操干戈, 功名藏於府庫, 德行施於後世. 五羖大夫死, 秦國男女流涕, 童子不歌謠, 舂者不相杵. 此五羖大夫之德也. 今君之見秦王也, 因嬖人景監以爲主, 非所以爲名也. 相秦不以百姓爲事, 而大築冀闕, 非所以爲功也. 刑黥太子之師傅, 殘傷民以駿刑, 是積怨畜禍也. 敎之化民也深於命, 民之效上也捷於令. 今君又左建外易, 非所以爲敎也. 君又南面而稱寡人, 日繩秦之貴公子. 詩曰:『相鼠有體, 人而無禮; 人而無禮, 何不遄死.』以詩觀之, 非所以爲壽也. 公子虔杜門不出已八年矣, 君又殺祝懽而黥公孫賈. 詩曰:『得人者興, 失人者崩.』此數事者, 非所以得人也. 君之出也, 後車十數, 從車載甲, 多力而騈脅者爲驂乘, 持矛而操闟戟者旁車而趨. 此一物不具, 君固不出. 書曰:『恃德者昌, 恃力者亡.』君之危若朝露, 尙將欲延年益壽乎? 則何不歸十五都, 灌園於鄙, 勸秦王顯巖穴之士, 養老存孤, 敬父兄, 序有功, 尊有德, 可以少安. 君尙將貪商於之富, 寵秦國之敎, 畜百姓之怨, 秦王一旦捐賓客而不立朝, 秦國之所以收君者, 豈其微哉? 亡可翹足而待.」商君弗從.

◎ 내가 만든 법에 내가 걸려드는구나

商鞅 車裂刑

다섯 달 후 진나라 효공이 죽고 태자가 그 자리를 이어 혜문왕惠文王이 되었다. 그러자 공자 건 일당이 상군 위앙이 모반을 꾀한다고 밀고하자, 관리를 보내어 상군을 잡으려 하였다. 상군은 달아나 관소關所 근방까지 와서 객사에 들려 하였다. 객사 주인은 이 손님이 상군임을 알지 못한 채 이렇게 말하는 것이었다.

"상군의 법에는 여행증이 없는 손님을 재우면 그 손님과 연좌로 죄를 받게 됩니다."

상군은 탄식하여 말하였다.

"아! 법을 만든 폐해가 마침내 이 지경에까지 이르렀구나!"

상군은 그곳을 떠나 위魏나라로 갔다. 위나라 사람들은 상군이 공자 앙卬을 속이고 위군을 친 것을 원망하여 그를 받아들이지 않았다. 상군이 다른 나라로 가려고 하자 위나라 사람들이 말하였다.

"상군은 진나라의 역적이다. 진나라는 강국이니 위나라에 들어온 도적은 반드시 진나라로 돌려보내야 한다."

이에 상군은 마침내 진나라로 돌려보내졌다.

상군이 다시 진나라로 들어가자, 상읍商邑으로 가서 따르는 무리들과 함께 봉읍의 군사를 동원하여 북쪽 정나라를 쳤다. 진나라는 출병하여 상군을 치고 정나라의 면지黽池에서 그를 죽이고 말았다.

진나라 혜왕은 상군을 거열형車裂刑에 처하고 이렇게 말하였다.

"더 이상 상앙과 같은 모반자가 나오지 않도록 하라."

그리고 상군의 일족을 멸하였다.

後五月而秦孝公卒, 太子立. 公子虔之徒告商君欲反, 發吏捕商君. 商君亡至關下, 欲舍客舍. 客人不知其是商君也, 曰:「商君之法, 舍人無驗者坐之.」商君喟然歎曰:「嗟乎, 爲法之敝一至此哉!」去之魏. 魏人怨其欺公子卬而破魏師, 弗受. 商君欲之他國. 魏人曰:「商君, 秦之賊. 秦彊而賊入魏, 弗歸, 不可.」遂內秦. 商君旣復入秦, 走商邑, 與其徒屬發邑兵北出擊鄭. 秦發兵攻商君, 殺之於鄭黽池. 秦惠王車裂商君以徇, 曰:「莫如商鞅反者!」遂滅商君之家.

사마천의 평어

나 태사공은 이렇게 생각한다.

상군은 천성이 각박한 사람이다. 그가 효공에게 벼슬을 얻기 위하여 제왕의 도리를 설명한 자취를 찾아보건대 마음에도 없는 헛된 논리를 폈던 것이지 그 본성에서 나온 것이 아니었다. 더욱이 그를 인도를 한 것은 총신(경감)이었는데 등용이 되자, 공자 건을 처형하고 위魏나라 장수 공자 앙卬을 속였으며 조량의 간언을 받아들이지 않았다. 이 또한 상군의 각박함을 증명하는 것이라 하겠다. 내가 일찍이 상군의 저서 《상군서》의 〈개새開塞〉·〈경전耕戰〉 등을 읽어 보았더니, 그 사상은 그 사람의 행위와 완전히 똑같았다. 진나라에서 악명이 높았던 것도 그럴만한 까닭이 있다고 하겠다!

太史公曰: 商君, 其天資刻薄人也. 跡其欲干孝公以帝王術, 挾持浮說, 非其質矣. 且所因由嬖臣, 及得用, 刑公子虔, 欺魏將卬, 不師趙良之言, 亦足發明商君之少恩矣. 余嘗讀商君開塞耕戰書, 與其人行事相類. 卒受惡名於秦, 有以也夫!

009(69) 소진 열전蘇秦列傳

① 소진蘇秦 ② 소대蘇代 ③ 소려蘇厲

낙양의 가난뱅이

소진蘇秦은 동주東周 낙양雒陽 사람이다. 동쪽 제齊나라에 가서 스승을 구하여 귀곡선생鬼谷先生에게 배웠다. 방랑하기를 몇 년, 매우 곤궁한 끝에 향리로 돌아왔다. 그러자 형제, 형수, 누이, 처첩 등이 모두 은근히 비웃으며 말하였다.

"주나라 관습에는 논밭을 경작하거나 상업에 힘써 2할 이익을 보려고 하는 것이 사람의 의무인데, 당신은 그 본업을 버리고 다만 혀끝의 말솜씨에 힘쓰고 있으니 곤궁하게 되는 것도 당연하지 않습니까!"

소진은 이 소리를 듣고 부끄러이 여긴 나머지 방에 혼자 틀어박혀 이렇게 생각하였다.

"도대체 선비로써 머리 숙여 가며 학문을 하고도 벼슬과 영화를 얻을 수 없다면 아무리 많은 책을 읽은들 무슨 소용이 있겠는가?"

그리하여 자기의 책들을 꺼내어 두루 훑어보고는 그 중에서 《주서周書》의 《음부陰符》라는 책을 골라 책상에 엎드려 열심히 읽었다. 1년쯤 되어 췌마술揣摩術을 터득해 내고는 이렇게 말하였다.

"이것이면 당대의 군주를 설득할 수 있으리라."

그리하여 먼저 주나라 현왕顯王을 설득하고자 하였다. 그런데 현왕의 측근이 본래 소진을 잘 알고 있었으므로 경멸하여 상대하려 들지도 않았다.

蘇秦者, 東周雒陽人也. 東事師於齊, 而習之於鬼谷先生.

出游數歲, 大困而歸. 兄弟嫂妹妻妾竊皆笑之, 曰:「周人之俗, 治產業, 力工商, 逐什二以爲務. 今子釋本而事口舌, 困, 不亦宜乎!」蘇秦聞之而慙, 自傷, 乃閉室不出, 出其書徧觀之. 曰:「夫士業已屈首受書, 而不能以取尊榮,雖多亦奚以爲!」於是得周書《陰符》, 伏而讀之. 期年, 以出揣摩, 曰:「此可以說當世之君矣.」求說周顯王. 顯王左右素習知蘇秦, 皆少之. 弗信.

어린 새는 날지 못한다

이에 소진은 서쪽 진秦나라로 갔다. 진나라 효공孝公은 이미 죽은 뒤여서 그의 아들 혜왕惠王을 만나 이렇게 말하였다.

"진나라는 사방이 요새와 같은 나라로서 산과 위수渭水를 끼고 있어 동쪽으로는 함곡관函谷關과 황하黃河가 있고, 서쪽으로는 한중漢中, 남으로는 파巴·촉蜀, 북으로는 대마代馬가 있어 천혜의 지역이라 할 수 있습니다. 진나라 백성들에게 병법을 가르친다면 천하를 병탄하고 제왕帝王이라는 칭호를 일컬을 수 있을 것입니다."

진나라 왕이 대답하였다.

"새도 깃털이 나서 자라기까지는 높이 날지 못하오. 우리나라는 정치가 정돈되기까지는 다른 나라를 병합하는 따위는 생각조차 못할 일이오."

이 무렵 진나라에서는 상앙을 죽인 뒤라 세객說客들을 미워하고 있었기에 소진을 등용하지 않았다.

乃西至秦. 秦孝公卒. 說惠王曰:「秦四塞之國, 被山帶渭, 東有關河, 西有漢中, 南有巴蜀, 北有代馬, 此天府也. 以秦士民之衆, 兵法之敎, 可以呑天下, 稱帝而治.」秦王曰:「毛羽未成, 不可以高蜚; 文理未明, 不可以幷兼.」方誅商鞅, 疾辯士, 弗用.

연나라의 국세

소진은 다시 동쪽 조趙나라로 갔다. 조나라 숙후肅侯는 아우 성成을 재상으로 삼아 봉양군奉陽君이라 불렀는데, 봉양군은 소진을 환영하지 않았다. 소진은 또다시 조나라를 떠나 연燕나라로 가서 유세하였다. 1년이 지나서야 겨우 왕을 알현할 수 있어 연나라 문후文侯를 만나 이렇게 말하였다.

"연나라는 동쪽에 조선朝鮮과 요동遼東, 북쪽으로는 임호林胡와 누번樓煩이 있으며 서쪽으로는 운중雲中과 구원九原이 있고, 남으로는 호타하嘑沱河와 역수易水가 흐르고 있습니다. 땅은 사방 2천여 리, 무장 병력은 수십만, 전차 600승乘, 기마 6천 필, 군량은 몇 년을 버티기에 충분합니다. 남쪽으로는 갈석碣石과 안문雁門이 있어 물자가 풍부하며, 북쪽으로는 대추·밤의 수확이 있어 백성들은 논밭 농사가 아니더라도 자급할 수 있으니 하늘이 준 보고라고 하겠습니다.

안락 무사하여 싸움에 지고 장수를 죽게 하는 일이 없는 나라는 연나라뿐입니다. 대왕께서는 그렇게 된 까닭을 아십니까? 연나라가 외적에 침범당하지 아니하고 전쟁의 참화를 입지 않는 것은, 조나라가 연나라의 장벽이 되어 남쪽에 막아 주고 있기 때문입니다. 진나라·조나라는 다섯 번 싸워서 진나라는 두 번, 조나라는 세 번 이겼습니다. 이 때문에 진나라와 조나라는 함께 지치게 되었고, 왕께서는 연나라를 온전하게 하고 그 배후를 제압할 수가 있었던 것입니다. 이것이 외적에 침범되지 않는 까닭입니다.

대체로 진나라가 연나라를 치는 데는 운중·구원을 넘어 대代·상곡上谷을 통과하지 않으면 안 되며 그 길은 수천 리나 됩니다. 설령 연나라의 성읍을 얻더라도 진나라로서는 도저히 지켜낼 수가 없습니다. 이렇게 보면 진나라가 연나라를 침범하지 못하는 까닭도 아실 것입니다. 그런데 조나라가 연나라를 친다고 하면 호령號令을 내린 지 열흘이 채 되지 않아 수십만 명의 군사가 동원東垣에 진을 치고, 호타하를 건너 역수를 넘어 4, 5일이 채 걸리지 않아 이 연나라 수도에 도달합니다. 그것으로 보건대 '진나라는 연나라를 치는 데 천 리 밖에서 싸우고 조나라는 연나라를 치는 데 백 리 안에서 싸운다'고 할 수가 있습니다. 도대체 백 리 안의 적을 걱정하지 않고 천 리 밖의 적을 두려워하다니 이처럼 그릇된 계책이 어디 있겠습니까? 그러므로 대왕께서는 조나라와 합종合縱으로써 친히 하여 천하 제후와 일체가 된다면 틀림없이 우환이 없어질 것입니다."

문후가 말하였다.

"그대의 말은 옳소. 그러나 우리나라는 작아서 서쪽은 조나라에 압박을 당하고 남쪽은 제나라 땅에 가깝소. 제나라와 조나라는 모두가 강한 나라로써 우리나라와의 화친은 어려운 일이오. 그대가 반드시 합종하여 연나라를 편안히 해 주기만 한다면 과인은 나라를 들어 그대의 말에 따르겠소."

乃東之趙. 趙肅侯令其弟成爲相, 號奉陽君. 奉陽君弗說之.

去游燕, 歲餘而後得見. 說燕文侯曰:「燕東有朝鮮·遼東, 北有林胡·樓煩, 西有雲中·九原, 南有嘑沱·易水, 地方二千餘里, 帶甲數十萬, 車六百乘, 騎六千匹, 粟支數年. 南有碣石·鴈門之饒, 北有棗栗之利, 民雖不佃作而足於棗栗矣. 此所謂天府者也.

夫安樂無事, 不見覆軍殺將, 無過燕者. 大王知其所以然乎? 夫燕之所以不犯寇被甲兵者, 以趙之爲蔽其南也. 秦·趙五戰, 秦再勝而趙三勝. 秦·趙相斃, 而王以全燕制其後, 此燕之所以不犯寇也. 且夫秦之攻燕也, 踰雲中·九原, 過代·上谷, 彌地數千里, 雖得燕城, 秦計固不能守也. 秦之不能害燕亦明矣. 今趙之攻燕也, 發號出令, 不至十日而數十萬之軍軍於東垣矣. 渡嘑沱, 涉易水, 不至四五日而距國都矣. 故曰秦之攻燕也, 戰於千里之外; 趙之攻燕也, 戰於百里之內. 夫不憂百里之患而重千里之外, 計無過於此者. 是故願大王與趙從親, 天下爲一, 則燕國必無患矣.」

文侯曰:「子言則可, 然吾國小, 西迫彊趙, 南近齊, 齊·趙彊國也. 子必欲合從以安燕, 寡人請以國從.」

◎ 조나라 숙후에게 유세하다

그리하여 문후는 소진에게 수레와 말, 금과 비단을 내주어 조나라로 가도록 주선해 주었다. 그 때 조나라에는 봉양군이 이미 죽고 없어 그는 직접 숙후에게 이렇게 말하였다.

"천하의 대신·재상·군신에서 벼슬이 없는 선비에 이르기까지 모두 대왕께서 의義를 행하는 것을 두고 원대하고 어질다 하며, 모두가 대왕의 가르침을 받들어 충언을 올릴 수 있기를 원한 지가 오래입니다. 그러나 봉양군은 어진 선비를 질시하여 등용하지 않았고, 대왕께선 나라일을 직접 맡지 않았으므로 빈객이나 유세객들이 감히 스스로 앞에 나아가 말을 하는 자가 없었습니다. 이제 봉양군은 이미 죽고 없어 대왕께서는 처음 생각대로 백성들과 친할 수 있게 되었으니 거리낌 없이 어리석은 소견을 말씀드리고자 합니다.

몰래 생각해 보건대 대왕을 위한 계책은 백성들을 편안히 하고 무사하게 하는 것이 최선이며, 백성들을 노고롭게 하지 말 것입니다. 백성들을 편안히 하는 근본은 친구의 나라를 잘 선택하는 데 있으며 교제할 친구의 나라를 잘 선택하면 백성들은 편할 수 있되 잘못 선택하였을 때는 백성들은 안정을 얻을 수 없게 됩니다. 청컨대 외환外患에 대하여 말씀을 올리겠습니다.

만일 제나라와 진나라가 함께 같이 적이 되면 백성들은 편안할 수 없을 것이며, 그렇다고 진나라에 의지하여 제나라를 치는 것도 백성들로서는 편안하지 못합니다. 또 제나라에 의지하여 진나라를 치는 경우에도 마찬가지입니다. 그러므로 다른 나라의 군주를 회유하여 다른 나라를 치는 것을 생각해야 합니다. 그런 경우 항상 비밀이 새어 나가 다른 나라와 국교관계가 끊어지는 사태가 생깁니다. 대왕께서는 태도를 신중히 하여 이와 같은 일이 생기지 않도록 해야 합니다. 그러면 조나라의 이로움과 해로움에 대하여 흑과 백, 음과 양처럼 명확히 구분이 되도록 말씀드리겠습니다.

대왕께서 진실로 저의 의견을 듣는다면, 연나라는 틀림없이 모직물이나 갖옷, 개와 말이 나는 산지를 바쳐올 것이며, 제나라는 틀림없이 고기·소금이 나는 해변을 바쳐오고, 초나라는 틀림없이 귤·유자의 과원을 바쳐오며, 한韓·위魏·중산中山은 모두 왕과 후비들에게 부세를 거두는 읍邑을 바쳐올 것이며, 왕의 친척들은 모두가 봉읍을 받아 제후가 될 것입니다. 대체로 남의 나라 땅을 빼앗고 이익을 취하는 일은, 춘추오패春秋五霸가 적군을 깨뜨리고 사로잡아 구하던 방법입니다. 임금의 가족을 제후로 하는 것은 은나라 탕왕·주나라 무왕이 그 땅의 임금을 추방하고 죽이는 방법으로 취하였던 것입니다. 이제 대왕께서 팔짱을 낀 채 이 두 가지를 함께 얻도록 하려는 것이니, 바로 제가 대왕께 권하고자 하는 것입니다.

이제 대왕께서 진나라와 손을 잡으면 진나라는 틀림없이 한韓나라와 위魏나라를 누를 것이며, 제나라와 손을 잡으면 제나라는 틀림없이 초나라와 위나라를 누를 것입니다. 위나라가 약해지면 하외河外의 땅을 진나라에게 갈라 줄 것이며, 한나라가 약해지면 의양宜陽을 진나라에 바칠 것입니다. 의양을 바치면 상당上黨에 이르는 길은 끊어지며, 하외를 떼어 주면 상군의 길은 막히고 맙니다. 초나라가 약해지면 조나라는 고립되어 도움을 받을 곳을 잃게 됩니다. 이 세 가지 방책은 깊이 생각하지 않으면 안 될 것입니다.

만약에 진나라가 지도軹道로 쳐내려오면 남양南陽이 위험해지고, 한나라를 위협하여 주周나라를 포위하면 조나라는 저절로 이 싸움에 말려드는 것입니다. 진秦나라가 위衛나라를 할거하여 권읍卷邑을 취하면, 제나라는 틀림없이 진나라에 머리 숙여 신하가 될 것입니다. 진나라가 산동山東을 손에 넣고자 하면 틀림없이 군사를 일으켜 조나라로 향할 것입니다. 진나라 군대가 황하를 건너고 장수漳水를 넘어 번오番吾를 차지하면, 진나라와 조나라 군대는 반드시 조나라 서울 한단邯鄲 성 아래에서 싸우게 될 것입니다. 이것이 바로 대왕을 위해 걱정하는 일입니다.

오늘날 산동에 있는 나라로서 조나라보다 더 강한 나라는 없습니다. 조나라의 땅은 사방 2천여 리, 무장 병력 수십만, 전차 천 승, 기마 만 필, 군량은 수 년을 지탱할 수 있으며, 서쪽에 상산常山, 남에는 황하와 장수가 있으며, 동쪽으로는 청하淸河, 북쪽은 연나라가 있으나, 본래 연나라는 약한 나라로서 두려워할 것이 못 됩니다. 진나라는 천하의 없애야 할 적으로 조나라를 첫손에 꼽습니다. 그런데 진나라가 군사를 일으켜 조나라를 치지 않는 것은 무엇 때문이겠습니까? 한韓, 위魏 두 나라가 그 배후를 교란시킬까 두렵기 때문입니다. 따라서 한·위 두 나라가 조나라에는 남쪽의 장벽 역할을 해주고 있는 셈입니다. 진나라가 한·위 두 나라를 치는 데는 고산대천高山大川의 장애가 없어 물 젖듯 먹어 들어가 도읍에까지 이르게 될 것입니다. 한·위가 진나라를 막아내지 못하면 할 수 없이 진나라에 머리 숙여 신하로서 굽혀야 할 것입니다. 진나라가 한·위 두 나라를 견제하지 않으면 화는 곧 조나라에 집중되고 마는 것입니다. 이야말로 제가 대왕을 위해 걱정해 드리는 점입니다.

신이 듣건대 요임금은 300이랑의 논밭도 없었고, 순임금은 지척의 땅조차 없이 천하를 소유하였으며, 우임금도 100명 정도의 촌락조차 없이 제후의 임금이 되었습니다. 은나라 탕왕과 주나라 무왕은 군사가 겨우 3천 명에 불과하였고, 전차가 300대, 병사가 3만 명에 지나지 않았는데도 천자가 되었으니, 이들은 진실로 왕으로서의 도리를 얻은 사람들입니다. 그런 까닭에 명군은 밖으로 적의 강약을 헤아리고, 안으로 병사의 현명함의 여부를 헤아려, 양군의 충돌을 기다릴 것도 없이 승패 존망의 기틀이 벌써 가슴 속에 떠오르는 것입니다. 어찌하여 자신의 총명을 여러 사람의 말로 덮어 가리고, 캄캄하고 어두운 가운데서 큰 일을 결정할 것입니까?

가만히 천하의 지도를 놓고 보건대 제후들의 영토는 진나라의 5배는 되며, 제후들의 군졸을 헤아려 보니 진나라의 10배는 됩니다. 여섯 나라가 하나가 되어 힘을 합해 서쪽 진나라를 친다면 틀림없이 진나라를 깨뜨릴 수가 있을 것입니다. 그 반대로 만약 하나씩 서쪽을 향하여 진나라를 섬긴다면 모두가 진나라의 신하가 되고 마는 것입니다. 대체로 남을 깨뜨리는 것과 남에게 깨뜨림을 당하는 것, 또 남을 신하로 삼는 것과 남에게 신하 노릇을 당하는 것을 어떻게 같은 위치에서 거론할 수 있겠습니까?

저 연횡을 주장하는 자들은 모두 제후의 땅을 쪼개어 진나라에 바치고자 하는 자들입니다. 진나라가 목적을 달성하면 저들은 누대를 높이 짓고, 궁실을 화려하게 꾸미며, 생황과 거문고의 아름다운 음악을 들으며, 앞에는 누대와 궁궐과 큰 수레를, 뒤에는 애교 넘치는 미녀들이 있게 할 것입니다. 각 나라마다 진나라의 화를 입었을지라도 자기 나라의 근심을 분담하려고 하지 않습니다. 그런 까닭에 저 연횡을 주장하는 자들은 밤낮으로 진나라의 권력을 빌려 제후를 위협하고, 땅을 나누어 줄 것을 요구할 것입니다. 그렇기 때문에 대왕께서는 이 일을 깊이 생각하시기 바랍니다.

듣건대 '현명한 군주는 의심을 끊고 참언을 버리고 떠도는 말의 흔적을 사라지게 하여 파벌의 문을 막는 데 뛰어나다'라고 합니다. 따라서 대왕을 존경하고 땅을 넓히고 병력을 강하게 하는 계책에 대한 충언을 이렇듯 대왕 앞에 올리는 것입니다.

잠시 대왕을 위하여 계책을 올리건대, 한·위·제·초·연·조나라를 한 몸처럼 합종의 방법으로 서로 친하게 하여 진나라에 대항하는 그 이상의 방책은 없을 것입니다. 즉 천하 제후의 장군·재상들을 원수洹水 부근에 모아서 인질을 교환하고 백마를 잡아 굳게 맹세하여 이렇게 말하는 것입니다.

'진나라가 초나라를 치면 제·위는 각각 정예군을 내어 초나라를 돕고, 한나라는 진나라의 군량 수송로를 끊고, 조나라는 황하와 장수를 건너고, 연나라는 상산의 북쪽을 지킨다. 진나라가 만약 한·위를 치면 초나라는 진나라 군사의 배후를 끊고, 제나라는 정예군을 내어서 한·위를 돕고 조나라는 황하와 장수를 건너고, 연나라는 운중雲中을 지킨다. 진나라가 만약 제나라를 치면, 초나라는 진나라의 배후를 끊고, 한나라는 성고成皐를 지키고, 위나라는 진나라가 제나라를 치는 길을 막고, 조나라는 황하와 장수를 지나 박관博關을 건너고, 연나라는 정예군을 내어 제나라를 돕는다. 진나라가 만약 연나라를 치면, 조나라는 상산을 지키고, 초나라는 무관武關에 군대를 머물게 하고, 제나라는 발해勃海를 건너고 한·위는 모두 정예군을 내어서 연나라를 돕는다. 또 만약 진나라가 조나라를 치면, 한나라는 의양宜陽에, 초나라는 무관에, 위나라는 황하 남서쪽에 진을 치고, 제나라는 청하를 건너고, 연나라는 정예군을 내어서 조나라를 돕는다. 제후들 중에 이 약속을 이행하지 않는 자가 있으면, 다섯 나라의 군사는 공동으로 이를 친다.'

여섯 나라가 합종合縱으로 친교를 맺으면 진나라는 틀림없이 함곡관을 나서서 산동을 침범하는 일이 없을 것입니다. 이렇게 하면 패왕의 위업을 성취하게 되는 것입니다."

여기까지 들은 조나라 왕이 말하였다.

"과인은 나이가 어리고 임금의 자리에 오른 지도 얼마 되지 않아 지금까지 국가 안보에 관한 장기 계획을 들을 수가 없었소. 이제 그대가 천하를 유지하고 제후를 안도시키려는 뜻을 보여 주었으니, 과인은 삼가 나라를 들어 그대의 말을 따르리다."

그리하여 조나라 왕은 소진에게 수레 100대, 황금 1천 일千鎰, 백벽白璧 100쌍, 비단 1천 필을 주어 제후 나라들에 보내는 선물로 하고 각 제후들과 합종을 추진하도록 주선하였다.

於是資蘇秦車馬金帛以至趙. 而奉陽君已死, 卽因說趙肅侯曰:「天下卿相人臣及布衣之士, 皆高賢君之行義, 皆願奉敎陳忠於前之日久矣. 雖然, 奉陽君妬而君不任事, 是以賓客游士莫敢自盡於前者. 今奉陽君捐館舍, 君乃今復與士民相親也, 臣故敢進其愚慮.

竊爲君計者, 莫若安民無事, 且無庸有事於民也. 安民之本, 在於擇交,擇交而得則民安, 擇交而不得則民終身不安. 請言外患: 齊·秦爲兩敵而民不得安, 倚秦攻齊而民不得安, 倚齊攻秦而民不得安. 故夫謀人之主, 伐人之國, 常苦出辭斷絶人之交也. 願君愼勿出於口. 請別白黑, 所以異陰陽而已矣. 君誠能聽臣, 燕必致旃裘狗馬之地, 齊必致魚鹽之海, 楚必致橘柚之園, 韓·魏·中山皆可使致湯沐之奉, 而貴戚父兄皆可以受封侯. 夫割地包利, 五伯之所以覆軍禽將而求也; 封侯貴戚, 湯·武之所以放弑而爭也. 今君高拱而兩有之, 此臣之所以爲君願也.

今大王與秦, 則秦必弱韓·魏; 與齊, 則齊必弱楚·魏. 魏弱則割河外, 韓弱則效宜陽, 宜陽效則上郡絶, 河外割則道不通, 楚弱則無援. 此三策者, 不可不孰計也.

夫秦下軹道, 則南陽危; 劫韓包周, 則趙氏自操兵; 據衛取卷, 則齊必入朝秦. 秦欲已得乎山東, 則必擧兵而嚮趙矣. 秦甲渡河踰漳, 據番吾, 則兵必戰於邯鄲之下矣. 此臣之所爲君患也.

當今之時, 山東之建國莫彊於趙. 趙地方二千餘里, 帶甲數十萬, 車千乘, 騎萬匹, 粟支數年. 西有常山, 南有河·漳, 東有清河, 北有燕國. 燕固弱國, 不足畏也. 秦之所害於天下者莫如趙, 然而秦不敢擧兵伐趙者, 何也? 畏韓·魏之議其後也. 然則韓·魏, 趙之南蔽也. 秦之攻韓·魏也, 無有名山大川之限, 稍蠶食之, 傅國都而止. 韓·魏不能支秦, 必入臣於秦. 秦無韓·魏之規, 則禍必中於趙矣. 此臣之所爲君患也.

臣聞: 堯無三夫之分, 舜無咫尺之地, 以有天下; 禹無百人之聚, 以王諸侯; 湯·武之士不過三千, 車不過三百乘, 卒不過三萬, 立爲天子: 誠得其道也. 是故明主外料其敵之彊弱, 內度其士卒賢不肖, 不待兩軍相當而勝敗存亡之機固已形於胸中矣, 豈揜於衆人之言而以冥冥決事哉!

臣竊以天下之地圖案之, 諸侯之地五倍於秦, 料度諸侯之卒十倍於秦, 六國爲一, 幷力西鄉而攻秦, 秦必破矣. 今西面而事之, 見臣於秦. 夫破人之與破於人也, 臣人之與臣於人也, 豈可同日而論哉!

夫衡人者, 皆欲割諸侯之地以予秦. 秦成, 則高臺榭, 美宮室, 聽竽瑟之音, 前有樓闕軒轅, 後有長姣美人, 國被秦患而不與其憂. 是故夫衡人日夜務以秦權恐愒諸侯以求割地, 故願大王孰計之也.

臣聞: 明主絶疑去讒, 屛流言之迹, 塞朋黨之門, 故尊主廣地彊兵之計臣得陳忠於前矣. 故竊爲大王計, 莫如一韓·魏·齊·楚·燕·趙以從親, 以畔秦. 令天下之將相會於洹水之上, 通質, 刳白馬而盟. 要約曰: 『秦攻楚, 齊·魏各出銳師以佐之, 韓絶其糧道, 趙涉河·漳, 燕守常山之北. 秦攻韓·魏, 則楚絶其後, 齊出銳師而佐之, 趙涉河·漳, 燕守雲中. 秦攻齊, 則楚絶其後, 韓守城皐, 魏塞其道, 趙涉河·漳·博關, 燕出銳師以佐之. 秦攻燕, 則趙守常山, 楚軍武關, 齊涉勃海, 韓·魏皆出銳師以佐之. 秦攻趙, 則韓軍宜陽, 楚軍武關, 魏軍河外, 齊涉清河, 燕出銳師以佐之. 諸侯有不如約者, 以五國之兵共伐之.』六國從親以賓秦, 則秦甲必不敢出於函谷以害山東矣. 如此, 則霸王之業成矣.」

趙王曰: 「寡人年少, 立國日淺, 未嘗得聞社稷之長計也. 今上客有意存天下, 安諸侯, 寡人敬以國從.」乃飾車百乘, 黃金千溢, 白璧百雙, 錦繡千純, 以約諸侯.

닭의 부리가 될지언정

이 무렵 주나라 천자는 선조 문왕·무왕의 제사에 올렸던 고기를 진나라 혜왕에게 내려 주고 진나라를 특별히 우대하였다.

혜왕은 서수犀首에게 명하여, 위魏나라를 쳐서 적장 용고龍賈를 사로잡고, 위나라의 조음雕陰 땅을 빼앗았으며, 또 군사를 동쪽으로 진군시키려고 준비하고 있었다. 소진은 진나라 군사가 조나라에 침입하여 합종의 방책이 깨어질 것을 두려워한 나머지, 장의張儀를 격노시켜 진나라로 들어가게 일을 꾸몄다.

소진은 이번에는 한韓나라 선왕宣王을 이렇게 설득하였다.

"한나라는 북쪽에 공읍鞏邑·성고成皐의 요새지가 있고, 서쪽에 의양·상판商阪의 험한 요새가 있고, 동쪽으로는 완읍宛邑·양읍穰邑과 유수洧水가 있으며, 남쪽으로는 형산陘山이 있습니다. 땅은 사방 900여 리, 무장 병력은 수십만 명, 천하의 강궁强弓·경노勁弩는 모두 한나라에서 만들어지고, 계자谿子 땅의 쇠뇌, 소부少府에서 만들어지는 시력時力·거래距來 등과 같은 훌륭한 활은 어느 것이나 600보의 먼 거리를 쏠 수가 있습니다.

한나라 궁사가 발로 쇠뇌를 밟고 양손으로 잡아당겨 석궁을 쏘면, 100발이 쉬지 않고 잇달아 발사되며 먼 거리에 맞힌 것도 화살 끝이 살에 파묻힐 만큼 가슴을 꿰뚫고, 가까운 것은 화살의 끝까지 가슴 속 깊이 파고들어갑니다.

한나라 병사들의 칼과 갈라진 창은 모두 명산冥山에서 만들어지고, 당계棠谿·묵양墨陽·합부合膊·등사鄧師·완풍宛馮·용연龍淵·태아太阿는 어느 것이나 육지에서는 소·말을, 물 가운데서는 고니·기러기를 베고, 적을 만나서는 견고한 갑옷과 방패를 쪼갤 수 있습니다. 이같이 가죽 깍지나 방패 끈에 이르기까지 갖추지 않은 것이 없습니다.

용감한 한나라 군사들이 투구를 쓰고 튼튼한 갑옷을 입고 강한 쇠뇌를 밟고 날카로운 칼을 차면 한 사람이 100명을 당하는 것은 문제도 없는 일입니다. 한나라가 이와 같은 강한 병력과 대왕의 현명함을 아울러 가지고 있으면서도, 서쪽으로 진나라를 섬겨 두 손을 맞잡아 복종한다면 이는 나라의 치욕이며 또 천하의 웃음거리가 되는 것으로써 이보다 더한 것이 없을 것입니다. 그러므로 대왕께서는 깊이 생각하시기를 원하는 바입니다.

대왕께서 만일 진나라를 섬기신다면, 진나라는 틀림없이 의양·성고의 땅을 달라고 요구할 것입니다. 금년에 이것을 바치면 내년에는 반드시 또 다른 땅을 요구하게 될 것입니다. 여기에 응하려 들면 나중에는 주려고 해도 줄 땅이 없을 것이며, 주지 않으면 지금까지 바친 공을 아무런 효과도 없이 오히려 뒷날 침략의 우환을 되고 말 것입니다. 어떤 결정을 한다해도 대왕의 땅은 점점 줄어들기만 할 것이며 진나라의 요구는 끝이 없을 것입니다. 한정이 있는 땅으로서 끝이 없는 요구에 응하게 되는 이것이야말로 이른바 '원수를 사서 우환을 맺는다'는 것으로, 싸우지도 않고 땅은 줄어들게 되는 것입니다. 속담에 '설령 닭 부리가 될지언정 쇠꼬리가 되지 마라'라 하였는데 이제 서쪽을 향하여 두 손을 맞잡고 진나라에게 한나라가 신하의 예로써 섬기는 것은 쇠꼬리와 다를 것이 무엇이겠습니까? 대왕의 총명함에다가 굳센 한나라의 군사를 가지고 있으면서 쇠꼬리의 더러운 이름을 뒤집어쓰는 것은, 대왕을 위해 부끄러워하는 바입니다."

한나라 왕은 분연히 안색이 변하여 팔을 걷어 눈을 부라리며 칼을 어루만져 하늘을 우러르며 탄식해 말하였다.

"과인은 비록 불초하오나 결코 진나라에게 머리 숙이지 않겠소. 이제 그대로부터 조나라 왕의 가르침 들었으니 삼가 나라를 들어 그대의 의견에 따르리다."

是時周天子致文·武之胙於秦惠王. 惠王使犀首攻魏, 禽將龍賈, 取魏之雕陰, 且欲東兵. 蘇秦恐秦兵之至趙也, 乃激怒張儀, 入之于秦.

於是說韓宣王曰:「韓北有鞏·成皐之固, 西有宜陽·商阪之塞, 東有宛·穰·洧水, 南有陘山, 地方九百餘里, 帶甲數十萬, 天下之彊弓勁弩皆從韓出. 谿子·少府時力·距來者, 皆射六百步之外. 韓卒超足而射, 百發不暇止, 遠者括蔽洞胸, 近者鏑弇心. 韓卒之劍戟皆出於冥山·棠谿·墨陽·合膊·鄧師·宛馮·龍淵·太阿, 皆陸斷牛馬, 水截鵠鴈, 當敵則斬堅甲鐵幕, 革抉㕹芮, 無不畢具. 以韓卒之勇, 被堅甲, 蹠勁弩, 帶利劍, 一人當百, 不足言也. 夫以韓之勁與大王之賢, 乃西面事秦, 交臂而服, 羞社稷而爲天下笑, 無大於此者矣. 是故願大王孰計之.

大王事秦, 秦必求宜陽·成皐. 今茲效之, 明年又復求割地. 與則無地以給之, 不與則弃前功而受後禍. 且大王之地有盡而秦之求無已, 以有盡之地而逆無已之求, 此所謂市怨結禍者也, 不戰而地已削矣. 臣聞鄙諺曰:『寧爲雞口, 無爲牛後.』今西面交臂而臣事秦, 何異於牛後乎? 夫以大王之賢, 挾彊韓之兵, 而有牛後之名, 臣竊爲大王羞之.」

於是韓王勃然作色, 攘臂瞋目, 按劍仰天太息曰:「寡人雖不肖, 必不能事秦. 今主君詔以趙王之教, 敬奉社稷以從.」

위나라 왕에게 유세하다

소진은 이번에는 위魏나라 양왕襄王을 설득하였다.

"대왕의 땅은 남쪽에 홍구鴻溝·진陳·여남汝南·허許·언郾·곤양昆陽·소릉召陵·무양舞陽·신도新都·신처新郪가 있고, 동쪽으로는 회하淮河·영수潁水·자조煮棗·무서無胥가 있으며, 서쪽으로는 장성長城을 경계로 하고, 북쪽으로는 황하 남서쪽에 권卷·연衍·산조酸棗가 있습니다. 땅은 사방 천 리, 소국이라고는 하나 마을과 마을은 밀집하여 있고 목축으로 남은 땅이 일찍부터 없고, 백성도 많고 수레와 말도 많아 주야로 왕래의 끊임이 없고 그 울리는 소리는 시끄러울 정도로 마치 3군의 대병력이 행군하는 것과 같습니다. 제가 속으로 생각해 보았더니 대왕의 나라는 결코 초나라에 뒤지지 않습니다.

그런데도 연횡을 주장하는 자들은 왕에게 진나라에 대한 두려움을 부채질하고, 호랑이와 같은 진나라와 친교를 맺어 진나라의 제후 침략을 조장하려 합니다. 그리하여 마침내 진나라의 화를 부르게 되는 것도 고려하려 하지 않습니다. 대체 저들이 굳센 진나라의 세력을 믿고 자신의 나라 임금을 위협하고 있으니, 이보다 더 큰 죄는 없습니다.

위나라는 천하의 강국이며 임금은 천하의 현군입니다. 지금 왕께서는 서쪽으로 투항하여 진나라를 섬기고, 동번東藩이라 일컬어 진왕의 순수巡狩를 위해 궁궐을 짓고, 진나라의 의관과 예복을 받아서 진나라 종묘의 봄·가을 제사에 봉사코자 하신다니 저는 대왕을 위해 속으로 부끄럽게 생각하는 바입니다.

월왕 구천은 여러 해 훈련한 군사 3천 명으로서 오왕 부차를 간수干遂에서 사로잡았고, 주나라 무왕은 군사 3천 명, 전차 300대로 은나라 주왕을 목야牧野에서 정복하였다고 들었는데 이는 군사가 많아서 이긴 것입니까? 아닙니다. 그들은 자신들의 위세를 떨쳤을 뿐입니다.

이제 몰래 들으니 대왕의 군사는 정예 병사 20만, 창두蒼頭는 20만, 분격奮擊 20만, 시도廝徒 10만, 전차 600승, 기마 5천 필로 이 숫자는 월왕 구천이나 무왕의 군사를 훨씬 뛰어넘습니다. 그런데 이제 신하들의 말만 듣고 진나라에게 신하의 예로써 섬기고자 하고 있습니다. 만일 진나라를 섬기면 틀림없이 땅을 쪼개 바쳐 성의를 보여야 할 것입니다. 이는 군사를 쓰기도 전에 나라가 하루아침에 사라지는 일입니다.

무릇 신하로서 진나라를 섬기도록 하려는 자는 모두가 간사한 신하이지 결코 충신은 아닙니다. 도대체 신하된 자가 임금의 땅을 쪼개어 외교를 청하고, 한때의 공을 구하려 들 뿐 뒤를 생각하지 않는 자들입니다. 국가를 파괴하여 사사로운 이득을 취하고, 밖으로 진나라의 세력을 믿고, 안으로 임금을 위협하여 땅을 쪼개 바치기를 요구한다는 것은 어찌된 일입니까?

대왕께서는 이를 잘 살펴보시기 바랍니다.

《주서周書》에 '처음에 싹을 자르지 않아 무성해지면 어찌할 것인가? 터럭같이 작을 때 베지 않으면 장차는 도끼를 써야 한다. 대책을 세우지 않으면, 뒤에는 큰 우환이 있으리라. 장차 이를 어찌하랴?' 하였습니다. 만약에 대왕께서 진실로 저의 말을 받아들여 여섯 나라가 합종으로 친교를 맺어 힘을 합하고 뜻을 하나로 한다면 틀림없이 진나라의 화를 면할 수 있을 것입니다. 그러므로 우리 조나라 왕께서 저를 사신으로 명하여 이 뜻을 알려드리고, 흔들림이 없는 맹약을 맺고자 원하게 된 것입니다. 대왕의 의사를 듣고자 합니다."

위왕이 말하였다.

"과인은 불초한 자로서 일찍이 훌륭한 가르침을 들을 기회가 없었소. 이제 그대가 조나라 왕의 조칙을 가지고 나를 깨우쳐 주었소. 삼가 나라를 들어 그대의 말에 따르겠소."

又說魏襄王曰:「大王之地, 南有鴻溝·陳·汝南·許·郾·昆陽·召陵·舞陽·新都·新郪, 東有淮·潁·煮棗·無胥, 西有長城之界, 北有河外·卷·衍·酸棗, 地方千里. 地名雖小, 然而田舍廬廡之數, 曾無所芻牧. 人民之衆, 車馬之多, 日夜行不絶, 輷輷殷殷, 若有三軍之衆. 臣竊量大王之國不下楚. 然衡人怵王交彊虎狼之秦以侵天下, 卒有秦患, 不顧其禍. 夫挾彊秦之勢以內劫其主, 罪無過此者. 魏, 天下之彊國也; 王, 天下之賢王也. 今乃有意西面而事秦, 稱東藩, 築帝宮, 受冠帶, 祠春秋, 臣竊爲大王恥之.

臣聞越王句踐戰敝卒三千人, 禽夫差於干遂; 武王卒三千人, 革車三百乘, 制紂於牧野: 豈其士卒衆哉, 誠能奮其威也. 今竊聞大王之卒, 武士二十萬, 蒼頭二十萬, 奮擊二十萬, 廝徒十萬, 車六百乘, 騎五千匹. 此其過越王句踐·武王遠矣, 今乃聽於羣臣之說而欲臣事秦. 夫事秦必割地以效實, 故兵未用而國已虧矣. 凡羣臣之言事秦者, 皆姦人, 非忠臣也. 夫爲人臣, 割其主之地以求外交, 偸取一時之功而不顧其後, 破公家而成私門, 外挾彊秦之勢以內劫其主, 以求割地, 願大王孰察之.

《周書》曰:『緜緜不絶, 蔓蔓柰何? 豪氂不伐, 將用斧柯.』前慮不定, 後有大患, 將柰之何? 大王誠能聽臣, 六國從親, 專心幷力壹意, 則必無彊秦之患. 故敝邑趙王使臣效愚計, 奉明約, 在大王之詔詔之.」

魏王曰:「寡人不肖, 未嘗得聞明敎. 今主君以趙王之詔詔之, 敬以國從.」

제나라 왕에게 유세하다

소진은 이번에는 제齊나라 선왕宣王을 설득하였다.

蘇秦의 합종설 유세도. 《東周列國志》 석인본 삽화

"제나라는 남쪽에는 태산泰山, 동쪽에 낭야琅邪가 있고, 서쪽에 청하, 북쪽에 발해가 있습니다. 이야말로 사면이 다 요새로 둘러싸인 나라입니다. 제나라의 땅은 사방 2천여 리, 무장 병력 수십 만, 양곡은 산더미 같고, 3군三軍의 정예부대와 오가五家의 병력은 빠르기가 화살 같고, 싸움을 하기는 우레와 같고, 흩어질 때는 풍우와 같이 빠릅니다. 군역의 징발함에 있어도, 일찍이 태산의 뒤를 넘거나 청하를 건너고 발해를 넘어서까지 징병한 일은 없습니다. 제나라의 수도 임치臨菑는 7만 호에, 대략 한 집에 평균 세 사람의 남자가 있으니 그 자리에서 21만 명을 모을 수 있습니다. 임치는 매우 부유하고 풍족합니다. 그곳 백성들은 피리를 불고 비파를 뜯으며 축筑을 두드리고, 닭싸움과 개의 경주 또는 윷놀이, 공차기 등으로 즐거움을 누리지 않는 자가 없습니다. 임치의 도로는 번잡하여 수레바퀴가 서로 부딪치며, 사람의 어깨와 어깨가 서로 닿고, 옷깃이 이어지면 마치 장막을 친 것 같고, 치마가 날리면 마치 천막 같고, 땀을 뿌리면 비가 오는 것 같습니다. 집집이 번창하고 사람마다 풍족하고 기개가 높습니다.

대왕의 현명함과 제나라의 강한 힘으로써 대처하면 천하에 대항할 자가 없습니다. 그런데 이제 서쪽을 향하여 진나라를 섬기려 하는 것은 대왕을 위해 속으로 제가 부끄럽게 여기는 바입니다. 대체로 한나라와 위나라가 진나라를 겁내는 것은 진나라와 국경을 접하고 있기 때문이며, 그들이 출병하여 맞붙게 되면 열흘 안에 승패존망의 기틀이 결정나고 맙니다. 한·위가 진나라와 싸워 이긴다고 해도 병력의 절반은 잃게 될 것이니, 사방의 국경을 안전하게 지킬 수는 없습니다. 만약에 싸워 이기지 못한다면 나라는 위험하고 마침내 멸망하는 것은 정한 이치입니다. 그 때문에 한·위 두 나라는 진나라와 싸우는 것을 어렵게 여기고, 진나라에게 신하의 예로써 섬기는 것이 더 쉽다고 여기는 것입니다.

그러나 진나라가 제나라를 친다면 한·위의 경우와는 다릅니다. 진나라는 한나라와 연나라 땅을 등지고 위衛나라 양진陽晉의 길을 통과하고, 항보亢父의 험한 땅을 가로질러 오지 않으면 안 됩니다. 게다가 수레는 두 대 나란히 세워서 갈 수가 없으며 말도 두 필이 나란히 갈 수가 없으므로 이쪽에서 100명이 험한 땅을 이용하여 지키면 그들은 1천 명의 군사로서도 감히 돌파할 수가 없습니다. 진나라는 깊이 침입하고 싶어도 자꾸만 뒤를 돌아보게 되고, 한나라와 연나라가 배후에서 공격하지 않을까 염려를 하게 됩니다. 그러므로 진나라는 다만 겁내고 의심하여 허세로 위협만 하고 교만하게 굴 뿐, 감히 나서지 못하는 것입니다. 이로써 본다면 진나라가 제나라를 해치지 못할 것은 명백한 일입니다.

이와 같이 진나라가 제나라를 칠 수 없다는 것을 깊이 생각해 보지도 않고, 그저 서쪽을 향하여 진나라를 섬기려고 하는 것은 신하들의 생각이 그릇된 것입니다. 그러므로 이제 저의 계책을 따르시면 진나라에 굴복하는 오명 없이 나라를 튼튼히 할 수 있을 것입니다. 저는 대왕께서 이를 유념하시어 헤아려 주시기를 바랍니다."

제나라 왕이 말하였다.

"과인은 어리석은 사람으로 멀리 치우쳐 외진 곳에서 바다를 의지하고 동쪽의 변두리 땅에 있어서, 이제껏 남의 가르침을 들을 수가 없었소. 이제 그대가 조나라 왕의 조칙을 가지고 와서 나를 깨우쳐 주었소. 삼가 나라를 들어 당신의 의견에 따르리다."

因東說齊宣王曰:「齊南有泰山, 東有琅邪, 西有淸河, 北有勃海, 此所謂四塞之國也. 齊地方二千餘里, 帶甲數十萬, 粟如丘山. 三軍之良, 五家之兵, 進如鋒矢, 戰如雷霆, 解如風雨. 卽有軍役, 未嘗倍泰山, 絶淸河, 涉勃海也. 臨菑之中七萬戶, 臣竊度之, 不下戶三男子, 三七二十一萬, 不待發於遠縣, 而臨菑之卒固已二十一萬矣. 臨菑甚富而實, 其民無不吹竽鼓瑟, 彈琴擊筑, 鬪雞走狗, 六博蹋鞠者. 臨菑之塗, 車轂擊, 人肩摩, 連衽成帷, 擧袂成幕, 揮汗成雨, 家殷人足, 志高氣揚. 夫以大王之賢與齊之彊, 天下莫能當. 今乃西面而事秦, 臣竊爲大王羞之.

且夫韓·魏之所以重畏秦者, 爲與秦接境壤界也. 兵出而相當, 不出十日而戰勝存亡之機決矣. 韓·魏戰而勝秦, 則兵半折, 四境不守; 戰而不勝, 則國已危亡隨其後. 是故韓·魏之所以重與秦戰, 而輕爲之臣也. 今秦之攻齊則不然. 倍韓·魏之地, 過衛陽晉之道, 徑乎亢父之險, 車不得方軌, 騎不得比行, 百人守險, 千人不敢過也. 秦雖欲深入, 則狼顧, 恐韓·魏之議其後也. 是故恫疑虛猲, 驕矜而不敢進, 則秦之不能害齊亦明矣.

夫不深料秦之無柰齊何, 而欲西面而事之, 是羣臣之計過也. 今無臣事秦之名而有彊國之實, 臣是故願大王少留意計之.」

齊王曰:「寡人不敏, 僻遠守海, 窮道東境之國也, 未嘗得聞餘敎. 今足下以趙王詔詔之, 敬以國從.」

초나라 왕에게 유세하다

소진은 이번에는 다시 서남쪽 초楚나라 위왕威王을 만나 유세하였다.

"초나라는 천하의 강국이며, 대왕께서는 천하의 현군이십니다. 초나라는 서쪽으로는 검중黔中·무군巫郡, 동쪽으로는 하주夏州·해양海陽, 남쪽으로는 동정호洞庭湖·창오蒼梧, 북쪽으로는 형새陘塞·순양郇陽이 있으며 땅은 사방

5천여 리, 무장 병력 100만, 전차 1천 승, 기마 1만 필, 식량은 10년을 지탱할 수가 있습니다. 이것은 패왕이 되기에 충분한 조건입니다. 강대한 초나라에다가 임금이 현명하니, 천하에서 초나라에 대항할 자가 없을 것입니다. 그런데 이런 큰 나라가 서쪽을 향하여 진나라를 섬긴다고 하면, 제후들도 서쪽을 향해 함양咸陽의 장대章臺 아래에서 조회朝會하지 않는 자가 없을 것입니다.

진나라에게 방해되는 나라로써 초나라만한 나라가 없습니다. 초나라가 강하면 진나라는 약해지고, 진나라가 강하면 초나라는 약해지는 것이니 그 세력은 양립할 수가 없습니다. 그러므로 대왕을 위해 계책을 세워드리건대, 여섯 나라가 서로 합종하여 진나라를 고립시키느니만 못합니다. 대왕께서 화친하지 않고 있을 때 진나라는 틀림없이 수륙의 군사를 일으켜 그 중 하나의 군대는 무관武關으로 나가고, 하나의 군대는 검중黔中으로 내려보낼 것이므로 그렇게 되면 언鄢·영郢은 뒤흔들리고 말 것입니다.

신이 듣건대 '흐트러지기 전에 다스리고, 해로운 일이 일어나기 전에 수습한다'는 말이 있습니다. 화를 만나 걱정한다는 것은 때늦은 것이라 아니할 수 없습니다. 그러므로 대왕께서는 어서 빨리 이를 깊이 헤아려 주시기를 바랍니다.

만약 대왕께서 진실로 저의 말에 따르신다면, 저는 산동의 제후들로 하여금 계절마다 공물을 바쳐 대왕의 밝으신 가르침을 신봉케 하고, 그들의 국가를 위탁하고 종묘에 봉사하고, 병사들을 훈련시키고 무기를 만들어 대왕의 뜻대로 부릴 수 있도록 해드리겠습니다. 대왕께서 진실로 저의 계책을 채용해 주시면, 한·위·제·연·조·위나라의 아름다운 음악과 미인은 임금의 후궁에 가득 차고, 연燕·대代의 낙타와 훌륭한 말들은 틀림없이 왕의 마구간에 가득 채워질 것입니다. 그러므로 합종이 성공하면 초나라가 천하의 패자가 되는 것이요, 연횡이 성공하면 진나라가 천하의 황제가 되는 것입니다. 이제 대왕께서 패왕의 사업을 버리고 남의 신하되는 오명을 뒤집어쓰려는 것은 대왕께서는 해서는 안 될 일이라 여깁니다.

대체로 진나라는 호랑이나 이리 같은 나라로서 천하를 집어삼킬 야심을 품고 있습니다. 진나라는 천하의 원수라 할 수 있습니다. 연횡을 주장하는 자들은 모두 제후들의 땅을 쪼개어 진나라에 바치려고 하나, 이것은 이른바 '원수를 길러 원수를 받들어 모신다'는 것입니다. 도대체 신하된 자가 자신 임금의 땅을 쪼개어 호랑이나 늑대 같은 진나라와 교제하고, 나아가서는 천하를 침략하도록 유도하여, 마침내 진나라 때문에 걱정거리가 생겨도 그 재앙을 돌아보지 않으며, 밖으로 진나라의 위력을 믿고, 안으로 임금을 위협하여 땅을 쪼개 주기를 원한다는 것은 대역 불충으로 이보다 더한 것이 없을 것입니다. 그러므로 만일 합종이 성립되면 제후들은 토지를 바쳐 초나라를 섬기고, 연횡이 성립되면 초나라는 땅을 떼어 진나라를 섬겨야 할 것입니다. 이 두 가지 방책의 차이는 아주 뚜렷합니다. 이 두 가지 중에 과연 대왕께서는 어느 것을 택하시겠습니까? 이제 우리 조나라 왕은 계책과 함께 저를 보내 대왕과 명확한 약정을 맺으려고 하는 것이니 대왕의 생각을 듣고자 합니다."

초나라 왕이 말하였다.

"과인의 나라는 서쪽이 진나라와 경계를 접해 있소. 진나라는 파巴·촉蜀을 취하고 한중漢中을 병합하려는 야심을 지닌 호랑이나 이리 같은 나라이니 친해질 수 없소. 한나라와 위나라는 진나라의 침략 위협에 직면해 있어 그들과는 깊은 논의도 할 수가 없소. 논의를 한다 해도 우리 계책에 반대하는 자들이 우리를 배신하고 진나라에 붙을 염려가 있소. 그러므로 계책이 시작도 되기 전에 나라는 이미 위험에 빠지고 말게 될 것이오. 과인 스스로 생각건대 초나라만으로 진나라에 대항해서 이길 수는 없소. 안으로 여러 신하의 계책이 있다 해도 믿을 만한 것이 못 되오. 이런 것을 생각하여 과인은 자리에 누워도 마음이 편하지 못하고, 음식을 먹어도 맛을 알지 못하며, 마음이 편치 않아 안절부절을 못하기가 바람에 나부끼는 깃발과 같아 도저히 안정할 수가 없었소. 이제 그대가 세상 의론을 통일하여 제후들을 모아 우리나라를 구해 주려 하시니, 과인은 삼가 나라를 들어 그대 의견을 따르겠소."

乃西南說楚威王曰:「楚, 天下之彊國也; 王, 天下之賢王也. 西有黔中·巫郡, 東有夏州·海陽, 南有洞庭·蒼梧, 北有陘塞·郇陽, 地方五千餘里,帶甲百萬, 車千乘, 騎萬匹, 粟支十年. 此霸王之資也. 夫以楚之彊與王之賢, 天下莫能當也. 今乃欲西面而事秦, 則諸侯莫不西面而朝於章臺之下矣.

秦之所害莫如楚, 楚彊則秦弱, 秦彊則楚弱, 其勢不兩立. 故爲大王計, 莫如從親以孤秦. 大王不從[親], 秦必起兩軍, 一軍出武關, 一軍下黔中, 則鄢郢動矣.

臣聞治之其未亂也, 爲之其未有也. 患至而后憂之, 則無及已. 故願大王蚤孰計之.

大王誠能聽臣, 臣請令山東之國奉四時之獻, 以承大王之明詔, 委社稷, 奉宗廟, 練士厲兵, 在大王之所用之. 大王誠能用臣之愚計, 則韓·魏·齊·燕·趙·衛之妙音美人必充後宮, 燕·代橐駝良馬必實外廄. 故從合則楚王, 衡成則秦帝. 今釋霸王之業, 而有事人之名, 臣竊爲大王不取也.

夫秦, 虎狼之國也, 有呑天下之心. 秦, 天下之仇讎也. 衡人皆欲割諸侯之地以事秦, 此所謂養仇而奉讎者也. 夫爲人臣, 割其主之地以外交彊虎狼之秦, 以侵天下, 卒有秦患, 不顧其禍. 夫外挾彊秦之威以內劫其主, 以求割地, 大逆不忠, 無過此者. 故從親則諸侯割地以事楚, 衡合則楚割地以事秦, 此兩策者相去遠矣, 二者大王何居焉? 故敝邑趙王使臣效愚計, 奉明約, 在大王詔之.」

楚王曰:「寡人之國西與秦接境, 秦有擧巴蜀幷漢中之心. 秦, 虎狼之國, 不可親也. 而韓·魏迫於秦患, 不可與深謀, 與深謀恐反人以入於秦, 故謀未發而國已危矣. 寡人自料以楚當秦, 不見勝也; 內與羣臣謀, 不足恃也. 寡人臥不安席, 食不甘味, 心搖搖然如縣旌而無所終薄. 今主君欲一天下, 收諸侯, 存危國, 寡人謹奉社稷以從.」

내게 낙양성 등진 곳에 두어 밭뙈기만 주어졌든들

그리하여 여섯 나라는 남북으로 합종하기로 하였으며, 소진은 합종 동맹의 장長이 되어 여섯 나라의 재상직을 동시에 겸하였다.

이에 북쪽 조나라 왕에게 보고하고자 도중에 고향 낙양雒陽을 지나게 되었다. 그의 행차 거마와 짐은, 제후로부터 사자를 시켜 보내온 물건으로 가득 차 있어 임금의 행차가 아닌가 의심을 할 정도였다. 주나라 현왕顯王은 이 소식을 듣고 두려워 길을 쓸도록 하고, 교외까지 사람을 보내어 환영하며 위로하였다. 소진의 형제와 아내, 처족들은 눈도 제대로 뜨지 못하고 고개를 들어 바라보지 못한 채 엎드려 기면서 식사 심부름을 하였다.

이에 소진이 웃으며 형수에게 말하였다.

"어째서 전에는 거만하더니 지금은 이렇게도 공손하오?"

형수는 떨리는 몸을 구부리고 엎드려서 얼굴을 땅에 대고 사과하였다.

"계자季子님의 지위가 귀하고 재물이 많은 것을 보았기 때문입니다."

소진은 위연히 탄식하며 이렇게 말하였다.

"이 한 사람의 몸으로써 부귀하면 친척도 우러러보지만, 비천해지면 업신여기는데 하물며 남이라면 어떻겠는가! 만약 나로 하여금 이 낙양성을 등진 비탈밭 두어 뙈기만 주어졌던들 내 어찌 지금 여섯 나라 재상의 도장을 차고 다닐 수 있었겠는가!"

그리하여 1천 금을 풀어 일족과 친구들에게 나누어 주었다.

일찍이 소진은 연나라에 갈 적에 남에게서 100전을 빌려 노자로 삼은 적이 있었는데, 부귀한 몸이 된 지금에는 100금으로써 이를 갚고 또 일찍이 은혜를 입었던 모든 사람에게도 모두 보상을 하였다. 이때 그의 하인 중 아직 공로의 보상을 받지 못한 자가 있어 앞에 나와 스스로 그 사실을 말하였다.

그러자 소진은 이렇게 말하였다.

"네 일을 잊은 것은 아니다. 함께 연나라에 갔을 때, 그대는 역수易水가에서 여러 번 나를 버리고 떠나려 하였다. 그때 나는 곤궁에 처하여 너를 깊이 원망하였었다. 그런 까닭으로 너를 맨 뒤로 미루었던 것이다. 자, 너에게도 이제는 보답을 하겠다."

소진은 이미 여섯 나라와 약정하여 합종을 맺고 조나라에 돌아왔다. 조나라 숙후는 소진에게 봉읍을 주어 무안군武安君으로 봉하고 합종의 문서를 진나라에 통고하였다. 이로부터 진나라는 15년 동안 함곡관을 넘어 군사작전을 감히 펴지 못하였다.

於是六國從合而幷力焉. 蘇秦爲從約長, 幷相六國.

北報趙王, 乃行過雒陽, 車騎輜重, 諸侯各發使送之甚衆, 疑於王者. 周顯王聞之恐懼, 除道, 使人郊勞. 蘇秦之昆弟妻嫂側目不敢仰視, 俯伏侍取食. 蘇秦笑謂其嫂曰:「何前倨而後恭也?」嫂委蛇蒲服, 以面掩地而謝曰:「見季子位高金多也.」蘇秦喟然歎曰:「此一人之身, 富貴則親戚畏懼之, 貧賤則輕易之, 況衆人乎! 且使我有雒陽負郭田二頃, 吾豈能佩六國相印乎!」於是散千金以賜宗族朋友. 初, 蘇秦之燕, 貸人百錢爲資, 及得富貴, 以百金償之. 徧報諸所嘗見德者. 其從者有一人獨未得報, 乃前自言. 蘇秦曰:「我非忘子. 子之與我至燕, 再三欲去我易水之上, 方是時, 我困, 故望子深, 是以後子. 子今亦得矣.」

蘇秦旣約六國從親, 歸趙, 趙肅侯封爲武安君, 乃投從約書於秦. 秦兵不敢闚函谷關十五年.

◎ 합종이 무너지고

그 뒤에 진나라는 서수犀首에게 명하여 제나라와 위나라를 속여 함께 조나라를 쳐서 합종의 약정을 깨뜨리려 하였다. 제나라와 위나라가 조나라를 치자, 조나라 왕은 그 책임을 물어 소진을 꾸짖었다. 소진은 겁을 먹고 연나라로 가서 기필코 제나라에 보복할 것임을 청하였다. 이렇게 하여 소진이 조나라를 떠나자 합종은 자연 모두 무산되고 말았다.

진나라 혜왕은 딸을 연나라 태자에게 주어 태자를 사위로 삼았다. 그 해 문후文侯가 죽고 태자가 즉위하였다. 그가 연나라 이왕易王이다. 이왕이 즉위한 처음에 제나라 선왕宣王은 연나라가 상중임을 틈타 연나라를 치고 10개 성을 빼앗았다. 이왕이 소진에게 말하였다.

"전날 선생이 연나라에 왔을 때, 선왕 문후는 선생에게 여비를 주어 조왕을 만나도록 하여 그 결과 마침내 여러 나라가 합종의 약정을 보게 되었었소. 그런데 지금 제나라는 먼저 조나라를 치고 다음으로 연나라를 치고 있으니, 선생 때문에 연나라는 천하의 웃음거리가 되었소. 선생은 과연 우리 연나라를 위해 잃은 땅을 되찾아 줄 수 있겠소?"

소진은 매우 부끄러워하며 말하였다.
"대왕을 위해 되찾아 올리리다."

其後秦使犀首欺齊·魏, 與共伐趙, 欲敗從約. 齊·魏伐趙, 趙王讓蘇秦. 蘇秦恐, 請使燕, 必報齊. 蘇秦去趙而從約皆解.

秦惠王以其女爲燕太子婦. 是歲, 文侯卒, 太子立, 是爲燕易王. 易王初立, 齊宣王因燕喪伐燕, 取十城. 易王謂蘇秦曰:「往日先生至燕, 而先王資先生見趙, 遂約六國從. 今齊先伐趙, 次至燕, 以先生之故爲天下笑, 先生能爲燕得侵地乎?」蘇秦大慙, 曰:「請爲王取之.」

오훼라는 독초는 먹지 말라

소진은 제나라 왕을 만나 두 번 절하고 엎드려 축하의 말씀을 올림과 동시에 고개를 들어 조의를 표하였다. 그러자 제나라 왕이 말하였다.
"축하와 조의를 이렇게 급하게 뒤따라 말하시니 어찌 된 것이오?"
소진이 말하였다.
"'제가 듣기로 아무리 굶주린 자라도 오훼烏喙라는 독초를 먹지 않는 것은, 설령 배를 채울 수 있더라도 굶어 죽는 것과 같은 고통을 당하기 때문이다'라 하였습니다. 지금 연나라가 약한 나라이라고는 하지만 진나라에게는 사위의 나라입니다. 대왕은 연나라에서 10개 성을 빼앗았으나, 그 대신 장차 길이 진나라의 원수가 될 것입니다. 이제 약한 연나라가 선봉이 되고 진나라가 그 뒤를 감싸는 천하의 정병을 부르는 결과가 되면, 이것은 굶주린 자가 오훼를 먹은 것과 같은 것이 됩니다."
제나라 왕은 얼굴이 근심스런 표정으로 바뀌어 물었다.
"그러면 어떻게 하는 것이 좋겠소?"
소진이 대답하였다.
"제가 듣기로 '예로부터 일을 잘 처리하는 자는 화를 돌려 복으로 만들고 실패를 기회로 성공을 거둔다'라고 하더이다. 대왕께서 만약 진실로 저의 계책을 들어 주신다면 곧 연나라의 10개 성을 돌려 주십시오. 이유를 붙이지 않고 돌려 주시면 연나라는 틀림없이 기뻐할 것이며, 진나라 왕도 자신 때문에 연나라에게 10개 성을 돌려 준 것을 알게 되면 틀림없이 만족해할 것입니다. 이것은 이른바 원수를 버리고 돌처럼 튼튼한 사귐을 얻는다는 것입니다. 연나라와 진나라가 함께 제나라를 한편으로 여긴다면 천하에 대왕의 호령을 따르지 않을 자가 없을 것입니다. 이것은 빈말로 진나라를 따르게 하고 10개 성으로 천하를 취하게 되는 것이니 이것이 곧 패왕의 사업인 것입니다."

왕이 말하였다.

"좋소."

그리고 연나라에게 10개 성을 반환하였다.

蘇秦見齊王, 再拜, 俯而慶, 仰而弔. 齊王曰:「是何慶弔相隨之速也?」蘇秦曰:「臣聞飢人所以飢而不食烏喙者, 爲其愈充腹而與餓死同患也. 今燕雖弱小, 卽秦王之少壻也. 大王利其十城而長與彊秦爲仇. 今使弱燕爲鴈行而彊秦敝其後, 以招天下之精兵, 是食烏喙之類也.」齊王愀然變色曰:「然則柰何?」蘇秦曰:「臣聞古之善制事者, 轉禍爲福, 因敗爲功. 大王誠能聽臣計, 卽歸燕之十城. 燕無故而得十城, 必喜; 秦王知以己之故而歸燕之十城, 亦必喜. 此所謂弃仇讎而得石交者也. 夫燕·秦俱事齊, 則大王號令天下, 莫敢不聽. 是王以虛辭附秦, 以十城取天下. 此霸王之業也.」王曰:「善.」於是乃歸燕之十城.

믿음이 없는 것이 복입니다

그러자 어떤 사람이 나서서 소진을 이렇게 비방하였다.

"소진은 여기저기에 나라를 팔아먹고 다니며 엎었다 뒤집었다 하는 사람으로써 장차 난을 일으킬 것입니다."

소진은 누명을 쓸 것이 두려워 제나라에서 연나라로 돌아왔다. 연나라 왕은 그를 지난날의 벼슬로 복직시키지 않았다. 소진이 연왕을 만나 말하였다.

"신은 동주의 천한 출신입니다. 일찍이 조그마한 공로도 없었는데 선왕께서 친히 종묘에 절하고 신을 관직에 올려 조정에서 대우하셨습니다. 그리고 이제는 대왕을 위해 제나라 군사를 물리치고 10개 성을 회수하였습니다. 따라서 전보다 더욱 친히 해 주어야 마땅하거늘 이제 돌아와 보니 대왕께서는 신을 본래의 직책으로 복귀시켜 주지도 않으십니다. 이것은 누군가 틀림없이 대왕에게 저를 믿을 수 없는 자라고 모함하였기 때문일 것입니다. 그러나 신의 이른바 믿음이 없다고 하는 것은 실은 대왕에게는 복이 되는 것입니다. 제가 듣건대 '충성스럽고 신실함은 자신을 위하여 하는 행동이며, 나아가 취함은 남을 위하여 하는 행동이다'라 하였습니다. 제가 제나라 왕을 설득한 것은 제왕을 속인 것이 아닙니다. 신이 노모를 고향인 동주東周에 버려두고 이 나라에 온 것은 본래 나 자신을 위하여 행동하는 것을 버리고 남을 위해 나아가 일을 성취시키기 위함이었습니다. 여기에 만약 증삼曾參과 같이 효성을 다하고, 백이伯夷와 같이 청렴하게 하며, 미생尾生과 같이 믿음을 지키는 자가 있다고 합시다. 이 세 사람을 찾아 대왕을 섬기도록 하면 어떻겠습니까?"

연나라 왕이 대답하였다.

"만족하겠소."

소진이 말하였다.

"증삼과 같이 효성을 다하는 자는 어떠한 일이 있어도 어버이를 떠나서 비록 하룻밤만 밖에서 자라 해도 자지 않을 것입니다. 그러면 대왕께서는 어떻게 그를 천 리 밖의 먼 곳으로 보내어 약한 연나라의 불안정한 임금을 섬기게 할 수 있겠습니까? 백이처럼 청렴한 자는 어떠한 일이 있어도 고죽군孤竹君의 후사가 되지 않고, 무왕武王의 신하가 되는 것을 즐겨하지 않고, 봉읍을 받아 제후가 되는 것을 옳은 일이라고 하지 않고, 수양산 밑에서 굶어 죽었습니다. 청렴하기가 이와 같은 자라면 대왕께서는 어떻게 그러한 자를 천 리 밖 제나라로 보내어 연나라 왕을 위한 일을 수행하게 할 수 있겠습니까? 미생과 같이 신의를 지킨 자는 다리 아래에서 여자와 만나기로 약속하고서 여자를 기다리다가 물이 불어나자 그래도 그 자리를 떠나지 않고 마침내 교각을 끌어안고 죽었습니다. 그와 같은 신의가 있는 자가 있다면 대왕께서는 어떻게 그를 천 리 밖 먼 곳으로 보내 제나라 강병을 물리칠 수 있겠습니까? 저는 충신인 까닭에 대왕께 죄를 지은 것입니다."

연나라 왕이 말하였다.

"그대가 충신이 아니었던 것이오. 세상에 어찌 충신이면서 죄를 지을 수 있겠소?"

人有毁蘇秦者曰:「左右賣國反覆之臣也, 將作亂.」蘇秦恐得罪歸, 而燕王不復官也. 蘇秦見燕王曰:「臣, 東周之鄙人也, 無有分寸之功, 而王親拜之於廟而禮之於廷. 今臣爲王卻齊之兵而(攻)得十城, 宜以益親. 今來而王不官臣者, 人必有以不信傷臣於王者. 臣之不信, 王之福也. 臣聞忠信者, 所以自爲也; 進取者, 所以爲人也. 且臣之說齊王, 曾非欺之也. 臣弃老母於東周, 固去自爲而行進取也. 今有孝如曾參, 廉如伯夷, 信如尾生. 得此三人者以事大王, 何若?」王曰:「足矣.」蘇秦曰:「孝如曾參, 義不離其親一宿於外, 王又安能使之步行千里而事弱燕之危王哉? 廉如伯夷, 義不爲孤竹君之嗣, 不肯爲武王臣, 不受封侯而餓死首陽山下. 有廉如此, 王又安能使之步行千里而行進取於齊哉? 信如尾生, 與女子期於梁下, 女子不來, 水至不去, 抱柱而死. 有信如此, 王又安能使之步行千里卻齊之彊兵哉? 臣所謂以忠信得罪於上者也.」燕王曰:「若不忠信耳, 豈有以忠信而得罪者乎?」

◎ 사통한 아내와 독약을 쏟은 몸종

소진이 대답하였다.

"그렇지 않습니다. 제가 들은 이야기가 있습니다. 어떤 사람이 관리가 되어 먼 곳에 부임해 있을 때 그의 아내가 다른 사람과 사통하였더랍니다. 얼마 뒤에 남편이 돌아온다는 것을 듣고 사통한 남자가 걱정을 하자 아내는 '걱정하지 마십시오. 제가 이미 독약 넣은 술을 준비하고 기다리고 있습니다'라 하였답니다. 사흘 뒤 과연 남편이 돌아왔습니다. 아내는 몸종 첩에게 술잔을 들려 남편에게 권하도록 명하였습니다. 첩은 술에 독이 들어 있는 것을 알리면 부인이 쫓겨날 것이며 알리지 않으면 주인이 죽을 것을 두려워하였습니다. 그리하여 일부러 거짓으로 넘어져 술잔을 쏟아 버렸는데 주인은 크게 노하여 첩에게 50대의 매질을 퍼부었습니다.

한번 거짓으로 넘어져 술을 쏟은 첩의 계책이 주인을 살려내고 부인도 보호하였건만 도리어 매 맞는 일은 면하지를 못하였습니다. 충신이면 죄지을 리 없다고 어떻게 말할 수 있습니까? 대체로 신의 허물이라고 하는 것은 불행하게도 이와 같은 것이라고 하겠습니다."

연나라 왕이 말하였다.

"선생은 다시 전과 같이 관직에 취임하도록 하오."

연왕은 더욱 그를 우대하였다.

蘇秦曰:「不然. 臣聞客有遠爲吏而其妻私於人者, 其夫將來, 其私者憂之, 妻曰『勿憂, 吾已作藥酒待之矣』. 居三日, 其夫果至, 妻使妾擧藥酒進之. 妾欲言酒之有藥, 則恐其逐主母也; 欲勿言乎, 則恐其殺主父也. 於是乎詳僵而弃酒. 主父大怒, 笞之五十. 故妾一僵而覆酒, 上存主父, 下存主母, 然而不免於笞, 惡在乎忠信之無罪也? 夫臣之過, 不幸而類是乎!」燕王曰:「先生覆就故官.」益厚遇之.

문후의 부인과 사통한 소진

연나라 이왕의 어머니는 문후의 부인이었는데 소진과 사통하고 있었다. 연왕은 이를 알면서도 더욱 후하게 그를 대우하였으나 소진은 죽음을 당할 것을 겁내어 연왕에게 말하였다.

"신이 연나라에 있으면서 연나라의 지위를 높일 수가 없으나 제나라로 가면 연나라는 틀림없이 중한 나라가 되도록 해 줄 수 있습니다."

연나라 왕이 말하였다.

"선생이 하고 싶은 대로 하시오."

소진은 연나라에서 죄를 범하였다고 위장하여 제나라에 망명하였다. 제나라 선왕은 그를 객경客卿으로 대우하였다.

易王母, 文侯夫人也, 與蘇秦私通. 燕王知之, 而事之加厚. 蘇秦恐誅, 乃說燕王曰:「居居燕不能使燕重, 而在齊則燕必重.」燕王曰:「唯先生之所爲.」於是蘇秦詳爲得罪於燕而亡走齊, 齊宣王以爲客卿.

◎ 제나라를 피폐하도록 하고자

선왕이 죽고 민왕湣王이 즉위하자 소진은 민왕에게 장례를 정중히 하고 효도를 분명히 하도록 하였으며 궁실을 높게 짓고 정원을 넓게 하여 제왕의 풍도를 떨쳐 보이게 하였다. 이것은 연나라를 위해 제나라로 하여금 나라 재정을 피폐하게 하려는 계략에서였다.

齊宣王卒, 湣王卽位, 說湣王厚葬以明孝, 高宮室大苑囿以明得意, 欲破敝齊而爲燕.

◎ 거열형에 처해지며 원수를 찾아내다

연나라 이왕이 죽으니 쾌噲가 임금이 되었다. 그 뒤에 제나라의 대부 중에는 임금의 총애를 소진과 다투는 자가 많아 자객으로 하여금 소진을 죽이려 하였는데 죽이지 못하고 중상을 입힌 채 자객은 도망가 버렸다. 제왕은 자객을 찾으라고 분부하였으나 잡히지 않았다. 소진은 거의 죽게 되어 제왕에게 말하였다.

"만일 신이 죽거든 신을 거열형에 처하고 장터에서 여러 사람들에게 구경을 시키시되 '소진은 연나라를 위해 제나라를 모반하였다'고 하십시오. 그렇게 하면 신을 죽이려 한 자가 반드시 잡힐 것입니다."

그가 말한 대로하였더니 과연 소진을 죽이려 하였던 자가 자수해 왔다. 제왕은 그 자를 죽였다. 연나라에서는 이 말을 전해 듣고 '제나라가 소진을 위해 원수를 갚아 주는 방법이 얼마나 가혹한가!'라고 말하였다.

소진이 죽은 뒤 소진이 연나라를 위해 제나라에 거짓 망명하였음이 세상에 드러났다. 제나라는 뒤에 이것을 알고 연나라를 원망하였으며 또한 노하였다. 연나라는 매우 두려워하였다.

燕易王卒, 燕噲立爲王. 其後齊大夫多與蘇秦爭寵者, 而使人刺蘇秦, 不死, 殊而走. 齊王使人求賊, 不得. 蘇秦且死, 乃謂齊王曰:「臣卽死, 車裂臣以徇於市, 曰『蘇秦爲燕作亂於齊』, 如此則臣之賊必得矣.」於是如其言, 而殺蘇秦者果自出，齊王因而誅之．燕聞之曰：「甚矣，齊之爲蘇生報仇也!」
蘇秦旣死，其事大泄．齊後聞之，乃恨怒燕．燕甚恐．

소진의 아우 소대와 소려

소진의 아우로 소대蘇代와 소려蘇厲가 있었다. 형의 성공을 보고 모두가 유세술을 배웠으며 소진이 죽고 나서 소대蘇代가 연나라 왕을 만나 형의 유업을 이어 계속하고 싶다고 말하였다.

"저는 동주에서 태어난 천한 신분이지만, 대왕의 덕행이 매우 높은 것을 듣고 아무 재주도 없으면서 괭이를 버리고 관직을 구하고자 찾아왔습니다. 처음에 조나라의 서울 한단邯鄲에 갔었으나, 거기서 보고 들은 것은 동주에서 들은 것보다 못하여 마음 속에 품고 있는 뜻과 다른 것을 알게 되었습니다. 그에 비하여 연나라 조정에 와서 임금의 여러 신하와 하급 관리들을 보니 대왕께서 천하의 명왕明王이심을 알게 되었습니다."

연나라 왕이 물었다.

"그대가 말하는 이른바 명왕이란 어떤 것이오?"

소대가 대답하였다.

"제가 듣기로 '명왕은 자신의 허물 듣기에 힘쓰고 자신이 선하다는 칭찬 듣기를 좋아하지 않는다'고 하였습니다. 아무쪼록 저에게 대왕의 허물을 말하게 허락해 주십시오.

대체로 제나라와 조나라는 연나라의 적국이며, 초·위 두 나라는 연나라의 동맹국입니다. 이제 대왕께서 적국을 받들어 동맹국을 치는 것은 연나라를 이롭게 하는 행동이 아닙니다. 임금 스스로 잘 살펴 주십시오. 이는 임금의 계략으로서는 그릇된 것이오나 이를 대왕께 말씀드리는 자가 없는 것은 충신이 없기 때문입니다."

연나라 왕이 말하였다.

"제나라는 본디 과인이 원수로서 쳐 없애고 싶은 마음은 간절하나 나라가 피폐하고 부족한 것이 걱정이오. 만일 그대가 연나라 병력으로 제나라를 칠 수 있다면 과인은 나라를 들어 그대에게 맡기겠소."

소대가 대답하였다.

"무릇 천하에 무장한 나라가 7개국이 있는데 그 중에 연나라는 약한 나라이니 홀로 싸울 수는 없습니다. 그러나 어느 나라이든지 의지해 주면 그 나라는 곧 중해집니다. 남쪽의 초나라에 기대면 초나라가 중해지고, 서쪽의 진나라에 기대면 진나라가 중해지며, 중앙의 한·위에 기대면 한·위 두 나라가 중해집니다. 기대는 그쪽의 나라가 중해지면 그에 따라 임금의 지위도 틀림없이 높아지게 되는 것입니다. 지금 제나라는 의욕이 강한 군주가 들어서서 스스로 계교를 쓰고 있었는데 남쪽 초나라를 치기 5년, 이 때문에 군량과 재물은 바닥나고 말았으며, 서쪽으로 진나라를 3년 동안 포위하여 이 때문에 군사들은 피로하여 있는데, 그래도 북쪽 연나라와 싸워 연나라의 3군을 뒤집어엎고, 두 장군을 사로잡았습니다. 그리고도 남은 힘으로써 남쪽으로 향하여 5천 승의 전차를 가진 대국 송宋나라를 깨뜨리고 12 제후들을 병합하였습니다. 그리하여 군주의 욕망은 채워졌으나 백성들은 쇠약해졌습니다. 이것은 결코 취할 만한 방책이 아닙니다. '자주 싸우면 백성이 피곤하고, 오래 싸우면 군사가 지친다'는 말이 있습니다."

연나라 왕이 물었다.

"내 듣건대 '제나라는 맑은 제수濟水와 탁한 하수河水가 있어 나라의 방패로 이용할 수가 있고, 장성長城과 거방鉅方이 있어 요새로 삼기에 충분하다'고 하던데 정말 그렇소?"

소대가 대답하였다.

"하늘의 시운이 제나라에 응하지 않으면 비록 맑은 제수와 탁한 하수가 있다 하여도 어찌 나라를 견고히 할 수 있겠습니까? 백성들의 힘이 피폐하면 비록 장성과 거방도 어찌 요새로 삼을 수 있겠습니까? 그 위에 일찍이 제나라가 제서濟西에서 군사를 모집하지 않은 것은 조나라에 대한 대비였으며, 황하 북쪽 지역에서 모집하지 않은 것은 연나라에 대한 대비였던 것입니다. 그런데 이제 제수 서쪽과 황하 북쪽 일대에서 군역을 징발하여 영토 안은 모두 피폐해져 있습니다. 대체로 교만한 군주는 반드시 이익을 좋아하며, 망국의 신하는 틀림없이 재물을 탐하게 마련입니다. 대왕께서 진실로 아끼는 아들·조카를 인질로 제나라에 보내고, 보주寶珠와 옥과 비단을 선물하여 제나라 왕의 좌우 신하들을 섬기는 것을 부끄럽게 여기지 않을 수 있다면, 제나라는 연나라를 자기편으로 여겨 안심하고 경솔하게 송나라를 멸망시키려고 할 것입니다. 그리하여 제나라의 국력이 점점 피폐해지면 그때는 치기만 하면 곧 멸망시킬 수 있습니다."

연왕은 말하였다.

"나는 마침내 그대의 힘으로 패왕이 될 천명을 얻었소이다."

그리하여 연나라는 공자 하나를 제나라에 볼모로 들여보냈다.

소려蘇厲는 그 연나라 볼모를 인도해 제나라 왕에게 뵙기를 청하였다. 제나라 왕은 소진을 원망하여 소려를 가두려고 하였다. 연나라에서 볼모로 온 공자가 소려를 위해 죄를 빌고 소려 또한 예물을 바쳐 제나라의 신하가 되었다.

蘇秦之弟曰代, 代弟蘇厲, 見兄遂, 亦皆學. 及蘇秦死. 代乃求見燕王, 欲襲故事. 曰:「臣, 東周之鄙人也. 竊聞大王義甚高, 鄙人不敏, 釋鉏耨而干大王. 至於邯鄲, 所見者絀於所聞於東周, 臣竊負其志. 及至燕廷, 觀王之羣臣下吏, 王, 天下之明王也.」燕王曰:「子所謂明王者何如也?」對曰:「臣聞明王務聞其過, 不欲聞其善, 臣請謁王之過. 夫齊·趙者, 燕之仇讎也; 楚·魏者, 燕之援國也. 今王奉仇讎以伐援國, 非所以利燕也. 王自慮之, 此則計過, 無以聞者, 非忠臣也.」王曰:「夫齊者固寡人之讎, 所欲伐也, 直患國敝力不足也. 子能以燕伐齊, 則寡人舉國委子.」對曰:「凡天下戰國七, 燕處弱焉. 獨戰則不能, 有所附則無不重. 南附楚, 楚重; 西附秦, 秦重; 中附韓·魏, 韓·魏重. 且苟所附之國重, 此必使王重矣. 今夫齊, 長主而自用也. 南攻楚五年, 畜聚竭; 西困秦三年, 士卒罷敝; 北與燕人戰, 覆三軍, 得二將. 然而以其餘兵南面舉五千乘之大宋, 而包十二諸侯. 此其君欲得, 其民力竭, 惡足取乎! 且臣聞之, 數戰則民勞, 久師則兵敝矣.」燕王曰:「吾聞齊有清濟·濁河可以爲固, 長城·鉅防足以爲塞, 誠有之乎?」對曰:「天時不與, 雖有清濟·濁河, 惡足以爲固! 民力罷敝, 雖有長城·鉅防, 惡足以爲塞! 且異日濟西不師, 所以備趙也; 河北不師, 所以備燕也. 今濟西河北盡已役矣, 封內敝矣. 夫驕君必好利, 而亡國之臣必貪於財. 王誠能無羞從子母弟以爲質, 寶珠玉帛以事左右, 彼將有德燕而輕亡宋, 則齊可亡已.」燕王曰:「吾終以子受命於天矣.」燕乃使一子質於齊. 而蘇厲因燕質子而求見齊王. 齊王怨蘇秦, 欲囚蘇厲. 燕質子爲謝, 已遂委質爲齊臣.

◎ 연나라 재상과 통혼관계를 맺다

연나라 재상 자지子之는 소대와 통혼하여 인척 관계를 맺고, 연나라에서 실제 권력을 굳히기 위해 소대를 제나라에 볼모로 간 공자의 시종으로 보냈다.

제나라에서는 다시 소대를 연나라로 보내 보고토록 하였다. 이때 연나라 왕 쾌가 소대에게 물었다.

"제나라 왕은 대관절 패왕이 될 수 있겠소?"

소대가 대답하였다.

"될 수 없습니다."

연왕 쾌가 물었다.

"어째서 그렇소?"

소대가 대답하였다.

"신하를 믿지 않기 때문입니다."

연나라 왕은 나라의 정사를 오로지 자지에게 맡기고 얼마 지나지 않아 왕위까지 사양하여 결국 연나라는 크게 어지러워졌다. 제나라는 연나라를 치고 쾌와 자지를 죽였다. 연나라에서는 소왕昭王을 세워 국왕을 삼았다. 소대·소려는 감히 연나라에 입국할 수가 없어 마침내 제나라에 귀속하였다. 이에 제나라는 그들을 후대하였다.

소대가 위魏나라를 지날 때 위나라는 연나라를 위해 소대를 잡아두었다. 그리고 제나라는 사람을 보내 위왕에게 말하게 하였다.

"제나라가 송나라 땅을 경양군涇陽君의 영지로 제공하겠다고 나오더라도 진나라는 결코 받지 않을 것입니다. 진나라로서는 제나라와의 교제를 계속하고 송나라의 땅을 손에 넣는 것을 이익으로 여기지 않는 것이 아니라, 제나라 왕과 소대를 신용하지 않기 때문입니다. 이제 제·위 두 나라의 불화가 이렇게도 심하면 제나라는 진나라를 속이지 않을 것입니다.

진나라는 제나라를 믿으면 제·진이 합하여 경양군이 송나라의 땅을 얻을 것입니다. 이것은 위나라의 이익이 아닐 것입니다. 그런 까닭으로 왕께서 소대를 석방하여 제나라로 보내느니만 못합니다. 그렇게 하면 진나라는 틀림없이 제나라를 의심하고 소대를 믿지 않을 것입니다. 제·진이 합하지 않으면 천하의 형세는 진나라의 침략이 없이 위나라가 제나라를 칠 수 있는 형세도 갖추어질 것입니다."

위나라는 소대를 석방하였다. 소대는 송나라로 가서 후대를 받았다.

燕相子之與蘇代婚, 而欲得燕權, 乃使蘇代侍質子於齊. 齊使代報燕, 燕王噲問曰:「齊王其霸乎?」曰:「不能.」曰:「何也?」曰:「不信其臣.」於是燕王專任子之, 已而讓位, 燕大亂. 齊伐燕, 殺王噲·子之. 燕立昭王, 而蘇代·蘇厲遂不敢入燕, 皆終歸齊, 齊善待之.

蘇代過魏, 魏爲燕執代. 齊使人謂魏王曰:「齊請以宋地封涇陽君, 秦必不受. 秦非不利有齊而得宋地也, 不信齊王與蘇子也. 今齊·魏不和如此其甚, 則齊不欺秦. 秦信齊, 齊·秦合, 涇陽君有宋地, 非魏之利也. 故王不如東蘇子, 秦必疑齊而不信蘇子矣. 齊·秦不合, 天下無變, 伐齊之形成矣.」於是出蘇代. 代之宋, 宋善待之.

소대의 편지

그 뒤 제나라가 송나라를 쳐 송나라는 위급하게 되었다.

그러자 소대가 연나라 소왕에게 편지를 보냈다.

"다 함께 대국의 반열에 있으면서 제나라에 볼모를 보낸 것은 밖의 소문이 좋지 않고 위엄도 손상이 됩니다. 제나라를 도와 송나라를 치면 백성은 피로하고 재물은 낭비됩니다. 무릇 제나라를 도와 송나라를 깨뜨리고 초나라의 회수 이북 지역을 침범하여 쇠약하게 해 제나라를 이롭게 하는 것은 적을 강하게 하고 자신의 연나라를 해롭게 하는 일입니다.

이 세 가지 계책은 모두 크게 실패할 것입니다. 그런데도 왕께서 이 일을 수행하고자 함은 이로써 제나라의 신용을 얻고자 하기 때문일 것입니다.

그러나 제나라는 점차 왕께서 신의를 지키지 않는다며 연나라를 싫어할 것입니다. 이것은 임금의 계책이 잘못된 때문입니다. 대체로 송나라를 회수 북쪽 지역과 합친다면 군세기가 버젓한 나라에 따라갈 수 있으나, 만약에 이것을 제나라에 합하도록 하면 또 하나의 제나라를 더한 것이 되고 말 것입니다. 북이北夷의 땅은 사방 700리인데, 여기에 노魯나라와 위衛나라를 더하면 강대한 나라가 될 것이고, 만약 이것을 제나라에 합병할 때는, 두 개의 제나라를 더 보태는 것과 같아집니다. 하나의 제나라에 대해서도 연나라는 마음을 놓지 못하고 견제하기 어려운데, 이제 세 개의 제나라로서 연나라가 당하는 때는 그 우환이야말로 이루 헤아릴 수도 없는 것이 될 것입니다.

그것은 비록 그럴지라도 지혜로운 자는 일을 처리할 때 화를 복으로 만들고 실패를 성공으로 바꿉니다. 제나라의 자주색 비단은 재료가 아주 좋지 않은 것이지만 그것을 자주색으로 물만 들이면 값이 열 배가 됩니다. 월나라 왕 구천은 회계산에 쫓겨났지만 오히려 강국 오나라를 멸망시켜 다시 천하를 제패하였습니다. 이런 것은 다 화를 복으로 만들고 실패를 성공으로 바꾼 예입니다.

왕께서 이제라도 만일 화를 복으로, 실패를 성공으로 돌리시고자 하신다면 제나라를 천하 패자로 받드는 것보다 좋은 방법이 없습니다. 사신을 보내어 제나라를 맹주로 삼겠다는 뜻을 주周나라에 맹세토록 하고, 진나라와의 약정서를 불태우며 주나라에게 이렇게 말하느니만 못합니다.

'가장 높은 계책이란 진나라를 깨는 일이고, 그 다음 묘책은 반드시 길이 진나라를 배척하는 것입니다.'

진나라가 배척을 당해 파멸을 기다린다면 진나라 왕은 틀림없이 근심할 것입니다. 진나라는 5대에 걸쳐 제후를 쳤으나 지금에는 제나라의 아래 위치에 서 있습니다. 진왕은 어떻게 해서든지 제나라를 괴롭힐 수 있다면 국운을 걸고서라도 그 효과를 노리는 데 주저하지 않을 것입니다. 그런데도 왕께선 어찌하여 유세객을 보내어 다음과 같은 말로 진나라 왕을 설득하지 않으십니까?

'연나라와 조나라가 송나라를 깨뜨리고 제나라를 살찌우며, 제나라를 존경하여 그 아래 위치에 서는 것을 달갑게 생각함은 연나라와 조나라가 이것을 유리한 것으로 여겨서가 아니다. 연·조가 유리하게 여기지 않는데도 이러한 사태를 가져오게 한 것은 진나라 왕을 믿지 않기 때문이다. 그런데 왕께서는 어찌하여 심복을 보내 연·조를 자기편으로 만들지 않는가? 먼저 경양군·고릉군高陵君을 연·조에 보내되 진나라가 다른 마음을 가질 경우에 볼모로 삼게 하라. 그리하면 연·조는 진나라를 신용할 것이니 진왕을 서제西帝, 연왕을 북제北帝, 조왕을 중제中帝라 하여, 세 제왕을 나란히 세워 천하에 호령할 수 있다. 만약 한·위가 따르지 않을 경우, 진나라가 치고 만약에 제나라가 따르지 않을 때는 연·조나라가 치기로 하면 천하에 누가 감히 따르지 않을 자가 있겠는가? 천하가 모두 복종하면 한·위를 뒤에서 몰아 제나라를 치게 하고, 반드시 송나라의 땅을 돌려주고 초나라의 회수 북쪽 지역을 돌려 주라고 한다. 제나라가 송나라 땅을 돌려 주고 초나라의 회수 북쪽 지역을 돌려 주는 것은 연·조의 이익이 되는 것이다. 세 제왕을 나란히 세우는 것은 연·조가 원하는 바이다.

재물로서는 땅을 얻고 지위로서는 제왕의 호칭을 얻으면 연·조 두 나라는 제나라 버리기를 마치 헌신짝 벗어 던지는 것과 같이 할 것이다. 만일 진나라가 연·조를 한편으로 끌어들이지 못하면 제나라의 패업은 성공할 것이다. 제후들은 제나라를 지지하는데 진왕께서만 따라가지 않으면, 진나라는 제후들에게 공격을 받게 될 것이다. 반대로 제후들이 제나라를 지지하고 임금께서 따라가면 명성을 떨어뜨리는 것이다. 이제 진나라가 연·조를 한편으로 거두어들이면 나라는 편안하고 이름은 높아지며, 연·조를 한편으로 거두어들이지 않으면 나라는 위험하고 이름은 낮아진다. 높아지고 편안한 것을 버리고 위험하고 낮은 것을 취하는 것은 지혜 있는 자의 도리가 아니다.'

진나라 왕이 이런 유세를 들으면 틀림없이 마음이 동하는 바가 있을 것입니다. 그런데 왕께서는 어째서 유세객에게 이런 논법으로 진왕을 설득하도록 하지 않으십니까? 유세를 하면 진나라는 반드시 이를 취할 것이며 제나라는 틀림없이 정벌을 당할 것입니다.

진나라를 끌어들이는 것은 중요한 외교가 되는 것이며, 제나라를 치는 것은 정당한 이득이 되는 것이니 두터운 외교를 존중하고 정당한 이득을 얻기에 힘쓰는 것은 성왕聖王의 사업이 되는 것입니다.”

齊伐宋, 宋急, 蘇代乃遺燕昭王書曰:

「夫列在萬乘而寄質於齊, 名卑而權輕; 奉萬乘助齊伐宋, 民勞而實費; 夫破宋, 殘楚淮北, 肥大齊, 讎彊而國害: 此三者皆國之大敗也. 然且王行之者, 將以取信於齊也. 齊加不信於王, 而忌燕愈甚, 是王之計過矣. 夫以宋加之淮北, 强萬乘之國也, 而齊幷之, 是益一齊也. 北夷方七百里, 加之以魯·衛, 彊萬乘之國也, 而齊幷之, 是益二齊也. 夫一齊之彊, 燕猶狼顧而不能支, 今以三齊臨燕, 其禍必大矣.

雖然, 智者擧事, 因禍爲福, 轉敗爲功. 齊紫, 敗素也, 而賈十倍; 越王句踐棲於會稽, 復殘彊吳而霸天下: 此皆因禍爲福, 轉敗爲功者也.

今王若欲因禍爲福, 轉敗爲功, 則莫若挑霸齊而尊之, 使使盟於周室, 焚秦符, 曰『其大上計, 破秦; 其次, 必長賓之』. 秦挾賓以待破, 秦王必患之. 秦五世伐諸侯, 今爲齊下, 秦王之志苟得窮齊, 不憚以國爲功. 然則王何不使辯士以此言說秦王曰:『燕·趙破宋肥齊, 尊之爲之下者, 燕·趙非利之也. 燕·趙不利而勢爲之者, 以不信秦王也. 然則王何不使可信者接收燕·趙, 今涇陽君·高陵君先於燕·趙? 秦有變, 因以爲質, 則燕·趙信秦. 秦爲西帝, 燕爲北帝, 趙爲中帝, 立三帝以令於天下. 韓·魏不聽則秦伐之, 齊不聽則燕·趙伐之, 天下孰敢不聽? 天下服聽, 因驅韓·魏以伐齊, 曰‘必反宋地, 歸楚淮北’. 反宋地, 歸楚淮北, 燕·趙之所利也; 並立三帝, 燕·趙之所願也. 夫實得所利, 尊得所願, 燕·趙弃齊如脫躧矣. 今不收燕·趙, 齊霸必成. 諸侯贊齊而王不從, 是國伐也; 諸侯贊齊而王從之, 是名卑也. 今收燕·趙, 國安而名尊; 不收燕·趙國危而名卑. 夫去尊安而取危卑, 智者不爲也.』秦王聞若說, 必若刺心然. 則王何不使辯士以此若言說秦? 秦必取, 齊必伐矣. 夫取秦, 厚交也; 代齊, 正利也. 尊厚交, 務正利, 聖王之事也.」

진秦나라의 포악함

연나라 소왕은 그 편지를 옳은 것으로 받아들이면서 이렇게 말하였다.

"선왕先王께서는 일찍이 소진의 합종을 도와 주었는데 자지의 내란이 있어 소씨 형제는 제나라로 가 버렸다. 연나라가 제나라에 복수하는 데는 소씨 이외의 마땅한 사람은 없다."

그리하여 소대를 가까이 불러 다시 그를 후대하고 함께 제나라의 토벌을 꾀하였다. 그리하여 마침내 제나라를 깨뜨리자 제나라 민왕은 달아나고 말았다.

그 뒤에 오랜 시간이 지나 진나라가 연나라 왕을 초대하였다. 연왕이 거기에 응해 가려고 하자 소대가 연왕을 만류하며 말하였다.

"초나라는 지현枳縣을 얻었다가 나라가 망하였고, 제나라는 송나라 땅을 얻은 때문에 망하였습니다. 초·제 두 나라가 지·송 땅을 차지하였으나 진나라를 섬기지 않은 것은 무엇 때문이겠습니까?

공업功業이 있는 나라는 어떤 나라든 진나라에게는 깊은 원수가 되기 때문입니다. 진나라가 천하를 취하는 것은 의를 행하는 것이 아니라 폭력을 행하는 것입니다. 진나라가 폭력을 행할 때는 버젓이 천하에 경고를 하였습니다.

예컨대 초나라에 고하기를 '촉蜀의 땅 갑병甲兵이 배를 타고 민강泯江에 떠서 여름에 물이 불어났을 때 장강으로 내려오면, 닷새만에 초나라 수도 영郢에 도착하리라. 한중漢中의 갑병이 배를 타고 파강巴江을 나와 여름에 물이 불어났을 때 한수漢水를 내려오면, 나흘이면 오저五渚에 도착하리라. 과인이 군사를 완宛에서 실어 동쪽 수읍隨邑으로 내려가면 어떤 자도 계략을 쓸 겨를이 없고, 어떤 용사도 성낼 틈이 없기가 과인이 새매를 쏘는 것과 같은 것인데, 당신들은 천하의 요새인 함곡관을 치러 오는 것을 기다리려 하니 그것은 아득한 일이 아닌가?'라고 하였습니다.

초나라 왕은 이 때문에 17년간 진나라를 섬겼습니다.

또 진나라는 버젓이 한나라에 '우리 군대가 소곡少曲으로부터 출병하면 하루 만에 태행산太行山의 산길을 차단하리다. 우리 군대가 의양으로부터 출병하여 한나라의 평양平陽을 찌르면, 이틀만에 한나라는 동요하지 않는 곳이 없으리라. 우리 군대가 양주兩周를 통과하여 정鄭나라를 치면, 닷새

안에 한나라는 멸망하고 말리다'라 하였습니다.

한나라는 이를 인정하고 진나라를 섬겼습니다.

또 진나라는 버젓이 위나라에 경고하여 '우리 군대가 안읍安邑을 함락하고 여극女戟의 길을 막으면, 태원太原은 석권하게 되리라. 우리 군대가 지도軹道·남양·봉封·기冀로 내려가서 한나라를 위협하고, 동주와 서주를 포위하여 여름철 물이 불어난 틈에 강에 가벼운 배를 띄워 전방에 강력한 쇠뇌를, 후방에 날카로운 창을 갖추어 형택滎澤의 들머리를 깨뜨리면 위나라의 수도 대량大梁을 물길로 칠 수 있으리라. 또 백마진白馬津의 들머리를 깨뜨리면 외황外黃·제양濟陽을, 숙서진宿胥津의 들머리를 치면 허虛·돈구頓丘를 물길로 칠 수 있으리라. 육지로 공격하면 하내를 치고 물길로 치면 대량을 쳐 없애리라'라 하였습니다.

위나라는 이를 그렇다 여겨 그 때문에 진나라를 섬겼습니다.

진나라는 위나라의 안읍을 치려고 하는데, 제나라가 위나라를 도울 것을 염려하고 송나라의 처치를 제나라에 맡기고 다음과 같이 말하였습니다.

'송나라 왕은 무도한 임금이다. 과인의 용모를 본뜬 허수아비를 만들어 그 얼굴을 쏘아 대며 기뻐하고 있다. 과인의 땅이 거리가 있어 군사를 출동하려고 해도 멀어서 공격할 수가 없다. 만약 왕께서 송나라를 깨뜨리고 그 땅을 빼앗아 버리면 바로 과인이 빼앗아 가진 것처럼 기뻐하리라' 그런데 안읍을 얻고 여극을 막아서 목적을 달성하자, 진나라는 송나라를 깨뜨린 것을 제나라의 잘못이라고 뒤집어 씌웠습니다.

또 진나라가 한나라를 치고자 하면서 천하의 제후들이 한나라를 도울 것을 염려하여 제나라의 처치를 제후들에게 맡겨 이렇게 말하였습니다.

'제나라 왕은 과인과 네 번 약속하고 나서도 네 번 모두 배신하였으며, 제후들을 이끌고 과인을 치기를 세 번이나 하였다. 제나라가 있으면 진나라가 망하고, 진나라가 있으면 제나라는 망할 것이다. 반드시 제나라를 치고 반드시 제나라를 멸망시키기를 바란다'라 하였습니다. 그런데 한나라의 의양·소곡을 얻고, 인읍藺邑·이석離石을 공격하여 목적을 달성하자, 진나라는 제나라를 깨뜨린 죄를 제후들에게 덮어씌웠습니다.

다시 또 진나라가 위나라를 치려고 하면서 초나라를 염려하여 한나라의 옛 땅 남양南陽을 초나라에 주면서 이렇게 말하였습니다. '과인은 원래부터 한나라와 교제를 끊고자 하였다. 만약 초나라가 한나라의 균릉均陵을 장악하고 맹액鄳阨의 요새를 막아 한나라를 빼앗는 것이 초나라의 이익이 된다면, 과인이 점령한 것과 같이 기뻐할 것이다.' 이 때문에 위나라가 가까운 초나라를 버리고 진나라에 합류하자 진나라는 맹액의 요새를 막은 것을 초나라의 잘못으로 돌렸습니다.

진나라의 군사는 위나라를 치다가 임중林中에서 고전하였는데 연나라와 조나라가 적에 붙을까 염려해 교동膠東을 연나라에, 제서濟西를 조나라에 주었습니다. 그런데 진나라가 위나라와 화친을 맺게 되자 위나라 공자 연延을 진나라에 볼모로 하고 위나라 장수 서수犀首에게 군대를 조직하여 조나라를 공격하도록 하였습니다.

진나라 군사는 조나라의 초석譙石에서 깨어지고 양마陽馬에서 패하였는데 위나라가 염려되어 섭葉·채蔡를 위나라에 맡겼습니다. 그런데 진나라가 조나라와 화친을 맺자, 위나라를 협박하여 섭·채를 떼어 주지 않았습니다. 싸움에 져서 궁하면 태후의 아우 양후穰侯를 보내어 화평을 맺고 이기면 외삼촌 양후와 어머니를 함께 속였습니다.

연나라를 꾸짖는 데는 교동을, 조나라를 꾸짖는 데는 제수 서쪽을, 위나라를 꾸짖는 데는 섭·채를 빼앗은 것을, 초나라를 꾸짖는 데는 맹액의 요새지 막은 것을, 제나라를 꾸짖는 데는 송나라 깨뜨린 것을 각각 그 구실로 삼곤 하였던 것입니다. 진나라 왕이 그 신하에게 열국을 꾸짖기를 마치 연결된 고리가 끊임이 없는 듯이 하고, 군사 움직이기를 하루살이를 베어 자르듯이 하면서 어머니조차도 이를 제지하지 못하고 양후도 이를 말릴 수가 없었습니다.

위나라 장수 용고龍賈와의 싸움, 한나라와의 안문岸門 싸움, 위나라와의 봉릉封陵 싸움, 고상高商 싸움, 조나라 조장趙莊과의 싸움 등에서 진나라가 죽인 삼진三晉의 백성들은 수백만 명에 이르고, 지금 살아 있는 자는 모두 진나라의 손에 죽음을 당한 자들의 고아와 과부들입니다. 서하西河 이외에도 상락上雒의 땅, 삼천三川·진국晉國 등은 진나라의 공격을 받고 전쟁의 피해를 입은 토지의 넓이는 삼진의 반을 차지하고 있습니다. 진나라가 만든 재앙이 이렇도록 큰 데도 진나라로 가는 연·조 두 나라의 유세객들은 모두 다투어 자기 군주에게 진나라를 섬길 것을 주장하고 있습니다. 이것이 저로서 크게 근심하는 바입니다."

연나라 왕은 진나라의 초청에 응하지 않았고, 소대는 다시 연나라에서 중용되었다. 연나라는 제후들에게 소진 때와 같이 합종의 약정을 맺도록 권하였다. 제후 중의 어떤 자는 합종하고 어떤 자는 합종하지 않았으나 천하는 이로 인해 소씨의 합종의 약정을 중시하였다. 소대와 소려는 모두가 타고난 수명을 누렸으며 그 이름은 제후들 사이에 드러냈다.

燕昭王善其書, 曰:「先人嘗有德蘇氏, 子之之亂而蘇氏去燕. 燕欲報仇於齊, 非蘇氏莫可.」乃召蘇代, 復善待之, 與謀伐齊. 竟破齊, 湣王出走.

久之, 秦召燕王, 燕王欲往, 蘇代約燕王曰:「楚得枳而國亡, 齊得宋而國亡, 齊·楚不得以有枳·宋而事秦者, 何也? 則有功者, 秦之深讎也. 秦取天下, 非行義也, 暴也. 秦之行暴, 正告天下.

告楚曰:『蜀地之甲, 乘船浮於汶, 乘夏水而下江, 五日而至郢. 漢中之甲, 乘船出於巴, 乘夏水而下漢, 四日而至五渚. 寡人積甲宛東下隨, 智者不及謀, 勇士不及怒, 寡人如射隼矣. 王乃欲待天下之攻函谷, 不亦遠乎!』楚王爲是故, 十七年事秦.

秦正告韓曰:『我起乎少曲, 一日而斷大行. 我起乎宜陽而觸平陽, 二日而莫不盡繇. 我離兩周而觸鄭, 五日而國擧.』韓氏以爲然, 故事秦.

秦正告魏曰:『我擧安邑, 塞女戟, 韓氏太原卷. 我下軹, 道南陽, 封冀, 包兩周. 乘夏水, 浮輕舟, 彊弩在前, 錟戈在後, 決滎口, 魏無大梁; 決白馬之口, 魏無外黃·濟陽; 決宿胥之口, 魏無虛·頓丘. 陸攻則擊河內, 水攻則滅大梁.』魏氏以爲然, 故事秦.

秦欲攻安邑, 恐齊救之, 則以宋委於齊. 曰:『宋王無道, 爲木人以(寫)[象]寡人, 射其面. 寡人地絶兵遠, 不能攻也. 王苟能破宋有之, 寡人如自得之.』已得安邑, 塞女戟, 因以破宋爲齊罪.

秦欲攻韓, 恐天下救之, 則以齊委於天下. 曰:『齊王四與寡人約, 四欺寡人, 必率天下以攻寡人者三. 有齊無秦, 有秦無齊, 必伐之, 必亡之.』已得宜陽·

少曲, 致藺·[離]石, 因以破齊爲天下罪.

秦欲攻魏重楚, 則以南陽委於楚. 曰:『寡人固與韓且絶矣. 殘均陵, 塞鄳阨, 苟利於楚, 寡人如自有之.』魏弃與國而合於秦, 因以塞鄳阨爲楚罪.

兵困於林中, 重燕·趙, 以膠東委於燕, 以濟西委於趙. 已得講於魏, 至公子延, 因犀首屬行而攻趙.

兵傷於譙石, 而遇敗於陽馬, 而重魏, 則以葉·蔡委於魏. 已得講於趙, 則劫魏, [魏]不爲割. 困則使太后弟穰侯爲和, 嬴則兼欺舅與母.

適燕者曰『以膠東』, 適趙者曰『以濟西』, 適魏者曰『以葉·蔡』, 適楚者曰『以塞鄳阨』, 適齊者曰『以宋』. 此必令言如循環, 用兵如刺蜚, 母不能制, 舅不能約.

龍賈之戰, 岸門之戰, 封陵之戰, 高商之戰, 趙莊之戰, 秦之所殺三晉之民數百萬, 今其生者皆死秦之孤也. 西河之外, 上雒之地, 三川晉國之禍, 三晉之半, 秦禍如此其大也. 而燕·趙之秦者, 皆以爭事秦說其主, 此臣之所大患也.」

燕昭王不行. 蘇代復重於燕.

燕使約諸侯從親如蘇秦時, 或從或不, 而天下由此宗蘇氏之從約. 代·厲皆以壽死, 名顯諸侯.

사마천의 평어

나 태사공은 이렇게 생각한다.

소진의 삼형제는 다 제후들에게 유세하여 이름을 드러냈다. 그 술책(종횡책)은 권모와 변화에 능하였는데, 소진은 반간反間(역간첩)의 혐의를 받고 죽음을 당하였고, 천하의 사람들은 모두 그를 비웃었으며 그 술책을 배우기를 꺼려 하였다. 그러면서도 항간에는 소진의 한 일을 얘기하는 자들 가운데 이설이 많다. 생각건대 이것은 다른 시대의 그 비슷한 사건들을 다 소진에게 끌어다 붙인 것이 아니겠는가? 그러나 소진이 민간에서 몸을 일으켜 여섯 개 나라를 합종하도록 한 것은, 그 지혜가 범상한 사람보다 뛰어났다는 사실을 의미한다. 그러므로 나는 그가 한 일을 기록하여 때의 전후를 간추려, 오직 그만이 악평을 듣지 않도록 하였다.

太史公曰: 蘇秦兄弟三人, 皆游說諸侯以顯名, 其術長於權變. 而蘇秦被反閒以死, 天下共笑之, 諱學其術. 然世言蘇秦多異, 異時事有類之者皆附之蘇秦. 夫蘇秦起閭閻, 連六國從親, 此其智有過人者. 吾故列其行事, 次其時序, 毋令獨蒙惡聲焉.

010(70) 장의 열전張儀列傳

① 장의張儀 ② 진진陳軫 ③ 서수犀首

六國既從親 而張儀能明其說 復散解諸侯 作張儀列傳。

〈1〉장의張儀

혀가 그대로 있소?

장의는 위魏나라 사람이다. 소진蘇秦과 함께 제齊나라 귀곡선생鬼谷先生에게서 종횡술縱衡術을 배웠다. 소진은 스스로 여기기에도 자신의 재주가 장의에게 미치지 못한다는 것을 알았다. 장의는 학업을 마치자 제후들에게 유세를 하면서 돌아다녔다.

일찍이 초楚나라 재상과 술을 마시게 되었는데 마침 그때 초나라 재상의 벽옥璧玉이 없어졌다. 재상의 빈객들은 장의를 의심하여 지목하였다.

"장의는 가난뱅이로 품행이 좋지 못합니다. 재상의 구슬을 훔친 것은 틀림없이 그자의 소행일 것입니다."

이리하여 함께 장의를 붙들어 수백 대의 매를 호되게 쳤다. 매를 아무리 쳐도 굴복하지 않자 매를 그쳤다. 그의 아내가 탄식하였다.

"아! 당신이 유세에 관한 공부를 하지 않았다면 재상의 벽옥을 훔쳤다는 누명은 쓰지 않았을 텐데."

그러자 장의가 아내에게 물었다.

"내 혀가 그대로 있는지 보아주오. 아직도 있소?"

아내가 웃으며 대답하였다.

"혀는 붙어 있지요."

장의가 말하였다.

"됐소."

張儀者, 魏人也. 始嘗與蘇秦俱事鬼谷先生, 學術, 蘇秦自以不及張儀.

張儀已學而游說諸侯. 嘗從楚相飮, 已而楚相亡璧, 門下意張儀, 曰: 「儀貧無行, 必此盜相君之璧.」 共執張儀, 掠笞數百, 不服, 醳之. 其妻曰: 「嘻! 子毋讀書游說, 安得此辱乎?」 張儀謂其妻曰: 「視吾舌尚在不?」 其妻笑曰: 「舌在也.」 儀曰: 「足矣.」

◎ 소진의 계략으로 진나라로 간 장의

그 당시 소진은 이미 조趙나라 왕을 설득하여 합종을 약속받았지만 진秦나라가 제후들을 공격하여 그 때문에 제후가 약정을 깨뜨려 결국 자기에게 책임이 돌아오지나 않을까 두려웠다. 소진은 아무리 생각해도 진나라에 보내 힘을 쓸 만한 인물이 떠오르지 않았다. 그리하여 장의에게 사람을 보내 은근히 장의를 격분하도록 할 생각으로 이런 말을 전하도록 하였다.

"선생께서는 처음에 소진과 사이가 좋았소. 이제 소진은 성공하여 중요한 지위에 앉아 있습니다. 어찌 선생은 그를 찾아가 바라는 것을 부탁이라도 해 보지 않으십니까?"

그러자 장의는 곧장 조나라로 가서 소진을 만나보겠다고 청하였다. 소진은 문하 사람에게 분부하여 며칠 동안 들여보내지도 말고 그렇다고 단념하고 떠날 수도 없도록 꾸며 놓았다. 그리하여 며칠이 지난 후 그와 만났는데 대청 아래 앉혀 놓고 종들과 같은 음식을 먹게 하였다. 그리고는 그의 잘못을 들추어 여러 가지로 꾸짖어 말하였다.

"그대같이 재능을 가진 자로서 이렇도록 곤궁한 처지가 되었는가? 그대를 추천하여 부귀를 누리도록 할 수 있는 일을 내 어찌 못하겠는가? 그러나 그대는 아직 등용할 만한 인물이 아니야."

이렇게 하여 그의 청을 거절해서 돌려보냈다. 사실 장의가 찾아온 것은 옛 친구에게 출세 길을 부탁하고자 왔던 것이다. 그런데 도리어 모욕을 받게 되자, 장의는 격분한 나머지 자신이 진나라라면 조나라를 괴롭힐 수 있다는 생각이 들어 장의는 마침내 진나라로 들어가기로 하였다.

蘇秦已說趙王而得相約從親, 然恐秦之攻諸侯, 敗約後負, 念莫可使用於秦者, 乃使人微感張儀曰:「子始與蘇秦善, 今秦已當路, 子何不往游, 以求通子之願?」張儀於是之趙, 上謁求見蘇秦. 蘇秦乃誡門下人不爲通, 又使不得去者數日. 已而見之, 坐之堂下, 賜僕妾之食. 因而數讓之曰:「以子之材能, 乃自令困辱至此. 吾寧不能言而富貴子, 子不足收也.」謝去之. 張儀之來也, 自以爲故人, 求益, 反見辱, 怒, 念諸侯莫可事, 獨秦能苦趙, 乃遂入秦.

◎ 은밀히 거마와 금전을 제공하다

한편 소진은 자기 사인舍人에게 이렇게 일러주었다.

"장의는 천하의 똑똑한 인물이니 나 같은 사람이 미칠 바가 아니다. 나는 요행히 일찍 등용된 것일 뿐이다. 진나라의 실권을 잡아 휘두를 사람은 장의뿐이다. 다만 그는 가난하여 그동안 등용될 기회를 얻지 못하였다. 이에 그가 조그마한 성공에 만족하고 주저앉아 큰 뜻을 이루지 못할까 마음이 쓰여 모욕을 주어 그의 의지를 분발시킨 것이다. 그대는 나 대신 은밀히 거마와 금전을 그에게 제공해 주어라."

조나라 왕에게 청하여 돈과 비단과 여장을 마련하여 주면서 하인으로 하여금 가만히 장의의 뒤를 좇게 하여 같은 객사에 들도록 하였다. 사인은 간신히 장의를 가까이 좇아가서 거마와 금전을 비롯하여 사용하고자 하는 것은 무엇이든 제공하였다. 그러나 그 내용은 전혀 말하지 않았다.

이렇게 하여 장의는 마침내 진秦나라 혜왕惠王을 만나게 되었다. 장의는 혜왕으로부터 객경客卿의 대우를 받고 제후 토벌에 대한 일을 계획하게 되었다. 그 얼마 뒤 소진의 사인이 귀국하려 하자 장의가 말하였다.

"그대의 힘을 빌려 비로소 세상에 드러나게 된 내가 이제부터 은혜를 갚기로 작정하였는데 어찌 돌아가려 하시오?"

사인은 그제야 이렇게 털어놓았다.

"선생을 아는 사람은 제가 아닙니다. 소진이야말로 선생의 지기입니다. 소진은 진나라가 조나라를 쳐서 합종의 맹약이 깨어질까 두려워하여 선생이라면 진나라의 실권을 잡아 휘두를 수 있다고 여겨, 당신을 분발시켜 노하게 하는 한편, 저로 하여금 몰래 밑천을 제공하도록 한 것입니다. 모든 것은 소진의 배려입니다. 이제 선생께서 등용되셨으니 이제 제가 돌아가서 보고하도록 해 주십시오."

장의가 말하였다.

"아! 이건 내가 이미 배운 유세술에 있었던 것이다. 그러나 나는 그것을 깨닫지 못하였다. 나는 확실히 소진에 미치지를 못한다. 이 장의는 조나라에 등용된 것이니 어찌 조나라를 칠 계책을 꾸밀 수가 있겠는가? 나를 위해 소진에게 '소진이 살아 있는 동안에는 내가 무슨 말을 할 것인가? 소진이 있는 한 감히 내가 무엇을 할 수 있겠는가! 라고 하더라고 전해 주시오."

蘇秦已而告其舍人曰:「張儀, 天下賢士, 吾殆弗如也. 今吾幸先用, 而能用秦柄者, 獨張儀可耳. 然貧, 無因以進. 吾恐其樂小利而不遂, 故召辱之, 以激其意. 子爲我陰奉之.」乃言趙王, 發金幣車馬, 使人微隨張儀, 與同宿舍, 稍稍近就之, 奉以車馬金錢, 所欲用, 爲取給, 而弗告. 張儀遂得以見秦惠王. 惠王以爲客卿, 與謀伐諸侯.

蘇秦之舍人乃辭去. 張儀曰:「賴子得顯, 方且報德, 何故去也?」舍人曰:「臣非知君, 知君乃蘇君. 蘇君憂秦伐趙敗從約, 以爲非君莫能得秦柄, 故感怒君, 使臣陰奉給君資, 盡蘇君之計謀. 今君已用, 請歸報.」張儀曰:「嗟乎, 此在吾術中而不悟, 吾不及蘇君明矣! 吾又新用, 安能謀趙乎? 爲吾謝蘇君, 蘇君之時, 儀何敢言? 且蘇君在, 儀寧渠能乎!」

그대 나라 성읍을 훔칠 것이다

그 뒤에 장의는 진나라의 재상이 되었다. 장의는 격문으로 초나라의 재상에게 알렸다.

"일찍이 그대를 따라 술을 마셨을 때 그대는 내가 벽옥을 훔쳤다 하여 나에게 매질을 하였소. 그대는 그대의 나라를 잘 지키시오. 나는 정말 그대 나라의 성읍을 훔칠 것이오."

張儀旣相秦, 爲文檄告楚相曰:「始吾從若飮, 我不盜而璧, 若笞我. 若善守汝國, 我顧且盜而城!」

사마착과의 논쟁

그 무렵 저苴와 촉蜀이 서로 공격하여 각각 진나라에 위급함을 고하며 도움을 청하였다. 진나라 혜왕은 군사를 내어서 촉나라를 치려고 하였지만 길이 좁고 험난하여 좀처럼 행군할 수가 없었다. 이 무렵에 한韓나라가 진나라를 침범하여 오는 일이 벌어졌다. 한나라를 치고 나서 촉나라를 치기로 하면 형세가 불리해질 것이 두려웠고 먼저 촉나라를 치고자 하나 한나라가 침공해 올 것이 염려되어 혜왕은 어느 쪽도 결정짓지 못하고 있었다.

사마착司馬錯과 장의가 혜왕의 면전에서 논쟁하였다. 사마착은 먼저 촉을 쳐야 한다고 말하고 장의는 먼저 한나라를 쳐야 한다고 주장하였다. 왕이 장의에게 말하였다.

"그 까닭을 말해 보시오."

장의가 대답하였다.

"위魏·초나라와 먼저 친해 두는 것입니다. 우리 군대를 한나라의 삼천三川으로 남하시켜 십곡什谷의 들머리를 막아서 둔류屯留의 길목을 지킵니다. 위나라에게는 남양으로 가는 길을 차단시키도록 부탁하고, 초나라에게는 남정南鄭으로 나아가 공격하게 합니다. 우리 진나라는 신정新鄭·의양宜陽을 공격하여 동주·서주의 교외로 진격, 주나라 왕의 죄를 꾸짖고 다시 초·위의 땅을 공략합니다. 그렇게 되면 주나라는 도움을 받지 못할 것을 깨닫고, 틀림없이 대대로 전하는 국보 구정九鼎과 보기寶器를 바쳐 항복해 올 것입니다. 그리하여 구정의 권위에 의거하여 전국의 토지와 호적을 조사하고, 천자를 끼고서 천하를 호령하면 천하에 감히 따르지 않는 자가 없을 것입니다. 이것이 왕업을 이루는 일입니다. 그런데 저 촉나라는 서쪽 멀리 떨어진 나라로서 오랑캐와 같은 무리들입니다. 촉나라를 쳐보았자 군사만 피로케 하고 백성들을 수고롭게 하는 것일 뿐, 그 어떤 명예도 되지 않으며 설령 땅을 손에 넣는다 할지라도 이익이 되지 못합니다. '명분을 다투는 자는 조정에서 하고, 이익을 다투는 자는 시장으로'라고 말합니다. 삼천과 주나라 왕실이야말로 천하의 조정이요, 시장터입니다. 대왕께서 이를 상대로 다투지 아니하시고, 도리어 오랑캐 땅을 두로 다툰다면 왕업과는 거리가 먼 것이라고 하지 않을 수 없습니다."

사마착이 반대하고 나섰다.

"그렇지 않습니다. 제가 듣기로 '나라를 잘살게 하려는 자는 그 땅을 넓히는 일에 힘쓰고, 군대를 강하게 하려는 자는 그 백성들이 잘살기를 힘쓰고, 왕업을 이루고자 하는 자는 그 덕을 넓히기에 힘쓴다'고 하였습니다. 이 세 가지의 자격이 갖추어지면 왕업은 그것에 따라서 저절로 이루어질 수 있는 것입니다. 지금 임금의 땅은 좁고 임금의 백성들은 가난합니다. 그런 까닭에 저는 먼저 쉬운 것부터 착수하시기를 권합니다. 촉나라는 서쪽 멀리 떨어진 나라로서 오랑캐 중의 으뜸입니다. 그 임금에는 걸桀·주紂에 비길 만한 난폭한 행동을 하는 자가 있습니다. 진나라의 힘으로써 이를 공격하는 것은 마치 호랑이가 양 떼를 쫓는 것과 같으니, 땅을 얻으면 나라는 넓어질 것이고 재물을 취하면 백성들이 부유해지며 군사는 무기를 충분하게 갖출 수 있습니다. 백성들을 상하지 않게 하고서도 저들을 굴복시킬 수가 있을 것입니다. 그러한 나라를 쳐서 빼앗았다고 하여 천하는 이것을 난폭하다 않을 것이며, 서해西海의 이익을 몽땅 차지하였다고 해서 천하는 이것을 탐욕하다고 비난하지 않을 것입니다. 이것이야말로 일거에 명분과 실속을 함께 얻는 것이 됩니다. 또한 전쟁을 그치게 하였다는 명분도 얻을 것입니다. 그런데 지금 한나라를 쳐서 천자를 위협하는 것은 악명을 쓰는 것이 되며 반드시 이익이 된다고도 할 수 없습니다. 천하의 누구도 원하지 않는 주나라를 치는 것은 위험한 일입니다. 그 까닭을 말씀드리겠습니다.

주나라는 천하의 종실입니다. 제나라는 한나라와 동맹을 맺은 나라입니다. 주나라가 구정을 잃고, 한나라가 삼천 땅을 잃게 될 것을 알면 두 나라는 힘과 꾀를 합하여 제나라와 조나라를 통하여 초나라와 위나라에 구원을 청할 것입니다. 만약 주나라가 구정을 초나라에 주고, 땅을 위나라에 줄지라도 왕께서는 이것을 막지 못할 것입니다. 이것이 신이 말하고자 하는 이른바 '위험'이라고 하는 것입니다. 촉나라를 치느니만 못합니다."

혜왕이 말하였다.

"훌륭하오! 과인은 그대의 의견을 따르리라."

이리하여 사마착의 의견대로 마침내 군사를 일으켜 10월에 촉나라를 쳐서 점령하고 촉나라 왕의 지위를 격하시켜 후侯로 하였으며, 진장陳莊을 촉나라의 재상으로 삼았다. 촉나라가 진나라에 예속하게 되자 진나라는 더욱 부강해져서 제후들을 가벼이 보게 되었다.

苴蜀相攻擊, 各來告急於秦. 秦惠王欲發兵以伐蜀, 以爲道險狹難至, 而韓又來侵秦, 秦惠王欲先伐韓, 後伐蜀, 恐不利, 欲先伐蜀, 恐韓襲秦之敝, 猶豫未能決. 司馬錯與張儀爭論於惠王之前, 司馬錯欲伐蜀, 張儀曰:「不如伐韓.」王曰:「請聞其說.」

儀曰:「親魏善楚, 下兵三川, 塞什谷之口, 當屯留之道, 魏絶南陽, 楚臨南鄭, 秦攻新城·宜陽, 以臨二周之郊, 誅周王之罪, 侵楚·魏之地. 周自知不能救, 九鼎寶器必出. 據九鼎, 案圖籍, 挾天子以令於天下, 天下莫敢不聽, 此王業也. 今夫蜀, 西僻之國而戎翟之倫也, 敝兵勞衆不足以成名, 得其地不足以爲利. 臣聞爭名者於朝, 爭利者於市. 今三川·周室, 天下之朝市也, 而王不爭焉, 顧爭於戎翟, 去王業遠矣.」

司馬錯曰:「不然. 臣聞之: 欲富國者務廣其地, 欲彊兵者務富其民, 欲王者務博其德, 三資者備而王隨之矣. 今王地小民貧, 故臣願先從事於易. 夫蜀, 西僻之國也, 而戎翟之長也, 有桀紂之亂. 以秦攻之, 譬如使豺狼逐羣羊. 得其地足以廣國, 取其財足以富民繕兵, 不傷衆而彼已服焉. 拔一國而天下不以爲暴, 利盡西海而天下不以爲貪, 是我一擧而名實附也, 而又有禁暴止亂之名. 今攻韓, 劫天子, 惡名也, 而未必利也, 又有不義之名, 而攻天下所不欲, 危矣. 臣請謁其故: 周, 天下之宗室也; 齊, 韓之與國也. 周自知失九鼎, 韓自知亡三川, 將二國幷力合謀, 以因乎齊·趙而求解乎楚·魏, 以鼎與楚, 以地與魏, 王弗能止也. 此臣之所謂危也. 不如伐蜀完.」

惠王曰:「善, 寡人請聽子.」卒起兵伐蜀, 十月, 取之, 遂定蜀, 貶蜀王更號爲侯, 而使陳莊相蜀. 蜀旣屬秦, 秦以益彊, 富厚, 輕諸侯.

◎ 진나라가 왕호를 쓰다

진나라 혜왕 10년에 공자 화華와 장의에게 명하여 위나라 포양蒲陽을 포위하여 항복을 받아내었다. 장의는 혜왕에게 건의하여 포양을 위나라에 돌려 주고 공자公子 요繇를 위나라에 볼모로 보냈다. 이쯤 해 두고 장의는 위나라 왕에게 이렇게 말하였다.

"진나라 왕이 위나라를 매우 정성껏 예우하는데 위나라로서 여기에 답례가 없어서야 되겠습니까?"

이리하여 위나라는 상군上郡·소량少梁을 진나라에 바쳐 혜왕에게 보답하였다. 이에 혜왕은 장의를 재상으로 삼고 소량의 지명을 하양夏陽이라고 고쳤다. 장의는 진나라 재상이 된 지 4년 만에 공公이라고 일컫던 혜왕을 이때부터 왕王이라고 하였다. 그는 1년 뒤에 진나라의 장군이 되어 위나라의 섬陝 땅을 빼앗고 상군에 성채를 쌓았다.

秦惠王十年, 使公子華與張儀圍蒲陽, 降之. 儀因言秦復與魏, 而使公子繇質於魏. 儀因說魏王曰:「秦王之遇魏甚厚, 魏不可以無禮.」魏因入上郡·少梁, 謝秦惠王. 惠王乃以張儀爲相, 更名少梁曰夏陽.

儀相秦四歲, 立惠王爲王. 居一歲, 爲秦將, 取陝. 築上郡塞.

진나라를 위한 계교들

그로부터 2년 후 장의는 사신이 되어 제·초의 재상과 설상齧桑의 동쪽에서 회합하고 돌아와서는 진나라 재상을 그만두고, 위나라 재상이 되어 진나라를 도울 계교를 꾸몄다. 장의는 먼저 위나라로 하여금 진나라에 신하의 예를 바치게 하고, 제후들로 하여금 이에 본뜨게 하였다. 그러나 위왕은 장의의 말을 받아들이려 하지 않았다. 이에 진나라 왕은 노하여 위나라의 곡옥曲沃과 평주平周를 공략하고는 은밀히 장의를 더욱더 두텁게 대우하였다. 장의는 진나라에 돌아가서 보고할 만한 공적이 없는 것을 부끄러워하였다.

장의가 위나라에 체류한 지 4년 만에 위魏 양왕襄王이 죽고 애왕哀王이 뒤를 이었다. 장의는 또 애왕을 설득하였으나 애왕은 받아들이지 않았다. 이에 장의는 몰래 진나라에 통보하여 위나라를 치게 하였다. 위나라는 진나라와 싸웠으나 패하였다. 이듬해에 제나라가 또 공격해 와서 위나라를 관진觀津에서 깨뜨렸다. 진나라는 다시 위나라를 치려고 먼저 한나라의 장수 신차申差의 군대를 부수고 병졸의 목을 베기를 8만에 달하여 제후들은 크게 두려워하였다. 이에 장의는 또 위나라 왕에게 말하였다.

"위나라 영토는 사방 천 리 미만으로 군사는 30만 명에 불과합니다. 땅은 사방이 평탄하여 제후의 나라와의 도로는 사통으로 열려 있고 마음대로 쳐들어 올 수 있습니다. 명산대천에 의해 경계를 이룬 곳도 없고, 한나라의 신정新鄭에서 위나라의 대량까지 2백여 리는 수레나 말을 몰고 사람이 달려도 쉽게 도달할 수 있습니다. 위나라는 남쪽은 초나라와 접경을 이루고 있으며, 서쪽은 한나라와 접경을 이루고 있고, 북쪽은 조나라와 접경을 이루고 있으며, 동쪽은 제나라와 마주하고 있어, 사방을 지키는 병사와 변방의 성채를 지키는 군사는 10만 명을 넘어야 합니다. 위나라의 지세는 싸움터가 되기에 알맞습니다. 위나라가 남쪽의 초나라와 손잡고 제나라에 가담하지 않으면, 제나라는 위나라의 동쪽을 공격할 것입니다. 만약 동쪽의 제나라와 맺어지고 조나라와 맺지 않는다면, 조나라는 위나라의 북쪽을 공격할 것입니다. 한나라와 연합하지 않으면 한나라는 위나라의 서쪽을 공격할 것이며, 초나라와 친선하지 않으면 초나라는 위나라의 남쪽을 공격할 것입니다. 이를 두고 이른 바 사분오열의 형세라고 하는 것입니다.

제후가 합종하려는 것은 그것으로 나라를 편안히 하여 임금을 높이고 군사를 튼튼히 하여 이름을 드러내기 위한 것입니다. 지금 합종을 주장하는 자들은 천하의 제후를 하나로 하여, 형제의 의를 맺고 백마를 베어서 피를 마시며, 이렇게 맹세하여 서로의 결합을 굳게 지키도록 해 놓았습니다. 그러나 한 부모에게서 태어난 형제끼리도 서로 재산을 두고 다투는 일이 있는데 거짓을 일삼으며 번복이 잦은 소진의 술책을 따르려 하니 그것은 성공치 못할 것은 뻔한 일입니다.

대왕께서 진나라를 섬기지 않으면, 진나라가 출병하여 하외河外를 공격하고, 권卷·연衍·산조酸棗를 근거지로 하여, 위衛나라를 위협하고 양진陽晉을 취할 것입니다. 그렇게 되면 조나라는 남쪽의 위나라와 통할 수 없고 위나라는 북쪽의 조나라와 통할 수 없습니다. 조나라가 남에 통하지 못하고 위나라가 북에 통하지 못하면 합종의 길은 끊어지고, 합종의 길이 끊어지면 대왕의 나라는 아무리 안전을 원한다 해도 위태로워질 수밖에 없습니다. 또 진나라가 한나라를 제압하고 위나라를 친다면, 한나라가 초나라를 겁내어 순종할 것이며, 진·한 두 나라가 연합하면 위나라의 멸망은 그 자리에서 벌어지고 말 것입니다. 이것이 대왕을 위해 대신 제가 걱정하는 바입니다.

대왕을 위한 계책으로는 진나라를 섬기는 것보다 더 훌륭한 것은 없습니다.

대왕께서 진나라를 섬기면, 틀림없이 초·한 두 나라는 움직이지 않을 것입니다. 초·한에 대한 걱정이 없어지면 대왕은 베개를 높이 하여 편안히 잠잘 수 있고 나라에 우환이 있을 이유가 없습니다.

진나라가 누르고 싶어하는 나라는 초나라뿐이며 초나라를 누를 수 있는 나라는 위나라밖에는 없습니다. 초나라는 부강한 나라로 알려져 있지만 실제로는 공허하며, 군사는 많으나 움직임이 가볍고 도망하기를 빨리 해서 굳건히 지속해서 싸울 수가 없습니다. 위나라 군사를 몽땅 일으켜서 남쪽으로 초나라를 향하여 친다면 이기는 것은 정해 놓은 일입니다. 초나라 땅을 쪼개어 위나라에 더하고 초나라 땅을 갈라 진나라에 돌려주게 되면, 이것은 재앙을 초나라에 전가하는 것이 되어 위나라가 편안해질 것이니 진실로 좋은 방책이라고 하겠습니다.

대왕께서 만약 신의 건의를 받아들이지 않는다면, 진나라는 군사를 동원하여 동쪽으로 위나라를 칠 것입니다. 이렇게 되면 진나라를 섬기려고 해도 이미 때가 늦어지고 맙니다. 합종을 주장하는 자들은 어느 사람을 막론하고 큰소리를 치는 자가 많아서 믿을 만한 것이 못 됩니다. 제후 한 사람을 설득하면 봉후封侯가 되기에 천하의 유세자는 밤낮으로 팔을 걷고 붙이고 눈을 부릅떠서 이를 깨물고 합종의 이로움을 말하고 군주를 설득합니다. 군주가 그 변설을 현명한 것이라고 여겨 속아넘어가는 것입니다.

제가 듣건대 '쌓아서 겹치면 가벼운 깃털도 배를 가라앉힐 수 있고, 너무 많이 실으면 가벼운 물건도 수레를 엎어버리며, 여러 사람의 입은 무쇠도 녹이고, 여러 사람의 비방은 뼈도 녹인다'라고 합니다. 그러므로 대왕께서는 계략을 신중히 정하시기를 원하며 저 장의는 휴가를 얻어 얼마 동안 위나라를 떠나 있고자 합니다."

그리하여 위나라 애왕은 합종의 맹약을 배반하고 장의를 중간에 세워 진나라에 화친을 청하였다. 장의는 진나라로 돌아와서 다시 재상이 되었다.

3년 뒤에 위나라는 또 배반하고 합종에 가담하였다. 진나라는 위나라를 공격하여 곡옥曲沃을 취하여 이듬해에 위나라는 또다시 진나라를 섬겼다.

其後二年, 使與齊·楚之相會齧桑. 東還而免相, 相魏以爲秦, 欲令魏先事秦而諸侯效之. 魏王不肯聽儀. 秦王怒, 伐取魏之曲沃·平周, 復陰厚張儀益甚. 張儀慙, 無以歸報. 留魏四歲而魏襄王卒, 哀王立. 張儀復說哀王, 哀王不聽. 於是張儀陰令秦伐魏. 魏與秦戰, 敗.

明年, 齊又來敗魏於觀津. 秦復欲攻魏, 先敗韓申差軍, 斬首八萬, 諸侯震恐. 而張儀復說魏王曰:「魏地方不至千里, 卒不過三十萬. 地四平, 諸侯四通輻湊, 無名山大川之限. 從鄭至梁二百餘里, 車馳人走, 不待力而至. 梁南與楚境, 西與韓境, 北與趙境, 東與齊境, 卒戍四方, 守亭鄣者不下十萬. 梁之地勢, 固戰場也. 梁南與楚而不與齊, 則齊攻其東; 東與齊而不與趙, 則趙攻其北; 不合於韓, 則韓攻其西; 不親於楚, 則楚攻其南: 此所謂四分五裂之道也.

且夫諸侯之爲從者, 將以安社稷尊主彊兵顯名也. 今從者一天下, 約爲昆弟, 刑白馬以盟洹水之上, 以相堅也. 而親昆弟同父母, 尚有爭錢財, 而欲恃詐僞反覆蘇秦之餘謀, 其不可成亦明矣.

大王不事秦, 秦下兵攻河外, 據卷·衍·[燕]·酸棗, 劫衛取陽晉, 則趙不南, 趙不南而梁不北, 梁不北則從道絕, 從道絕則大王之國欲毋危不可得也. 秦折韓而攻梁, 韓怯於秦, 秦·韓爲一, 梁之亡可立而須也. 此臣之所爲大王患也.

爲大王計, 莫如事秦. 事秦則楚·韓必不敢動; 無楚·韓之患, 則大王高枕而臥, 國必無憂矣.

且夫秦之所欲弱者莫如楚, 而能弱楚者莫如梁. 楚雖有富大之名而實空虛; 其卒雖多, 然而輕走易北, 不能堅戰. 悉梁之兵南面而伐楚, 勝之必矣. 割楚而益梁, 虧楚而適秦, 嫁禍安國, 此善事也. 大王不聽臣, 秦下甲士而東伐, 雖欲事秦, 不可得矣.

且夫從人多奮辭而少可信, 說一諸侯而成封侯, 是故天下之游談士莫不日夜搤腕瞋目切齒以言從之便, 以說人主. 人主賢其辯而牽其說, 豈得無眩哉.

臣聞之, 積羽沈舟, 羣輕折軸, 衆口鑠金, 積毀銷骨, 故願大王審定計議, 且賜骸骨辟魏.」

哀王於是乃倍從約而因儀請成於秦. 張儀歸, 復相秦. 三歲而魏復背秦爲從. 秦攻魏, 取曲沃. 明年, 魏復事秦.

600리 땅을 드리리다

진나라가 이번에는 제나라를 치고자 하였으나, 제나라와 초나라는 합종하고 있는 상태였다. 이에 장의는 초나라로 갔다.

초나라 회왕懷王은 장의가 온다는 소식을 듣고 가장 좋은 저택을 비워 몸소 맞아들이며 장의에게 말하였다.

"이 같은 변방 나라에 그대는 무엇을 가르쳐 주려고 오셨습니까?"

장의는 짐짓 이렇게 말하였다.

"대왕께서 진실로 저의 말씀을 받아들여 국경 관문을 닫아 제나라와의 합종을 끊으신다면, 저는 상오商於의 600리 땅을 초나라에 바치고 진나라 공주를 대왕의 첩이 되도록 해 드리겠습니다. 진·초 두 나라가 며느리를 맞아 오고 딸을 시집보내는 사이가 되면 길이 사돈의 나라가 될 것입니다. 이것은 북쪽 제나라를 위축시키고 서쪽 진나라를 이롭게 하는 것입니다."

초나라 왕은 크게 기뻐하여 이를 승낙하고 여러 신하들도 모두 경하하였다. 그런데 이때 홀로 진진陳軫만 그 잘못됨을 말하였다. 초왕이 화를 내며 진진에게 물었다.

"과인은 군사를 일으키지 않고 출동도 하지 않고, 600리 땅을 얻는 것이오. 여러 신하들이 모두 축하하고 있는데 그대만이 홀로 잘못되었다 하니 무슨 까닭이오?"

진진이 대답하였다.

"그렇지 않습니다. 제가 보기에는 상·오의 땅을 얻기도 전에 제나라와 진나라가 연합할 것입니다. 제나라와 진나라가 연합하면 화가 밀어닥칠 것은 정한 이치입니다."

왕이 물었다.

"무슨 근거로 그런 말을 하오?"

진진이 대답하였다.

"진나라가 초나라를 중시하는 것은 초나라가 제나라와 친선의 관계에 있기 때문입니다. 이제 국경 관문을 닫아 제나라와의 맹약을 깨뜨리면 초나라는 고립을 면치 못할 것입니다. 진나라는 이러한 고립된 나라를 위해 상·오의 땅 600리를 선뜻 줄 것 같습니까? 장의가 진나라에 돌아가면 틀림없이 왕과의 약속을 저버릴 것입니다. 이것은 북쪽의 제나라와 친교를 끊고, 서쪽의 진나라로부터 걱정거리를 불러오는 것이어서 결국 진·제나라 군대가 틀림없이 함께 공격해 올 것입니다. 제나라와 은밀히 손잡고 친교를 끊는 척하고 사람을 보내어 장의를 수행하도록 하느니만 못합니다. 만일 땅을 주지 않는 경우를 생각하여 몰래 제나라와 관계를 유지해 두는 것은 이치에 합당한 방책입니다."

그러나 회왕은 완강하였다.

"진자陳子여, 입을 닫고 더 이상 말하지 마시오. 그리고 과인이 땅을 손에 넣는 것을 구경하고 있으시오."

초왕은 장의에게 초나라 재상의 인수와 함께 후한 선물을 주었다. 그리고 마침내 관문을 닫아 제나라와의 맹약을 끊고 장군 하나를 장의에게 딸려 보냈다.

秦欲伐齊, 齊楚從親, 於是張儀往相楚. 楚懷王聞張儀來, 虛上舍而自館之. 曰:「此僻陋之國, 子何以敎之?」儀說楚王曰:「大王誠能聽臣, 閉關絶約於齊, 臣請獻商·於之地六百里, 使秦女得爲大王箕帚之妾, 秦·楚娶婦嫁女, 長爲兄弟之國. 此北弱齊而西益秦也, 計無便此者.」楚王大說而許之. 羣臣皆賀, 陳軫獨弔之. 楚王怒曰:「寡人不興師發兵得六百里地, 羣臣皆賀, 子獨弔, 何也?」陳軫對曰:「不然, 以臣觀之, 商·於之地不可得而齊·秦合, 齊·秦合則患必至矣.」楚王曰:「有說乎?」陳軫對曰:「夫秦之所以重楚者, 以其有齊也. 今閉關絶約於齊, 則楚孤. 秦奚貪夫孤國, 而與之商·於之地六百里? 張儀至秦, 必負王, 是北絶齊交, 西生患於秦也, 而兩國之兵必俱至. 善爲王計者, 不若陰合而陽絶於齊, 使人隨張儀. 苟與吾地, 絶齊未晩也; 不與吾地, 陰合謀計也.」楚王曰:「願陳子閉口毋復言, 以待寡人得地.」乃以相印授張儀, 厚賂之. 於是遂閉關絶約於齊, 使一將軍隨張儀.

6리라니요?

장의는 진나라로 돌아가자 수레를 오를 때, 거짓으로 잡고 오르는 줄을 놓치는 척하면서 수레에서 떨어졌다. 그리고는 석 달 동안 왕궁에 나가지 않았다.

초나라 왕은 이 소식을 듣고 말하였다.

"장의는 과인이 제나라와 완전히 절교한 것이 아니라고 여기고 있는 것인가?"

초왕은 이에 날랜 군사를 송宋나라에 보내어 송나라의 부符를 빌려 제나라에 가서 제나라 왕을 꾸짖게 하였다. 제왕은 크게 노하여 초나라와의 맹약의 증표를 꺾어버리고 진나라에 화친을 청해 진·제 두 나라의 국교가 맺어지고 말았다. 그러자 장의는 조정에 나와 초나라의 사신에게 말하였다.

"나에게는 봉읍 6리 땅이 있소. 이를 대왕의 좌우에 바쳐 주시오."

초나라 사신이 대답하였다.

"신이 왕으로부터 받은 명령에는 상과 오의 땅 '600리'라고 하였을 뿐, '6리'란 말은 들은 적이 없습니다."

사신이 돌아가 초왕에게 보고하자, 초왕은 크게 노하여 진나라를 공격하고자 하였다. 그러자 진진이 나서서 말하였다.

"진진이 말씀을 올려도 좋겠습니까? 진나라를 치기보다는 그 반대로 땅을 쪼개어 진나라에 주고 진나라와 병력을 합하여 제나라를 치느니만 못합니다. 이것은 우리는 진나라에 땅을 떼어 주고, 제나라로부터 보상받는 방책입니다. 이렇게 하면 대왕의 나라는 오히려 유지될 수 있을 것입니다."

초나라 왕은 이 말을 듣지 않고 마침내 출병하여 장군 굴개屈匄로 하여금 진나라를 치도록 하였다. 그러자 진나라와 제나라는 함께 초나라를 공격하여 8만 명의 목을 베고 굴개를 죽였으며, 마침내 단양丹陽·한중漢中의 땅을 빼앗아 버렸다. 초나라는 더욱 군사를 많이 내어서 진나라를 공격하였으나, 남전藍田에서 크게 패하고 말았다. 초나라는 두 성을 떼어주고 진나라와 화친을 맺었다.

張儀至秦, 詳失綏墮車, 不朝三月. 楚王聞之, 曰:「儀以寡人絶齊未甚邪?」乃使勇士至宋, 借宋之符, 北罵齊王. 齊王大怒, 折節而下秦. 秦·齊之交合, 張儀乃朝, 謂楚使者曰:「臣有奉邑六里, 願以獻大王左右.」楚使者曰:「臣受令於王, 以商·於之地六百里, 不聞六里.」還報楚王, 楚王大怒, 發兵而攻秦. 陳軫曰:「軫可發口言乎? 攻之不如割地反以賂秦, 與之幷兵而攻齊, 是我出地於秦, 取償於齊也, 王國尙可存.」楚王不聽, 卒發兵而使將軍屈匄擊秦. 秦·齊共攻楚, 斬首八萬, 殺屈匄, 遂取丹陽·漢中之地. 楚又復益發兵而襲秦, 至藍田, 大戰, 楚大敗, 於是楚割兩城以與秦平.

차라리 장의를 보내 달라

진나라는 초나라 검중黔中 땅을 얻을 생각으로 무관武關 밖의 땅과 교환하자고 초나라에 청하였다. 그러자 초나라 왕이 말하였다.

"영지의 교환은 바라지 않으나 만약 장의를 내어 준다면 그 대신 검중 땅을 바치겠소."

진왕은 장의를 내주고 싶었으나 차마 입 밖에 말을 꺼내지를 못하였다.

그러자 장의가 스스로 가겠다고 청하였다. 혜왕이 말하였다.

"저 초왕은 그대가 상과 오의 땅을 바치겠다는 약속을 저버린 것에 대하여 노하여 있소. 그대를 요구하는 것은 아마도 그대에게 분풀이를 하려는 것이오."

장의가 말하였다.

"진나라는 강국이요. 초나라는 약소국입니다. 그런데 신은 근상靳尙과 사이가 좋고 근상은 초왕의 부인 정수鄭袖의 신임을 받고 있습니다. 초나라 왕은 정수의 말이라면 무엇이든 듣습니다. 그리고 신은 진왕의 부절符節을 받아 초나라에 사신으로 가는 것이니 초나라가 어찌 저를 죽이기야 하겠습니까? 가령 신이 죽더라도 진나라에 검중 땅이 얻어진다면 이는 신이 바라는 바입니다."

마침내 장의는 진나라의 사신으로 초나라에 갔다. 초나라 회왕은 장의가 오자 그 즉시 그를 잡아 가두고 장차 죽이려 하였다.

그러자 근상이 회왕의 애첩 정수에게 이렇게 말하였다.

"그대는 그대가 임금에게 천함을 받을 것임을 알고 있습니까?"

정수가 말하였다.

"무슨 뜻입니까?"

근상은 이렇게 말하였다.

"진나라 왕은 장의를 매우 총애하므로 무슨 일이 있더라도 구원해 내려고 할 것입니다. 그 때문에 이제 상용上庸 땅 6현을 초나라에 뇌물로 바치고, 초왕에게 미인을 보내며 궁중의 가희歌姬를 궁녀로 보내올 것입니다. 초왕은 땅을 욕심내어 진나라를 받들 것이며 틀림없이 진나라의 여자를 총애하고 부인을 멀리하고 말 것입니다. 이런 일을 생각해 왕에게 말씀드려 장의를 풀어 주느니만 못합니다."

정수는 밤낮 없이 회왕에게 말하였다.

"신하는 누구라도 임금을 위해 힘을 다하는 것입니다. 약속한 검중 땅을 아직 진나라에 떼어 주지도 않았는데 진나라가 장의를 보낸 것은 지극히 왕을 존중하기 때문입니다. 그런데 왕께서 진나라에 답례하기 전에 장의를 죽이면 진나라는 틀림없이 격노하여 우리 초나라를 칠 것입니다. 아무쪼록 우리 모자가 강남江南으로 옮겨가는 것을 허락해 주십시오. 진나라의 고기밥이 되고 싶지는 않습니다."

회왕은 마음을 바꿔 장의를 용서하고 예전같이 후대하였다.

秦要楚欲得黔中地, 欲以武關外易之. 楚王曰:「不願易地, 願得張儀而獻黔中地.」秦王欲遣之, 口弗忍言. 張儀乃請行. 惠王曰:「彼楚王怒子之負以商·於之地, 是且甘心於子.」張儀曰:「秦彊楚弱, 臣善靳尙, 尙得事楚夫人鄭袖, 袖所言皆從. 且臣奉王之節使楚, 楚何敢加誅. 假令誅臣而爲秦得黔中之地, 臣之上願.」遂使楚. 楚懷王至則囚張儀, 將殺之. 靳尙謂鄭袖曰:「子亦知子之賤於王乎?」鄭袖曰:「何也?」靳尙曰:「秦王甚愛張儀而不欲出之, 今將以上庸之地六縣賂楚, 以美人聘楚, 以宮中善歌謳者爲媵. 楚王重地尊秦, 秦女必貴而夫人斥矣. 不若爲言而出之.」於是鄭袖日夜言懷王曰:「人臣各爲其主用. 今地未入秦, 秦使張儀來, 至重王. 王未有禮而殺張儀, 秦必大怒攻楚. 妾請子母俱遷江南, 毋爲秦所魚肉也.」懷王後悔, 赦張儀, 厚禮之如故.

장의의 협박과 회유

장의는 풀려나서도 초나라를 떠나지 않고 있다가 소진이 죽었다는 말을 들었다. 장의는 초나라 왕에게 말하였다.

"진나라 영토는 천하의 반을 차지하고 그 군사는 4개 나라를 대항할 수가 있으며 험준한 산으로 둘려져 있고, 황하를 끼고 사방이 닫혀 있어 나라가 천연의 요새입니다. 또 날랜 군사가 100여 만, 전차가 1천 승, 기마가 1만 필, 군량은 산더미 같고, 법령은 밝아서 군사들은 고생을 잘 견디고 죽음을 가볍게 알며 임금은 총명하고 엄격하며, 장군은 지모가 있어 무력을 써 출병하지 않더라도 그 기세는 상산常山의 험한 땅이라도 멍석을 말듯 할 만하니 반드시 천하의 척추를 꺾을 것입니다. 천하 제후로서 늦게 진나라에 복종하는 자가 먼저 멸망할 것입니다. 더욱이 합종에 참가하는 자는 맹호를 공격하는 양 떼와 다름이 없을 것입니다. 호랑이와 양과는 적수가 되지 않음은 분명한 일입니다. 이제 대왕께서는 맹호와 손잡지 않고 양 떼와 함께 하고자 하시는데 가만히 생각해 보니 이와 같은 대왕의 계책은 옳다고 할 수 없습니다.

무릇 천하의 강국은 진나라가 아니면 초나라, 초나라가 아니면 진나라입니다. 이러한 두 나라가 서로 싸우면 그 세력은 양립되지 못합니다. 대왕께서 만일 진나라와 손잡지 않으면 진나라는 무장한 군사를 남쪽으로 내려보내어 의양宜陽을 칠 것이며 한나라 상지上地와는 길이 끊어질 것입니다. 진나라 군대가 하수 동쪽으로 남하하여 성고成皐를 빼앗으면 한나라는 틀림없이 진나라에 굴복할 것이며, 위나라는 그때마다 형세에 따라 움직일 것입니다. 진나라가 초나라의 서쪽을 공격하고 한·위가 초나라의 북쪽을 공격하면 초나라의 사직은 도저히 편안할 수 없습니다.

대체로 합종을 주장하는 자들은 힘이 약하고 작은 나라만을 모아서 제일 강한 진나라를 공격하되 적의 힘을 생각하지 않고 경솔하게 대들거나 나라가 가난한데도 자주 전쟁을 일으키고 있으니 위험에 빠져 자멸할 수밖에 없습니다. 제가 듣기로 '병력이 상대에 미치지 못하거든 싸움을 걸지 말고, 식량이 모자라거든 오래 싸우지 말라'고 하더이다. 저 합종을 주장하는 자들은 자신의 말을 아름답게 꾸며 임금이 진나라에 신하의 예로써 섬기지 않는 것을 절개와 지조라 하여 높이 받들고 합종의 이익만을 말할 뿐, 손해됨은 조금도 말하지 않습니다. 이 때문에 결국은 진나라의 공격을 받고 재앙을 불러오더라도 어쩔 방법이 없는 것입니다. 그러므로 대왕께서는 이 점을 깊이 생각하시기 바랍니다.

진나라는 서쪽에 파巴·촉蜀의 땅을 가지고 있습니다. 큰 배에 식량을 싣고 문산汶山으로부터 강을 따라 내려가면 초나라에까지 3천여 리, 배를 두 척씩 짝지우고 한 쌍의 배에 군사 50명과 석 달치 식량을 싣고 하루에 300여 리 갈 수 있습니다. 그러니 거리가 멀다 해도 우마의 노력을 들이지 않고도, 열흘 내에 한관扞關에 닿을 수 있습니다. 한관이 놀라 흔들리면 초나라의 경릉竟陵 동쪽은 포위를 당하여 성을 지키는 형세가 될 것입니다. 이렇게 되면 검중黔中·무군巫郡은 대왕의 소유가 될 수 없게 됩니다. 그리고 진나라가 군대를 이끌고 무관을 나와 남쪽을 향해 공격하면 초나라의 북지北地는 고립되고 말 것입니다.

진나라 군대가 초나라를 공격하면 석 달 안에 위기가 닥치는데 초나라가 제후들의 구원을 받으려면 반 년 이상이 걸립니다. 이래서는 그 세력이 필요한 때에 미치지 못합니다. 도대체 약한 나라의 구원을 기대하면서 강한 진나라의 화근을 잊고 계시니 신은 대왕을 위해 이를 근심하는 것입니다.

일찍이 대왕은 오나라 군대와 다섯 번을 싸워 세 번을 이겼으나 싸움에 나선 군사들은 전멸하였고 겨우 신성新城을 지켜 백성들의 고통만 남겼습니다. 제가 듣기로 '큰 공功은 기울어지기 쉽고, 피폐한 백성들은 윗사람을 원망하게 된다'라 하였습니다. 기울어지기 쉬운 공을 지키느라 강한 진나라의 뜻을 거역하는 것은, 신이 생각하건대 대왕께 위태로운 일입니다.

진나라가 함곡관 밖으로 출병하여 제·조 두 나라를 15년이나 공격하지 않은 것은 천하를 병합하려는 음모의 야심이 있었기 때문입니다. 일찍이 초나라가 진나라와 한중에서 싸웠을 때, 초군이 패하여 죽은 열후列侯와 집규자執珪者만도 70여 명이나 되었으며 끝내 한중 땅을 잃고 말았습니다. 그러자 초나라 왕은 크게 노하여 군사를 있는 대로 내어 진나라를 공격하고 남전藍田에서 싸웠습니다. 이러한 계책이란 두 마리 호랑이가 서로 겨루는 것과 같은 것은 형세로써, 결국 진·초가 함께 피로하고 한·위가 온전한 채로 있다가 뒤를 친다면 이보다 위험한 계책은 없습니다. 대왕께서는 깊이 생각해 주시기를 바랍니다.

진나라가 출병하여 위衛나라의 양진陽晉을 치면 천하 제후들의 심장을 막는 것이 됩니다. 만약 대왕께서 그 때 전 병력을 들어 송나라를 치면 몇 달 내에 송나라를 빼앗을 수 있을 것입니다. 송나라를 이끌고 동쪽으로 나아가 치면 사수泗水의 12제후국들은 모두 대왕의 차지가 될 것입니다.

무릇 천하 제후가 약정을 맺고 합종하여 서로 굳게 뭉치게 된 근본은 소진에게 있습니다. 소진은 무안군武安君이 되고 연나라 재상이 된 지 얼마 안 되어 연왕과 함께 몰래 제나라를 치고 그 땅의 분할을 꾀하였습니다. 이 때문에 소진은 연나라에서 죄를 입었다고 꾸며 제나라로 달아났는데 제나라 왕은 그를 받아들여 재상을 삼았습니다. 2년 뒤에 음모가 발각되어 제왕은 크게 노하여 소진을 저잣거리에서 거열형에 처하였습니다. 일개 사기꾼인 소진 따위가 천하를 다스려 제후들을 합종하려 한 것이 성공할 수 없었던 것은 당연한 일입니다.

지금 진나라와 초나라와는 경계를 잇대어 있어 지형을 말하더라도 근본부터 친하지 않으면 안 될 나라입니다. 대왕께서 진실로 신의 말씀을 받아들인다면 신은 진나라 태자를 초나라의 볼모로 보내고, 초나라 태자도 진나라에 볼모로 보내겠습니다. 진나라의 왕녀를 대왕의 시첩으로 삼게 하고 만 호戶의 도읍을 바쳐 대왕의 탕목읍湯沐邑으로 드리도록 하겠습니다. 이렇게 하여 두 나라가 형제 나라가 되어 영원히 서로 공격하는 일이 없어지면 이보다 더 좋은 계책은 없을 것입니다."

張儀旣出, 未去, 聞蘇秦死, 乃說楚王曰:「秦地半天下, 兵敵四國, 被險帶河, 四塞以爲固. 虎賁之士百餘萬, 車千乘, 騎萬匹, 積粟如丘山. 法令旣明, 士卒安難樂死, 主明以嚴, 將智以武, 雖無出甲, 席卷常山之險, 必折天下之脊, 天下有後服者先亡. 且夫爲從者, 無以異於驅羣羊而攻猛虎, 虎之與羊不格明矣. 今王不與猛虎而與羣羊, 臣竊以爲大王之計過也.

凡天下彊國, 非秦而楚, 非楚而秦, 兩國交爭, 其勢不兩立. 大王不與秦, 秦下甲據宜陽, 韓之上地不通. 下河東, 取成皐, 韓必入臣, 梁則從風而動. 秦攻楚之西, 韓·梁攻其北, 社稷安得毋危?

且夫從者聚羣弱而攻至彊, 不料敵而輕戰, 國貧而數擧兵, 危亡之術也. 臣聞之, 兵不如者勿與挑戰, 粟不如者勿與持久. 夫從人飾辯虛辭, 高主之節, 言其利不言其害, 卒有秦禍, 無及爲已. 是故願大王之孰計之.

秦西有巴蜀, 大船積粟, 起於汶山, 浮江已下, 至楚三千餘里. 舫船載卒, 一舫載五十人與三月之食, 下水而浮, 一日行三百餘里, 里數雖多, 然而不費牛馬之力, 不至十日而距扞關. 扞關驚, 則從境以東盡城守矣, 黔中·巫郡非王之有. 秦擧甲出武關, 南面而伐, 則北地絕. 秦兵之攻楚也, 危難在三月之內, 而楚待諸侯之救, 在半歲之外, 此其勢不相及也. 夫(待)[恃]弱國之救, 忘彊秦之禍, 此臣所以爲大王患也.

大王嘗與吳人戰, 五戰而三勝, 陣卒盡矣; 偏守新城, 存民苦矣. 臣聞功大者易危, 而民敝者怨上. 夫守易危之功而逆彊秦之心, 臣竊爲大王危之.

且夫秦之所以不出兵函谷十五年以攻齊·趙者, 陰謀有合天下之心. 楚嘗與秦構難, 戰於漢中, 楚人不勝, 列侯執珪死者七十餘人, 遂亡漢中. 楚王大怒, 興兵襲秦, 戰於藍田. 此所謂兩虎相搏者也. 夫秦·楚相敝而韓·魏以全制其後, 計無危於此者矣. 願大王孰計之.

秦下甲攻衛陽晉, 必大關天下之匈. 大王悉起兵以攻宋, 不至數月而宋可擧, 擧宋而東指, 則泗上十二諸侯盡王之有也.

凡天下而以信約從親相堅者蘇秦, 封武安君, 相燕, 卽陰與燕王謀伐破齊而分其地; 乃詳有罪出走入齊, 齊王因受而相之; 居二年而覺, 齊王大怒, 車裂蘇秦於市. 夫以一詐僞之蘇秦, 而欲經營天下, 混一諸侯, 其不可成亦明矣.

今秦與楚接境壤界, 固形親之國也. 大王誠能聽臣, 臣請使秦太子入質於楚, 楚太子入質於秦, 請以秦女爲大王箕帚之妾, 效萬室之都以爲湯沐之邑, 長爲昆弟之國, 終身無相攻伐. 臣以爲計無便於此者.」

◎ 굴원의 간언

이에 초나라 왕은 이미 장의를 손 안에 넣은 만큼 약속한 검중 땅을 진나라에 넘겨주는 것이 아깝다는 생각이 들었다. 그리하여 장의를 용서하고 그의 말을 받아들여 허락하고자 하였다.

그러자 굴원屈原이 이렇게 간하였다.

"지난 번 대왕은 장의에게 속았습니다. 이번에 또 장의가 오자 신은 대왕께서 그를 불에 익혀 죽이는 줄로 생각하였습니다. 이제 설령 그를 죽이지는 않는다 해도 그 요사스런 말을 듣는 것은 좋지 않은 일입니다."

그러자 회왕이 대답하였다.

"장의를 용서하고 검중 땅을 보전하는 것은 큰 이익이오. 한번 장의와 약속한 이상 그 약속을 저버릴 수 없소."

마침내 장의를 용서하고 진나라와 화친을 맺었다.

於是楚王已得張儀而重出黔中地與秦, 欲許之. 屈原曰:「前大王見欺於張儀, 張儀至, 臣以爲大王烹之; 今縱弗忍殺之, 又聽其邪說, 不可.」懷王曰:「許儀而得黔中, 美利也. 後而倍之, 不可.」故卒許張儀, 與秦親.

◎ 한韓나라에 대한 협박

장의는 초나라를 떠나 도중에 한나라에 들려 한왕에게 말하였다.

"한나라의 지세는 험준하고 많은 주민들이 산에서 살고 있습니다. 농사 짓는 곡식은 콩이 아니면 보리 정도, 백성들의 조석 끼니는 대개가 콩으로 지은 밥이나 콩죽입니다. 한 해라도 농사를 그르치면 백성들은 술지게미와 쌀겨조차 배불리 먹을 수 없습니다. 토지는 사방 900리에 지나지 않고 두 해를 견딜 만한 식량도 비축하지 못하고 있습니다. 대왕의 군사들을 살펴보건대 모두 다 해도 30만에 불과합니다. 그 가운데는 잡역부·짐꾼·취사병이 포함되어 있고, 변경을 지키는 군사들과 성을 지키는 군사들을 제외하면 현역은 20만에 불과합니다. 그런데 진나라는 무장 병력이 100여 만, 전차가 1천 승, 기마가 1만 필, 맨발로 투구도 쓰지 않은 채 돌격하는 자,

화살이 날아오는 앞에서도 창을 휘두르며 적에게로 달려드는 자, 그 용맹한 군사가 이루 헤아릴 수 없이 많습니다. 진나라의 말은 건장하고 기병들은 많습니다. 달릴 때는 앞다리로 앞을 차고, 뒷다리는 뒤를 밟아 한번 뛰면 굽과 굽 사이의 간격이 세 발이나 되는 날랜 말이 이루 셀 수도 없이 많습니다. 산동의 군사들은 갑옷을 입고 투구를 쓰고 싸움을 하는데 진나라 군사들은 갑옷을 벗고 적진 가운데로 뛰어들어 왼쪽으로 사람의 머리채를 잡아채고, 오른쪽으로는 사로잡아 겨드랑이에 낄 만큼 아주 용감합니다. 진나라 군사와 산동의 군사를 비교하면 마치 맹분孟賁과 겁쟁이를 나란히 세워 놓은 것 같습니다. 이처럼 진나라 군사가 산동 군사를 누르는 것은 마치 힘센 오획烏獲이 어린아이를 상대하는 것 같습니다. 맹분·오획 같은 군사로 하여금 복종하지 않는 약한 나라를 치는 것은 3만 근 무게를 새알 위에다 올려놓는 것과 같으니 요행으로 무난하기를 바랄 수는 없는 일입니다.

신하들과 제후들은 영토가 작은 것은 생각하지 않고 합종을 논하는 자들의 감언에 혹하여 한패가 되어서 모두 분함을 토하면서 '우리의 계략을 들어라. 그러면 천하의 강국으로서 승리를 부를 것이다'라고 말합니다. 나라의 영원한 이익을 돌아보지 아니하고 한때의 경박한 말을 듣는다면 대왕을 그르치게 하는 것이 이보다 더 심한 것은 없을 것입니다.

만약 대왕께서 진나라를 섬기지 않는다면, 진나라는 군사를 출동시켜 의양을 차지하고 한나라 상당上黨의 땅을 차단하여 동쪽의 성고·형양을 빼앗을 것입니다. 그렇게 되면 홍대궁鴻臺宮과 상림원桑林苑이 적의 손에 들어가고 말 것입니다. 진나라가 성고의 길을 막고 상당 땅을 고립시키면, 대왕의 나라는 쪼개지고 말 것입니다. 다른 나라보다 먼저 진나라를 섬기면 태평하겠거니와 그렇지 못하면 위험합니다. 스스로 화를 만들어 복이 돌아오기를 바란다면 계략으로서는 얕은 것이며 이는 진나라의 원한만 깊어질 따름입니다. 진나라를 거스르고 초나라를 따른다면 망하지 않고자 해도 망하지 않을 수가 없습니다.

그런 까닭에 대왕을 위해 생각하건대 진나라를 섬기는 것이 가장 좋습니다. 진나라가 바라는 것은 초나라를 위축시키는 일이 첫째며, 초나라를 위축시킬 수 있기로는 한나라보다 더한 나라가 없습니다. 이것은 한나라가 초나라보다 강해서가 아니라 지세가 그렇게 형성되어 있는 것입니다. 이제 만약 대왕께서 서쪽을 향하여 진나라를 섬기고 초나라를 치면 진나라 왕은 틀림없이 기뻐할 것입니다. 초나라를 쳐서 땅을 빼앗고 화를 돌려 진나라를 기쁘게 한다면 더 이상 좋은 계책이 없을 것입니다."

한나라 왕이 장의의 모책에 따르기로 하자 장의는 진나라로 돌아와 보고하였다. 진나라 혜왕은 장의를 5읍邑의 영주로 봉하고 무신군武信君이란 호를 내렸다.

張儀去楚, 因遂之韓, 說韓王曰:「韓地險惡山居, 五穀所生, 非菽而麥, 民之食大抵(飯)菽[飯]藿羹. 一歲不收, 民不饜糟糠. 地不過九百里, 無二歲之食. 料大王之卒, 悉之不過三十萬, 而廝徒負養在其中矣. 除守徼亭鄣塞, 見卒不過二十萬而已矣. 秦帶甲百餘萬, 車千乘, 騎萬匹, 虎賁之士跿跔科頭貫頤奮戟者, 至不可勝計. 秦馬之良, 戎兵之衆, 探前趹後蹄閒三尋騰者, 不可勝數. 山東之士被甲蒙胄以會戰, 秦人捐甲徒裼以趨敵, 左挈人頭, 右挾生虜. 夫秦卒與山東之卒, 猶孟賁之與怯夫; 以重力相壓, 猶烏獲之與嬰兒. 夫戰孟賁·烏獲之士以攻不服之弱國, 無異垂千鈞之重於鳥卵之上, 必無幸矣.

夫羣臣諸侯不料地之寡, 而聽從人之甘言好辭, 比周以相飾也, 皆奮曰『聽吾計可以彊霸天下』. 夫不顧社稷之長利而聽須臾之說, 註誤人主, 無過此者.

大王不事秦, 秦下甲據宜陽, 斷韓之上地, 東取成皐·滎陽, 則鴻臺之宮·桑林之苑非王之有也. 夫塞成皐, 絶上地, 則王之國分矣. 先事秦則安, 不事秦則危. 夫造禍而求其福報, 計淺而怨深, 逆秦而順楚, 雖欲毋亡, 不可得也.

故爲大王計, 莫如爲秦. 秦之所欲莫如弱楚, 而能弱楚者莫如韓. 非以韓能彊於楚也, 其地勢然也. 今王西面而事秦以攻楚, 秦王必喜. 夫攻楚以利其地, 轉禍而說秦, 計無便於此者.」

韓王聽儀計. 張儀歸報, 秦惠王封儀五邑, 號曰武信君.

◎ 제나라에 대한 협박

혜왕은 장의를 동쪽 제나라에 보내어 민왕湣王을 설득하도록 하였다. 장의는 민왕에게 이렇게 말하였다.

“천하의 강국으로서는 제나라에 미칠 만한 나라는 없습니다. 대신과 부형父兄들은 모두 살림이 번성하고 부귀와 안락을 누리고 있습니다. 그러면서도 대왕을 위해 계책을 내는 자들은 모두 한때의 의논에 끌려서 장구한 이익을 돌아보지 않고 있습니다. 합종의 이론을 가지고 대왕께 말씀드리는 자는 틀림없이 이렇게 말할 것입니다. ‘제나라는 서쪽에 강국 조나라가 있고, 남쪽에 한나라와 위나라가 있으며, 배후에 바다를 등지고 있으며 땅은 넓고, 백성들이 많으며 군사는 강하고 용감하여 진나라가 100개 있더라도 제나라를 어쩌지 못한다’라고 말입니다. 대왕께서는 이 말을 현명한 것으로 알고 그 실질을 헤아려 보지 않습니다. 저 합종을 주장하는 자들은 서로 도당을 만들어 한패가 되어서 합종을 옳다고 하지 않는 자가 없습니다.

신이 듣건대 ‘일찍이 제나라와 노나라가 세 번 싸워 노나라는 세 번 모두 이기고도 나라가 위태하게 되어 마침내 망하였다’고 합니다. 싸움에 이겼다는 명분은 있으면서 실제로는 망한 것입니다. 이것은 무엇 때문이겠습니까? 제나라는 대국, 노나라는 소국이기 때문입니다.

지금 진나라와 제나라의 경우도 제나라와 노나라의 예와 다를 것이 없습니다. 진나라와 조나라가 황하와 장하漳河 근방에서 두 번 싸워 조나라가 두 번 모두 이겼습니다. 조나라 번오番吾의 성 아래서도 두 번을 싸워 또 진나라에 이겼습니다. 그러나 네 번을 싸운 뒤에 조나라의 전사자는 수십만에 달하였고 간신히 서울 한단邯鄲을 유지하였을 뿐입니다. 조나라에는 전승의 명예는 있었지만 나라는 이미 다 파괴된 것입니다. 무엇 때문이겠습니까? 오직 진나라가 강하고 조나라가 약하였기 때문입니다.

이제 진나라와 초나라는 며느리를 맞아 오고 딸을 시집보내 사돈 관계가 되었습니다. 한나라는 진나라에 의양 땅을 바치고, 위나라는 하외를 바쳤으며, 조나라는 민지澠池에 입조하여 하간河間 땅을 떼어 주고 진나라를 섬기고 있습니다. 대왕께서 만약 진나라를 섬기지 않으면 진나라는 한·위를 앞장세워 제나라의 남쪽을 공격하고, 조나라의 병력을 들어서 청하淸河를 건너 박관博關으로 쳐들어올 것입니다. 그렇게 되면 임치臨菑·즉묵卽墨은 대왕의 소유가 되지 못합니다. 제나라가 한번 진나라에 공격을 받게 되면 진나라를 섬기고 싶어도 때가 늦고 맙니다. 그러므로 대왕께서는 깊이 생각하시기를 바랍니다."

제나라 왕은 이렇게 말하였다.

"제나라는 외지에 있는 보잘것없는 나라로서 동해 근방에 숨어 있어 지금껏 국가의 장구한 이익에 대해 들어본 적이 없었소."

제나라 민왕은 장의의 진언을 받아들였다.

使張儀東說齊湣王曰:「下彊國無過齊者, 大臣父兄殷衆富樂. 然而爲大王計者, 皆爲一時之說, 不顧百世之利. 從人說大王者, 必曰『齊西有彊趙, 南有韓與梁. 齊, 負海之國也, 地廣民衆, 兵彊士勇, 雖有百秦, 將無柰齊何』. 大王賢其說而不計其實. 夫從人朋黨比周, 莫不以從爲可. 臣聞之, 齊與魯三戰而魯三勝, 國以危亡隨其後, 雖有戰勝之名, 而有亡國之實. 是何也? 齊大而魯小也. 今秦之與齊也, 猶齊之與魯也. 秦·趙戰於河·漳之上, 再戰而趙再勝秦; 戰於番吾之下, 再戰又勝秦. 四戰之後, 趙之亡卒數十萬, 邯鄲僅存, 雖有戰勝之名而國已破矣. 是何也? 秦彊而趙弱.

今秦·楚嫁女娶婦, 爲昆弟之國. 韓獻宜陽; 梁效河外; 趙入朝澠池, 割河閒以事秦. 大王不事秦, 秦驅韓·梁攻齊之南地, 悉趙兵渡淸河, 指博關, 臨菑·卽墨非王之有也. 國一日見攻, 雖欲事秦, 不可得也. 是故願大王孰計之也.」齊王曰:「齊僻陋, 隱居東海之上, 未嘗聞社稷之長利也.」乃許張儀.

조나라에 대한 협박

장의는 이번에는 제나라를 떠나 서쪽 조나라로 가서 조왕을 설득하러 나섰다.

"우리 진나라 왕께서 저를 사신으로 보내어 대왕께 계책을 말씀드리도록 하였습니다. 대왕께서는 천하 제후를 영도하여 진나라를 배척하였으며, 그로 인해 진나라 군대는 15년 동안 함곡관을 넘어오지 못하였으니, 대왕의 위력은 산동에 두루 미치고 있습니다. 우리 진나라는 이를 두려워하여 무기를 정비하고 군사를 훈련시키며 거마를 꾸미고 무예를 익히며, 경작에 힘써 군량미를 비축하고, 사방 국경을 지켜 나라일을 걱정할 뿐, 감히 일을 일으킬 엄두를 내지 못하고 있습니다. 게다가 대왕께서는 진나라의 허물을 깊이 꾸짖는 데에 마음을 두고 있기 때문입니다.

이제야 진나라는 왕의 힘으로 파·촉을 공략하여 한중을 병합하고, 양주兩周를 포용하여 구정을 돌려 주고 백마의 나루를 지키게 되었습니다. 진나라는 비록 벽지에 처한 나라이지만, 오랫동안 마음에 분함과 원한을 품어 왔습니다. 지금 진나라의 무장한 군사는 피곤하고 쇠약하다고는 하지만. 민지에 진을 치고 있습니다. 바라는 것은 황하와 장하를 넘어, 번오를 차지하고, 조나라 수도 한단 성 아래에서 갑자일甲子日에 조나라 군사와 대전하여 은나라 주왕을 정벌한 것처럼 잘못된 일을 바로잡고자 합니다. 삼가 저를 사신으로 보내 이를 말씀드리도록 한 것입니다.

대체로 대왕께서 합종의 유리함을 믿게 된 것은 소진을 믿었기 때문입니다. 소진은 제후들을 현혹시켜 옳은 것을 그르다고 하고 그른 것을 옳다고 하여 제나라를 뒤집어엎으려 하다가 일이 발각되자 스스로 원하여 장터에서 거열형을 받았습니다. 그런 사람에 의해서 천하가 연합되지 않을 것은 처음부터 명백한 일이었습니다. 이제야 초나라는 진나라와 형제의 나라가 되었고 한·위는 동쪽의 울타리가 되어 신하라고 일컬어 진나라를 섬기고, 제나라는 물고기와 소금이 나는 지대를 진나라에 바쳤습니다. 이것은 조나라의 오른팔을 끊은 것이나 마찬가지입니다. 무릇 오른팔을 잘렸으면서 남과 싸우려 하고, 고립되었으면서 나라가 편안하기를 바란다면 이 어찌 가능하겠습니까?

이제 진나라가 세 장군을 보내게 되면 한 무리의 군대는 오도午道를 막고 제나라에 통고하여 군사를 내게 하고, 청하를 건너서 조나라 한단 동쪽에 진을 치고, 다른 한 무리의 군사는 성고에 진을 치고 한·위의 군사를 일으켜서 황하 남서쪽에 진을 치고, 나머지 한 무리의 군사들은 민지에 진을 친 다음 진·제·한·위의 네 나라가 힘을 합쳐 조나라를 공격할 것입니다. 조나라가 패하면 조나라 땅은 틀림없이 네 나라가 나누어 가질 것입니다. 그러므로 이 일을 굳이 숨기지 않고 미리 좌우에 말씀드리는 것은, 신이 은근히 대왕을 위해 생각건대 대왕께서는 진나라 왕과 민지에서 회견하고 서로 얼굴을 맞대어 직접 말로써 서로 친선을 맺어 출병을 억제하고, 진나라에서 먼저 공격하는 일이 없도록 대왕께서 방책을 정하시기 바라기 때문입니다."

조나라 왕이 말하였다.

"선왕 숙후肅侯 때에 아우 봉양군奉陽君이 권세를 마음대로 휘둘러 숙후를 속이고 정치를 독단하였소. 과인은 나이가 어려 스승의 가르침을 받고 있었을 뿐 나라의 계책에 참여한 일이 없었소. 선왕이 작고하시자 과인은 연소한 나이로 즉위하여 종묘에 제사를 받든 지가 얼마 되지 않아 합종에 대해서는 어떻게 할 것인가 마음 속으로 미심쩍어 하였소. 그 뒤에 합종 때문에 진나라를 섬기지 못하는 것은, 국가의 장구한 이익이 되지는 못함을 알아 종전의 생각을 바꿔 땅을 쪼개어 지난날의 과오를 사과하고, 진나라를 섬기기를 원하고 있었소. 그리하여 마침 수레를 준비하여 진나라로 떠나려는데 사자使者의 명쾌한 가르침을 받게 되었소."

이렇게 하여 조나라 왕이 장의의 말을 받아들이자 장의는 조나라를 떠났다.

張儀去, 西說趙王曰:「敝邑秦王使使臣效愚計於大王. 大王收率天下以賓秦, 秦兵不敢出函谷關十五年. 大王之威行於山東, 敝邑恐懼懾伏, 繕甲厲兵, 飾車騎, 習馳射, 力田積粟, 守四封之內, 愁居懾處, 不敢動搖, 唯大王有意督過之也.

今以大王之力, 擧巴蜀, 幷漢中, 包兩周, 遷九鼎, 守白馬之津. 秦雖僻遠, 然而心忿含怒之日久矣. 今秦有敝甲凋兵, 軍於澠池, 願渡河踰漳, 據番吾, 會邯鄲之下, 願以甲子合戰, 以正殷紂之事, 敬使使臣先聞左右.

凡大王之所信爲從者恃蘇秦. 蘇秦熒惑諸侯, 以是爲非, 以非爲是, 欲反齊國, 而自令車裂於市. 夫天下之不可一亦明矣. 今楚與秦爲昆弟之國,而韓·梁稱爲東藩之臣, 齊獻魚鹽之地, 此斷趙之右臂也. 夫斷右臂而與人鬪, 失其黨而孤居, 求欲毋危, 豈可得乎?

今秦發三將軍: 其一軍塞午道, 告齊使興師渡淸河, 軍於邯鄲之東; 一軍軍成皐, 驅韓·梁軍於河外; 一軍軍於澠池. 約四國爲一以攻趙, 趙(服)[破], 必四分其地. 是故不敢匿意隱情, 先以聞於左右. 臣竊爲大王計, 莫如與秦王遇於澠池, 面相見而口相結, 請案兵無攻. 願大王之定計.」

趙王曰:「先王之時, 奉陽君專權擅勢, 蔽欺先王, 獨擅綰事, 寡人居屬師傅, 不與國謀計. 先王弃羣臣, 寡人年幼, 奉祀之日新, 心固竊疑焉, 以爲一從不事秦, 非國之長利也. 乃且願變心易慮, 割地謝前過以事秦. 方將約車趨行, 適聞使者之明詔.」趙王許張儀, 張儀乃去.

연나라에 대한 협박

장의는 다시 북쪽 연나라로 가 소왕昭王을 설득하였다.

"대왕께서 가장 친하게 교제하는 나라는 조나라입니다. 그러나 지난날 조양자趙襄子는 자기 누님을 대代나라 왕의 아내로 보낸 적이 있습니다. 그것은 대代나라를 병합하려는 마음에서였습니다. 그리하여 대나라 왕과 구주산句注山의 성채에서 회견하기를 약속하고, 한편 공인에게 명하여 금두金斗를 만들되 그 자루를 길게 하여 사람을 칠 수 있도록 하였습니다. 그리고 대나라 왕과 술을 마시는 척하면서 몰래 요리사에게 이렇게 일러두었습니다.

'주연이 한창 흥겨워질 때에, 금두로 뜨거운 음식을 권하다가 그것을 돌려 잡아 대나라 왕을 쳐라.'

그리하여 주연이 한창 무르익을 때 요리사는 조나라 왕이 명령한 대로 금두를 돌려 잡고 대나라 왕을 내리쳐 죽였습니다. 조양자의 누님은 그 소식을 듣고 비녀를 날카롭게 갈아 자결하였습니다. 그런 까닭에 지금도 마계산摩笄山라는 이름의 산이 있습니다. 대나라 왕의 죽음은 천하에서 모르는 자가 없습니다. 이와 같이 조나라 왕이 무도하고 인정이 없는 것은 대왕께서도 잘 아실 것입니다. 그러니 누가 조나라 왕과 친할 생각을 가지겠습니까? 일찍이 조나라는 군사를 출동하여 연나라를 공격하고 다시 연나라 수도를 포위하여 대왕을 위협하였습니다. 대왕께서는 10개 성을 주어 사죄하였습니다.

그런데 조나라 왕은 지금 민지에 입조하여 하간 땅을 바치고 진나라를 섬기고 있습니다. 이제 만약 대왕께서 진나라를 섬기지 않으면, 진나라는 군사를 운중·구원으로 보내 조나라 군대를 시켜 연나라를 칠 것입니다. 그렇게 되면 역수易水·장성도 대왕의 소유가 될 수 없게 됩니다.

지금 조나라의 진나라에 대한 관계는 마치 진나라의 고을과 같으니, 조나라가 함부로 군사를 일으켜 진나라를 공격하는 일은 있을 수 없습니다. 이제 대왕께서 진나라를 섬기게 되면 진나라 왕은 틀림없이 기뻐할 것이며 조나라도 마구 행동하지 못할 것입니다. 이것은 서쪽에 강한 진나라의 원조가 있고 남쪽으로는 제·조의 화근이 사라지게 되는 것입니다. 그러므로 대왕께서는 생각을 깊이 하시기를 바랍니다."

연나라 왕은 말하였다.

"과인은 미개한 변방 오랑캐 땅에 있어서 생기기는 대장부와 같으나, 생각은 어린아이와 같아서 올바른 계책을 얻기에 부족하였소. 이제 다행히 선생으로부터 가르침을 얻었소. 바라건대 서쪽을 향하여 진나라를 섬기리다. 그리고 항산恒山 기슭 5개 성을 진나라에 바치리다."

이렇게 하여 연왕도 역시 장의의 말을 따르기로 하였다.

北之燕, 說燕昭王曰:「大王之所親莫如趙. 昔趙襄子嘗以其姊爲代王妻, 欲幷代, 約與代王遇於句注之塞. 乃令工人作爲金斗, 長其尾, 令可以擊人. 與代王飮, 陰告廚人曰:『卽酒酣樂, 進熱啜, 反斗以擊之.』於是酒酣樂, 進熱啜, 廚人進斟, 因反斗以擊代王, 殺之, 王腦塗地. 其姊聞之, 因摩笄以自刺, 故至今有摩笄之山. 代王之亡, 天下莫不聞.

夫趙王之很戾無親, 大王之所明見, 且以趙王爲可親乎? 趙興兵攻燕, 再圍燕都而劫大王, 大王割十城以謝. 今趙王已入朝澠池, 效河閒以事秦. 今大王不事秦, 秦下甲雲中·九原, 驅趙而攻燕, 則易水·長城非大王之有也.

且今時趙之於秦猶郡縣也, 不敢妄擧師以攻伐. 今王事秦, 秦王必喜,趙不敢妄動, 是西有彊秦之援, 而南無齊·趙之患, 是故願大王孰計之.」

燕王曰:「寡人蠻夷僻處, 雖大男子裁如嬰兒, 言不足以采正計. 今上客幸教之, 請西面而事秦, 獻恆山之尾五城.」燕王聽儀.

◎ 무왕에게 미움을 받고 있던 장의

장의는 이를 보고하기 위하여 진나라로 돌아왔는데 미처 함양에 도착하기 전에 혜왕이 죽고 뒤를 이어 무왕武王이 들어섰다.

무왕은 태자 때부터 장의를 싫어하였다. 그가 즉위하자 여러 신하들은 보란듯이 장의를 헐뜯기 시작하였다.

"장의는 말과 행동이 믿을 수 없는 사람으로 여기저기에 나라를 팔고 다니며 자기의 출세만을 생각하고 있습니다. 만일 진나라가 굳이 그를 등용한다면 천하의 웃음거리가 될 것입니다."

제후들은 장의가 무왕과 사이가 벌어져 있고 틈이 있다는 것을 듣자, 모두 연횡을 반대하여 다시 합종을 추진하기에 이르렀다.

진나라 무왕 원년에, 신하들은 밤낮으로 장의를 비방하고 욕하기를 그치지 않았다. 때마침 진나라가 장의를 등용하고 있는 것을 책하는 사자가 제나라에서 왔다. 장의는 죽게 될 것을 겁내어 무왕에게 말하였다.

"신에게 어리석지만 한 방책이 있으니 말씀드리게 해 주십시오."

무왕이 물었다.

"어떠한 일이오?"

장의가 설명하였다.

"진나라의 사직을 위한 계책입니다, 동쪽에 큰 변란이 있어야 대왕께서는 제후의 많은 땅을 거두어들일 수 있습니다. 이제 들으니 제나라 왕이 저를 매우 미워하는 모양입니다. 따라서 제가 있는 곳이라면 틀림없이 군사를 일으켜 그 어느 곳이든 치려고 할 것입니다. 그러므로 불초한 저에게 틈을 주시어 위魏나라로 가는 것을 허락하여 주시기 바랍니다. 그러면 제나라는 틀림없이 군사를 일으켜 위나라를 칠 것입니다. 그리하여 위·제 군사가 성 아래에 잇달아 밀고 당기고 하게 되면, 대왕께서는 그 틈을 타서 한나라를 치고 삼천 땅에 들어가 군사를 함곡관 밖으로 내보내어 별로 싸울 것도 없이 주나라로 나아가면 반드시 천자의 제기祭器를 손에 넣을 수 있을 것입니다. 천자를 끼고 천하의 토지와 호적을 점검하는 것, 이것이 왕자王者의 사업입니다."

진나라 왕은 그렇다고 여겨 수레 30대를 갖추어 장의를 위나라로 보내주었다. 과연 제나라는 군사를 일으켜 위나라를 쳤다. 위나라 애왕哀王이 두려워하자 장의가 말하였다.

"대왕께서는 걱정하지 마십시오. 제나라 군사를 물러가도록 하겠습니다."

儀歸報, 未至咸陽而秦惠王卒, 武王立. 武王自爲太子時不說張儀, 及卽位, 羣臣多讒張儀曰:「無信, 左右賣國以取容. 秦必復用之, 恐爲天下笑.」諸侯聞張儀有郤武王, 皆畔衡, 復合從.

秦武王元年, 羣臣日夜惡張儀未已, 而齊讓又至. 張儀懼誅, 乃因謂秦武王曰:「儀有愚計, 願效之.」王曰:「柰何?」對曰:「爲秦社稷計者, 東方有大變, 然後王可以多割得地也. 今聞齊王甚憎儀, 儀之所在, 必興師伐之. 故儀願乞其不肖之身之梁, 齊必興師而伐梁. 梁·齊之兵連於城下而不能相去, 王以其閒伐韓, 入三川, 出兵函谷而毋伐, 以臨周, 祭器必出. 挾天子, 按圖籍, 此王業也.」秦王以爲然, 乃具革車三十乘, 入儀之梁. 齊果興師伐之. 梁哀王恐. 張儀曰:「王勿患也, 請令罷齊兵.」

◎ 장의를 미워한다면서 도리어 의지하고 있군요

그리하여 사인舍人 풍희馮喜를 초나라에 보내어 초나라 사자의 명의를 빌려 제나라에 들여보내 제나라 왕에게 이렇게 말하도록 하였다.

"왕께서는 장의를 매우 미워하십니다. 그러면서도 대왕께서는 진나라보다 장의에게 더 의지하고 계십니다."

제왕이 말하였다.

"과인은 장의를 미워하오. 장의가 있는 곳은 그 어디라도 내 그 나라를 칠 것이오. 그런데 어찌하여 장의에게 더 의지한다는 것이오?"

풍희가 말하였다.

“바로 그것이 대왕께서 장의에게 의지하는 것이 됩니다. 장의는 진나라에서 위나라로 가면서 진왕과 이렇게 약속하였답니다.

‘임금을 위한 계책인데 동방에 큰 변란이 있어야 임금은 제후의 땅을 많이 거둘 수가 있다. 이제 제나라 왕은 매우 장의를 미워한다. 이에 장의가 나타나 머무르는 나라는 틀림없이 군사를 일으켜 칠 것이다. 그러므로 위나라에 가도록 허락을 해 달라. 내가 위나라에 가면 반드시 제나라 군사가 위나라를 칠 것이고 그리하여 제·위의 군사가 성 아래에서 싸우게 되면 임금은 그 틈을 타서 한나라를 치고 삼천 땅에 들어가서 군사를 함곡관 밖으로 동원하여 그대로 주나라로 나아가면, 천자의 제기를 반드시 손에 넣게 될 것이다. 천자를 끼고 천하의 토지와 호적을 통할하는 것이야말로 왕업이 되는 것이다.’

진나라 왕은 그렇게 되리라 생각하여 수레 30대를 갖추어 그를 위나라에 보내 주었던 것입니다. 이제 장의는 위나라에 가 있고, 대왕께서는 과연 위나라를 쳤습니다. 이리하여 대왕께서는 안으로 나라를 피폐케 만들고, 밖으로 동맹한 나라를 쳐서 이웃 적국의 땅을 넓히는 데 몸소 도와 주셨으니, 장의를 진나라 왕이 신용토록 한 것입니다. 바로 이것이 대왕께서 장의에게 의지하고 있다고 말씀드린 이유입니다.”

제나라 왕이 말하였다.

“옳은 말이오.”

제나라 왕은 곧 군사를 물렸다. 장의는 위나라 재상이 된 지 1년 만에 위나라에서 죽었다.

乃使其舍人馮喜之楚, 借使之齊, 謂齊王曰:「王甚憎張儀; 雖然, 亦厚矣王之託儀於秦也!」齊王曰:「寡人憎儀, 儀之所在, 必興師伐之, 何以託儀?」對曰:「是乃王之託儀也. 夫儀之出也, 固與秦王約曰:『爲王計者, 東方有大變, 然後王可以多割得地. 今齊王甚憎儀, 儀之所在, 必興師伐之. 故儀願乞其不肖之身之梁, 齊必興師伐之. 齊·梁之兵連於城下而不能相去, 王以其閒伐韓, 入三川, 出兵函谷而無伐, 以臨周, 祭器必出. 挾天子, 案圖籍, 此王業也.』

秦王以爲然, 故具革車三十乘而入之梁也. 今儀入梁, 王果伐之, 是王內罷國而外伐與國, 廣鄰敵以內自臨, 而信儀於秦王也. 此臣之所謂『託儀』也.」齊王曰:「善.」乃使解兵.

張儀相魏一歲, 卒於魏也.

〈2〉진진陳軫

마을에 쫓겨난 여자가 그곳에서 재혼할 수 있다면

진진陳軫은 유세를 하는 자로써 장의와 함께 진나라 혜왕을 섬기고 중직에 올라 임금의 총애를 다투었다. 장의가 진진을 진나라 왕에게 헐뜯어 말하였다.

"진진이 예물을 가지고 사신으로 진·초의 사이로 오가는 것은 국교에 공헌하려고 하는 일입니다. 그런데 초나라가 진나라에 가까이하지 않고 진진을 극진히 대우하는 것은, 진진이 자신의 영리를 우선하고, 대왕을 위한 일은 그저 그렇게 하기 때문입니다. 진진은 진나라를 떠나 초나라에 가기를 원하고 있습니다. 왕께서는 어찌 그 이유를 묻지 않습니까?"

진나라 왕은 진진에게 말하였다.

"듣건대 그대는 진나라를 떠나서 초나라로 가는 것을 바란다니 그것이 사실이오?"

진진이 대답하였다.

〈미인도〉 新疆 吐峪溝 출토 殘畫

"사실입니다."

진왕이 말하였다.

"장의가 말한 것은 사실이었군."

진진이 대답하였다.

"장의만이 알고 있는 것이 아닙니다. 길가는 사람들까지도 모두가 알고 있습니다. 옛날에 오자서伍子胥가 임금에게 충성을 다하자 천하 제후들이 서로 다투어 오자서와 같은 사람을 신하로 맞아들였으면 하였고, 증삼曾參이 그 어버이께 효도를 다하자 천하 어버이들은 모두 증삼과 같은 아들을 두었으면 하고 원하였습니다. 이를 두고 생각해 보면 노비를 파는데 그 마을 안에서 팔리면 좋은 노비입니다. 소박맞고 쫓겨난 여자가 그 마을에서 재혼할 수 있으면 그러한 여자는 어진 여자입니다. 이제 진진이 자신의 임금에게 충성하지 않는 자라면 초나라에선들 어찌 저 진진을 충성할 자라고 믿어주겠습니까? 충성을 해도 이제는 버림을 받는 지경에 이르렀습니다. 저 진진이 초나라로 가지 않고서 어디로 가겠습니까?"

진나라 왕은 그 말을 듣고 과연 옳은 말이라 하여 그로부터 드디어 그를 잘 대우해 주었다.

陳軫者, 游說之士. 與張儀俱事秦惠王, 皆貴重, 爭寵. 張儀惡陳軫於秦王曰:「軫重幣輕使秦·楚之閒, 將爲國交也. 今楚不加善於秦而善軫者, 軫自爲厚而爲王薄也. 且軫欲去秦而之楚, 王胡不聽乎?」王謂陳軫曰:「吾聞子欲去秦之楚, 有之乎?」軫曰:「然.」王曰:「儀之言果信矣.」軫曰:「非獨儀知之也, 行道之士盡知之矣. 昔子胥忠於其君而天下爭以爲臣, 曾參孝於其親而天下願以爲子. 故賣僕妾不出閭巷而售者, 良僕妾也; 出婦嫁於鄕曲者, 良婦也. 今軫不忠其君, 楚亦何以軫爲忠乎? 忠且見弃, 軫不之楚何歸乎?」王以其言爲然, 遂善待之.

진진과 서수

장의가 진나라에 있은 지 1년 만에 진나라 혜왕이 끝내 장의를 재상으로 삼자 진진은 초나라로 달아났다. 초나라는 아직 진진을 중히 쓰지는 않은 채 우선 그를 진나라에 사신으로 보냈다. 도중에 위나라를 지나다 서수犀首를 만나고자 하였으나, 서수는 딱 잘라 만나 주지 않았다.

진진이 말하였다.

"나는 일 때문에 그대를 찾아 왔는데 그대가 만나 주지 않으니 그럼 그냥 떠나겠소. 이제 진진을 두 번 다시 만나지 못할 것이오."

서수가 나와서 만나자 진진이 말하였다.

"그대는 어째서 술만 마시고 있소?"

서수가 말하였다.

"할 일이 없기 때문이오."

진진이 제의하였다.

"그러면 입을 닫아야 할 만큼 그대를 바쁘게 해 주어도 되겠소?"

서수가 물었다.

"어떻게 하겠다는 것이오?"

진진은 이렇게 말하였다.

"위나라 재상 전수田需는 제후들과 합종을 약속하였는데, 초왕은 그를 의심하여 아직 신용하지 않고 있소. 그대는 위나라 왕에게 '신은 전부터 연·조나라의 왕과 교분이 있는데 그들이 자주 사람을 보내와 위나라에서 일이 없으면 어찌하여 과인에게 오지 않느냐고 말합니다. 바라옵건대 신이 연·조나라에 가는 것을 허락해 주십시오'라고 말하시오. 왕이 허락을 하여도 그대는 수레를 너무 많이 따르게 해서는 안 되오. 수레 30대면 족하오. 이것을 뜰에 늘어 세워 연나라와 조나라에 가노라고 떠벌리시오."

서수는 진진이 시키는 대로 하였다. 그러자 위나라의 빈객으로 와 있던 연·조나라의 유세객들은 이 소식을 듣고 본국으로 수레를 달려 임금에게 보고하고 사람을 시켜 서수를 맞이하게 하였다.

초나라 왕은 이를 듣고 크게 노하여 말하였다.

"전수가 과인에게 약속한 것이 있는데 서수가 연나라와 조나라에 가는 것은 나를 속이는 것이다."

초나라 왕은 분개하여 전수의 합종을 듣지 않았다. 제나라는 서수가 북쪽으로 간다는 소식을 듣고 사자를 보내어 제나라의 국사를 맡기려

하였다. 서수가 북으로 가자 제·연·조 세 나라 재상의 정사는 모두 서수에 의해 결정되었다.

진진이 마침내 진나라에 도착하였다.

居秦期年, 秦惠王終相張儀, 而陳軫奔楚. 楚未之重也, 而使陳軫使於秦. 過梁, 欲見犀首. 犀首謝弗見. 軫曰:「吾爲事來, 公不見軫, 軫將行, 不得待異日.」犀首見之. 陳軫曰:「公何好飮也?」犀首曰:「無事也.」曰:「吾請令公厭事可乎?」曰:「柰何?」曰:「田需約諸侯從親, 楚王疑之, 未信也. 公謂於王曰:『臣與燕·趙之王有故, 數使人來, 曰無事何不相見, 願謁行於王.』王雖許公, 公請毋多車, 以車三十乘, 可陳之於庭, 明言之燕·趙.」燕·趙客聞之, 馳車告其王, 使人迎犀首. 楚王聞之大怒, 曰:「田需與寡人約, 而犀首之燕·趙, 是欺我也.」怒而不聽其事. 齊聞犀首之北, 使人以事委焉. 犀首遂行, 三國相事皆斷於犀首. 軫遂至秦.

고향을 그리워하는 사람

그 무렵 한나라와 위나라가 서로 싸움을 벌인 지 1년이 지나도 결판이 나지 않고 있었다. 진나라 혜왕은 이들을 화해시켜 구해 주기 위하여 좌우 신하들에게 물었다. 혹자가 이렇게 말하였다.

"화해시키는 것이 이익이다."

또 어떤 자는 이렇게 말하였다.

"화해시키지 않는 것이 이익이다."

혜왕이 결정을 짓지 못하고 있을 때에 마침 진진이 진나라에 도착하였다. 혜왕이 진진에게 물었다.

"그대는 과인을 버리고 초나라에 가서도 과인을 생각하였소?"

진진이 대답하였다.

"대왕께서는 월나라 사람 장석莊舃에 대해 들어보신 적이 있습니까?"

왕이 말하였다.

"듣지 못하였소."

진진이 말하였다.

"월나라 사람 장석은 초나라를 섬겨 집규執珪로 있은 지 얼마 되지 않아 병이 났습니다. 초나라 왕이 '장석은 본디 미천한 월나라 사람으로서 이제 초나라를 섬겨 집규에 올라 존귀한 몸이 되었는데 아직까지 월나라를 그리워하고 있을까?'라고 물었더니 중사中謝가 '무릇 사람이 고향을 그리워하는 것은 병들었을 때입니다. 그가 월나라를 그리워하고 있다면 월나라 말을 할 것이며, 월나라를 그리워하고 있지 않다면 초나라 말로 얘기할 것입니다'라고 대답하였습니다. 그리하여 장석에게 사람을 보내어 들어보게 하였더니 역시 그는 월나라 말로 중얼거리더라는 것입니다. 저는 버림받고 쫓겨 초나라에 의탁하였지만 어찌 진나라 말을 하지 않고 견뎠겠습니까?"

왕이 말하였다.

"옳은 말이오. 그런데 지금 한·위 두 나라가 서로 싸워 1년이 넘도록 아직 해결이 나지 않고 있소. 어떤 자는 화해시키는 것이 우리 진나라에 이익이 된다고 하고, 또 어떤 자는 화해시키지 않는 편이 이익이 된다고 하여 결정을 내리지 못하고 있소. 그대는 초나라 임금을 위하는 계책을 내는 것처럼 말해 보시오."

韓·魏相攻, 期年不解. 秦惠王欲救之, 問於左右. 左右或曰救之便, 或曰勿救便, 惠王未能爲之決. 陳軫適至秦, 惠王曰:「子去寡人之楚, 亦思寡人不?」陳軫對曰:「王聞夫越人莊舃乎?」王曰:「不聞.」曰:「越人莊舃仕楚執珪, 有頃而病. 楚王曰:『舃故越之鄙細人也, 今仕楚執珪, 貴富矣, 亦思越不?』中謝對曰:『凡人之思故, 在其病也. 彼思越則越聲, 不思越則楚聲.』使人往聽之, 猶尙越聲也. 今臣雖弃逐之楚, 豈能無秦聲哉!」惠王曰:「善. 今韓·魏相攻, 期年不解, 或謂寡人救之便, 或曰勿救便, 寡人不能決, 願子爲子主計之餘, 爲寡人計之.」

두 마리 호랑이를 함께 잡은 변장자

진진이 말하였다.

"일찍이 변장자卞莊子라는 자가 호랑이를 찌른 얘기를 대왕께 말씀드린 자가 없었습니까? 변장자가 호랑이를 찔러 죽이려고 하자 객주집에서

허드렛일을 하는 어린 녀석이 말리면서 '두 마리 호랑이가 방금 소를 잡아먹으려 합니다. 맛있는 먹이로 여겨 두 놈은 틀림없이 서로 다툴 것이며 다투면 틀림없이 싸울 것입니다. 싸우면 큰 놈은 상처를 입고 작은 놈은 죽을 것입니다. 그때에 달려들어 찌르면 단번에 두 마리 호랑이를 잡았다는 칭찬을 듣게 될 것입니다'라고 하였습니다. 변장자는 그 말이 옳다고 여겨 서서 호랑이를 기다렸습니다. 얼마 뒤 과연 두 호랑이가 싸움을 하였고, 큰 놈은 상처를 입었으며 작은 놈은 죽었습니다. 변장자는 상처 입은 호랑이가 쇠약해진 기회를 틈타 찔러 죽이고 단번에 두 마리 호랑이를 잡은 장사로 이름을 얻었다고 합니다.

이제 한나라와 위나라가 서로 싸워 1년이 지나도 해결이 나지 않았다면, 틀림없이 큰 나라는 상처를 입었을 것이며 작은 나라는 망할 것입니다. 상처 입은 나라를 상대로 하여 달려들어 치면, 틀림없이 한꺼번에 두 자라를 얻는 공을 세울 수 있을 것입니다. 이것은 마치 변장자가 호랑이를 찌르는 일과 비슷한 것입니다. 신이 대왕을 위해 바치는 계교와 초나라 왕을 위해 바치는 계교가 어찌 다를 바가 있겠습니까?"

진나라 혜왕은 말하였다.

"옳은 말이오."

진나라 왕은 결국 화해시키지 않았다. 과연 큰 나라는 상처를 입고 작은 나라는 망하였다. 진나라는 출병하여 이를 쳐서 크게 이겼다. 이것은 진진의 계책에 의한 것이었다.

陳軫對曰:「亦嘗有以夫卞莊子刺虎聞於王者乎? 莊子欲刺虎, 館豎子止之, 曰:『兩虎方且食牛, 食甘必爭, 爭則必鬪, 鬪則大者傷, 小者死, 從傷而刺之, 一擧必有雙虎之名.』卞莊子以爲然, 立須之. 有頃, 兩虎果鬪, 大者傷, 小者死. 莊子從傷者而刺之, 一擧果有雙虎之功. 今韓·魏相攻, 期年不解, 是必大國傷, 小國亡, 從傷而伐之, 一擧必有兩實. 此猶莊子刺虎之類也. 臣主與王何異也.」 惠王曰:「善.」 卒弗救. 大國果傷, 小國亡, 秦興兵而伐, 大剋之. 此陳軫之計也.

〈3〉서수犀首

나를 재상으로 앉혀보시오

서수犀首는 위나라의 음진陰晉 사람으로 이름은 연衍이며 성은 공손씨公孫氏였는데 장의와는 사이가 좋지 않았다.

장의가 진나라를 위하여 위나라로 가자 위왕魏王은 장의를 재상으로 삼았다. 서수는 이것을 이롭지 않은 일이라 여겨 한韓나라 공숙公叔에게 이렇게 말하였다.

"장의는 이미 진나라와 위나라가 동맹을 맺도록 하였소. 그는 '위나라가 한나라의 남양을 치고, 진나라가 한나라의 삼천을 치면, 한나라는 틀림없이 망하고 말 것이다'라고 하였소. 위왕이 장의를 중히 여기는 것은 한나라의 땅을 얻고 싶어서입니다. 한나라의 남양은 이제 곧 침략을 받게 될 것입니다. 그대는 어찌하여 이 서수에게 작은 일이라도 맡겨 한나라에 공을 세우도록 해 주지지 않으십니까? 그렇게 하면 진나라와 위나라의 국교 관계가 끊어질 것이고, 그리되면 위나라는 틀림없이 진나라를 치겠다고 장의를 버리고 한나라와 편을 들면서 나 공손연을 재상으로 삼을 것이오."

공숙은 이 계책을 이로운 것이라 여겨 한나라의 국사를 서수에게 맡겨 그에게 공로가 돌아가도록 해 주었다. 과연 서수는 위나라 재상이 되었고 장의는 위나라를 떠났다.

犀首者, 魏之陰晉人也, 名衍, 姓公孫氏. 與張儀不善.

張儀爲秦之魏, 魏王相張儀. 犀首弗利, 故令人謂韓公叔曰:「張儀已合秦·魏矣, 其言曰『魏攻南陽, 秦攻三川』, 魏王所以貴張子者, 欲得韓地也. 且韓之南陽已擧矣, 子何不少委焉以爲衍功, 則秦·魏之交可錯矣. 然則魏必圖秦而弃儀, 收韓而相衍.」公叔以爲便, 因委之犀首以爲功. 果相魏. 張儀去.

의거 나라에 예물을 보내다

의거義渠의 왕이 위나라에 입조하였다. 서수는 장의가 또 진나라의 재상이 되었다는 말을 듣고 불리할 것을 생각하여 의거 왕에게 말하였다.

"그대 나라는 길이 멀어 다시 우리 위나라를 방문하기는 어려울 것입니다. 이에 어느 정도 비밀에 관한 얘기를 말해 두고자 합니다. 중원의 제후들이 진나라를 치지 않으면 진나라는 그대 나라를 쳐서 집을 불사르고 재물을 빼앗게 될 것입니다. 그러나 중원의 여러 제후들이 진나라를 치면 진나라는 서둘러 사신들 편에 후한 예물을 들려 보내 그대 나라를 섬기게 될 것입니다."

그 뒤에 5개 나라가 진나라를 쳤다. 진진이 진나라 왕에게 말하였다.

"의거 왕은 오랑캐 나라 가운데 어진 임금입니다. 그에게 뇌물을 보내어 달래 두는 것이 좋을 것입니다."

진왕이 말하였다.

"좋소."

진왕은 즉시 의거의 왕에게 비단 1천 필, 부녀 100명을 예물로 보냈다. 의거 왕은 여러 신하들을 불러서 말하였다.

"이것이야말로 전에 공손연이 예언하였던 것이 아닌가?"

이에 군사를 일으켜 진나라를 습격하여 이백李伯의 성 아래서 진나라 군사를 크게 깨뜨렸다.

장의가 죽은 뒤 서수는 진나라의 영접을 받아 재상이 되었다. 일찍이 그는 다섯 나라 재상의 인수를 차고 합종의 맹약장이 되었다.

義渠君朝於魏. 犀首聞張儀復相秦, 害之. 犀首乃謂義渠君曰:「道遠不得復過, 請謁事情.」曰:「中國無事, 秦得燒掇焚杅君之國; 有事, 秦將輕使重幣事君之國.」其後五國伐秦. 會陳軫謂秦王曰:「義渠君者, 蠻夷之賢君也, 不如賂之以撫其志.」秦王曰:「善.」乃以文繡千純, 婦女百人遺義渠君. 義渠君致羣臣而謀曰:「此公孫衍所謂邪?」乃起兵襲秦, 大敗秦人李伯之下.

사마천의 평어

나 태사공은 이렇게 생각한다.

삼진三晉에는 계략과 임기응변에 능한 인물이 많았다. 합종·연횡을 부르짖어 진나라를 굳세게 한 자는 대체로 모두 삼진 출신이다. 장의의 교묘한 생각은 소진보다도 심하였으나, 세상이 장의보다 소진을 미워하는 것은, 소진이 죽은 뒤 장의가 소진의 단점을 선전하며 폭로하고 자기의 유세를 유리하게 하여 연횡을 성취하였기 때문이다. 결론으로 말한다면 이 두 사람은 진실로 위험한 인물들이로다!

太史公曰: 三晉多權變之士, 夫言從衡彊秦者大抵皆三晉之人也. 夫張儀之行事甚於蘇秦, 然世惡蘇秦者, 以其先死, 而儀振暴其短以扶其說, 成其衡道. 要之, 此兩人眞傾危之士哉!

史記列傳

011(71) 저리자감무 열전樗里子甘茂列傳

① 저리자樗里子, 樗里疾 ② 감무甘茂 ③ 감라甘羅

〈1〉저리자樗里子

지혜 주머니 저리질樗里疾

저리자는 이름을 질疾이었으며, 그는 진秦나라 혜왕惠王의 배다른 아우로 그의 어머니는 한韓나라 공주였다. 저리자는 골계에 뛰어났고 지혜가 많아 진나라 사람들은 그를 가리켜 '지혜 주머니'智囊라 불렀다.

진나라 혜왕 8년, 저리자는 우경右更의 직위에 올라 장군으로서 위魏나라 곡옥曲沃을 쳤다. 그리고 곡옥의 주민들을 모조리 내쫓은 다음 그 성과 땅을 진나라 영토에 편입시켰다.

진나라 혜왕 25년, 저리자는 다시 장군이 되어 조나라를 쳤다. 저리자는 이 싸움에서 장표莊豹를 포로로 하고 인藺을 함락시켰다. 그 이듬해에는 위장魏章을 도와 초나라를 쳐서 초나라 장군 굴개屈丐를 이기고 한중漢中을 점령하였다. 그 공적으로 진나라는 저리자를 봉하여 호를 엄군嚴君이라 하였다.

樗里子者, 名疾, 秦惠王之弟也, 與惠王異母. 母, 韓女也, 樗里子滑稽多智, 秦人號曰『智囊』.

秦惠王八年, 爵樗里子右更, 使將而伐曲沃, 盡出其人, 取其城, 地入秦. 秦惠王二十五年, 使樗里子爲將伐趙, 虜趙將軍莊豹, 拔藺. 明年, 助魏章攻楚, 敗楚將屈丐, 取漢中地. 秦封樗里子, 號爲嚴君.

환영하는 것이 아니라 가둔 것

진나라 혜왕이 죽고, 태자 무왕武王이 왕위에 올랐다. 무왕은 장의張儀와 위장魏章을 내쫓고 저리자와 감무를 좌우 승상에 임명하였다. 진나라는 감무를 보내어 한나라를 쳐서 의양宜陽을 함락시켰고, 다시 저리자로

하여금 전차 100승을 이끌고 주周나라로 향하도록 하였다. 그런데 주나라에서는 군사를 내보내 정중하게 맞이하며 더 없는 호의를 보이는 것이었다. 초나라 왕이 이 소식을 듣고 화를 내며 주나라가 진나라를 지나치게 받든다고 책망하였다. 때마침 유등游騰이라는 유세객이 주나라를 위하여 초나라 왕을 달랬다.

"옛날 진晉나라 지백智伯이 구유仇猶라는 오랑캐 나라를 칠 때, 길이 험하여 행군하기가 힘이 들었습니다. 이에 먼저 큰 종鐘을 만들어 이것을 큰 수레에 실어 보내고, 그 뒤로 군대를 따르게 하였습니다. 구유는 결국 망하고 말았는데, 방심하고 방비를 하지 않았기 때문입니다. 또 제齊나라 환공桓公이 채蔡나라를 칠 때 초나라를 친다는 거짓 명분을 내세우고 실상은 채나라를 습격하였습니다. 지금 진나라는 호랑이나 이리 같은 나라로서 저리자로 하여금 전차 100승으로 주나라로 향하게 하였던 것입니다. 주나라는 구유와 채나라의 전례를 거울삼아 긴 창을 든 군사를 앞쪽에 늘어서게 하고 억센 쇠뇌를 뒤쪽에 배치시켜 말로는 저리자를 호위한다고 하지만 실상은 그를 가둔 것입니다. 사실 주나라로서는 그 사직을 걱정하지 않을 수가 없는 일입니다. 하루아침에 나라를 잃어버려 대왕에게까지 걱정을 끼쳐드릴까 두려워한 것입니다."

이 말에 초나라 왕은 기뻐하여 더 이상 주실을 책하지 않았다.

秦惠王卒, 太子武王立, 逐張儀·魏章, 而以樗里子·甘茂爲左右丞相. 秦使甘茂攻韓, 拔宜陽. 使樗里子以車百乘入周. 周以卒迎之, 意甚敬. 楚王怒, 讓周, 以其重秦客. 游騰爲周說楚王曰:「知伯之伐仇猶, 遺之廣車, 因隨之以兵, 仇猶遂亡. 何則? 無備故也. 齊桓公伐蔡, 號曰誅楚, 其實襲蔡. 今秦, 虎狼之國, 使樗里子以車百乘入周, 周以仇猶·蔡觀焉, 故使長戟居前, 彊弩在後, 名曰衛疾, 而實囚之. 且夫周豈能無憂其社稷哉? 恐一旦亡國以憂大王.」楚王乃悅.

◎ 황금도 얻고 벼슬도 얻고

진나라 무왕이 죽고 소왕昭王이 왕위에 오르자 저리자는 더욱더 신임을 얻었다.

소왕 원년, 진나라가 저리자를 장군으로 하여 위衛나라 포읍蒲邑을 치려 하였다. 포읍의 태수는 겁을 먹고 호연胡衍에게 요청하였다. 호연은 포읍을 지켜 주고자 저리자에게 이렇게 말하였다.

"공께서 포를 치는 것은 진나라를 위해서입니까? 아니면 위魏나라를 위해서입니까? 위나라를 위해서라면 훌륭한 일이 되겠습니다만, 진나라를 위해서라면 이로울 것이 없습니다. 무릇 위衛나라가 나라 구실을 할 수 있는 것은 포가 있기 때문입니다. 지금 포를 친다면 포는 화를 면하려고 위魏나라로 붙게 될 것이며, 위衛나라는 틀림없이 기세가 꺾이어 위魏나라에 복종하게 될 것입니다. 앞서 위魏나라가 서하西河의 바깥쪽을 진나라에 빼앗기고도 이제까지 되찾지 못한 것은 군사력이 약하기 때문입니다. 그런데 이제 위衛나라를 위魏나라에 합치게 되면, 위魏나라는 틀림없이 강해질 것이며 위魏나라가 강해지면 서하의 바깥쪽은 위태로울 수밖에 없습니다. 그리고 진나라 왕이 공의 이번 군사 행동이 결국은 진나라를 해치고 위魏나라를 이롭게 만든 꼴이 되고 말았다는 것을 알게 되면, 진왕은 공에게 죄를 내릴 것이 뻔합니다."

저리자가 물었다.

"어떻게 하면 좋겠소?"

호연이 답하였다.

"공께서는 포를 그대로 두고 공격하지 마십시오. 신이 포로 가서 공의 뜻을 전하고 위衛나라 왕으로 하여금 공에게 은덕을 입었음을 알도록 해 드리겠습니다."

저리자가 허락하였다.

"좋소."

호연은 포로 가서 태수에게 말하였다.

"저리자는 포가 약한 것을 알고 '끝내 포를 함락시키고 말겠다'라고 벼르고 있습니다. 제가 포를 공격하지 않도록 해 드리겠습니다."

태수는 두려워하며 두 번 절하고 말하였다.

"그저 처분만 바라겠습니다."

그리고는 금 300근을 꺼내 놓은 다음 말을 이었다.

"진나라 군사를 물러가게만 한다면 반드시 선생을 우리 위나라 왕께 천거하여 높은 지위를 얻도록 해 드리겠습니다."

이리하여 호연은 포에서는 금을 얻었고 위衛나라에서는 높은 벼슬을 얻었다. 저리자가 포 땅의 포위를 풀고 이번에는 위魏나라 피씨皮氏 땅을 공격하였다. 그러나 피씨가 항복하지 않자 그대로 돌아갔다.

秦武王卒, 昭王立, 樗里子又益尊重.

昭王元年, 樗里子將伐蒲. 蒲守恐, 請胡衍. 胡衍爲蒲謂樗里子曰:「公之攻蒲, 爲秦乎? 爲魏乎? 爲魏則善矣, 爲秦則不爲賴矣. 夫衛之所以爲衛者, 以蒲也. 今伐蒲入於魏, 衛必折而從之. 魏亡西河之外而無以取者, 兵弱也. 今幷衛於魏, 魏必彊. 魏彊之日, 西河之外必危矣. 且秦王將觀公之事, 害秦而利魏, 王必罪公.」樗里子曰:「柰何?」胡衍曰:「公釋蒲勿攻, 臣試爲公入言之, 以德衛君.」樗里子曰:「善.」胡衍入蒲, 謂其守曰:「樗里子知蒲之病矣, 其言曰必拔蒲. 衍能令釋蒲勿攻.」蒲守恐, 因再拜曰:「願以請.」因效金三百斤, 曰:「秦兵苟退, 請必言子於衛君, 使子爲南面.」故胡衍受金於蒲以自貴於衛. 於是遂解蒲而去. 還擊皮氏, 皮氏未降, 又去.

궁전이 내 무덤을 둘러싸리라

소왕 7년에 저리자는 생을 마치고 위남渭南의 장대章臺 동쪽에 묻혔다. 저리자는 살아 있을 때에 이런 말을 한 적이 있었다.

"내가 죽은 뒤 100년이 지나면 천자의 궁전이 내 무덤을 둘러싸게 될 것이다."

저리자의 집은 소왕의 무덤 서쪽 위남의 음향陰鄕 저리樗里에 있었기 때문에 세상에서는 그를 '저리자'라고 불렀던 것이다.

과연 한漢나라가 세워지자, 장락궁長樂宮이 저리자 무덤 동쪽에, 미앙궁未央宮이 그 서쪽에 세워지고, 무기고武器庫가 그 정면에 들어서게 되었다.

진나라 사람들의 속담에 '힘은 임비任鄙요 지혜는 저리이다'라는 말이 있다.

昭王七年, 樗里子卒, 葬于渭南章臺之東. 曰:「後百歲, 是當有天子之宮夾我墓.」樗里子疾室在於昭王廟西渭南陰鄉樗里, 故俗謂之樗里子. 至漢興, 長樂宮在其東, 未央宮在其西, 武庫正直其墓. 秦人諺曰:「力則任鄙, 智則樗里.」

〈2〉감무甘茂

촉을 평정하다

감무甘茂는 초楚나라 하채下蔡 사람이다. 그는 하채의 사거선생史擧先生을 스승으로 모시면서 백가百家의 학설을 배운 다음 장의와 저리자를 통하여 진나라 혜왕을 만나게 되었다. 혜왕은 감무를 보고 마음에 들어 그를 장군으로 발탁하여 위장魏章을 도와 한중 땅을 공략하도록 하였다.

혜왕이 죽고 무왕이 즉위하자 장의와 위장은 진나라를 떠나 동쪽의 위魏나라로 가게 되었다.

이 무렵 촉후蜀侯 휘煇와 그의 재상인 진장陳壯이 반란을 일으키자, 진나라에서는 감무를 보내어 촉을 평정하도록 하였다. 그가 돌아오자 감무를 좌승상에, 저리자를 우승상에 임명하였다.

甘茂者, 下蔡人也. 事下蔡史擧先生, 學百家之術. 因張儀·樗里子而求見秦惠王. 王見而說之, 使將, 而佐魏章略定漢中地.

惠王卒, 武王立. 張儀·魏章去, 東之魏. 蜀侯煇·相壯反, 秦使甘茂定蜀. 還, 而以甘茂爲左丞相, 以樗里子爲右丞相.

증삼이 사람을 죽였소

진나라 무왕 3년, 왕은 감무에게 이렇게 말하였다.

"과인은 수레가 지나갈 수 있는 길을 삼천三川까지 넓혀 주나라 왕실을 엿보고 싶소. 그렇게만 된다면 과인은 죽어도 여한이 없겠소."

감무가 말하였다.

"신이 위魏나라로 가서 한韓나라를 치도록 위나라와 맹약을 맺도록 하겠습니다."

무왕은 상수向壽를 부사副使로 하여 함께 가도록 하였다.

감무는 위나라에 도착하여 맹약을 맺고 난 다음 상수에게 일렀다.

"당신은 곧 귀국해서 대왕에게 '위나라는 신의 말을 받아들였습니다. 그러나 대왕께서는 한나라를 치지 마시기를 바랍니다'라고 전하시오. 이번 일이 성공하면 모든 것을 당신의 공로로 돌리겠소."

상수는 돌아가 무왕에게 보고하였다. 무왕은 식양息壤에서 감무를 기다리고 있다가 그가 도착하자, 한나라를 쳐서는 안 된다고 한 이유를 물었다. 감무는 이렇게 대답하였다.

"한나라 의양은 큰 현입니다. 상당과 남양의 모든 것을 이곳에 모아 많은 재물과 식량을 축적해 두고 있습니다. 이름이 현이지 실상은 군郡입니다. 지금 대왕께서 여러 곳의 험지를 넘어 천 리 길을 가서 공격하려 하십니다. 그러나 이곳만은 치기가 어려운 곳입니다. 옛날 공자의 제자로서 효행으로 유명한 증삼曾參이 있었습니다. 그가 노魯나라 비費란 곳에 살고 있을 때, 노나라 사람으로 증삼의 성과 이름이 똑같은 사람이 있었습니다. 그런데 그가 그만 살인을 하였습니다. 이때 누군가가 증삼의 어머니에게 '증삼이 사람을 죽였다'고 일러 주었으나, 어머니는 태연하게 베만 짜고 있었습니다. 조금 뒤 또 한 사람이 '증삼이 사람을 죽였다'고 일러 주었으나, 어머니는 여전히 태연하게 앉아 베만 짰습니다. 그러다가 조금 뒤 또 한 사람이 '증삼이 사람을 죽였다'라고 하자, 어머니는 북을 집어던지고 베틀에서 내려와 담을 넘어 달려나갔다고 합니다. 이처럼 증삼 같이 어질고, 또 그에 대한 어머니의 믿음이 지극하였는데도 세 사람이나 자식을 의심하자, 그 어머니는 정말인가 싶어 두려워하였던 것입니다.

그런데 저의 어짊은 증삼만 못하고, 또한 대왕께서 저를 믿는 정도도 증삼의 어머니가 아들을 믿는 것만 못합니다. 그리고 신을 의심하는 사람은 단지 세 사람만이 아닙니다. 그러므로 신은 대왕께서 증삼의 어머니가 북을 던지듯이 신을 의심하게 될 것을 두려워하였던 것입니다.

秦武王三年, 謂甘茂曰: 「寡人欲容車通三川, 以窺周室, 而寡人死不朽矣.」甘茂曰: 「請之魏, 約以伐韓, 而令向壽輔行.」甘茂至, 謂向壽曰: 「子歸, 言之於王曰: 『魏聽臣矣, 然願王勿伐』. 事成, 盡以爲子功.」向壽歸, 以告王, 王迎甘茂於息壤. 甘茂至, 王問其故. 對曰: 「宜陽, 大縣也, 上黨·南陽積之久矣. 名曰縣, 其實郡也. 今王倍數險, 行千里攻之, 難. 昔曾參之處費, 魯人有與曾參同姓名者殺人, 人告其母曰: 『曾參殺人』, 其母織自若也. 頃之, 一人又告之曰: 『曾參殺人』, 其母尚織自若也. 頃又一人告之曰: 『曾參殺人』, 其母投杼下機, 踰牆而走. 夫以曾參之賢與其母信之也, 三人疑之, 其母懼焉. 今臣之賢不若曾參, 王之信臣又不如曾參之母信曾參也, 疑臣者非特三人, 臣恐大王之投杼也.

비방의 상소문이 상자에 가득

처음에 장의가 진나라를 위해 서쪽으로는 파·촉의 땅을 병합하고, 북쪽으로는 서하西河 바깥까지를 판도에 넣었으며, 남쪽으로는 상용上庸을 얻었는데도, 세상 사람들은 장의를 위대하다고는 생각지 않고 선왕[혜왕]의 현명함만 칭찬하였습니다. 또 위魏나라 문후文侯는 악양樂羊을 장군으로 임명하여 중산中山을 치게 하였을 때, 악양은 3년이나 걸려서 이를 함락시켰습니다. 그런데 악양이 돌아와서 그의 공을 표창할 때에 이르러 문후는 악양에게 그를 비방하는 상자 안에 가득 차 있는 상소문을 보여 주었습니다. 악양은 머리를 조아려 두 번 절하며 '이번 승리는 신의 공로가 아닙니다. 대왕의 힘이었습니다'라고 굴복하고 말았다 합니다.

그런데 신은 다른 나라로부터 들어와 벼슬을 하게 된 몸이옵니다. 저리자와 공손석公孫奭 두 사람이 한나라를 보호할 생각으로 신의 계획을 이러니저러니 헐뜯게 되면 대왕께서는 틀림없이 그쪽으로 기울어지게 될 것입니다. 그렇게 되면 대왕께서는 위나라 왕을 속인 것이 되고 신은 공중치公仲侈의 원한만을 사게 될 것입니다."

왕이 말하였다.

"과인이 그런 헐뜯는 소리를 들을 리가 있겠소? 그렇게 하지 않겠다고 그대에게 약속을 하겠소."

이리하여 무왕은 마침내 승상 감무에게 명하여 군사를 이끌고 의양宜陽을 치게 하였다. 감무가 다섯 달이 지나도록 함락시키지 못하자, 저리자와 공손석은 과연 감무를 비난하기 시작하였다. 그러자 무왕은 마음이 흔들렸다. 감무를 불러 전쟁을 중지시키려 하였다. 이 때 감무가 말하였다.

"의양宜壤은 아직도 그곳에 그대로 있습니다. 약속을 잊으셨습니까?"

무왕이 대답하였다.

"내가 약속을 했었지."

무왕은 다시 크게 군사를 일으켜 다시 한나라를 치게 하였다. 진나라 군사는 적의 머리 6만을 베고 마침내는 의양을 함락시켰다. 한韓나라 양왕襄王은 공중치를 사신으로 보내어 진나라에 사과하고 진나라와 화평을 맺었다.

始張儀西并巴蜀之地, 北開西河之外, 南取上庸, 天下不以多張子而以賢先王. 魏文侯令樂羊將而攻中山, 三年而拔之. 樂羊返而論功, 文侯示之謗書一篋. 樂羊再拜稽首曰:『此非臣之功也, 主君之力也.』今臣, 羈旅之臣也. 樗里子·公孫奭二人者挾韓而議之, 王必聽之, 是王欺魏王而臣受公仲侈之怨也.」王曰:「寡人不聽也, 請與子盟.」卒使丞相甘茂將兵伐宜陽. 五月而不拔, 樗里子·公孫奭果爭之. 武王召甘茂, 欲罷兵. 甘茂曰:「息壤在彼.」王曰:「有之.」因大悉起兵, 使甘茂擊之. 斬首六萬, 遂拔宜陽. 韓襄王使公仲侈入謝, 與秦平.

◎ 앉아서 공격을 받느니보다

진나라 무왕이 마침내 주나라에 가게 되었는데 무왕은 주나라에서 죽고 말았다. 그의 아우가 즉위하여 소왕昭王이 되었다. 소왕의 어머니 선태후宣太后는 초나라 공주 출신이었다.

초나라 회왕懷王은 앞서 진나라가 초나라를 단양丹陽에서 격파하였을 때 한나라가 구원하지 않았던 것을 분하게 생각하고 있었던 터라 군사를 일으켜 한나라 옹씨雍氏 땅을 포위하였다.

한나라는 공중치를 사신으로 보내, 진나라에 위급함을 알렸다. 진나라 소왕은 즉위한 지 얼마 되지 않았고, 태후는 원래가 초나라 사람이었으므로 구원에 나서려 하지 않고 있었다. 이에 공중치가 감무에게 부탁하자 감무가 한나라를 위하여 소왕에게 이렇게 말하였다.

"공중치는 진나라가 구원해 줄 것으로 여겼기 때문에 감히 초나라와 맞서고 있는 것입니다. 지금 옹씨 땅이 포위되어 있는 데도 진나라 군사가 효殽로부터 내려가 구원하지 않는다면 공중치는 절망한 나머지 다시는 진나라에 입조하지 않으려 할 것이며, 한나라 공자 공숙도 남쪽으로 초나라와 합치게 될 것입니다. 초나라와 한나라가 한 덩어리가 되게 되면, 위나라도 여기에 가담하게 될 것입니다. 그렇게 되면 제후들이 진나라를 치는 형세가 됩니다. 앉아서 상대편이 공격해 오기를 기다리는 것과, 이쪽에서 상대편을 치는 것과 어느 쪽이 낫겠습니까?"

소왕이 대답하였다.

"알겠소."

소왕이 군사를 효로 내보내 한나라를 구원하자 마침내 초나라는 물러갔다.

武王竟至周, 而卒於周. 其弟立, 爲昭王. 王母宣太后, 楚女也. 楚懷王怨前秦敗楚於丹陽而韓不救, 乃以兵圍韓雍氏. 韓使公仲侈告急於秦. 秦昭王新立, 太后楚人, 不肯救. 公仲因甘茂, 茂爲韓言於秦昭王曰: 「公仲方有得秦救, 故敢扞楚也. 今雍氏圍, 秦師不下殽, 公仲且仰首而不朝, 公叔且以國南合於楚. 楚·韓爲一, 魏氏不敢不聽, 然則伐秦之形成矣. 不識坐而待伐孰與伐人之利?」 秦王曰: 「善.」 乃下師於殽以救韓. 楚兵去.

짐승도 궁지에 몰리면

진나라는 상수에게 명해서 의양을 평정하도록 하고 저리자와 감무에게 명하여 위나라 피씨皮氏 땅을 치도록 하였다.

상수는 선태후의 외척으로 어릴 때부터 소왕과 사이좋게 자라온 사이였기 때문에 신임해 중용된 것이다.

일찍이 상수가 초나라로 가게 되었을 때, 초나라에서는 진나라가 상수를 소중하게 여긴다는 말을 듣고 그를 후대하였다. 상수는 의양을 공략한 다음 내쳐 주둔하면서 장차 한나라를 칠 준비를 서두르고 있었다. 그러자 한나라 공중치도 소대蘇代를 보내어 상수에게 이렇게 말을 전하였다.

"짐승도 궁지에 빠지게 되면 수레를 뒤집어엎습니다. 공은 한나라를 깨뜨려 공중치를 욕되게 하려 합니다. 그러나 공중치는 한나라를 수습하여 진나라를 받들며, 자신은 진나라로부터 봉읍을 받을 것으로 기대하고 있습니다. 그런데 공은 지금 한나라에 가까운 해구解口 땅을 초나라에 주고, 초나라 소영윤小令尹을 두양杜陽에다 봉하였습니다. 이같이 하여 진나라와 초나라가 한 덩어리가 되어 한나라를 치게 되면, 한나라는 틀림없이 망하고 말 것입니다. 한나라가 망하게 되면 공중치도 몸소 그의 사병을 이끌고 진나라와 맞서게 될 것입니다. 공께서는 이 점을 깊이 생각하시기 바랍니다."

상수가 말하였다.

"내가 진·초를 연합시키려는 것은 한나라를 치기 위해서가 아니오. 선생은 나를 대신해서 '진나라와 한나라 사이는 화해하기를 바란다'고 공중치에게 전해 주시오."

소대가 대답하였다.

"저로서도 공을 뵙고 싶습니다. 세상 사람들이 말하기를 '존귀하게 되는 까닭을 소중하게 여기는 사람은 그 존귀함을 영원히 잃지 않는다'고 합니다. 그런데 진왕은 공을 공손석만큼 아끼지 않고, 또 지혜와 능력은 감무만 못하다고 여기고 있습니다. 그런데 공손석과 감무 두 사람은 진나라 국정에 참여를 못하는데 공만이 왕과 함께 국사를 논의할 수 있는 것은 무엇 때문이겠습니까? 두 사람에게는 왕의 신임을 잃게 된 이유가 있는 것입니다. 즉, 공손석은 한나라에 가깝고, 감무는 위나라와 가깝기 때문에 왕께서 믿지 못하고 있는 것입니다. 지금 진나라와 초나라가 서로 힘을 겨루고 있는 마당에 공이 초나라편을 든다면 이것은 공손석이나 감무와 같은 길을 걷고 있는 것과 무엇이 다르겠습니까? 사람들은 모두 초나라가 교묘하게 약속을 잘 바꾸므로 믿을 수가 없다고 말하는데 공만은 그렇지 않다고 주장하십니다. 이것은 공이 스스로 진왕 앞에 초나라에 대한 책임을 지게 되는 것입니다. 공께서는 진왕과 함께 초나라의 변덕에 대처할 꾀를 마련하고 한나라와 가까이하여 초나라에 대비하는 것만 못합니다. 그렇게만 하면 아무 염려할 것이 없습니다. 한나라는 처음에는 나라를 들어 공손석을 의지하였고, 뒤에는 감무에게 나라를 맡겼습니다. 이 두 사람은 공에게 있어 달갑지 않은 존재인만큼 그들에게 나라를 맡겼던 것만으로도 한나라는 공의 원수라고 할 수 있습니다. 그런데 공께서 한나라와 손을 잡아 초나라에 대비할 것을 주장하면 두 사람을 편드는 것이 되지만, 자기 원수라도 쓸 만한 사람이면 추천하기를 꺼리지 않는 공명정대한 태도를 보여 주게 되는 것입니다."

상수가 말하였다.

"그렇소. 나는 한나라와 진나라가 연합하기를 바라오."

소대가 말하였다.

"감무는 한나라 공중치에게 앞서 진나라가 앗은 무수武遂를 되돌려 줄 것과 의양에서 포로로 데려간 한나라 백성들을 돌려보낼 것을 약속하였습니다. 그러므로 지금 공께서 이것을 그대로 진나라 것으로 해 버리기는 대단히 어려운 일입니다."

상수가 말하였다.

"그러면 어떻게 하면 좋겠소? 무수만은 도저히 버릴 수가 없소."

소대가 대답하였다.

"공은 어찌하여 진나라의 위력을 빌려 영천潁川을 한나라에 주도록 초나라에 요구하지 않습니까? 영천은 원래 한나라 땅이었는데, 초나라에 빼앗기게 된 것입니다. 공이 요구해서 되돌려 주게 된다면 진나라의 명령이 초나라에게 부림을 받게 되는 것이며, 또 땅을 되찾아 준 것으로 한나라에 덕을 베풀어 준 것이 됩니다. 공이 요구해서 뜻대로 안 되면 한나라와 초나라 사이의 원한은 풀리지 않을 것이고, 서로가 진나라의 비위를 맞추려 들 것입니다. 진나라와 초나라가 서로 힘을 겨루는 이 때에 공이 서서히 초나라의 잘못을 책망하며 한나라를 진나라에 끌어당긴다면 진나라에게 유리한 일입니다."

상수가 물었다.

"어떻게 말이오?"

소대가 설명하였다.

"이는 아주 좋은 방법입니다. 감무는 위나라를 이용하여 제나라를 치려 하고, 공손석은 한나라를 이용하여 제나라를 치고자 하고 있습니다. 지금 공께서 의양을 평정하여 공을 세웠으니 초나라와 한나라를 끌어들여 안심시키고, 제나라와 위나라의 잘못을 꾸짖게 되면 감무와 공손석의 할 일이 없어지게 되고, 두 사람은 제나라 국사에 참여할 수 없게 될 것입니다."

그 사이에, 감무는 진나라 소왕에게 청하여 무수를 한나라에 돌려 주었다. 상수와 공손석은 이를 반대하고 나섰으나, 뜻을 이루지 못하였다. 두 사람은 그 일로 인해 감무를 미워하며 증상하기 시작하였다. 감무는 화가 두려워 위나라 포판蒲阪을 공격하다가 중단한 채 진나라에서 도망치고 말았다. 이에 저리자가 나서서 위나라와 화평을 맺고 군대를 철수시켰다.

秦使向壽平宜陽, 而使樗里子·甘茂伐魏皮氏. 向壽者, 宣太后外族也, 而與昭王少相長, 故任用. 向壽如楚, 楚聞秦之貴向壽, 而厚事向壽. 向壽爲秦守宜陽, 將以伐韓. 韓公仲使蘇代謂向壽曰:「禽困覆車. 公破韓, 辱公仲, 公仲收國復事秦, 自以爲必可以封. 今公與楚解口地, 封小令尹以杜陽. 秦楚合, 復攻韓, 韓必亡. 韓亡, 公仲且躬率其私徒以閼於秦. 願公孰慮之也.」向壽曰:「吾合秦楚非以當韓也, 子爲壽謁之公仲, 曰秦韓之交可合也.」蘇代對曰:「願有謁於公. 人曰貴其所以貴者貴. 王之愛習公也, 不如公孫奭; 其智能公也, 不如甘茂. 今二人者皆不得親於秦事, 而公獨與王主斷於國者何? 彼有以失之也. 公孫奭黨於韓, 而甘茂黨於魏, 故王不信也. 今秦楚爭彊而公黨於楚, 是與公孫奭·甘茂同道也, 公何以異之? 人皆言楚之善變也, 而公必亡之, 是自爲責也. 公不如與王謀其變也, 善韓以備楚, 如此則無患矣. 韓氏必先以國從公孫奭而後委國於甘茂. 韓, 公之讎也. 今公言善韓以備楚, 是外舉不僻讎也.」向壽曰:「然, 吾甚欲韓合.」對曰:「甘茂許公仲以武遂, 反宜陽之民, 今公徒收之, 甚難.」向壽曰:「然則柰何? 武遂終不可得也?」對曰:「公奚不以秦爲韓求潁川於楚? 此韓之寄地也. 公求而得之, 是令行於楚而以其地德韓也. 公求而不得, 是韓楚之怨不解而交走秦也. 秦楚爭彊,而公徐過楚以收韓, 此利於秦.」向壽曰:「柰何?」對曰:「此善事也. 甘茂欲以魏取齊, 公孫奭欲以韓取齊. 今公取宜陽以爲功, 收楚韓以安之, 而誅齊魏之罪, 是以公孫奭·甘茂無事也.」

甘茂竟言秦昭王, 以武遂復歸之韓. 向壽·公孫奭爭之, 不能得. 向壽·公孫奭由此怨, 讒甘茂, 茂懼, 輟伐魏蒲阪, 亡去. 樗里子與魏講, 罷兵.

촛불의 남는 빛을 아껴서 무엇하리오

감무는 진나라에서 도망쳐 나와 제나라로 가다가 소대를 만났다. 소대는 마침 제나라 사신이 되어 진나라로 가려던 참이었다. 감무가 말하였다.

"나는 진나라에서 죄를 얻고 처벌이 두려워 도망쳐 나왔지만 몸 둘 곳이 없습니다. 그런데 이런 이야기를 들은 적이 있습니다. 가난한 집 딸과 부자집 딸이 함께 실을 뽑고 있을 때, 가난한 집 딸이 '나는 초를 살 수가 없소. 당신의 촛불은 다행히 여유가 있습니다. 어떻게 그 쓰고 남는 빛을 제게 나눠 주시지 않겠소? 그렇다고 당신이 덜 밝아지는 것은 아니며 나는 함께 그 덕을 보게 되는 것입니다'라고 말입니다. 지금 나는 궁지에 빠져 있습니다. 당신은 진나라에 사신으로 가는 길입니다. 내 처자들은 진나라에 있습니다. 어떻게 당신의 그 남은 빛으로 그들을 구원해 주실 수 없겠습니까?"

소대는 승낙하였다. 그리고 진나라에 가서 사신으로서의 볼일을 끝낸 다음 이렇게 진나라 왕을 달랬다.

"감무는 뛰어난 인물입니다. 진나라에 있을 때는 대대로 왕의 신임을 받아 크게 쓰였습니다. 효의 요새에서 귀곡에 이르기까지 마치 손바닥 들여다보듯이 그 지형을 파악하고 있습니다. 만일 그가 제나라에 있으면서 한나라·위나라와 맹약을 맺고 거꾸로 진나라를 공략하려 한다면, 그것은 진나라에게 유리한 것이 못됩니다."

왕이 물었다.

"그럼 어떻게 하면 좋겠소?"

소대가 설명하였다.

"왕께서 많은 예물을 보내고 후한 봉록을 주어 감무를 맞아들이느니만 못합니다. 그리고 만일 그가 오게 되면 귀곡에 머물게 하고 평생 그곳을 떠나지 못하도록 묶어두시면 됩니다."

왕이 허락하였다.

"그게 좋겠군."

이리하여 진나라 소왕은 감무에게 상경上卿의 벼슬을 내리고, 재상의 도장을 보내어 제나라로부터 맞아오려 하였으나 감무는 가지 않았다.

소대는 이번에는 제나라 민왕에게 말하였다.

"감무는 현인입니다. 지금 진나라에서 그에게 상경의 벼슬을 내리고 재상의 인을 가지고 와 그를 맞아들이려 하고 있습니다. 그러나 감무는 대왕의 돌보심을 고맙게 여기며, 대왕의 신하가 되고 싶은 생각에서 이를 사양하고 진나라로 가지 않고 있습니다. 그런데 대왕께선 그를 어떻게 대우하고 계십니까?"

제나라 민왕이 말하였다.

"알겠소."

민왕은 감무에게 상경의 벼슬을 주어 제나라에 머무르게 하였다. 이 말을 듣자 진나라는 감무의 가족들에게 세금과 부역을 면제하는 은전을 베푸는 등 그를 데려오려고 제나라와 흥정을 벌일 정도였다.

甘茂之亡秦奔齊, 逢蘇代. 代爲齊使於秦. 甘茂曰:「臣得罪於秦, 懼而遯逃, 無所容跡. 臣聞貧人女與富人女會績, 貧人女曰:『我無以買燭, 而子之燭光幸有餘, 子可分我餘光, 無損子明而得一斯便焉.』今臣困而君方使秦而當路矣. 茂之妻子在焉, 願君以餘光振之.」蘇代許諾. 遂致使於秦. 已, 因說秦王曰:「甘茂, 非常士也. 其居於秦, 累世重矣. 自殽塞及至鬼谷, 其地形險易皆明知之. 彼以齊約韓·魏反以圖秦, 非秦之利也.」秦王曰:「然則柰何?」蘇代曰:「王不若重其贄, 厚其祿以迎之, 使彼來則置之鬼谷, 終身勿出.」秦王曰:「善.」卽賜之上卿, 以相印迎之於齊. 甘茂不往. 蘇代謂齊湣王曰:「夫甘茂, 賢人也. 今秦賜之上卿, 以相印迎之. 甘茂德王之賜, 好爲王臣, 故辭而不往. 今王何以禮之?」齊王曰:「善.」卽位之上卿而處之. 秦因復甘茂之家以市於齊.

이웃나라에 똑똑한 재상이 있으면

그 뒤 제나라가 감무를 초나라에 사신으로 보냈을 때였다. 초나라 회왕懷王은 새로 진나라와 혼인 관계를 맺은 참이라 진나라와 사이가 좋았다. 이에 진나라는 감무가 초나라에 머문다는 말을 듣자 사신을 보냈다.

"감무를 진나라로 보내 주시면 고맙겠소."

이렇게 초나라 왕에게 청하자 초나라 왕은 범연范蜎과 상의하였다.

"과인은 재상을 진나라에 추천하려는데 누가 좋겠소?"

범연이 대답하였다.

"신은 알지 못하옵니다."

왕이 다시 물었다.

"과인은 감무를 진나라 재상으로 추천하였으면 하는데, 어떻겠소?"

범연이 대답하였다.

"안 됩니다. 감무의 스승 사거史擧라는 사람은 하채下蔡의 문지기로서 크게는 임금을 섬기지 않았고 작게는 집안일도 보살피지 않았으며, 비천한 것을 부끄러워하는 일도 없고, 그렇다고 청렴하고 정직한 것도 아니었다고 평하고 있습니다. 감무는 그 같은 인물을 즐겨 스승으로 모셨던 사람입니다. 그러함에도 감무는 현명한 혜왕과 명찰한 무왕과 변론에 뛰어난 장의를 잘 섬겼으며, 여러 관직을 역임하면서도 죄지은 일이 없습니다. 감무는 참으로 현명한 인물입니다. 그러나 진나라 재상으로 추천하는 것은 옳지 않습니다. 진나라에 현명한 재상이 있다는 것은 초나라에 이로운 일이 못됩니다. 또 대왕께서 앞서 소활召滑을 월越나라에 쓰도록 만들었을 때, 소활은 대왕의 은혜에 감사하여 월나라 사람 장의章義에게 내란을 일으키도록 꾸며 월나라가 어지러워졌습니다. 이로 인해 초나라는 남쪽으로 여문厲門을 막고 월나라 강동江東을 우리 속군屬郡으로 만들 수 있었습니다. 대왕께서 이와 같은 공적을 거두시게 된 까닭을 생각해 보면, 월나라는 어지러워지고 초나라는 잘 다스려졌기 때문입니다. 그런데 대왕께서는 그와 같은 수단을 월나라에 쓸 줄은 아시면서도 진나라에도 써야 한다는 것은 잊고 계십니다. 신은 대왕의 처사가 크게 잘못된 것으로 아옵니다. 만일 대왕께서 진나라에 재상을 추천하고 싶다면 상수 같은 사람이 좋을 것 같습니다. 대체로 상수는 진나라 왕과 친한 사입니다. 진나라 왕은 어릴 때에는 상수와 같은 옷을 입고, 자라서는 같은 수레에 타고 다니며 그의 말이라면 무엇이든지 들어 주고 있습니다. 상수가 진나라의 재상으로 쓰이게 되면 초나라에도 이로운 결과가 될 것입니다."

이리하여 초나라 왕은 진나라에 사신을 보내 상수를 진나라의 재상으로 추천하였다. 진나라는 마침내 상수를 재상으로 삼았다. 이리하여 감무는 끝내 진나라에는 들어가지 못하고 위나라에서 죽었다.

齊使甘茂於楚, 楚懷王新與秦合婚而驩. 而秦聞甘茂在楚, 使人謂楚王曰: 「願送甘茂於秦.」 楚王問於范蜎曰: 「寡人欲置相於秦, 孰可?」 對曰: 「臣不足以識之.」 楚王曰: 「寡人欲相甘茂, 可乎?」 對曰: 「不可. 夫史擧, 下蔡之監門也, 大不爲事君, 少不爲家室, 以苟賤不廉聞於世, 甘茂事之順焉. 故惠王之明, 武王之察, 張儀之辯, 而甘茂事之, 取十官而無罪. 茂誠賢者也, 然不可相於秦. 夫秦之有賢相, 非楚國之利也. 且王前嘗用召滑於越, 而內行章義之難, 越國亂, 故楚南塞厲門而郡江東. 計王之功所以能如此者, 越國亂而楚治也. 今王知用諸越而忘用諸秦, 臣以王爲鉅過矣. 然則王若欲置相於秦, 則莫若向壽者可. 夫向壽之於秦王, 親也, 少與之同衣, 長與之同車, 以聽事. 王必相向壽於秦, 則楚國之利也.」 於是使使請秦相向壽於秦. 秦卒相向壽. 而甘茂竟不得復入秦, 卒於魏.

〈3〉감라甘羅

항탁은 일곱 살에 공자의 스승이 되었소

감무에게는 감라甘羅라는 손자가 있었다. 감무가 죽은 뒤 감라는 12살의 어린 몸으로 진나라 재상인 문신후文信侯 여불위呂不韋를 섬겼다.

진나라 시황제始皇帝는 연나라를 회유시키기 위하여 강성군剛成君 채택蔡澤을 연나라로 보냈다. 채택은 무사히 사명을 마치고 3년 만에 돌아왔다. 이때 연나라 왕 희喜는 태자 단丹을 진나라의 인질로 보냈다.

진나라는 장당張唐을 보내 연나라 재상으로 앉힌 다음, 연나라와 함께 조나라를 쳐서 하간河間 땅을 차지할 계획이었다. 그러나 장당은 문신후에게 이렇게 반대하고 나섰다.

"저는 일찍이 진나라 소왕昭王을 위해서 조나라를 쳤습니다. 이 일로 조나라는 저를 원망하여 '장당을 잡는 사람에게는 사방 100리 땅을 준다'고 선전하고 있습니다. 이제 연나라로 가려면 아무래도 조나라를 통과해야만 되므로 도저히 갈 수가 없습니다."

문신후는 불쾌하였지만 그렇다고 강요할 수는 없었다. 이에 결정을 짓지 못하고 있었다. 이 때 나이 어린 감라가 문신후에게 말하였다.

"상공께서 몹시 안색이 좋지 않으시군요. 혹시 무슨 일이라도 있습니까?"

문신후가 말하였다.

"내가 강성군 채택을 3년 동안 연나라에 가 있게 하여 연나라 태자 단이 인질로 진나라에 와 있게 되었다. 이에 내가 직접 장경張唐에게 연나라로 가서 재상이 되어 주었으면 좋겠다고 부탁을 하였으나 가려 하지 않는다."

감라가 말하였다.

"제가 가도록 해 드리겠습니다."

문신후는 어이없어 하다가 이렇게 꾸중하였다.

"물러가거라. 내가 직접 부탁을 해도 듣지 않는데 네까짓 것이 어떻게 가게 하겠다는 것인가?"

감라가 말하였다.

"항탁項橐은 일곱 살에 공자의 스승이 되었다 합니다. 지금 저는 열두 살이옵니다. 상공께서 저를 한번 시험해 보지도 않고 어찌 갑자기 화부터 내시는 것입니까?"

甘茂有孫曰甘羅.

甘羅者, 甘茂孫也. 茂旣死後, 甘羅年十二, 事秦相文信侯呂不韋.

秦始皇帝使剛成君蔡澤於燕, 三年而燕王喜使太子丹入質於秦. 秦使張唐往相燕, 欲與燕共伐趙以廣河閒之地. 張唐謂文信侯曰:「臣嘗爲秦昭王伐趙, 趙怨臣, 曰:『得唐者與百里之地.』今之燕必經趙, 臣不可以行.」文信侯不快, 未有以彊也. 甘羅曰:「君侯何不快之甚也?」文信侯曰:「吾令剛成君蔡澤事燕三年, 燕太子丹已入質矣, 吾自請張卿相燕而不肯行.」甘羅曰:「臣請行之.」文信侯叱曰:「去! 我身自請之而不肯, 女焉能行之?」甘羅曰:「大項橐生七歲爲孔子師. 今臣生十二歲於玆矣, 君其試臣, 何遽叱乎?」

그대가 죽을 곳이 어딘지 모르겠소

그리하여 감라는 마침내 장경을 만나 말하게 되었다.

"당신과 무안군武安君, 白起 중에서 누구의 공로가 더 크다고 생각하십니까?"

장당이 말하였다.

"무안군은 남쪽으로 강한 초나라를 꺾었고, 북쪽으로는 연나라·조나라를 위협하였으며, 싸우면 이기고 치면 앗아서 성을 깨치고 고을을 함락한 것이 그 수를 헤아릴 수 없는데 내 공로가 어떻게 그를 따를 수 있겠는가?"

감라가 말하였다.

"응후應侯가 진나라에서 세도를 쓰게 되었을 당시와, 문신후가 정권을 독점하고 있는 지금의 형태를 비교하면 어느 쪽이 더 권세가 크다고 보십니까?"

장당이 말하였다.

"응후의 권세가 문신후를 따를 수는 없지."

감라가 물었다.

"당신은 응후의 전횡함이 문신후에 미치지 못함을 알고 계십니까?"

장당이 말하였다.

"알고 있소."

감라가 말하였다.

"응후가 조나라를 치려고 하였을 때 무안군은 그것을 비난하였습니다. 그러자 무안군은 벼슬에서 쫓겨나 함양咸陽을 떠나 7리 거리 밖의 두우杜郵에서 죽고 말았습니다. 지금 문신후가 직접 당신에게 연나라 재상이 되어 달라고 부탁을 하였는데도 당신은 연나라로 가지 않으려 하였습니다.

저는 당신이 어디서 죽게 될지 알 수가 없습니다."

장당이 비로소 말하였다.

"그대의 말대로 떠나기로 하겠다."

이리하여 장당은 출발할 행장을 갖추도록 하였다.

於是甘羅見張卿曰:「卿之功孰與武安君?」卿曰:「武安君南挫彊楚, 北威燕·趙, 戰勝攻取, 破城墮邑, 不知其數, 臣之功不如也.」甘羅曰:「應侯之用於秦也, 孰與文信侯專?」張卿曰:「應侯不如文信侯專.」甘羅曰:「卿明知其不如文信侯專與?」曰:「知之.」甘羅曰:「應侯欲攻趙, 武安君難之, 去咸陽七里而立死於杜郵. 今文信侯自請卿相燕而不肯行, 臣不知卿所死處矣.」張唐曰:「請因孺子行.」令裝治行.

수레 다섯 대만 준비해 주시오

떠날 날짜가 아직 남아 있을 때 감라가 문신후에게 말하였다.

"저에게 수레 다섯 대만 준비해 주십시오. 장당을 위해 조나라에 미리 일러두고 오겠습니다."

문신후는 대궐로 들어가 시황제에게 말하였다.

"옛날 감무의 손자 감라는 한낱 소년에 불과하지만 이름난 집 자손이라서 그의 이름이 널리 제후들에게 알려져 있습니다. 지금 장당은 병을 핑계삼아 연나라로 떠나려 하지 않고 있는데 감라가 설득시켜 떠나도록 하였습니다. 그리고 자신이 직접 장당이 연나라로 떠나게 된다는 것을 조나라에 이르고 오겠다고 원하고 있습니다. 보내도록 허락해 주십시오."

시황제는 감라를 불러 만나본 다음, 사신으로서 조나라에 가도록 허락하였다. 조나라 양왕襄王은 감라를 교외에까지 나와 맞았다. 감라는 조나라 왕에게 말하였다.

"대왕께서는 연나라 태자 단이 진나라로 와서 인질이 되어 있는 것을 들으셨습니까?"

왕이 말하였다.

"들었소."

감라가 다시 말하였다.

"장당이 연나라 재상이 되는 것도 들으셨습니까?"

왕이 대답하였다.

"들었소."

감라가 설명하였다.

"연나라 태자 단이 인질로 진나라에 와 있는 것은, 연나라가 진나라를 속이지 않는다는 표시입니다. 장당이 연나라 재상이 된다는 것은, 진나라가 연나라를 속이지 않는다는 뜻입니다. 연과 진이 서로 속이지 않게 되면, 서로 힘을 합쳐 조나라를 치게 될 것이므로 조나라로서는 위험한 일입니다. 연나라와 진나라가 서로 속이지 않는 이유는 다른 것이 아닙니다. 조나라를 쳐서 하간의 땅을 빼앗음으로써 판도를 넓히려는 것입니다. 대왕께서는 이 기회에 신을 통해 5개 성을 진나라에 주고 하간 땅을 확보하는 것보다 더 좋은 일은 없습니다. 그렇게 되면 연나라의 태자 단을 돌려보내고 진나라와 연나라와의 국교를 끊은 다음 진나라가 강한 조나라와 함께 약한 연나라를 치도록 하겠습니다."

조나라 왕은 그 자리에서 5개 성을 진나라에 내어 주고, 하간 땅을 확보하기로 하였다. 진나라는 연나라 태자를 돌려보냈고, 조나라는 연나라를 쳐서 상곡上谷 지방의 30개 성을 빼앗아 그 중 11개 성을 진나라에 주었다.

감라가 돌아와 보고하자, 진나라는 감라를 상경上卿에 봉하고 지난날 감무가 가지고 있던 밭과 집을 주었다.

行有日, 甘羅謂文信侯曰:「借臣車五乘, 請爲張唐先報趙.」文信侯乃入言之於始皇曰:「昔甘茂之孫甘羅, 年少耳, 然名家之子孫, 諸侯皆聞之. 今者張唐欲稱疾不肯行, 甘羅說而行之. 今願先報趙, 請許遣之.」始皇召見, 使甘羅於趙. 趙襄王郊迎甘羅. 甘羅說趙王曰:「王聞燕太子丹入質秦歟?」曰:「聞之.」曰:「聞張唐相燕歟?」曰:「聞之.」「燕太子丹入秦者, 燕不欺秦也. 張唐相燕者, 秦不欺燕也. 燕·秦不相欺者, 伐趙, 危矣. 燕·秦不相欺無異故, 欲攻趙而廣河間. 王不如齎臣五城以廣河間, 請歸燕太子, 與彊趙攻弱燕.」趙王立自割五城以廣河間. 秦歸燕太子. 趙攻燕, 得上谷三十城, 令秦有十一.

甘羅還報秦, 乃封甘羅以爲上卿, 復以始甘茂田宅賜之.

◎ 사마천의 평어

나 태사공은 이렇게 생각한다.

저리자는 진나라 왕과 형제 관계였으니 중용된 것은 당연하다. 그러나 진나라 사람들 역시 그의 지혜가 뛰어나다 하여 많은 칭찬들을 하였다. 감무가 하채의 미천한 집안 출신으로 몸을 일으켜 그 이름이 제후들 사이에 드러나게 되자, 강한 제나라와 초나라에서 중용되었다. 감라는 나이 어렸으나 한 가지 기이한 꾀를 생각해 냄으로써 그의 이름이 후세에까지 알려지게 되었다. 비록 행실이 독실한 군자는 아니었지만 전국戰國시대의 책사策士였다. 진나라가 강성하게 되었을 당시 천하의 사람들은 이렇듯 모략謀略과 사술로 더욱 기울어지고 있었다!

太史公曰: 樗里子以骨肉重, 固其理, 而秦人稱其智, 故頗采焉. 甘茂起下蔡閭閻, 顯名諸侯, 重彊齊楚. 甘羅年少, 然出一奇計, 聲稱後世. 雖非篤行之君子, 然亦戰國之策士也. 方秦之彊時, 天下尤趨謀詐哉!

史記列傳

012(72) 양후 열전穰侯列傳

양후위염穰侯魏冉

위염과 선태후

양후 위염魏冉은 진秦나라 소왕昭王의 어머니 선태후宣太后의 동생이다. 그의 조상은 초楚나라 사람으로 성은 미씨芈氏이다.

진나라 무왕武王이 죽자, 아들이 없어 동생을 세우니 이가 소왕昭王이다. 소왕의 어머니는 원래 미팔자芈八子라 불렸으나 소왕이 즉위하자 선태후라 부르게 되었다. 선태후는 무왕의 어머니는 아니다. 무왕의 어머니는 혜문후惠文后로 불리는 여자로써 무왕보다 먼저 죽었다.

선태후에게는 두 동생이 있었다. 바로 아래는 이복 동생으로 양후라 불렸으며 성은 위씨魏氏, 이름은 염冉이다. 막내인 친동생은 화양군華陽君 미융芈戎이었다. 소왕의 친동생으로는 고릉군高陵君·경양군涇陽君 등이 있었으나 이들 여럿 가운데서 위염이 가장 똑똑하였다.

위염은 혜왕惠王과 무왕 때부터 벼슬에 올라 나라일에 참여하였다. 무왕이 죽자 여러 동생들이 자리를 다투었지만, 위염의 힘에 의해 소왕이 즉위하게 된 것이다. 이리하여 소왕은 즉위하자 위염을 장군으로 임명하여 서울 함양咸陽을 호위하는 임무를 맡겼다. 위염은 계군季君의 난을 평정한 다음, 무왕의 후后를 위나라로 내쫓고, 소왕의 여러 형제들 가운데 반란에 가담한 자를 모조리 제거함으로써 그의 위세를 진나라에 떨쳤다. 소왕은 어려 선태후가 섭정하면서 위염에게 국정을 맡겼다.

穰侯魏冉者, 秦昭王母宣太后弟也. 其先楚人, 姓芈氏.

秦武王卒, 無子, 立其弟爲昭王. 昭王母故號爲芈八子, 及昭王卽位, 芈八子號爲宣太后. 宣太后非武王母. 武王母號曰惠文后, 先武王死. 宣太后二弟: 其異父長弟曰穰侯, 姓魏氏, 名冉; 同父弟曰芈戎, 爲華陽君. 而昭王同母弟曰高陵君·涇陽君. 而魏冉最賢, 自惠王·武王時任職用事. 武王卒, 諸弟爭立,唯魏冉力爲能立昭王. 昭王卽位, 以冉爲將軍, 衛咸陽. 誅季君之亂, 而逐武王后出之魏, 昭王諸兄弟不善者皆滅之, 威振秦國. 昭王少, 宣太后自治, 任魏冉爲政.

위염이 재상이 되다

소왕 7년, 저리자樗里子가 죽고 경양군을 제齊나라에 인질로 보냈다. 이 무렵 조趙나라 사람 누완樓緩이 진나라 재상이 되었다. 그것을 못마땅하게 여긴 조나라는 구액仇液을 진나라로 보내어, 위염을 진나라 재상에 앉혀 달라고 청하려 하였다. 구액이 떠나려고 하자, 그의 식객 송공宋公이 나서서 구액에게 이렇게 말하였다.

"진나라가 당신의 말을 받아들이지 않는다 해도 누완은 틀림없이 당신을 원망하게 될 것입니다. 당신은 먼저 누완에게 '진나라 왕에게 올리는 청원은 공을 위해 너무 서둘지 않기로 하겠소'라고 말해 두는 편이 좋습니다. 진나라 왕이 위염을 재상으로 하였으면 좋겠다는 조나라의 청원이 그리 급한 것이 아니라는 것을 알게 되면, 거꾸로 당신의 말과는 달리 재빠르게 위염을 재상으로 삼을 것입니다. 당신이 말을 해도 그대로 되지 않으면 누완에게 덕을 베푼 것이 되고 그대로 되면 위염은 당신을 고맙게 여길 것입니다."

구액은 그의 의견에 따랐다. 진나라는 과연 누완을 파면시키고, 위염을 재상으로 앉혔다.

그 뒤 위염이 여례呂禮를 죽이려 하자, 여례는 제나라로 달아났다.

昭王七年, 樗里子死, 而使涇陽君質於齊. 趙人樓緩來相秦, 趙不利, 乃使仇液之秦, 請以魏冉爲秦相. 仇液將行, 其客宋公謂液曰:「秦不聽公, 樓緩必怨公. 公不若謂樓緩曰『請爲公毋急秦』. 秦王見趙請相魏冉之不急, 且不聽公. 公言而事不成, 以德樓子; 事成, 魏冉故德公矣.」於是仇液從之. 而秦果免樓緩而魏冉相秦.

欲誅呂禮, 禮出奔齊.

양후에 봉해지다

소왕 14년, 위염은 백기白起를 천거하여 상수向壽를 대신하여 장군이 되도록 임명하고 한나라와 위나라를 치게 하였다. 백기는 한나라와 위나라 군사를 이궐伊闕에서 대파하였다. 이 싸움에서 진나라 군대는 적군의 목을 24만 명이나 베고, 위나라 장군 공손희公孫喜를 사로잡았다. 이듬해에는 또 초나라의 완宛과 섭葉 두 읍을 빼앗았다.

그 뒤 위염은 병을 핑계로 재상을 그만두고, 객경客卿 수촉壽燭이 재상이 되었다. 그 이듬해에 수촉이 그만두고 위염이 다시 재상이 되었다. 그때 진나라는 위염을 양穰 땅에 봉하고 다시 도陶 땅을 더 주어 양후穰侯라 불렀다.

昭王十四年, 魏冉擧白起, 使代向壽將而攻韓·魏, 敗之伊闕, 斬首二十四萬, 虜魏將公孫喜. 明年, 又取楚之宛·葉. 魏冉謝病免相, 以客卿壽燭爲相. 其明年, 燭免, 復相冉, 乃封魏冉於穰, 復益封陶, 號曰穰侯.

서제와 동제

양후는 후로 봉해진 4년 뒤에 진나라 장군이 되어 위나라를 쳤다. 이때 위나라는 하동河東의 400리 땅을 진나라에 바쳤다. 또 위나라 하내河內를 공략하여 크고 작은 60여 개 성을 빼앗았다. 소왕 19년에, 진나라는 서제西帝라 칭하고, 제나라는 동제東帝라 칭하였다. 그로부터 한 달 남짓해서 여례가 다시 돌아왔다. 제나라와 진나라는 또한 제帝라는 칭호를 버리고 다시 왕호王號를 썼다. 위염은 다시 진나라 재상이 된 지 6년 뒤에 그만두었다가 2년 뒤에는 다시 진나라 재상이 되었다.

그로부터 4년 뒤에 백기白起에게 명하여 초나라 수도 영郢을 공략하게 하고 남군南郡을 새로 두었다. 그리고 백기를 봉하여 무안군武安君이라 하였다. 백기는 양후가 추천한 사람으로 둘은 사이가 좋았다. 이리하여 양후의 재산은 왕실만큼 대단하였다.

穰侯封四歲, 爲秦將攻魏. 魏獻河東方四百里. 拔魏之河內, 取城大小六十餘. 昭王十九年, 秦稱西帝, 齊稱東帝. 月餘, 呂禮來, 而齊·秦各復歸帝爲王. 魏冉復相秦, 六歲而免. 免二歲, 復相秦. 四歲, 而使白起拔楚之郢, 秦置南郡. 乃封白起爲武安君. 白起者, 穰侯之所任擧也, 相善. 於是穰侯之富, 當於王室.

위나라 대량을 포위하다

소왕 32년, 양후는 상국相國이 되었다. 그리고 군사를 이끌고 위魏나라를 공격하여 위나라 장군 망묘芒卯를 패주시키고 북택北宅으로 쳐들어가 마침내는 수도 대량大梁을 포위하였다. 위나라 대부大夫 수가須賈가 양후를 달랬다.

"저는 위나라 고관들이 위나라 왕에게 이렇게 말한 것으로 듣고 있습니다. 즉 '옛날 혜왕은 조나라를 쳐서 삼량三梁에서 이기고 한단邯鄲을 함락시켰습니다. 그러나 조나라는 땅을 위나라에 떼어 주지 않았기 때문에 한단은 조나라로 되돌아갔습니다. 또 제나라가 위衛나라를 쳐서 그 고도故都를 함락시키고 대부 자량子良을 죽였습니다. 그러나 위衛나라는 땅을 제나라에 떼어 주지 않았기 때문에 고도는 위나라로 되돌아갔습니다. 위와 조나라는 나라가 온전하고, 군사가 강하고 그 땅을 제후들에게 빼앗기지 않았던 까닭은, 어려움을 잘 견디고 참으며 땅을 다른 나라에 내놓는 것을 신중하게 생각하였기 때문입니다. 그런데 송宋나라와 중산국中山國은 자주 침략을 당하여 다른 나라에 땅을 떼어 주었기 때문에 나라도 따라서 망하게 되었습니다. 신들은 위衛·조를 본받아야만 되고, 송나라와 중산을 경계해야 할 것으로 생각합니다. 진나라는 탐욕스럽고 포학한 나라로서 친하게 지내는 것을 모릅니다. 위魏나라를 잠식하기 전에 진晉나라 땅을 다 삼키려 하고 있습니다. 앞서 위魏나라 장군 포연暴鳶을 이겨 여덟 고을을 떼어 갔는데도 그 땅이 완전히 진나라 것이 되기도 전에 다시 군사를 출동시켰습니다. 진나라는 만족하는 일이 없습니다.

지금 또 망묘를 무찔러 달아나게 하고 북택까지 쳐들어왔으나, 이것은 위魏나라를 공격하는 것이 목적이 아니고 대왕을 위협하여 많은 땅을 떼어 가지려는 속셈입니다. 대왕께서는 절대로 들어 주어서는 안 됩니다. 지금 대왕께서 초나라와 조나라를 저버리고 진나라와 화평을 맺게 되면, 초나라와 조나라는 화를 내며 대왕과 손을 끊고, 앞다투어 진나라를 섬기려 들 것입니다. 진나라는 틀림없이 초나라와 조나라를 받아들이게 될 것입니다. 진나라가 그 양국의 군사를 합쳐서 다시 위나라를 쳐들어온다면, 위나라는 다만 멸망하지 않기만을 바라는 형세가 되고 말 것입니다. 바라건대 대왕께서는 진나라와 화평을 맺지 마십시오. 대왕께서 굳이 화평을 바란다면, 아주 작은 땅을 떼어 주고 진나라로부터 인질을 받도록 해 주십시오. 그렇게 하지 않으면 틀림없이 속게 될 것입니다.' 이것이 제가 위나라에서 들은 이야기입니다. 장군께서는 이상 말한 것들을 생각하셔서 일을 계획하십시오.

《주서周書》에 '천명天命이라고 해서 변하지 않는 것은 아니다'라고 하였습니다. 이것은 요행이 자주 있는 것이 아님을 말한 것입니다. 대체로 포연에게 이겨 여덟 고을을 빼앗은 것은 군사가 강해서 그런 것은 아니며 또 계략이 뛰어나서 그렇게 된 것도 아닙니다. 하늘이 행운을 내려 주었기 때문입니다. 지금 또 망묘를 무찔러 패주시키고 북택에 침입하여 대량을 공격하고 있는데, 이것은 하늘이 내려 준 행운이 언제나 자기 쪽에 있다고 믿기 때문입니다. 그러나 지혜 있는 사람은 그렇게는 생각지 않습니다.

저는 '위나라는 100개의 고을에서 뽑은 정예 병사들을 징집하여 모조리 대량을 지키고 있다'고 들었습니다. 헤아려 보면 그 병력은 30만 명은 될 것입니다. 정예 병사 30만 명으로 일곱 길 높이의 성을 지키는 것이므로, 은나라 탕왕이나 주나라 무왕이 이 세상에 다시 나타났다 해도 쉽게 함락시키지는 못할 것입니다. 대체로 초·조나라의 병력이 등 뒤에서 위협하고 있는데도 이를 가볍게 여겨, 일곱 길의 높은 성으로 기어오르며 30만 명의 무리를 상대로 싸워, 반드시 함락시킬 수 있기를 바란다면, 저는 하늘이 생긴 이래로 오늘에 이르기까지 아직 한 번도 그런 예는 없었던 것으로 압니다. 만일 함락시키지 못할 경우에는, 진나라 군사는 지칠 대로 지쳐 장군의 영지인 도陶가 거꾸로 공격을 당해 틀림없이 빼앗기고 말 것입니다. 그렇게 되면 장군이 지금까지 쌓은 공은 모두 허사가 되고 맙니다.

지금 위나라는 어떻게 하면 좋을 것인가 하고 갈팡질팡하는 중입니다. 그러므로 약간의 땅을 떼어 주고 사태를 수습할 수 있다면 그렇게 할 것입니다. 부디 초·조나라 군사가 위나라에 도착하기 전에 빨리 약간의 땅을 받고 위나라와의 관계를 수습하십시오. 위나라는 지금 마음을 정하지 못하고 있으므로 땅을 조금만 떼어 주어도 된다고 하면 들을 것입니다. 그리고 장군이 원하는 곳이 어느 곳이든 떼어 주게 될 것입니다. 초나라와 조나라는 위나라가 자신들보다 먼저 진나라와 화평을 맺은 것을 노여워하여 틀림없이 서로 다투어 진나라를 섬기게 될 것입니다. 이로 인해 합종 약속은 깨지고 말 것입니다. 장군께서는 그렇게 하고 나서 하고 싶은 일을 하십시오. 또 장군께서 땅을 얻는 데 반드시 군사를 출동시킬 필요가 어디 있겠습니까? 만일 원래의 진晉나라 땅을 떼어 가지려 하신다면, 진秦나라 군사가 공격을 하지 않더라도 위나라는 반드시 강絳과 안安 두 고을을 내주고, 또 도陶로 통하는 남북의 두 길을 열 것입니다. 이리하여 예전 송나라 땅을 거의 손에 넣게 되면 위衛나라는 틀림없이 선보單父를 내주게 될 것입니다. 진나라 군사는 완전한 대로 남아 있고, 장군께서는 천하를 손에 쥐고 있으므로 무엇이든 요구해서 얻어지지 않는 것이 없고, 무슨 일이든 해서 안 되는 것이 없습니다. 부디 깊이 생각하셔서 대량을 포위하는 것 같은 위험한 일은 하지 마십시오."

양후가 말하였다.

"좋은 생각이오."

이리하여 양후는 곧 포위를 풀었다.

이듬해 위나라가 진나라와의 약속을 등지고 제나라와 합종을 맺었다. 진나라는 양후에게 명하여 위나라를 치게 하였다. 양후는 머리를 벤 것이 4만 명이었으며 장군 포연을 패주시키고 세 고을을 손에 넣어 봉지封地를 더 받게 되었다. 그 이듬해 양후는 백기와 객경客卿 호상胡傷과 함께 조·한·위나라를 공격하여 망묘를 화양성華陽城 밑에서 깨뜨리고, 10만 적군의 머리를 베었으며, 위나라의 권卷·채양蔡陽·장사長社와, 조나라의 관진觀津을 빼앗았다. 그리고 조나라에게 관진을 되돌려 주는 대신 원군을 보내 제나라를 치게 하였다.

昭王三十二年, 穰侯爲相國, 將兵攻魏, 走芒卯, 入北宅, 遂圍大梁. 梁大夫須賈說穰侯曰:「臣聞魏之長吏謂魏王曰:『昔梁惠王伐趙, 戰勝三梁, 拔邯鄲; 趙氏不割, 而邯鄲復歸. 齊人攻衛, 拔故國, 殺子良; 衛人不割, 而故地復反. 衛·趙之所以國全兵勁而地不并於諸侯者, 以其能忍難而重出地也. 宋·中山數伐割地, 而國隨以亡. 臣以爲衛·趙可法, 而宋·中山可爲戒也. 秦, 貪戾之國也. 而毋親蠶食魏氏, 又盡晉國, 戰勝暴子, 割八縣, 地未畢入, 兵復出矣. 夫秦何厭之有哉! 今又走芒卯, 入北宅, 此非敢攻梁也, 且劫王以求多割地. 王必勿聽也. 今王背楚·趙而講秦, 楚·趙怒而去王, 與王爭事秦, 秦必受之. 秦挾楚·趙之兵以復攻梁, 則國求無亡不可得也. 願王之必無講也. 王若欲講, 少割而有質; 不然, 必見欺.』此臣之所聞於魏也, 願君之以是慮事也.《周書》曰『惟命不于常』, 此言幸之不可數也. 夫戰勝暴子, 割八縣, 此非兵力之精也, 又非計之工也, 天幸爲多矣. 今又走芒卯, 入北宅, 以攻大梁, 是以天幸自爲常也, 智者不然. 臣聞魏氏悉其百縣勝甲以上戍大梁, 臣以爲不下三十萬. 以三十萬之衆守梁七仞之城, 臣以爲湯·武復生, 不易攻也. 夫輕背楚·趙之兵, 陵七仞之城, 戰三十萬之衆, 而志必擧之, 臣以爲自天地始分以至于今, 未嘗有者也. 攻而不拔, 秦兵必罷, 陶邑必亡, 則前功必弃矣. 今魏氏方疑, 可以少割收也. 願君逮楚·趙之兵未至於梁, 亟以少割收魏. 魏方疑而得以少割爲利, 必欲之, 則君得所欲矣. 楚·趙怒於魏之先己也, 必爭事秦, 從以此散, 而君後擇焉. 且君之得地豈必以兵哉! 割晉國, 秦兵不攻, 而魏必效絳安邑. 又爲陶開兩道, 幾盡故宋, 衛必效單父. 秦兵可全, 而君制之, 何索而不得, 何爲而不成! 願君熟慮之而無行危.」穰侯曰:「善.」乃罷梁圍.

明年, 魏背秦, 與齊從親. 秦使穰侯伐魏, 斬首四萬, 走魏將暴鳶, 得魏三縣. 穰侯益封.

明年, 穰侯與白起客卿胡陽復攻趙·韓·魏, 破芒卯於華陽下, 斬首十萬, 取魏之卷·蔡陽·長社, 趙氏觀津. 且與趙觀津, 益趙以兵, 伐齊.

◎ 소대의 편지

그러자 제나라 양왕襄王은 두려워 소대蘇代를 시켜 비밀리에 다음과 같은 편지를 양후에게 보냈다.

"신은 길을 가는 사람들이 '진나라는 장차 조나라에 무장한 군사 4만을 원군으로 주고 제나라를 치려 하고 있다'는 말을 들었습니다. 이에 신은 조용히 우리 제나라 임금께 '진나라 왕은 현명한 임금으로 계책에 능하고, 양후는 지혜 있는 분으로 일을 잘 알고 있으므로, 조나라에 무장한 군사 4만을 원군으로 주어 제나라를 치게 하는 일은 절대로 없을 것입니다'라고 말하였습니다. 그 까닭은 대체로 삼진三晉이 연합하는 것은 진나라에게 심한 위협이 되기 때문입니다. 삼진은 백 번 진나라를 배반하고 백 번 속였으나, 그들 스스로는 결코 약속을 어겼다거나 의리가 없었다거나 하는 생각을 갖지 않습니다. 지금 진나라가 제나라를 쳐서 조나라를 살찌게 하는 것은, 조나라가 진나라의 큰 적이 되는 만큼 진나라에 불리한 일입니다. 이것이 첫 번째 이유입니다.

진나라에서 모책을 세우는 자라면 틀림없이 '삼진과 초나라가 제나라를 치게 되면 제나라는 반드시 패하고 말겠지만, 삼진과 초나라 역시 지치고 말 것이다. 그러면 진나라는 삼진과 초나라마저 제압할 수가 있을 것이다'라고 말할 것입니다. 그런데 제나라는 이미 지쳐 있는 나라입니다. 천하의 여러 나라가 힘을 합쳐 제나라를 친다는 것은, 마치 1천 균鈞의 무게를 가진 큰 쇠뇌로 다 곪아 있는 종기를 터뜨리는 것과 같아서 제나라는 금방 망하게 되겠지만, 삼진과 초나라를 지치게 만들지는 못할 것입니다. 이것이 두 번째 이유입니다.

진나라가 적은 군사를 보내게 되면, 삼진과 초나라는 진나라를 믿지 않을 것이며 많은 군사를 보내면 그들을 압도하고 말아, 결국은 진나라가 제나라를 치는 꼴이 될 것입니다. 그러면 제나라는 겁이 나서 진나라로 달려가는 대신 삼진과 초나라에 의지하려 할 것입니다. 이것이 세 번째 이유입니다.

진나라가 제나라 땅을 떼어내어 삼진과 초나라에 주게 되면, 그들은 군대를 보내 그곳을 지키게 될 것이므로 진나라는 오히려 적을 만들어

놓게 되는 것입니다. 이것이 네 번째 이유입니다.

진나라가 삼진과 초나라를 도와 제나라를 치는 것은 삼진과 초나라가 진나라를 이용하여 제나라 땅을 가로채고, 제나라를 이용해서 진나라 땅을 빼앗는 결과가 됩니다. 이것은 삼진과 초나라가 너무도 슬기롭고, 진·제나라가 너무도 어리석은 것이 되므로, 진나라는 그렇게는 하지 않을 것입니다. 이것이 다섯 번째 이유입니다.

그러므로 진나라는 안읍安邑을 차지하고 이것을 잘 다스리면 아무런 걱정도 없을 것입니다. 그렇게만 한다면 한나라도 상당上黨을 지켜 나가지 못할 것입니다. 천하의 위장胃腸이라고 할 수 있는 상당을 차지하는 것과 군대를 내보내놓고 돌아오지 못하게 되지나 않을까 하고 걱정하는 것과 어느 쪽이 진나라에 이익이 되겠습니까? 따라서 신은 '진나라 왕은 현명한 임금으로 계책이 능하고, 양후는 지혜 있는 분으로 일을 잘 알기 때문에 조나라에 군사 4만 명을 보내 주어 제나라를 치도록 하는 일은 절대로 하지 않을 것입니다' 하고 말씀드린 것입니다."

이 편지를 읽은 양후는 제나라로 가는 것을 그만두고, 군사를 이끌고 돌아왔다.

齊襄王懼, 使蘇代爲齊陰遺穰侯書曰:「臣聞往來者言曰:『秦將益趙甲四萬以伐齊』, 臣竊必之敝邑之王曰『秦王明而熟於計, 穰侯智而習於事, 必不益趙甲四萬以伐齊』. 是何也? 夫三晉之相與也, 秦之深讎也. 百相背也, 百相欺也, 不爲不信, 不爲無行. 今破齊以肥趙. 趙, 秦之深讎, 不利於秦. 此一也. 秦之謀者, 必曰『破齊, 弊晉·楚, 而後制晉·楚之勝』. 夫齊, 罷國也, 以天下攻齊, 如以千鈞之弩決潰癰也, 必死, 安能弊晉·楚. 此二也. 秦少出兵, 則晉·楚不信也; 多出兵, 則晉·楚爲制於秦. 齊恐, 不走秦, 必走晉·楚. 此三也. 秦割齊以啖晉·楚, 晉·楚案之以兵, 秦反受敵. 此四也. 是晉·楚以秦謀齊, 以齊謀秦也, 何晉·楚之智而秦·齊之愚? 此五也. 故得安邑以善事之, 亦必無患矣. 秦有安邑, 韓氏必無上黨矣. 取天下之腸胃, 與出兵而懼其不反也, 孰利? 臣故曰秦王明而熟於計, 穰侯智而習於事, 必不益趙甲四萬以伐齊矣.」於是穰侯不行, 引兵而歸.

◎ 범저의 간언과 양후의 죽음

소왕 36년, 상국 양후는 객경 조竈와 상의 끝에, 제나라를 쳐서 강剛과 수壽 두 고을을 빼앗아 자신의 영지를 넓히려 하였다. 때마침 위나라 사람 범저范雎가 자칭 장록선생張祿先生이라 하며 진나라에 나타나, 양후가 제나라를 치는 데 있어 삼진을 넘어서 치는 것은 옳지 못한 일이라 비난하며 이 기회를 틈타 자기 주장을 소왕에게 교묘하게 털어놓았다.

그 결과 소왕에게 등용된 범저는 선태후의 독재와, 양후가 제후들 사이에서 권력을 휘두르고 있는 점과, 경양군·고릉군의 무리들이 지나친 사치를 하며 왕실보다도 더 부유하다는 점들을 지적하여 말하였다. 이에 소왕은 깨달은 바가 있어 양후를 상국 자리에서 해임하고, 경양군의 무리들을 모두 함곡관函谷關 밖으로 나가 각각 자기 봉읍에서 살도록 하였다. 양후가 함곡관을 나갈 때 짐 실은 수레는 천 대가 넘었다.

양후는 도陶에서 죽어 그곳에 묻혔다. 진나라에서는 도읍陶邑을 거두고 군郡으로 만들었다.

昭王三十六年, 相國穰侯言客卿竈, 欲伐齊取剛·壽, 以廣其陶邑. 於是魏人范雎自謂張祿先生, 譏穰侯之伐齊, 乃越三晉以攻齊也, 以此時奸說秦昭王. 昭王於是用范雎. 范雎言宣太后專制, 穰侯擅權於諸侯, 涇陽君·高陵君之屬太侈, 富於王室. 於是秦昭王悟, 乃免相國, 令涇陽之屬皆出關, 就封邑. 穰侯出關, 輜車千乘有餘.

穰侯卒於陶, 而因葬焉. 秦復收陶爲郡.

◎ 사마천의 평어

나 태사공은 이렇게 생각한다.

양후는 소왕昭王의 외삼촌이다. 진나라가 동쪽의 영토를 확장시켜 제후들의 세력을 약하게 만들고, 한때 천하를 상대로 제帝라 칭하며 천하의 제후들이 서쪽으로 진나라에 머리를 숙이게 된 것은 양후의 공로이다. 그러나 양후는 그의 부귀가 극도에 이르렀을 때, 한 사내(范雎)의 말 한 마디로 신분이 꺾이고 권세를 잃게 되어 울분 속에 죽고 말았다. 그러니 기려지신羈旅之臣의 신분일 경우야 어떻겠는가!

太史公曰: 穰侯, 昭王親舅也. 而秦所以東益地, 弱諸侯, 嘗稱帝於天下, 天下皆西鄉稽首者, 穰侯之功也. 及其貴極富溢, 一夫開說, 身折勢奪而以憂死, 況於羈旅之臣乎!

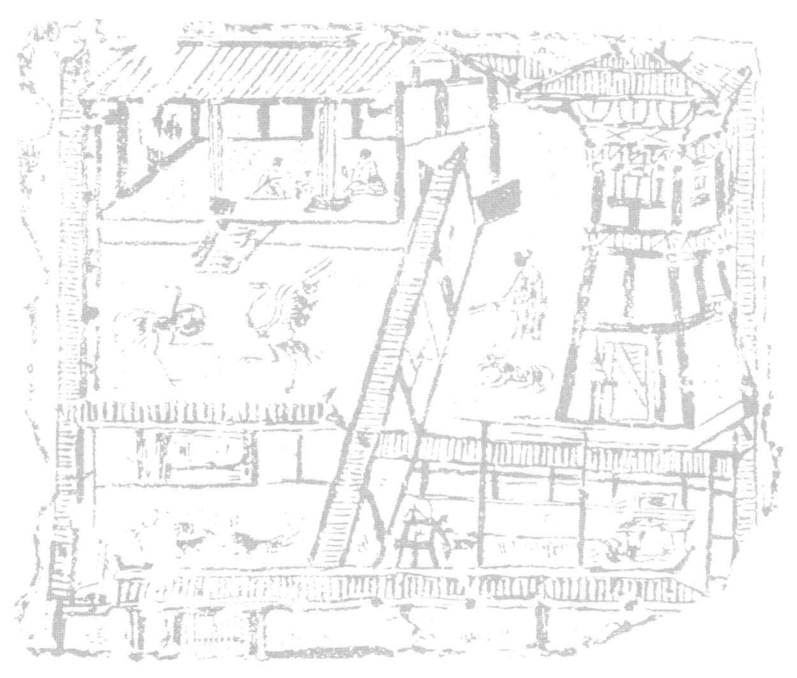

史記列傳

013(73) 백기왕전 열전白起王翦列傳

① 백기白起 ② 왕전王翦

南拔鄢郢 北摧長平 遂圍邯鄲 武安爲率 破荊滅趙 王翦之計 作白起王翦列傳。

〈1〉백기白起

백기의 무공

백기白起는 미郿 땅 사람이다. 군사를 다루는 데 뛰어나 진秦나라 소왕昭王에게 등용되었다.

소왕 13년에, 백기는 좌서장左庶長이 되어 군사를 이끌고 한나라 신성新城을 공격하였다. 이 해에 진나라에서는 양후穰侯가 재상이 되어 임비任鄙를 한중漢中 태수로 등용하였다.

그 이듬해 백기는 좌경左更에 올라, 한나라와 위魏나라를 공격하여 이궐伊闕에서 양국의 연합군과 싸워 적병 24만 명을 죽이고, 적장 공손희公孫喜를 사로잡았으며 5개 성을 함락시켰다.

이 공로로 국위國尉에 승진된 백기는 이어 황하를 건너 한나라 안읍安邑으로부터 동쪽으로 건하乾河에 이르는 땅을 빼앗았다.

이듬해 백기는 대량조大良造에 올랐다. 백기는 위나라를 공략해 크고 작은 61개 성을 빼앗았고, 그 다음해에는 객경客卿 사마착司馬錯과 함께 원성垣城을 쳐 함락시켰다.

그로부터 5년 뒤, 이번에는 조나라를 쳐서 광랑성光狼城을 함락시켰다. 7년 뒤에는 초나라를 쳐서 언鄢과 등鄧의 5개 성을 함락시켰다. 그 이듬해 다시 초나라를 공격하여 수도 영郢을 함락시켜 종묘가 있는 이릉夷陵을 불태운 다음, 동쪽으로 경릉竟陵까지 진격하였다. 이때 초나라 왕은 동쪽으로 달아나 진陳을 새로운 수도로 정하였다.

진나라는 영을 남군南郡으로 편입시키는 한편 백기를 무안군武安君에 봉하였다. 백기는 다시 또 초나라를 공략해 무군巫郡과 검중군黔中郡을 평정하였다.

소왕 34년, 백기는 위나라를 쳐 화양華陽을 함락시키고, 패주한 적장 망묘芒卯를 쫓는 길에 삼진三晉의 장수들을 사로잡았으며, 적병 13만 명의 목을 베었다. 나아가 조나라 장군 가언賈偃과 교전해 그 군사 2만 명을 황하에 수장시켰다.

소왕 43년, 한나라 형성陘城을 쳐 5개 성을 함락시키고 5만 명을 참수하였으며, 44년에는 남양南陽을 쳐 태행산太行山의 길을 끊었다.

白起者, 郿人也. 善用兵, 事秦昭王. 昭王十三年, 而白起爲左庶長, 將而擊韓之新城. 是歲, 穰侯相秦, 擧任鄙以爲漢中守. 其明年, 白起爲左更, 攻韓·魏於伊闕, 斬首二十四萬, 又虜其將公孫喜, 拔五城. 起遷爲國尉. 涉河取韓安邑以東, 到乾河. 明年, 白起爲大良造. 攻魏, 拔之, 取城小大六十一. 明年, 起與客卿錯攻垣城, 拔之. 後五年, 白起攻趙, 拔光狼城. 後七年, 白起攻楚, 拔鄢·鄧五城. 其明年, 攻楚, 拔郢, 燒夷陵, 遂東至竟陵. 楚王亡去郢, 東走徙陳. 秦以郢爲南郡. 白起遷爲武安君. 武安君因取楚, 定巫·黔中郡. 昭王三十四年, 白起攻魏, 拔華陽, 走芒卯, 而虜三晉將, 斬首十三萬. 與趙將賈偃戰, 沈其卒二萬人於河中. 昭王四十三年, 白起攻韓陘城, 拔五城, 斬首五萬. 四十四年, 白起攻南陽太行道, 絶之.

상당 태수 풍정馮亭

45년에는 한나라 야왕野王 땅을 공격하여 항복시킴으로써 한나라를 남북으로 분단시켰다.

이로써 북쪽의 상당上黨은 완전 고립 상태에 빠지게 되자, 그곳 태수 풍정馮亭은 백성들과 이렇게 상의하였다.

"수도 신정新鄭으로 가는 길이 끊어져 고국 한나라는 우리를 구제해 줄 수가 없다. 진나라 군대가 쳐들어오는 데도 한나라로서는 그들을 막을 수 없는 실정이니, 상당을 바쳐 조나라에 귀속하는 것이 낫다. 조나라가 만일 상당을 막아 주면, 진나라는 화를 내며 틀림없이 조나라를 공격하게 될 것이다. 조나라가 진나라의 공격을 받게 되면, 저절로 한나라와 친해지게 될 것이다. 한나라와 조나라가 연합하게 되면, 진나라를 당해 낼 수 있을 것이다."

풍정은 조나라에 사람을 보내어 그런 뜻을 알렸다. 조나라 효성왕孝成王은 곧 평양군平陽君, 趙豹·평원군平原君, 趙勝 등과 의논하였다.

평양군이 말하였다.

"받지 않는 편이 좋습니다. 받음으로써 생기는 화가 얻는 것보다 더 클 것입니다."

그러나 평원군은 이렇게 말하였다.

"아무 조건 없이 한 군을 거저 얻게 되는 것이니 받는 쪽이 좋습니다."

그리하여 조나라는 상당을 받아들이고 풍정을 화양군華陽君에 봉하였다.

四十五年, 伐韓之野王. 野王降秦, 上黨道絶. 其守馮亭與民謀曰:「鄭道已絶, 韓必不可得爲民. 秦兵日進, 韓不能應, 不如以上黨歸趙. 趙若受我, 秦怒, 必攻趙. 趙被兵, 必親韓. 韓趙爲一, 則可以當秦.」因使人報趙. 趙孝成王與平陽君·平原君計之. 平陽君曰:「不如勿受. 受之, 禍大於所得.」平原君曰:「無故得一郡, 受之便.」趙受之, 因封馮亭爲華陽君.

조나라 염파의 소극적인 전투

소왕 46년, 진나라는 다시 한나라의 구씨緱氏와 인藺을 쳐서 함락시켰고, 이어 47년에는 좌서장左庶長 왕흘王齕로 하여금 한나라를 치도록 하여 상당을 점령하였다. 이때 상당 백성들은 조나라로 달아났고, 조나라는 군사를 장평長平으로 보내어 진나라를 치고 상당 백성들을 보호하였다. 이에 진나라는 그 해 4월에 왕흘로 하여금 조나라를 공략하도록 하였다.

조나라에서는 염파廉頗를 장군으로 삼아 진나라 군대와 맞서도록 하였다. 그러나 진나라 척후병을 맞아 싸움을 건 조나라 비장裨將 가茄가 오히려 진나라 척후병에게 죽음을 당하였다.

6월, 진나라 군대는 조나라 진지를 쳐부수어 2개의 보루를 빼앗고, 도위 4명을 사로잡았다. 7월, 조나라 군대는 누벽壘壁을 쌓아 수비를 강화하였지만 진나라 군대는 그 누벽마저 깨뜨리고 도위 2명을 사로잡았으며, 그 여세를 몰아 서쪽의 누벽마저 빼앗았다. 이에 염파는 계속 누벽을 쌓아 지킬 뿐 진나라 군대와 싸우려 하지 않았다. 그러자 조나라 왕은 염파를 질책하여 꾸짖었다.

四十六年, 秦攻韓緱氏·藺, 拔之.

四十七年, 秦使左庶長王齕攻韓, 取上黨. 上黨民走趙. 趙軍長平, 以按據上黨民. 四月, 齕因攻趙. 趙使廉頗將. 趙軍士卒犯秦斥兵, 秦斥兵斬趙裨將茄六月, 陷趙軍, 取二鄣四尉. 七月, 趙軍築壘壁而守之. 秦又攻其壘, 取二尉, 敗其陣, 奪西壘壁. 廉頗堅壁以待秦, 秦數挑戰, 趙兵不出. 趙王數以爲讓.

응후의 반간계

한편 초조해진 진나라 재상 응후應侯는 다시 첩자들을 조나라에 잠입시켜 천 금의 돈을 뿌리면서 이렇게 반간계를 썼다.

"진나라가 무서워하는 것은 다만 마복군馬服君, 趙奢의 아들 조괄趙括이 장군이 되는 것이다."

조나라 왕은 앞서부터 염파의 군대에 전사자와 도망병이 많을 뿐더러, 자주 싸움에 패하였는데도 염파가 도리어 누벽만을 튼튼히 할 뿐 전연 싸우려 하지 않는 것을 노엽게 생각하고 있었다. 그러자 진나라의 반간계를 듣고 마침내 조나라는 염파 대신 조괄을 장군에 기용하여 진나라를 치게 하였다. 진나라에서는 마복군의 아들이 장군이 되었다는 소식을 듣자 몰래 무안군 백기를 상장군上將軍으로, 왕흘을 비장으로 삼은 다음, 군중에 무안군이 장군으로 부임한 사실을 입 밖에 내는 자는 사형에 처한다라고 선포하였다.

而秦相應侯又使人行千金於趙爲反間, 曰:「秦之所惡, 獨畏馬服子趙括將耳, 廉頗易與, 且降矣.」趙王旣怒廉頗軍多失亡, 軍數敗, 又反堅壁不敢戰, 而又聞秦反間之言, 因使趙括代廉頗將以擊秦. 秦聞馬服子將, 乃陰使武安君白起爲上將軍, 而王齕爲尉裨將, 令軍中有敢泄武安君將者斬.

조나라 조괄을 장수로 내세우다

조괄은 도착하자 즉시 군대를 이끌고 나서서 진나라 군대를 쳤다. 이에 진군은 거짓으로 패해 달아나며 두 곳에 복병을 배치시켜 조나라 군대를 습격하려 하였다. 이에 조나라 군대는 승세를 몰고 뒤쫓아 진나라 누벽까지 다가갈 수는 있었으나, 더 이상 뚫고 나갈 수가 없었다. 이때 진나라 복병 2만 5천 명이 조나라 군대의 배후를 끊고, 또 다른 5천 명의 기병이 조나라 군대 선발대 사이를 막아 식량 수송로를 차단시켰다. 진나라 군대가 또한 날랜 군사를 휘몰아 맹공을 퍼붓자, 조나라 군대는 그 자리에 진지를 구축하면서 다만 원군이 와 주기만을 기다리는 형편이었다.

진나라 왕은 이 소식을 듣자, 몸소 하내河內로 나가서 그곳 주민들에게 각각 벼슬을 주거나 한 급씩 올린 다음, 15살 이상의 장정들을 모조리 징발하였다. 그리고 장정들을 장평으로 보내어 조나라의 원군과 식량 보급을 차단토록 하였다.

9월, 조나라 병사들은 보급을 받지 못한 지가 46일이나 되었다. 급기야 몰래 서로 죽여 잡아먹는 형편에 이르렀으며, 견디다 못해 탈출을 시도하여 4개 부대를 만들어 4, 5차례나 되풀이해 진나라 보루를 공격해 보았으나 끝내 벗어날 수가 없었다. 그리하여 장군 조괄이 직접 정예부대를 이끌고 선두에 서서 싸웠으나, 분전 끝에 그 자신마저 진나라 군사의 활에 맞아 죽고 말았다. 조괄의 군사 40만 명은 마침내 무안군에게 전원 항복하였다.

趙括至, 則出兵擊秦軍. 秦軍詳敗而走, 張二奇兵以劫之. 趙軍逐勝, 追造秦壁. 壁堅拒不得入, 而秦奇兵二萬五千人絶趙軍後, 又一軍五千騎絶趙壁閒, 趙軍分而爲二, 糧道絶. 而秦出輕兵擊之. 趙戰不利, 因築壁堅守, 以待救至. 秦王聞趙食道絶, 王自之河內, 賜民爵各一級, 發年十五以上悉詣長平, 遮絶趙救及糧食.

至九月, 趙卒不得食四十六日, 皆內陰相殺食. 來攻秦壘, 欲出. 爲四隊, 四五復之, 不能出. 其將軍趙括出銳卒自搏戰, 秦軍射殺趙括. 括軍敗, 卒四十萬人降武安君.

40만 명을 생매장

이때 무안군 백기는 이렇게 말하였다.

"앞서 진나라가 상당을 공략하였으나, 그곳 백성들은 진나라 백성이 되는 것을 싫어해서 조나라로 돌아갔다. 조나라 군사 역시 변덕이 많으니 아예 모조리 죽여 없애지 않으면 뒤에 반란을 꾸밀지도 모른다."

그리하여 속임수를 써서 그들을 모조리 구덩이에 쳐넣어 죽여 버리고 어린아이 240명만을 남겨 조나라로 돌려보냈다. 앞뒤에 걸쳐 전사자 및 포로가 된 자는 모두 45만 명에 이르렀다. 조나라 사람들은 공포에 벌벌 떨었다.

武安君計曰:「前秦已拔上黨, 上黨民不樂爲秦而歸趙. 趙卒反覆, 非盡殺之, 恐爲亂.」及挾詐而盡阬殺之, 遺其小者二百四十人歸趙. 前後斬首虜四十五萬人. 趙人大震.

◎ 소대의 유세

48년 10월 진나라는 다시 상당군을 평정하였다. 진나라는 군대를 둘로 나누어 왕흘이 피뢰皮牢를 공략하고, 사마경司馬梗이 태원太原을 평정하였다. 이에 한나라와 조나라는 두려운 나머지 소대蘇代로 하여금 많은 선물을 가지고 가서 진나라 재상 응후를 달래보도록 하였다.

"무안군이 조괄을 죽였나요?"

응후가 대답하였다.

"그렇소."

소대가 물었다.

"이번엔 한단邯鄲을 포위할 것인가요?"

응후가 자신있게 대답하였다.

"그렇소."

소대는 이렇게 말하였다.

"조나라가 멸망하면 진나라 왕은 천하의 제왕이 되고, 무안군은 삼공三公의 지위에 오르겠군요. 무안군이 진나라를 위해 빼앗은 성은 70여 개, 남쪽으로는 언·영·한중을 평정하고, 북쪽으로는 조괄의 전군을 괴멸시켰습니다. 저 주공周公·소공召公·태공망太公望의 공적도 이만 못합니다. 지금 조나라가 망하고 진왕이 천하의 제왕이 되면 무안군이 삼공이 될 것은 뻔한 일입니다.

그러면 상공께서는 그의 밑자리에 있게 되는 것을 참을 수 있겠습니까? 비록 밑자리에 처하기 원치 않는다 하더라도 어찌할 수 없는 일입니다. 진나라는 일찍이 한나라를 쳐서 형구邢丘를 포위하고 상당을 괴롭혔으나, 상당 백성들은 모두 진나라에 귀속되지 않고 도리어 조나라로 들어갔습니다. 천하 사람들이 진나라 백성이 되기를 좋아하지 않은 것은 이미 오래된 일입니다. 지금 조나라를 없애게 되면 그 북쪽 땅은 연나라로 돌아가고, 동쪽 땅은 제나라로 돌아갈 것이니 이렇게 되면 남쪽 땅은 한나라와 위나라로 돌아가고, 당신이 얻게 되는 백성들은 얼마 되지 않을 것입니다. 그러므로 이번의 승전을 이용하여 차라리 한·조나라로부터 땅을 받는 조건으로 화평을 맺게 하고 무안군의 공로로 만들지 않는 것이 좋을 줄 압니다."

그러자 응후가 진나라 왕에게 말하였다.

"진나라 군사는 지쳐 있습니다. 한·조나라가 땅을 떼어 화평을 청하는 것을 허락하시고 또 우리 군사를 쉬게 하였으면 합니다."

진나라 왕은 이를 받아들여 한나라의 원옹垣雍과 조나라의 6개 성을 떼어 갖는 조건으로 화평을 맺었다. 그리고 정월에 군대를 모두 철수시켰다. 무안군은 이것을 알게 되었고 이로 인해 응후와 틈이 생겼다.

四十八年十月, 秦復定上黨郡. 秦分軍爲二: 王齕攻皮牢, 拔之; 司馬梗定太原. 韓·趙恐, 使蘇代厚幣說秦相應侯曰: 「武安君禽馬服子乎?」 曰: 「然.」 又曰: 「卽圍邯鄲乎?」 曰: 「然.」 「趙亡則秦王王矣, 武安君爲三公. 武安君所爲秦戰勝攻取者七十餘城, 南定鄢郢·漢中, 北禽趙括之軍, 雖周·召·呂望之功不益於此矣. 今趙亡, 秦王王, 則武安君必爲三公, 君能爲之下乎? 雖無欲爲之下, 固不得已矣. 秦嘗攻韓, 圍邢丘, 困上黨, 上黨之民皆反爲趙, 天下不樂爲秦民之日久矣. 今亡趙, 北地入燕, 東地入齊, 南地入韓·魏, 則君之所得民亡幾何人. 故不如因而割之, 無以爲武安君功也.」 於是應侯言於秦王曰: 「秦兵勞, 請許韓·趙之割地以和, 且休士卒.」 王聽之, 割韓垣雍·趙六城以和. 正月, 皆罷兵. 武安君聞之, 由是與應侯有隙.

한단 공격

그 해 9월, 진나라는 다시 군사를 일으켜 오대부五大夫 왕릉王陵에게 조나라 한단邯鄲을 공격하도록 하였다. 이때 무안군은 병으로 출전할 수가 없었다.

49년 정월, 왕릉은 한단을 공격하였으나 별 효과를 거두지 못하였다. 진나라는 원군을 보내어 왕릉을 돕게 하였다. 그래도 왕릉의 군사는 교위校尉 5명을 잃었을 뿐 더 나아가지 못하였다. 이 무렵 무안군의 병이 회복되었으므로 진나라 왕은 그를 다시 장군으로 임명하려 하였다. 이때 무안군은 진왕에게 이렇게 말하였다.

"한단을 치기는 쉬운 일이 아닙니다. 그리고 제후들의 원군이 매일 도착하고 있습니다. 제후들이 진나라를 원망하기는 오래되었습니다. 지금 진나라는 장평의 적군을 무찌르기는 하였지만, 진나라 군사 역시 죽은 자가 절반이 넘고, 나라 안은 텅 비어 있습니다. 그런데 멀리 강과 산을 넘어 남의 나라 수도를 치려 하는 것입니다. 조나라 군대가 안에서 응전을 하고 제후들의 원군이 밖에서 공격해 온다면 진나라 군사는 질 수밖에 없습니다. 한단을 쳐서는 안 됩니다."

진나라 왕의 명령에도 무안군이 출전하지 않자, 진왕은 응후를 보내어 설득해 보도록 하였다. 그러나 무안군은 끝내 사양하고 듣지 않더니 결국 병을 핑계삼아 집에 들어앉고 말았다.

이에 진나라 왕은 왕릉 대신에 왕흘을 장군으로 임명하여 8월과 9월에 한단을 포위하였으나 함락할 수가 없었다. 그런데 초나라가 춘신군春申君과 위나라 공자 신릉군信陵君에게 군사 수십만을 이끌고 진나라 군대를 치도록 하였다. 진군은 많은 사상자와 도망병을 내고 말았다.

其九月, 秦復發兵, 使五大夫王陵攻趙邯鄲. 是時武安君病, 不任行. 四十九年正月, 陵攻邯鄲, 少利, 秦益發兵佐陵. 陵兵亡五校. 武安君病愈, 秦王欲使武安君代陵將. 武安君言曰:「邯鄲實未易攻也. 且諸侯救日至, 彼諸侯怨秦之日久矣. 今秦雖破長平軍, 而秦卒死者過半, 國內空. 遠絶河山而爭人國都, 趙應其內, 諸侯攻其外, 破秦軍必矣. 不可.」秦王自命, 不行; 乃使應侯請之, 武安君終辭不肯行, 遂稱病.

秦王使王齕代陵將, 八九月圍邯鄲, 不能拔. 楚使春申君及魏公子將兵數十萬攻秦軍, 秦軍多失亡.

내 말을 듣지 않더니

그러자 무안군은 사람들에게 이렇게 말하였다.

"진나라는 내 말을 듣지 않더니 그래 그 결과가 지금 어떻게 되었는가?"

진나라 왕은 이 말을 듣고 노하여 무안군을 강제로 출전시키려 하였다. 그래도 그는 중병을 핑계로 듣지 않았다. 다시 응후가 간청하였으나 역시 듣지 않았다. 이에 진나라 왕은 무안군을 관직에서 내치고 병졸로 만든 다음, 벽지인 음밀陰密로 이주시켜 버렸다. 무안군은 병으로 미처 떠나지를 못하였다.

석 달이 지나자, 제후들의 군사는 진나라 군대에 맹렬한 공격을 가하였고, 그때마다 진군은 물러나야만 하였다. 급보를 알리는 사자들이 매일같이 진나라 수도로 들어왔다. 그러자 진나라 왕은 사람을 보내 무안군 백기를 독촉해 더 이상 함양 성내에 머물러 있지 못하도록 하였다. 무안군이 길을 떠나 함양 서문西門으로 해서 10리 거리에 있는 두우杜郵에 당도할 무렵, 진나라 소왕은 응후를 비롯한 여러 신하들과 의논한 끝에 이렇게 말하였다.

"백기는 길을 떠날 때, 그 마음에 원한이 가득 차 원망하는 말까지 하였다."

그리하여 진나라 왕은 사자를 보내 무안군에게 칼을 내려 자살할 것을 명하였다. 무안군은 그 칼을 받아들고 스스로 목을 치려다 말고 이렇게 말하였다.

"내가 하늘에 대해 무슨 죄를 지었기에 이 지경이 되었단 말이냐?"

그리고 잠시 동안 생각하다가 다시 이렇게 말하였다.

"나는 죽어야 마땅하다. 장평 싸움에서 항복한 조나라 병사 수십만을 계교로써 생매장한 장본인이 내가 아닌가? 이것만으로도 나는 죽어 마땅하다."

그리하여 백기는 마침내 목숨을 끊었다. 진나라 소왕 50년 11월의 일이었다. 백기는 죽었으나 자신이 죄를 범해 그리된 것은 아니었기 때문에 진나라 사람들의 동정을 샀으며, 그리하여 마을에서 모두 무안군을 위해 제사를 지냈다.

武安君言曰:「秦不聽臣計, 今如何矣!」秦王聞之, 怒, 彊起武安君, 武安君遂稱病篤. 應侯請之, 不起. 於是免武安君爲士伍, 遷之陰密. 武安君病, 未能行. 居三月, 諸侯攻秦軍急, 秦軍數卻, 使者日至. 秦王乃使人遣白起, 不得留咸陽中. 武安君旣行, 出咸陽西門十里, 至杜郵. 秦昭王與應侯羣臣議曰:「白起之遷, 其意尙怏怏不服, 有餘言.」秦王乃使使者賜之劍, 自裁. 武安君引劍將自剄, 曰:「我何罪于天而至此哉?」良久, 曰:「我固當死. 長平之戰, 趙卒降者數十萬人, 我詐而盡阬之, 是足以死.」遂自殺. 武安君之死也, 以秦昭王五十年十一月. 死而非其罪, 秦人憐之, 鄕邑皆祭祀焉.

〈2〉왕전王翦

천하 통일 전쟁

왕전王翦은 빈양頻陽의 동향東鄕 사람이다. 어렸을 때부터 병법을 좋아하였으며 진나라 시황제를 섬겼다.

시황제 11년, 왕전은 장군이 되어 조趙나라 알여閼與를 쳐서 9개 성을 깨뜨렸다. 18년, 역시 장군으로 조나라를 쳐서 1년여의 싸움 끝에 조나라 왕의 항복을 받아내고 그 영토를 모두 진나라 군郡에 편입시켰다.

그 이듬해 연燕나라가 형가荊軻를 보내어 시황제를 찔러 죽이려던 사건이 일어났다. 이에 시황제는 왕전에게 연나라를 치게 하였다. 마침내 연나라 왕 희喜는 요동遼東으로 달아났고, 왕전은 그 수도 계薊를 평정하고 돌아왔다.

시황제는 또 왕분王賁에게 초나라를 치도록 하였다. 왕분은 초나라 군대를 격멸하고, 그 여세로 위魏나라를 쳐서 위왕의 항복을 받아 그 땅을 평정하였다.

王翦者, 頻陽東鄕人也. 少而好兵, 事秦始皇. 始皇十一年, 翦將攻趙閼與, 破之, 拔九城. 十八年, 翦將攻趙. 歲餘, 遂拔趙, 趙王降, 盡定趙地爲郡. 明年, 燕使荊軻爲賊於秦, 秦王使王翦攻燕. 燕王喜走遼東, 翦遂定燕薊而還. 秦使翦子王賁擊荊, 荊兵敗. 還擊魏, 魏王降, 遂定魏地.

왕분과 이신의 활약

진의 시황제는 이로써 삼진三晉을 멸하고, 연나라 왕을 패주시켰을 뿐 아니라, 수차에 걸쳐 초나라 군대에 큰 손상을 입혔다.

진나라 장군 중에 이신李信은, 나이가 젊고 용맹스러워 일찍이 군사 수천 명을 거느리고, 연나라 태자 단丹을 추격해 연수衍水에서 태자 단의 군사를 궤멸시키고, 단을 사로잡은 적이 있어 시황제의 신임을 얻은 바가 있었다.

어느 날 시황제는 이신에게 이렇게 물었다.

"내 장차 초나라를 치려하는데 장군의 생각으로는 군사가 몇 명 정도 있으면 되겠소?"

이신이 대답하였다.

"20만 명이면 넉넉할 줄로 압니다."

시황제가 똑 같은 질문을 왕전에게 던지자 왕전은 이렇게 대답하였다.

"60만 명이 아니고서는 아니될 줄 압니다."

그러자 시황제가 말하였다.

"왕 장군은 늙었구려. 어찌 그리도 겁이 많소? 이신 장군은 과연 그 기세가 용맹하오. 그의 말이 옳다."

그리하여 이신과 몽염蒙恬으로 하여금 20만 군사를 이끌고 남쪽의 초나라를 치도록 하였다. 왕전은 자신의 의견이 받아들여지지 않자 병을 핑계로 고향 빈양頻陽으로 돌아가 버렸다.

이신은 평여平輿를 치고 몽염은 침寢을 쳐서 각각 대승을 거두었다. 이신은 또한 언鄢과 영郢을 함락시키면서, 계속 서진하여 성보城父에서 몽염과 합류하려 하였다. 그러나 초나라 군대는 몰래 이신의 뒤를 사흘 밤낮을 뒤쫓아와 이신의 군대를 기습하였다. 이신의 군대는 두 곳의 방어선이 깨어지고 도위都尉 일곱 명이 전사하였다. 결국 진나라 군사는 싸움에서 져 달아났다.

秦始皇旣滅三晉, 走燕王, 而數破荊師. 秦將李信者, 年少壯勇, 嘗以兵數千逐燕太子丹至於衍水中, 卒破得丹, 始皇以爲賢勇. 於是始皇問李信:「吾欲攻取荊, 於將軍度用幾何人而足?」李信曰:「不過用二十萬人.」始皇問王翦, 王翦曰:「非六十萬人不可.」始皇曰:「王將軍老矣, 何怯也! 李將軍果勢壯勇, 其言是也.」遂使李信及蒙恬將二十萬南伐荊. 王翦言不用, 因謝病, 歸老於頻陽. 李信攻平與, 蒙恬攻寢, 大破荊軍. 信又攻鄢郢, 破之, 於是引兵而西, 與蒙恬會城父. 荊人因隨之, 三日三夜不頓舍, 大破李信軍, 入兩壁, 殺七都尉, 秦軍走.

과인이 장군의 말을 듣지 않다가

시황제는 이 소식을 듣자 격노하였다. 그리고 몸소 말을 달려 빈양으로 가서 왕전에게 사과하였다.

"과인이 장군의 의견을 좇지 않은 결과로 이신이 진나라 군대를 욕보이고 말았소. 지금 들리는 말로는 초나라 군대가 이곳으로 진격해 오고 있다 하오. 장군은 비록 병중이기는 하나 과인을 차마 버릴 수야 있겠소?"

왕전이 사양하며 말하였다.

"노신은 병들고 지친 몸이라 생각마저 어지러운 형편입니다. 대왕께서는 다른 훌륭한 장수를 골라 써 주십시오."

왕이 달래었다.

"그러지 마시오. 장군은 두 번 다시 그런 말 마시오."

왕전은 이렇게 말하였다.

"대왕께서 어쩔 수 없이 저를 꼭 써야 된다면, 60만 명 군사가 아니면 아니될 줄로 압니다."

왕은 허락하였다.

"좋소. 장군의 말을 따르겠소."

始皇聞之, 大怒, 自馳如頻陽, 見謝王翦曰:「寡人以不用將軍計, 李信果辱秦軍. 今聞荊兵日進而西, 將軍雖病, 獨忍弃寡人乎!」王翦謝曰:「老臣罷病悖亂, 唯大王更擇賢將.」始皇謝曰:「已矣, 將軍勿復言!」王翦曰:「大王必不得已用臣, 非六十萬人不可.」始皇曰:「爲聽將軍計耳.」

좋은 농토를 하사해 주시오

그리하여 왕전은 60만 대군을 거느리는 장군이 되었다. 시황제는 왕전의 출전을 격려하여 몸소 파상灞上 근처까지 나와 전송하였다. 그곳까지 오는 도중 왕전은 최고의 논밭과 저택을 하사해 달라고 거듭 청하였다. 그러자 시황제는 이렇게 말하였다.

"장군은 걱정하지 말고 떠나시오. 어찌 가난을 걱정하시오?"

그러자 왕전은 이렇게 말하였다.

"대왕께 봉사한 장군 중 지금껏 아무리 싸운 공로가 크더라도 후侯로 봉해지지 않았습니다. 그러므로 신은 대왕의 은혜를 받고 있을 때에 원지園池를 갖춘 좋은 집을 얻어 자손들의 생계를 마련해 둘까 하옵니다."

시황제는 크게 웃었다. 하지만 왕전은 함곡관에 도착한 뒤에도 사자를 다섯 번이나 보내면서 좋은 논밭을 청하였다. 누군가가 말하였다.

"장군의 청은 정도에 지나친 것 같습니다."

그러자 왕전이 이렇게 대답하였다.

"그런 것이 아니오. 대왕은 성질이 거칠고 남을 믿지 않소. 진나라의 전군을 내게다 맡겨두고 있는 지금, 내가 자손을 위한 재산을 만들려고 논밭과 택지를 요청함으로써 야심이 없다는 것을 보여 주어 스스로를 안전하게 하지 않았다가 왕으로 하여금 나를 의심하게 해서야 되겠소?"

於是王翦將兵六十萬人, 始皇自送至灞上. 王翦行, 請美田宅園池甚衆. 始皇曰:「將軍行矣, 何憂貧乎?」王翦曰:「爲大王將, 有功終不得封侯, 故及大王之嚮臣, 臣亦及時以請園池爲子孫業耳.」始皇大笑. 王翦旣至關, 使使還請善田者五輩. 或曰:「將軍之乞貸, 亦已甚矣.」王翦曰:「不然. 夫秦王怚而不信人. 今空秦國甲士而專委於我, 我不多請田宅爲子孫業以自堅, 顧令秦王坐而疑我邪?」

◎ 병사들에 대한 배려

왕전이 과연 이신을 대신하여 장군이 되어 병력을 증강해 초나라를 쳐들어온다는 소식을 들은 초나라 왕은, 전국의 군사를 총동원하여 이에 대항하려 하였다.

그러나 왕전은 초나라와 마주쳐도 다만 견고한 보루를 굳게 쌓아 진지를 지킬 뿐 싸우려 들지 않았다. 초군이 자주 도전하였지만 거들떠보지도 않는 채 매일 병사들을 편히 쉬게 하면서 먹을 것과 마실 것을 넉넉히 보급시켰다.

때로는 병사들과 함께 식사를 하여 사기를 북돋기도 하였다. 얼마 지난 뒤에 왕전은 진중으로 사람을 보내 보았다.

"어떤 놀이들을 하고 있던가?"

그러자 심부름 다녀온 사람이 말하였다.

"돌 던지기와 멀리뛰기를 하고 있습니다."

왕전은 이 보고를 듣자 이렇게 말하였다.

"됐어. 병사들은 이제 몸과 마음이 다 튼튼해졌으므로 싸울 수가 있다."

초나라 군대는 자주 도전해 왔으나, 진나라 군대가 전혀 나오려 하지 않으므로 동쪽으로 군사를 철수시키기 시작하였다. 왕전은 그제야 때가 왔다는 듯이 전군을 모조리 이끌고 뒤쫓아갔다. 장사들을 앞세워 공격해서 초나라 군대를 대파하고 기수蘄水 남쪽에서 초나라 장군 항연項燕을 죽였다.

초나라 군대는 완전히 무너져 달아났다. 진나라 군대는 승리를 몰아 초나라 각지를 공략하여 이를 평정하기 시작하였다. 그리고 4년 남짓 초나라 왕 부추負芻를 사로잡고 마침내 초나라 전 영토를 평정시켜 군현郡縣으로 만들었다. 다시 남쪽으로 백월百越의 왕도 항복시켰다.

그 사이 왕전의 아들 왕분王賁은 이신과 함께 연나라·제나라를 깨뜨리고 그 땅을 평정하였다.

王翦果代李信擊荊. 荊聞王翦益軍而來, 乃悉國中兵以拒秦. 王翦至, 堅壁而守之, 不肯戰. 荊兵數出挑戰, 終不出. 王翦日休士洗沐, 而善飮食撫循之, 親與士卒同食. 久之, 王翦使人問軍中戲乎? 對曰: 「方投石超距.」 於是王翦曰: 「士卒可用矣.」 荊數挑戰而秦不出, 乃引而東. 翦因擧兵追之, 令壯士擊, 大破荊軍. 至蘄南, 殺其將軍項燕, 荊兵遂敗走. 秦因乘勝略定荊地城邑. 歲餘, 虜荊王負芻, 竟平荊地爲郡縣. 因南征百越之君. 而王翦子王賁, 與李信破定燕·齊地.

진나라의 천하 통일

그리하여 진의 시황제 26년에 진나라는 드디어 천하를 통일하였다. 왕王씨와 몽蒙씨는 그 중 가장 공로가 많았으며, 그들의 명성은 후세에까지 전해지게 되었다.

秦始皇二十六年, 盡幷天下, 王氏·蒙氏功爲多, 名施於後世.

3대에 걸쳐 장군이 된 자는 화를 입는다

진나라 2세 황제 때, 왕전과 그 아들 왕분은 이미 죽었고 진나라는 몽씨를 제거해 버렸다.

그 뒤 진승陳勝이 진나라에 반기를 들자, 진나라는 왕전의 손자 왕리王離에게 명해서 조나라를 치도록 하였다. 왕리가 조나라 왕과 장이張耳를 거록성鉅鹿城에서 포위할 때였다. 누군가가 말하였다.

"왕리는 진나라의 이름난 장수다. 지금 강대한 진나라 군사를 이끌고 이제 막 새로 생긴 조나라를 치면 틀림없이 성공할 것이다."

그러자 그의 빈객 한 사람이 말하였다.

"그렇지 않습니다. 대체로 3대에 걸쳐 장군이 된 사람은 반드시 패하고 맙니다. 왜냐 하면 할아버지와 아버지가 사람을 죽이고 다치게 한 것이 많기 때문에 자손이 그 화를 받게 되는 것입니다. 그런데 왕리는 이미 3대째 장군입니다."

그리고 얼마 뒤 항우項羽가 조나라를 도와 진나라 군대를 쳐서 과연 왕리를 사로잡았다. 왕리의 군대는 드디어 제후들에게 항복하고 말았다.

秦二世之時, 王翦及其子賁皆已死, 而又滅蒙氏. 陳勝之反秦, 秦使王翦之孫王離擊趙, 圍趙王及張耳鉅鹿城. 或曰:「王離, 秦之名將也. 今將彊秦之兵, 攻新造之趙, 擧之必矣.」客曰:「不然. 夫爲將三世者必敗. 必敗者何也? 必其所殺伐多矣, 其後受其不祥. 今王離已三世將矣.」居無何, 項羽救趙, 擊秦軍, 果虜王離, 王離軍遂降諸侯.

◎ 사마천의 평어

나 태사공은 이렇게 생각한다.

옛 속담에 '자도 짧은 데가 있고 치寸도 긴 데가 있다'고 하였다. 백기는 적을 헤아려 임기응변으로 기이한 꾀를 끝없이 씀으로써 그의 이름만으로도 천하를 떨게 만들었다. 그러나 응후와의 사이에 생겨난 화를 면하지는 못하였다. 왕전은 진나라 장군으로서 여섯 나라를 평정하였다. 그 당시 왕전은 노련한 장수로서 시황제조차 그를 스승으로 우러러보았던 것이다. 그러나 진나라 왕을 보필하여 덕을 세워 나라의 근본을 튼튼히 하지를 못하고, 구차스럽게 시황제의 비위에 맞추어 그 환심을 사 가며 일생을 마치고 말았다. 이로 보아 손자 왕리의 대에 이르러, 항우의 포로가 되고 만 것은 당연한 일이 아니겠는가! 백기와 왕전에게는 각각 단점이 있었던 것이다.

太史公曰: 鄙語云「尺有所短, 寸有所長」. 白起料敵合變, 出奇無窮, 聲震天下, 然不能救患於應侯. 王翦爲秦將, 夷六國, 當是時, 翦爲宿將, 始皇師之, 然不能輔秦建德, 固其根本, 偸合取容, 以至歿身. 及孫王離爲項羽所虜, 不亦宜乎! 彼各有所短也.

014(74) 맹자순경 열전孟子荀卿列傳

① 맹자孟子, 孟軻 ② 삼추三騶:騶忌·騶衍·騶奭
③ 순우곤淳于髡 ④ 순자荀子, 荀卿

〈1〉 맹자孟子, 孟軻

이익의 위험함

태사공은 말한다.

나는 맹자의 저서를 읽고, 양梁나라 혜왕惠王이 맹자에게 "어떻게 하면 우리나라를 이롭게 할 수가 있겠소?"라고 질문한 대목에 이르러 책읽기를 멈추고 "아, 이익이란 진실로 혼란의 시초가 되는 것이로구나!"라 탄식하지 않을 수 없었다. 공자孔子가 이익에 대해 거의 말하지 않은 것도, 항상 혼란의 근원을 막으려 생각하였기 때문이다.

〈孟子(孟軻)〉

그러므로 공자는 이렇게 말하였다.

"이익을 따라 행동하면 원한 사는 일이 많다."

천자에서부터 일반 백성들에 이르기까지 이익만을 좋아하다가 생긴 폐단이 어찌 다르겠는가!

太史公曰: 余讀《孟子》書, 至梁惠王問「何以利吾國」, 未嘗不廢書而歎也. 曰: 嗟乎, 利誠亂之始也! 夫子罕言利者, 常防其原也. 故曰「放於利而行, 多怨」. 自天子至於庶人, 好利之弊何以異哉!

시대를 만나지 못한 맹자

맹가孟軻는 추騶, 鄒나라 사람으로 자사子思의 제자에게 배웠다. 맹자는 제나라 선왕宣王을 섬기려 하였으나, 들어주지 않자 양梁나라로 갔다. 양나라 혜왕 역시 맹가의 말을 믿지 않았다. 그를 만나 보았더니 하는 말이 너무 멀어서 실질에 맞지 않는다고 여겼다. 당시 진秦나라는 상앙商鞅을 등용하여 부국강병에 힘쓰고, 초楚·위魏나라는 오기吳起를 등용하여 세력을 넓혀 싸움에 이겨 적을 꺾고, 또 제나라의 위왕威王과 선왕은 손빈孫·전기田忌와 같은 인물을 등용하여 제후들은 동쪽으로 향하여 제나라에 조공을 바쳤다.

천하는 바야흐로 합종·연횡에 힘을 기울이고 싸움하며 치고박고 하는 것을 현명한 일로 여기는 시대였다. 그런데 맹가는 오로지 요堯임금·순舜임금, 삼대夏·殷·周 제왕의 덕치만을 부르짖어 시세의 요구와는 거리가 멀었기 때문에 어디에 가서 말을 하여도 받아들여지지 않았다. 이에 물러나 제자 만장萬章의 무리들과 《시》, 《서》를 강술하고 공자의 뜻한 바를 펴 《맹자孟子》 7편을 저술하였다.

孟軻, 騶人也. 受業子思之門人. 道旣通, 游事齊宣王, 宣王不能用. 適梁, 梁惠王不果所言, 則見以爲迂遠而闊於事情. 當是之時, 秦用商君, 富國彊兵; 楚·魏用吳起, 戰勝弱敵; 齊威王·宣王用孫子·田忌之徒, 而諸侯東面朝齊. 天下方務於合從連衡, 以攻伐爲賢, 而孟軻乃述唐·虞·三代之德, 是以所如者不合. 退而與萬章之徒序《詩》《書》, 述仲尼之意, 作《孟子》七篇. 其後有騶子之屬.

〈2〉 삼추騶忌·騶衍·騶奭

추기

제나라에 추자騶子의 무리가 나타났으니 삼추三騶:騶忌·騶衍·騶奭가 바로 그들이다.

추기騶忌는 거문고를 잘 탔다. 그것으로 해서 제나라 위왕威王에게 벼슬하기를 청하고 마침내 나라의 정사에 참여하게 되어 성후成侯로 봉을 받아 재상의 인수를 얻게 되었다. 그는 맹자보다 앞 시대의 사람이다.

齊有三騶子. 其前騶忌, 以鼓琴干威王, 因及國政, 封爲成侯而受相印, 先孟子.

◎ 추연

다음에 추연騶衍은 맹자보다 뒤의 사람이다. 추연은 당시의 제후들이 갈수록 음일하고 사치해져 《시》 〈대아大雅〉편에서 말하는 바와 같이 덕을 숭상하고 그것을 몸에 지니며, 나아가서는 백성들에게 미치게 하려는 자가 없음을 보았다. 그리하여 음양陰陽 이원二元의 소멸과 성장, 변화를 깊이 깨치고 〈종시終始〉, 〈대성大聖〉편 등 10여만 자를 지었다.

그의 학설은 너무 넓고 커서 종잡을 수 없으며 보통의 이치에는 맞지 않는다. 그는 반드시 먼저 작은 일에 대해 실증·해명하는 데서부터 이것을 추론하고 확대시켜 무한한 큰 일에 미치게 하는 내용의 학술을 폈다. 역사에 대해서도 먼저 현재에서부터 거슬러 올라 황제黃帝까지, 세상의 학자들이 말한 것을 모두 서술한 뒤에 거기에 연달아 세상의 성쇠에 대해 논하였다. 그로부터 길흉의 조짐과 법령 제도를 기록하여 설명을 더하고, 다시 천지가 아직 생기지 않아서 혼돈하여 근원을 알 수 없는 시대에까지 파고들어갔다.

만물에 대해서는 먼저 중국의 명산·대천·깊은 계곡·짐승에서 물과 뭍에서 번식하는 것들, 물건들의 진귀한 것을 열거하고, 거기에서 유추하여 사람들이 볼 수 없는 해외의 사물에까지 논하였다. 다시 천지가 갈라진 이래 오덕五德의 움직임에 따라서 다스림이 합당함을 얻고 길흉의 조짐이 여기에 상응하는 것이라 설명하였다. 그 학설은 이렇게 되어 있다.

"유자儒者들이 말하는 중국이란, 천하의 81분의 1을 차지한 것에 불과하다. 그들은 중국을 이름하여 적현신주赤縣神州라고 한다. 적현신주의 안에 구주九州가 있다. 우禹 임금이 세운 구주라는 것이 이것이지만 본래의 주州로 셀 만한 것이 못 된다. 중국 이외에도 적현신주와 같은 것이 아홉이 있는데 이것이 바로 구주이다. 거기에는 작은 바다가 있어서 구주 하나하나를 에워싸고 있다. 백성들과 짐승들이 서로 통할 수 없는 홀로된 구역을 이루고 있는 것이 하나의 주이다. 이러한 큰 주가 아홉이 있고 큰 바다가 그 바깥을 둘러싸고 있다. 이것이 천지의 끝이다."

추연의 학설이란 모두 이런 내용들이다. 그러나 그 요점을 요약하면 반드시 인의와 절약과 검소로 해야 하며, 군신, 상하, 육친 사이의 일로 귀착된다. 그의 시작은 너무 허황하고 커서 단서를 잡기가 어렵다. 왕후王侯 대신들은 그 설명을 들으면 처음에는 놀라서 마음이 끌렸다가 나중에는 따라가지 못하였다.

其次騶衍, 後孟子. 騶衍睹有國者益淫侈, 不能尚德, 若《大雅》整之於身, 施及黎庶矣. 乃深觀陰陽消息而作怪迂之變, 《終始》·《大聖》之篇十餘萬言. 其語閎大不經, 必先驗小物, 推而大之, 至於無垠. 先序今以上至黃帝, 學者所共術, 大並世盛衰, 因載其禨祥度制, 推而遠之, 至天地未生, 窈冥不可考而原也. 先列中國名山大川, 通谷禽獸, 水土所殖, 物類所珍, 因而推之, 及海外人之所不能睹. 稱引天地剖判以來, 五德轉移, 治各有宜, 而符應若茲. 以爲儒者所謂中國者, 於天下乃八十一分居其一分耳. 中國名曰赤縣神州. 赤縣神州內自有九州, 禹之序九州是也, 不得爲州數. 中國外如赤縣神州者九, 乃所謂九州也. 於是有裨海環之, 人民禽獸莫能相通者, 如一區中者, 乃爲一州. 如此者九, 乃有大瀛海環其外, 天地之際焉. 其術皆此類也. 然要其歸, 必止乎仁義節儉, 君臣上下六親之施, 始也濫耳. 王公大人初見其術, 懼然顧化, 其後不能行之.

◎ 제후들에게 존경을 받은 추연

이렇게 추연은 제나라에서 중히 여김을 받았다가 뒤에 양梁나라로 갔다. 혜왕은 교외로 나와 영접하여 빈객賓客의 예로 대하였다. 또 조나라에 갔을 때는 평원군平原君이 그를 부축하여 걷고 앉을 때는 옷소매로 자리의 먼지를 털어 줄 정도였으며, 연나라에 갔을 때 소왕昭王은 비를 들고 앞에서 인도하고 제자들의 앞에 앉아서 가르침을 받고 싶다고 청할 정도였다. 그리하여 소왕은 갈석궁碣石宮을 짓고 친히 나아가 추연을 스승으로 모시기도 하였다. 추연은 이곳에서 〈주운편主運篇〉을 저술하였다.

그가 제후들의 땅을 돌아다니며 존경받기를 이같이 하였다. 이것은 공자가 진·채나라에서 굶주려 채소 잎과 같은 얼굴이 되었던 것과, 맹자가 제·양나라에서 곤궁하였던 것에 비하여 너무나도 차이가 나는 일이다.

그러므로 주나라 무왕이 인의로써 주紂를 치고 왕이 되자, 백이伯夷는 굶어 죽을지라도 주나라의 곡식을 먹지 않았다는 것이라든지, 위衛나라 영공靈公이 공자에게 전진戰陣의 법을 물었을 때 대답을 아니한 것이라든지, 또 양나라 혜왕이 조나라를 치려고 하자 맹자가 주나라의 태왕太王이 만족蠻族의 침략을 받고 백성들의 피해를 줄이기 위해 빈邠 땅을 떠난 고사를 일컬어 혜왕의 야심을 말한 것 등이, 어찌 세속에 아부하고 사람들에게 영합하려는 것만을 생각하였다고 하겠는가? 네모진 각목을 둥근 구멍에 넣으려 한들 어찌 들어가겠는가?

누군가 이렇게 말하였다.

"이윤伊尹은 솥을 등에 지고 탕왕湯王을 격려하여 왕업을 이루게 하였고, 백리해百里奚는 수레 아래에서 소를 먹이다가 목공穆公에게 등용되어 목공의 패업을 이루게 하였다. 이것은 먼저 상대편에 접근하는 공부를 한 다음에야 상대편을 큰길로 인도한 것이다. 추연은 그 말하는 바가 궤도에 벗어나고 분방하였으나 어쩌면 '백리해의 소'와 '이윤의 솥'의 고사를 본뜰 마음이 있었던 것이 아닐까?"

是以騶子重於齊. 適梁, 惠王郊迎, 執賓主之禮. 適趙, 平原君側行撇席. 如燕, 昭王擁彗先驅, 請列弟子之座而受業, 築碣石宮, 身親往師之. 作〈主運〉. 其游諸侯見尊禮如此, 豈與仲尼菜色陳蔡, 孟軻困於齊梁同乎哉! 故武王以仁義伐紂而王, 伯夷餓不食周粟; 衛靈公問陳, 而孔子不答; 梁惠王謀欲攻趙, 孟軻稱大王去邠. 此豈有意阿世俗苟合而已哉! 持方枘欲內圜鑿, 其能入乎? 或曰:「伊尹負鼎而勉湯以王, 百里奚飯牛車下而繆公用霸, 作先合, 然後引之大道. 騶衍其言雖不軌, 儻亦有牛鼎之意乎?」

◎ 제나라 직하학사들

추연을 비롯해 제나라 직하선생稷下先生들인 순우곤淳于髡·신도愼到·환연環淵·접자接子·전변田騈·추석騶奭의 무리들도 모두 글을 써서 난세를 다스리는 것과 흥망을 거론하고 세상의 임금들에게 벼슬을 청하였다. 그러한 일들을 여기에서 어찌 낱낱이 다 언급할 수 있겠는가!

自騶衍與齊之稷下先生, 如淳于髡·愼到·環淵·接子·田騈·騶奭之徒, 各著書言治亂之事, 以干世主, 豈可勝道哉!

〈3〉순우곤淳于髡

◎ 아무 말도 하지 않는 순우곤

순우곤은 제나라 사람으로 견문이 넓고 기억력이 뛰어났다. 주장한 바의 전문적인 학문은 없었다. 임금에게 말하는 방법에 있어서는 제나라 안영晏嬰의 인격을 흠모하고 그것을 본받았지만 임금의 얼굴빛 살피기에 급급하였다.

어떤 빈객이 순우곤에게 양나라 혜왕을 뵙도록 하였다. 혜왕은 좌우를 물리치고 홀로 앉아 그를 두 번 만나보았는데, 순우곤은 끝내 아무 말도 하지 않았다. 혜왕은 괴이히 여겨 그를 소개한 빈객을 이렇게 나무랐다.

"그대는 순우 선생을 추천하여 옛날의 관중·안영도 이에 미치지 못한다고 말하였는데 그는 과인을 만나고도 한 마디 말도 하지 않았소. 과인이 그와 더불어 말할 상대가 안 된다는 것이오? 그렇지 않다면 어찌된 까닭이오?"

빈객이 순우곤에게 혜왕의 말을 전하자 순우곤은 이렇게 대답하였다.

"분명히 그렇소. 내가 최초에 뵈었을 때 왕의 마음은 말을 타고 달리는 데 있었소. 다음 번에 뵈었을 때는 왕의 마음은 음악에 끌려 있었소. 이에 나는 잠자코 있었던 것이오."

빈객이 그 까닭을 자세히 보고하자 임금은 크게 놀라며 말하였다.

"아, 순우곤은 진실로 성인이오! 선생이 처음에 왔을 때에는 좋은 말을 바친 자가 있어 그것을 보고 싶어하였고, 다음엔 마침 어떤 사람이 노래

잘 하는 사람을 데리고 왔기에 그것을 들으려고 하던 차에 선생이 왔던 것이오. 과인은 좌우를 물리면서도 내심은 그것에 끌리고 있었소. 정말 그대로였소."

그 뒤에 순우곤이 임금을 뵙고 한 번 입을 열자, 사흘 밤낮을 계속해 얘기하고도 피곤한 줄을 몰랐다. 혜왕은 재상 자리를 맡겨 대우하려고 하였으나, 순우곤은 사양하고 양나라를 떠나고자 하였다. 그리하여 편안한 자리에 사두 마차와 비단 다섯 필에 벽옥, 황금 100일鎰을 주어 보냈다. 곤은 평생토록 벼슬을 하지 않았다.

淳于髡, 齊人也. 博聞彊記, 學無所主. 其諫說, 慕晏嬰之爲人也, 然而承意觀色爲務. 客有見髡於梁惠王, 惠王屛左右, 獨坐而再見之, 終無言也. 惠王怪之, 以讓客曰:「子之稱淳于先生, 管·晏不及, 及見寡人, 寡人未有得也. 豈寡人不足爲言邪? 何故哉?」客以謂髡. 髡曰:「固也. 吾前見王, 王志在驅逐; 後復見王, 王志在音聲: 吾是以黙然.」客具以報王, 王大駭, 曰:「嗟乎. 淳于先生誠聖人也! 前淳于先生之來, 人有獻善馬者, 寡人未及視, 會先生至. 後先生之來, 人有獻謳者, 未及試, 亦會先生來. 寡人雖屛人, 然私心在彼, 有之.」後淳于髡見, 壹語連三日三夜無倦. 惠王欲以卿相位待之, 髡因謝去. 於是送以安車駕駟, 束帛加璧, 黃金百鎰. 終身不仕.

신도·전변·접자·환연·추석

신도愼到는 조나라 사람이며, 전변田騈·접자接子는 제나라 사람, 환연環淵은 초나라 사람이다. 모두 다 황로黃老의 도덕을 배우고 그 주요한 뜻을 저술하였다. 그러한 결과 신도는 12편의 이론을, 환연은 상하편을 저술하고, 전병·접자도 각각 저술이 있다.

추석騶奭은 제나라 삼추자의 하나로써 크게 추연의 학술을 들어 문장을 엮었다.

이에 제나라 왕은 그들을 칭찬하여 순우곤 이하 모든 학자들에게 열대부列大夫라 하고 번화한 길가에 높은 문이 달린 큰 집을 지어 살게 하면서 존경하고, 천하 제후의 빈객들에게 제나라는 천하의 어진 선비들을 모셔왔다고 자랑하였다.

愼到, 趙人. 田騈·接子, 齊人. 環淵, 楚人. 皆學黃老道德之術, 因發明序其指意. 故愼到著十二論, 環淵著上下篇, 而田騈·接子皆有所論焉.

騶奭者, 齊諸騶子, 亦頗采騶衍之術以紀文.

於是齊王嘉之, 自如淳于髡以下, 皆命曰列大夫, 爲開第康莊之衢, 高門大屋, 尊寵之. 覽天下諸侯賓客, 言齊能致天下賢士也.

〈4〉순자荀子, 荀卿

순자의 학술

순경荀卿은 조나라 사람이다. 50세에 비로소 제나라에 유학하였다. 그때 제나라에는 추연이 있어 그 학술은 허虛하고 크면서도 넓었으며, 추석의 문장은 실제에는 맞지 않았으나 훌륭하였으며, 또 순우곤은 오래 함께 있으면 명언을 쏟아놓는 사람이었다. 그러므로 제나라 사람은 이 세 사람을 칭찬하기를 '하늘을 말하는 자는 추연, 용龍을 아로새기는 것과 같이 문장을 꾸미는 추석, 곡轂의 윤활유를 지지는 순우곤'이라 하였다.

〈荀子(荀況, 荀卿)〉

전변의 무리가 모두 제나라 양왕襄王 때에 모두 세상을 떠나 순경이 가장 나이 많은 스승이었다.

제나라는 열대부의 결원을 보충하였는데 순경은 세 번이나 좨주祭酒가 되었다. 누군가 순경을 참훼한 자가 있어 순경은 초나라로 갔다. 초나라 춘신군春申君은 순경을 난릉蘭陵의 현령으로 삼았으며, 춘신군이 죽자 관은 면직되었으나 그래도 계속 난릉에서 살았다.

이사李斯는 일찍이 순경의 제자였다. 그 뒤에 이사는 진나라의 재상이 되었다. 순경은 혼탁한 정치와 멸망한 나라와 난폭한 임금이 계속해 나고, 대도大道가 행해지지 않고 무속에 빠져 길흉 화복을 믿고, 되지 못한 유학자들이 작은 일에 얽매이며, 장주莊周의 무리가 고담과 방론放論으로 풍속을 어지럽히는 것을 우려하였다. 그리하여 순경은 유가儒家·묵가墨家·도가道家의 도덕의 행실과 흥패를 살펴 차례로 정리하여 수만 자의 문장을 저술하였다. 죽어서 난릉에 묻혔다.

荀卿, 趙人. 年五十始來游學於齊. 騶衍之術迂大而閎辯; 奭也文具難施; 淳于髡久與處, 時有得善言. 故齊人頌曰:「談天衍, 雕龍奭, 炙轂過髡.」田駢之屬皆已死齊襄王時, 而荀卿最爲老師. 齊尚脩列大夫之缺, 而荀卿三爲祭酒焉. 齊人或讒荀卿, 荀卿乃適楚, 而春申君以爲蘭陵令. 春申君死而荀卿廢, 因家蘭陵. 李斯嘗爲弟子, 已而相秦. 荀卿嫉濁世之政, 亡國亂君相屬, 不遂大道而營於巫祝, 信禨祥, 鄙儒小拘, 如莊周等又猾稽亂俗, 於是推儒·墨·道德之行事興壞, 序列著數萬言而卒. 因葬蘭陵.

당시의 이름난 학자들

그밖에 조나라에는 공손룡公孫龍이 있어 '견백동이堅白同異'의 변론辯論을 세우고 또 극자劇子의 언론이 있었다. 위魏나라에는 이리李悝가 있어 지력地力을 모두 쓰자는 가르침이 있었으며, 초나라에는 시자尸子·장로長盧가 있었고, 아阿 땅에는 우자吁子가 있었다. 맹자에서 우자까지 세상에 그 저서가 많이 전해 있어 여기에서는 그 전기를 거론하지 않겠다. 대체로 묵적墨翟은 송나라 대부로서 성을 잘 지키고 비용을 절약하자는 주장을 폈으며, 이 묵자를 두고 어떤 사람은 공자와 같은 시대 사람이라고 하기도 하고, 어떤 이는 공자 이후 사람이라고도 하여 분명하지 않다.

而趙亦有公孫龍爲堅白同異之辯, 劇子之言; 魏有李悝, 盡地力之敎; 楚有尸子·長盧; 阿之吁子焉. 自如孟子至于吁子, 世多有其書, 故不論其傳云.

蓋墨翟, 宋之大夫, 善守禦, 爲節用. 或曰並孔子時, 或曰在其後.

史記列傳

015(75) 맹상군 열전孟嘗君列傳

① 정곽군靖郭君 田嬰 ② 맹상군孟嘗君 田文
③ 풍환馮驩

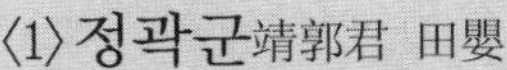

〈1〉정곽군靖郭君 田嬰

당시 국제 정세와 설공薛公

맹상군의 이름은 문文이며 전씨田氏이다.

그의 아버지는 정곽군靖郭君 전영田嬰이다. 전영은 제齊나라 위왕威王의 첩에게서 태어난 자로써 선왕宣王의 배다른 동생이다. 전영은 위왕 때부터 관직에 나아가 정치에 관여하고 성후成侯 추기騶忌·전기田忌 등과 함께 장군이 되어 한韓나라를 돕고 위魏나라를 쳤다. 성후는 전기와 임금의 총애를 다투어 전기를 매도하였다. 전기는 두려워 제나라의 변경 읍을 습격하였는데 싸움에 지자 도망하고 말았다. 위왕이 죽고 선왕이 들어서자, 성후가 전기를 모함한 것을 알고 전기를 다시 불러들여 장군으로 삼았다.

선왕 2년, 전기는 손빈孫臏·전영과 함께 위나라를 공략하여 위나라 군대를 마릉馬陵에서 크게 깨뜨려, 위나라 태자 신申을 사로잡고 위나라의 장군 방연龐涓을 죽였다.

선왕 7년에 전영은 사신이 되어 한·위나라로 갔는데, 한·위나라를 제나라에 신복하도록 하였다. 전영은 한韓나라 소후昭侯와 위魏나라 혜왕惠王을 동아東阿 남쪽에서 제나라 선왕과 만나 회맹하도록 주선하여 서로 맹약을 맺고 돌아가도록 하기도 하였다.

전영은 다음 해에 또다시 양나라 혜왕과 제나라 견甄에서 회합하였다. 이 해에 양나라 혜왕이 죽었다.

선왕 9년, 전영은 제나라 재상이 되었다. 제나라 선왕은 위나라 양왕襄王과 서주徐州에서 회맹하고 서로 왕으로 부르기로 하였다. 초나라 위왕威王이 이를 듣고 전영에게 화를 냈다. 이듬해 초나라는 서주徐州에서 제나라 군대를 깨뜨리고 제나라에 사신을 보내어 전영의 추방을 꾀하였다. 그러나 전영이 장추張丑를 보내 초나라 위왕을 설득하자, 위왕은 전영을 추방하려던 생각을 거두었다. 전영이 제나라 재상으로 있은 지 11년에 선왕이 죽고 민왕湣王이 즉위하였다. 민왕이 즉위한지 3년 만에 전영은 설薛 땅에 봉해졌다.

孟嘗君名文, 姓田氏. 文之父曰靖郭君田嬰. 田嬰者, 齊威王少子而齊宣王庶弟也. 田嬰自威王時任職用事, 與成侯鄒忌及田忌將而救韓伐魏. 成侯與田忌爭寵, 成侯賣田忌. 田忌懼, 襲齊之邊邑, 不勝, 亡走. 會威王卒, 宣王立, 知成侯賣田忌, 乃復召田忌以爲將. 宣王二年, 田忌與孫臏·田嬰俱伐魏, 敗之馬陵, 虜魏太子申而殺魏將龐涓. 宣王七年, 田嬰使於韓·魏, 韓, 魏服於齊. 嬰與韓昭侯·魏惠王會齊宣王東阿南, 盟而去. 明年, 復與,梁惠王會甄. 是歲, 梁惠王卒. 宣王九年, 田嬰相齊. 齊宣王與魏襄王會徐州而相王也. 楚威王聞之, 怒田嬰. 明年, 楚伐敗齊師於徐州, 而使人逐田嬰. 田嬰使張丑說楚威王, 威王乃止. 田嬰相齊十一年, 宣王卒, 湣王卽位. 卽位三年, 而封田嬰於薛.

5월에 난 자는 어버이를 해친다더라

전영에게는 아들이 40여 명 있었다. 신분이 천한 첩과의 사이에 난 아들이 있었는데 이름을 문文, 田文이라고 하였다. 문은 5월 5일에 태어났다. 전영은 첩에게 아이를 키우지 못하도록 일렀지만 첩은 아들을 몰래 키우고 있었다. 전문이 장성하자 그의 어머니는 형제들을 통해 전문과 아버지 전영을 만나도록 주선하였다. 전영은 전문의 어머니에게 화를 내며 말하였다.

"이 아이를 버리라고 하였는데 숨겨서까지 키운 것은 어쩐 일인가?"

그러자 전문이 어머니를 대신하여 머리를 조아리며 말하였다.

"아버님께서 5월에 태어난 아들을 키우지 않으려고 한 것은 무슨 까닭입니까?"

전영이 말하였다.

"5월에 난 아들은 키가 문설주 높이만큼 자라면 어버이를 해친다더라."

그러자 전문이 되물었다.

"사람이 태어날 때 운명은 하늘에서 받는 것입니까? 아니면 문설주에서 받는 것입니까?"

전영이 대답을 못하자 전문이 말하였다.

"사람의 운명은 하늘에서 받는 것이라면 아버님께서는 걱정할 필요가 없을 것이요, 운명을 문설주에서 받았다면 문설주를 높이면 될 것이니 누가 그 높이를 따라 클 것입니까?"

전영이 말하였다.

"그만 하거라."

初, 田嬰有子四十餘人, 其賤妾有子名文, 文以五月五日生. 嬰告其母曰:「勿擧也.」其母竊擧生之. 及長, 其母因兄弟而見其子文於田嬰. 田嬰怒其母曰:「吾令若去此子, 而敢生之, 何也?」文頓首, 因曰:「君所以不擧五月子者, 何故?」嬰曰:「五月子者, 長與戶齊, 將不利其父母.」文曰:「人生受命於天乎? 將受命於戶邪」嬰默然. 文曰:「必受命於天, 君何憂焉. 必受命於戶, 則可高其戶耳, 誰能至者!」嬰曰:「子休矣.」

세 임금을 모시면서 한 일이 무엇입니까

그 뒤 얼마 후에 전문은 한가한 틈을 이용하여 아버지 전영에게 여쭈었다.

"아들의 아들은 무엇이라 합니까?"

"손자라 하지."

"손자의 손자는 무엇이라 합니까?"

"현손이라 한다."

"현손의 현손은 무엇이라 합니까?"

"알 수 없다."

전문이 말을 이었다.

"아버님께서 정치에 관여하여 제나라 재상이 되어 지금까지 삼왕三王을 섬겼습니다. 그 동안 제나라 영토는 조금도 넓어지지 않았는데도 아버님께서는 만금의 부를 쌓았으며, 게다가 문하에는 똑똑한 사람 하나 보이지 않습니다. '장수의 가문에는 반드시 장수가 나고, 재상의 가문에는 반드시 재상이 난다'라 하였는데 지금 아버님의 후궁들은 아름다운 무늬가 있는

찬란한 비단 옷을 입고 긴 치맛자락을 끌고 다니지만 이 나라의 선비들은 짧은 바지도 제대로 얻어 입지 못하고, 첩들은 좋은 쌀밥과 고기를 실컷 먹고도 남아도는데 나라의 선비들은 쌀겨나 술지게미조차 제대로 배불리 먹지 못하고 있습니다. 이제 아버님께서는 쌓아 둔 것이 남아돌지만 더욱 많이 쌓아 두려고만 하시니, 장차 어떤 사람에게 이런 것을 물려주려 하는지 알 수 없습니다. 그리고 나라의 힘이 날이 갈수록 줄어들고 있음을 잊고 계시니 저로서는 괴이히 생각하고 있습니다."

久之, 文承閒問其父嬰曰:「子之子爲何?」曰:「爲孫.」「孫之孫爲何?」曰:「爲玄孫.」「玄孫之孫爲何?」曰:「不能知也.」文曰:「君用事相齊, 至今三王矣, 齊不加廣而君私家富累萬金, 門下不見一賢者. 文聞將門必有將, 相門必有相. 今君後宮蹈綺縠而士不得(短)[裋]褐, 僕妾餘粱肉而士不厭糟糠. 今君又尙厚積餘藏, 欲以遺所不知何人, 而忘公家之事日損, 文竊怪之.」

〈2〉맹상군孟嘗君 田文

설공의 뒤를 이어 맹상군이 되다

이에 전영은 전문을 대우하여 가사를 돌보게 하고 식객을 접대하도록 하였다. 식객은 날로 불어서 전문의 명성이 제후들에게 알려졌다. 제후들은 모두 사신을 보내어 전문을 후계자로 세우도록 설공薛公 전영에게 청하였다. 전영은 이를 승낙하였다. 전영이 죽자 시호를 정곽군靖郭君이라고 하였고, 그 뒤를 전문이 이어 설薛의 영주가 되었으니 이가 곧 맹상군이다.

於是嬰迺禮文, 使主家待賓客. 賓客日進, 名聲聞於諸侯. 諸侯皆使人請薛公田嬰以文爲太子, 嬰許之. 嬰卒, 諡爲靖郭君. 而文果代立於薛, 是爲孟嘗君.

빈객들이 모여들다

맹상군이 설에서 제후들의 빈객들을 모으니 죄를 짓고 도망한 자들까지 모여들었다. 맹상군은 가산을 기울여서까지 빈객들을 후대하였다. 맹상군 아래로 모여드는 자는 천하 선비를 다 옮겨 놓은 것 같아, 빈객들은 수천을 헤아리게 되었다. 맹상군은 귀천 없이 다 자신과 대등하게 대우를 하였다. 맹상군이 손님들을 접대하며 좌담할 때 병풍 뒤에 항상 시사侍史를 두어 맹상군이 손님에게 그 친척이 있는 곳을 물으면 그것을 기록하였다. 맹상군은 손님이 가고 나면 곧 사람을 보내어 그 친척을 방문하게 하고 반드시 예물을 보내주었다.

孟嘗君在薛, 招致諸侯賓客及亡人有罪者, 皆歸孟嘗君. 孟嘗君舍業厚遇之, 以故傾天下之士. 食客數千人, 無貴賤一與文等. 孟嘗君待客坐語, 而屛風後常有侍史, 主記君所與客語, 問親戚居處. 客去, 孟嘗君已使使存問, 獻遺其親戚.

식객들과 똑같은 음식

어느 날 맹상군은 식객들을 접대하며 밤에 함께 음식을 먹게 되었을 때, 누군가 등불을 가리는 자가 있어 방 안이 어두웠다. 식객은 음식에 차별이 있는 것이라고 짐작하고 노한 나머지 식사를 않고 돌아가려고 하였다. 맹상군은 자리에서 일어나 몸소 그 음식을 자기 손으로 들어 손님의 것과 비교해 보이자, 그 식객은 부끄러워 목을 찔러 자결하였다.

이런 일로 하여 맹상군에게는 복종하는 선비들이 많았다. 맹상군은 이처럼 식객을 차별하는 일이 없이 평등하게 잘 대우하여 식객들은 저마다 맹상군과 친하다고 생각하였다.

孟嘗君曾待客夜食, 有一人蔽火光. 客怒, 以飯不等, 輟食辭去. 孟嘗君起, 自持其飯比之. 客慙, 自剄. 士以此多歸孟嘗君. 孟嘗君客無所擇, 皆善遇之. 人人各自以爲孟嘗君親己.

흙으로 만든 인형과 나무로 만든 인형

진秦나라 소왕昭王이 맹상군이 똑똑하다는 소문을 듣고, 먼저 자신의 아우 경양군涇陽君을 볼모로 제나라에 보내면서 맹상군에게 면회를 청하였다. 맹상군은 초청에 응하여 진나라로 가려 하자, 빈객들은 누구나 모두 맹상군이 진나라로 가는 것은 위험하다고 반대하지 아니하는 자가 없었다. 그러나 맹상군은 듣지 않았다. 이에 소대蘇代가 말하였다.

"오늘 아침에 제가 밖에서 이곳으로 올 때 나무로 만든 인형과 흙으로 만든 인형이 서로 이야기를 나누는 것을 들었소. 나무 인형이 '비가 오면 그대는 곧 무너져 버릴 것이다'라고 하자, 흙 인형이 '나는 본래 흙에서 태어난 자이니 무너져 흙으로 돌아가면 그뿐이다. 그러나 그대는 비가 와서 떠내려가면 어디까지 흘러갈지 모른다'라고 하더이다. 진나라는 호랑이나 이리 같은 나라인데 그대는 굳이 가려고 하십니까? 만약 돌아오지 못하는 일이라도 생기면 흙 인형의 웃음거리가 되지 않겠습니까?"

이에 맹상군은 진나라로 가려던 생각을 그만두었다.

秦昭王聞其賢, 乃先使涇陽君爲質於齊, 以求見孟嘗君. 孟嘗君將入秦, 賓客莫欲其行, 諫, 不聽. 蘇代謂曰:「今旦代從外來, 見木禺人與土禺人相與語. 木禺人曰:『天雨, 子將敗矣.』土禺人曰:『我生於土, 敗則歸土. 今天雨, 流子而行, 未知所止息也.』今秦, 虎狼之國也, 而君欲往, 如有不得還, 君得無爲土禺人所笑乎?」孟嘗君乃止.

계명구도

제나라 민왕 25년, 왕은 갑자기 맹상군을 진나라로 보냈다. 이 때 진나라 소왕은 그를 진나라 재상으로 삼고자 하였으나 어떤 이가 소왕에게 이렇게 말하는 것이었다.

"맹상군은 똑똑한 사람이며 제나라 일족입니다. 그가 진나라 재상이 되면 틀림없이 제나라의 이익을 먼저 생각하고 진나라 이익을 뒤로 할 것입니다. 이렇게 되면 진나라는 위험하게 됩니다."

그리하여 진나라 소왕은 맹상군을 재상으로 삼는 것을 포기하고 대신 그를 잡아 가두어 모책을 써서 죽이려고 하였다. 맹상군은 소왕이 사랑하는 총희에게 사람을 보내 풀려 나도록 힘써 주기를 부탁하였다. 그러자 총희는 이렇게 말하였다.

"나는 그대가 가지고 있는 백여우의 겨드랑이 털가죽으로 만들었다는 호백구狐白裘라는 외투를 갖고 싶소."

당시 맹상군은 백여우 가죽옷을 단 한 벌 가지고 왔었는데 그 값이 천 금이 넘는 천하에 비길 바 없는 진품이었다. 그런데 마침 진나라에 와서 그것을 소왕에게 이미 바친 뒤라 더 가진 것은 없었다. 이에 맹상군은 동행하였던 빈객들과 의논하였으나 해결 방법을 내놓는 자가 없었다. 그때 가장 아래 자리에 있던 빈객 중에 도둑질을 잘 하는 자가 있었는데 그가 말하였다.

"신이 능히 그 물건을 구해 올 수 있습니다."

그리하여 밤에 개 흉내를 내며 진나라 궁중의 창고로 들어가 먼저 소왕에게 바쳤던 그 호백구를 훔쳐왔다. 이를 소왕의 총희에게 바치자, 총희는 소왕에게 청하여 맹상군을 풀어 주도록 하였다.

맹상군이 풀려나자 곧바로 말을 몰아 통행증을 고치고 성명을 바꾸어 밤에 국경 함곡관에 당도하였다. 진나라 소왕은 뒤늦게 맹상군을 풀어 준 것을 후회하고 그를 찾았지만, 그는 이미 떠난 뒤였다. 곧 말을 달려 뒤쫓게 하였다. 맹상군은 함곡관까지는 왔으나, 국경의 법으로는 첫닭이 울기 전에 성문을 열지 않았기 때문에 소왕의 군사들이 뒤쫓아 올 것을 겁내고 있었다. 마침 말석의 빈객 중에 닭 우는 소리를 잘 내는 자가 있었다. 그가 닭 우는 소리를 내자 근방의 모든 닭들이 함께 울었다. 이리하여 마침내 말을 재촉하여 함곡관을 빠져 나올 수 있었다. 그리고 한 식경쯤 지나 과연 뒤쫓는 군사가 함곡관에 이르렀으나 이미 맹상군이 빠져 나간 뒤였으므로 빈 손으로 돌아갈 수밖에 없었다.

일찍이 맹상군이 말석의 이 두 사람을 빈객으로 맞았을 때, 이미 빈객의 자리를 얻은 다른 사람들은 그들과 같은 자리에 앉는 것을 수치로 여겼다. 그러나 맹상군이 진나라에서 곤경에 처하였을 때, 이 두 사람의 묘기로 구출하면서부터 빈객들은 모두가 감복하였다.

齊湣王二十五年, 復卒使孟嘗君入秦, 昭王卽以孟嘗君爲秦相. 人或說秦昭王曰:「孟嘗君賢, 而又齊族也, 今相秦, 必先齊而後秦, 秦其危矣.」於是秦昭王乃止. 囚孟嘗君, 謀欲殺之. 孟嘗君使人抵昭王幸姬求解. 幸姬曰:「妾願得君狐白裘.」此時孟嘗君有一狐白裘, 直千金, 天下無雙, 入秦獻之昭王, 更無他裘. 孟嘗君患之, 徧問客, 莫能對. 最下坐有能爲狗盜者, 曰:「臣能得狐白裘.」乃夜爲狗, 以入秦宮臧中, 取所獻狐白裘至, 以獻秦王幸姬. 幸姬爲言昭王, 昭王釋孟嘗君. 孟嘗君得出, 卽馳去, 更封傳, 變名姓以出關. 夜半至函谷關. 秦昭王後悔出孟嘗君, 求之已去, 卽使人馳傳逐之. 孟嘗君至關, 關法雞鳴而出客, 孟嘗君恐追至, 客之居下坐者有能爲雞鳴, 而雞齊鳴, 遂發傳出. 出如食頃, 秦追果至關, 已後孟嘗君出, 乃還. 始孟嘗君列此二人於賓客, 賓客盡羞之, 及孟嘗君有秦難, 卒此二人拔之. 自是之後, 客皆服.

◎ 조나라를 통과하면서

이렇게 하여 일행이 귀로에 조나라를 통과하게 되었는데 조나라 왕과 평원군平原君이 이들을 빈객으로 영접하였다. 조나라 사람들은 맹상군이 어질다는 소문을 들어온 터라, 저마다 문 밖에 나와 그를 구경하였다. 그리고는 모두 이렇게 비웃었다.

"지금까지 설공[맹상군]은 훤칠한 대장부인 줄 알았더니 이제 보니 왜소하고 약한 사람일 뿐이군."

이를 들은 맹상군이 화를 내자, 동행한 빈객들이 수레에서 내려 구경꾼들 수백 명을 베어 쓰러뜨리고 마침내 현 하나를 망쳐 놓은 뒤에 떠나 버렸다.

孟嘗君過趙, 趙平原君客之. 趙人聞孟嘗君賢, 出觀之, 皆笑曰:「始以薛公爲魁然也, 今視之, 乃眇小丈夫耳.」孟嘗君聞之, 怒. 客與俱者下, 斫擊殺數百人, 遂滅一縣以去.

◎ 진나라를 공격하다

제나라 민왕은 자기가 맹상군을 진나라에 보냈기 때문에 이런 불상사가 났으니 마음이 편안할 리 없었다. 그리하여 제나라는 맹상군이 돌아오자 재상으로 삼고 모든 정치를 그에게 맡겼다.

맹상군은 진나라를 원망하게 되었다. 그는 제나라가 한나라와 위나라를 위하여 초나라를 쳤던 그 친분으로, 이번에는 한나라와 위나라와 함께 진나라를 치기로 하고 군사와 식량을 서주西周에서 빌리려고 하였다.

그러자 소대蘇代가 서주를 위하여 맹상군에게 이렇게 말하였다.

"당신은 제나라의 힘으로써 한韓·위魏나라를 돕기 위해 9년 동안에 걸쳐 초나라를 공격하였습니다. 그동안 원宛·섭葉 이북의 땅을 빼앗고, 한·위나라의 국력을 튼튼하게 하였습니다. 그런데 이제 또 진나라를 쳐서 다시 한·위 두 나라의 세력을 키워 주려 하십니다. 한·위 두 나라는 남쪽으로 초나라에 대한 걱정이 없어지고, 서쪽으로 진나라로 인한 우환이 없어지게 되면 결국 제나라가 위험하게 됩니다. 한·위 두 나라는 틀림없이 제나라를 하찮게 보고 진나라를 겁낼 것입니다. 제가 보기에 이렇게 되는 것은 당신을 위해서 위험하다는 생각이 듭니다. 당신은 서주와 진나라와의 관계를 긴밀히 하고, 서주를 치지 말 것이며, 또 군사와 식량을 빌리지도 마십시오. 더욱이 당신은 함곡관에 나아가 진을 치지도 말며 저희 주나라로 하여금 당신의 속마음을 진나라 소왕에게 이렇게 전하도록 하느니만 못합니다. '설공 맹상군은 진나라를 깨뜨리고 한·위 두 나라를 키워 주려는 아무런 이유도 없습니다. 설공이 진나라를 치려고 하는 것은 임금께서 초나라의 동국東國을 제나라에 떼어 주고, 또 진나라가 초나라 회왕懷王의 억류를 풀어 제·진나라가 화목하게 지내기를 바라기 때문입니다.' 이렇게 하여 당신이 저희 주나라로 하여금 진나라에 은혜를 베풀면, 진나라는 아무런 손상도 없이 초나라의 동국을 떼어 주게 한 대가로 공격을 면하게 되니 틀림없이 그렇게 하기를 바랄 것입니다. 또 초나라 왕도 진나라의 억류에서 풀려나면 틀림없이 제나라를 고맙게 여길 것입니다. 제나라는 초나라의 동국을 손에 넣어 더욱 강대해지고, 당신의 봉읍 설薛 땅은 대대로 우환이 없게 될 것입니다. 진나라가 망하지 않고 한·위·조 세 나라의 서쪽에 있게 되면 세 나라는 틀림없이 제나라를 중시할 것입니다."

맹상군이 말하였다.

"좋소."

이리하여 한나라와 위나라로 하여금 진나라에 예물을 보내게 하고, 한·위·조 세 나라가 진나라를 공격하지 않기로 하였다. 그리하여 군사와 식량을 서주에서 빌리지 않아도 되었다. 이 무렵 초나라 회왕은 진나라에 들어갔다가 붙잡혀 있어 소대는 어떻게 해서든지 회왕이 진나라에서 풀려나도록 해 주려 나서서 활동을 벌였다. 그리하여 진나라에서는 초나라 회왕을 풀어 주지 않을 수 없었다.

齊湣王不自得, 以其遣孟嘗君. 孟嘗君至, 則以爲齊相, 任政.

孟嘗君怨秦, 將以齊爲韓·魏攻楚, 因與韓·魏攻秦, 而借兵食於西周. 蘇代爲西周謂曰:「君以齊爲韓·魏攻楚九年, 取宛·葉以北以彊韓·魏, 今復攻秦以益之. 韓·魏南無楚憂, 西無秦患, 則齊危矣. 韓·魏必輕齊畏秦, 臣爲君危之. 君不如令敝邑深合於秦, 而君無攻, 又無借兵食. 君臨函谷而無攻, 令敝邑以君之情謂秦昭王曰:『薛公必不破秦以彊韓·魏. 其攻秦也, 欲王之令楚王割東國以與齊, 而秦出楚懷王以爲和』. 君令敝邑以此惠秦, 秦得無破而以東國自免也, 秦必欲之. 楚王得出, 必德齊. 齊得東國益彊, 而薛世世無患矣. 秦不大弱, 而處三晉之西, 三晉必重齊.」薛公曰:「善.」因令韓·魏賀秦, 使三國無攻, 而不借兵食於西周矣. 是時, 楚懷王入秦, 秦留之, 故欲必出之. 秦不果出楚懷王.

빚을 갚지 못한 자의 보답

맹상군이 제나라의 재상으로 있을 때, 그의 가신 위자魏子가 맹상군을 대신하여 봉읍의 세납을 거두고 있었다. 위자는 한 해에 세 번이나 봉읍을 왕복하면서도 그 세금을 한 번도 맹상군에게 가져오지 않았다. 맹상군이 이상히 여겨 까닭을 물었더니 그는 이렇게 대답하는 것이었다.

"현자가 있어서 그에게 몰래 빌려 주었는데 아직 받아내지 못하였습니다."

맹상군은 노하여 위자를 그 자리에서 물러나게 하였다.

그로부터 몇 년 뒤에 누군가가 제나라 민왕에게 이렇게 무고하였다.

"맹상군이 반란을 일으키려 합니다."

마침 전갑田甲이 반란을 일으켜 민왕을 위협하였는데 민왕은 이것이 맹상군이 시킨 것으로 의심하였다. 맹상군은 할 수 없이 달아났다. 그러자 전에 위자에게서 곡식을 빌려 갔던 어진 사람이 이 말을 듣고 민왕에게 이런 글을 올렸다.

"맹상군은 결코 반란을 일으킬 사람이 아닙니다. 이 몸을 바쳐 맹세하겠습니다."

그는 글을 올린 뒤, 궁궐 문 앞에서 스스로 목을 찔러 죽으면서 맹상군의 결백을 밝혔다. 민왕은 놀라 맹상군의 행적을 조사하였다. 과연 맹상군에게는 모반한 허물이 없었다. 이에 민왕은 다시 맹상군을 불렀다. 맹상군은 병을 핑계로 자신의 봉지 설 땅으로 돌아가 조용히 살고자 하여 민왕은 이를 허락하였다.

孟嘗君相齊, 其舍人魏子爲孟嘗君收邑入, 三反而不致一入. 孟嘗君問之, 對曰: 「有賢者, 竊假與之, 以故不致入.」 孟嘗君怒而退魏子. 居數年, 人或孟嘗君於齊湣王曰: 「孟嘗君將爲亂.」 及田甲劫湣王, 湣王意疑孟嘗君, 孟嘗君迺奔. 魏子所與粟賢者聞之, 乃上書言孟嘗君不作亂, 請以身爲盟, 遂自剄宮門以明孟嘗君. 湣王乃驚, 而蹤跡驗問, 孟嘗君果無反謀, 乃復召孟嘗君. 孟嘗君因謝病, 歸老於薛. 湣王許之.

◎ 여례와 맹상군의 위기

그 뒤 진나라에서 망명해 온 여례呂禮가 제나라 재상이 되어 소대를 괴롭히려고 하였다. 이에 소대가 맹상군에게 이렇게 말하였다.

"주나라 공자 주최周最는 제나라에서 임금의 신임이 가장 두터웠습니다. 제나라 왕이 그를 내쫓고 친불親弗의 말을 들어 여례를 재상으로 한 것은 진나라의 환심을 사기 위한 것입니다. 제나라와 진나라가 연합하면 친불과 여례는 중용될 것입니다. 이 두 사람이 제나라에서 중용되면 진나라는 틀림없이 당신을 가벼이 여길 것입니다. 당신은 서둘러 제나라 군사를 북쪽으로 돌려 조나라를 도와 진나라와 위나라를 화친하도록 하고 주최를 다시 불러 대우를 두터이 하고, 제나라 왕이 진나라와 합치려고 하였던 마음을 돌이켜 제나라에 대해 천하 제후들이 등지는 사태를 미연에 막도록 하느니만 못합니다. 만약 제나라가 진나라와의 친교가 없어지면 천하 제후들은 제나라에 모이고, 친불은 틀림없이 도망가 버릴 것입니다. 이렇게 되면 제나라 왕은 당신 없이 누구와 국사를 논하겠습니까?"

그리하여 맹상군이 그의 계책을 따르자, 여례는 맹상군의 명성을 질투하여 그를 해치려 하였다. 맹상군은 두려워 진나라의 재상 양후穰侯, 魏冉에게 이런 편지를 보냈다.

"저는 진나라가 여례로 하여금 제나라와 관계를 맺으려 한다고 들었습니다. 제나라는 천하의 강국입니다. 만약 여례가 제나라의 환심을 산다면 그는 진나라에 중용될 것이며 그렇게 되면 그대는 틀림없이 하찮은 존재가 되고 말 것입니다. 제나라와 진나라가 연합하여 삼진에 맞선다면, 여례는 곧 제나라와 진나라의 재상을 겸하게 될 것입니다. 이것은 그대가 제나라를 통하여 여례의 지위를 높이는 결과가 됩니다. 만약 제나라가 진나라와 친교하여 천하 제후들의 공격을 피할 수 있다면 제나라는 그대를 원수로 여길 것입니다. 그러니 그대는 진나라 왕에게 권하여 제나라를 치느니만 못합니다. 제나라가 패하면 얻은 땅에 그대를 봉하도록 제가 청하겠습니다. 제나라가 지면 진晉나라가 강하게 되는 것을 염려하여 진나라는 틀림없이 그대를 중히 여기며 진晉나라와 관계를 맺으려고 할 것입니다. 진晉나라도 제나라와 싸워 피폐해지면 진秦나라를 겁내게 되어 결국 그대를 중히 여겨 화친하려고 할 것입니다. 이렇게 되면 그대가 제나라를 깨뜨린 것을 스스로의 공으로 돌리고, 진晉나라를 이용하여 중용되는 것입니다. 이것은 그대가 제나라를 깨뜨리고 스스로의 봉읍을 얻고, 진秦나라와 진晉나라가 모두 그대를 중히 여기게 하는 계책이 될 것입니다. 만약 제나라가 망하지 않고 여례가 다시 제나라에 쓰이게 된다면 그대는 틀림없이 크게 곤란을 겪게 될 것입니다."

이에 양후가 진나라 소왕을 설득하여 제나라를 치자 여례는 도망하였다.

其後, 秦亡將呂禮相齊, 欲困蘇代. 代乃謂孟嘗君曰:「周最於齊, 至厚也, 而齊王逐之, 而聽親弗相呂禮者, 欲取秦也. 齊·秦合, 則親弗與呂禮重矣.

有用, 齊·秦必輕君. 君不如急北兵, 趨趙以和秦·魏, 收周最以厚行, 且反齊王之信, 又禁天下之變. 齊無秦, 則天下集齊, 親弗必走, 則齊王孰與爲其國也!」於是孟嘗君從其計, 而呂禮嫉害於孟嘗君.

孟嘗君懼, 乃遺秦相穰侯魏冉書曰:「吾聞秦欲以呂禮收齊, 齊, 天下之彊國也, 子必輕矣. 齊秦相取以臨三晉, 呂禮必并相矣, 是子通齊以重呂禮也. 若齊免於天下之兵, 其讎子必深矣. 子不如勸秦王伐齊. 齊破, 吾請以所得封子. 齊破, 秦畏晉之彊, 秦必重子以取晉. 晉國敝於齊而畏秦, 晉必重子以取秦. 是子破齊以爲功, 挾晉以爲重; 是子破齊定封, 秦·晉交重子. 若齊不破, 呂禮復用, 子必大窮.」於是穰侯言於秦昭王伐齊, 而呂禮亡.

◎ 민왕이 죽고 양왕이 들어서다

그 뒤에 제나라 민왕은 송나라를 멸망시키고 더욱 교만해져서 맹상군을 물리칠 생각을 하였다. 맹상군은 두려워하며 위나라로 갔다. 위나라 소왕昭王은 맹상군을 재상으로 삼고 서쪽 진나라와 연합하여 조·연나라와 함께 제나라를 쳐부수었다. 제나라 민왕은 거莒로 도망하여 마침내 그곳에서 죽고 말았다.

뒤를 이어 제나라 양왕襄王이 섰으나 맹상군은 제후들 사이에 중립을 지켜 어디에도 속하지 않았다. 양왕은 맹상군을 두려워하여 제후들과 화친하고, 한편 맹상군과도 화해하였다. 맹상군이 죽자 아들들이 후사 문제로 다툼이 일어났다. 그 틈을 타서 제·위나라가 연합하여 설 땅을 멸망시켰으므로 맹상군은 후사가 끊어져 버렸다.

後齊湣王滅宋, 益驕, 欲去孟嘗君. 孟嘗君恐, 迺如魏. 魏昭王以爲相, 西合於秦·趙, 與燕共伐破齊. 齊湣王亡在莒, 遂死焉. 齊襄王立, 而孟嘗君中立於諸侯, 無所屬. 齊襄王新立, 畏孟嘗君, 與連和, 復親薛公. 文卒, 謚爲孟嘗君. 諸子爭立, 而齊魏共滅薛. 孟嘗絶嗣無後也.

〈3〉풍환馮驩

장협아 돌아가자

처음에 풍환馮驩은 맹상군이 손님을 좋아한다는 소문을 듣고 먼 길을 걸어 그를 찾아오자 맹상군은 그에게 우선 질문을 하였었다.

"선생은 먼 데서 이렇게 방문해 주셨는데 나에게 무엇을 가르쳐 주시렵니까?"

풍환이 말하였다.

"그대가 선비를 좋아한다고 듣고 가난한 몸이지만 그대에게 의탁하려고 찾아온 것입니다."

맹상군은 풍환을 전사傳舍의 숙소에 묵게 하고, 열흘이 지난 뒤에 전사장傳舍長에게 물었다.

"그 객은 무엇을 하고 있던가?"

전사장이 대답하였다.

"풍 선생은 매우 가난하여 칼 한 자루를 가지고 있을 뿐입니다. 그것도 풀로 자루를 감은 보잘것없는 것인데 손으로 칼을 두들기며 이렇게 노래합디다. '장협長鋏아, 돌아가자. 식사에 생선 반찬이 없구나'라고 말입니다."

맹상군은 풍환을 행사幸舍로 옮겨 주었다. 그 숙소의 밥상에는 생선이 있었다. 닷새가 지나 다시 전사장에게 물었더니 전사장은 이렇게 대답하는 것이었다.

"손으로 여전히 칼을 두들기며 '장협아, 돌아가자. 나들이에 수레가 없구나'라고 노래를 부르고 있습니다."

맹상군은 풍환을 훨씬 좋은 대사代舍로 옮겨 주었다. 그 숙사는 출입할 때 수레를 탈 수 있었다. 닷새가 지나 맹상군이 다시 전사장에게 물었더니 그는 이렇게 설명하는 것이었다.

"선생은 지금도 칼을 두드리며 '장협아, 돌아가자. 나에게 집이 없구나'라고 노래를 부릅니다."

맹상군은 이 말을 듣고 못마땅히 생각하였다.

初, 馮驩聞孟嘗君好客, 躡蹻而見之. 孟嘗君曰:「先生遠辱, 何以敎文也?」

馮驩曰:「聞君好士, 以貧身歸於君.」孟嘗君置傳舍十日, 孟嘗君問傳舍長曰:「客何所爲?」答曰:「馮先生甚貧, 猶有一劍耳, 又蒯緱. 彈其劍而歌曰:『長鋏歸來乎, 食無魚』.」孟嘗君遷之幸舍, 食有魚矣. 五日, 又問傳舍長. 答曰:「客復彈劍而歌曰:『長鋏歸來乎, 出無輿』.」孟嘗君遷之代舍, 出入乘輿車矣. 五日, 孟嘗君復問傳舍長. 舍長答曰:「先生又嘗彈劍而歌曰:『長鋏歸來乎, 無以爲家』.」孟嘗君不悅.

채무 문서를 불태우다

그리고 1년이 지나도 풍환은 별 말이 없었다.

당시 맹상군은 제나라의 재상으로서 설 땅에 1만 호의 봉지를 가지고 있었지만, 그의 빈객이 3천 명이나 되어, 봉읍에서의 조세 수입만으로는 이 많은 빈객들을 대접하기에 부족하였다. 그리하여 사람을 시켜 설 땅 주민들에게 돈을 대부하였는데, 1년이 지나도 수입이 없고 많은 채무자들이 이자를 물지 못하고 있었다. 빈객을 대접할 밑천이 떨어져 가자, 맹상군은 이를 걱정하여 전사장에게 물었다.

"설 땅에서 대여한 돈을 거두어들일 만한 자가 없겠는가?"

전사장이 말하였다.

"지금 숙사에 있는 손님 풍공은 용모와 풍채가 뛰어나고 말을 잘 합니다. 나이는 많으나 별로 다른 재능이 없으니 돈을 거두어들이는 일을 시키면 좋지 않겠습니까?"

맹상군은 풍환을 불러 부탁하였다.

"제가 어리석은 줄을 모르고 다행히 몸을 저에게 의탁한 이가 지금 3천여 명이나 됩니다. 봉읍의 수입만으로는 빈객들을 대접하기에 부족합니다. 이에 이자를 얻으려고 설 땅 주민들에게 돈을 대부하였지요. 그러나 해마다 기한이 되어도 전혀 수입이 없고 백성들은 이자조차 내지 못하고 있습니다. 이제는 빈객들이 끼니를 거르게 되지 않을까 걱정입니다. 선생께서 이 일을 살펴 주시면 어떻겠습니까?"

풍환은 이를 승낙하였다.

그리하여 즉시 하직 인사를 하고 풍환은 설 땅으로 가서 맹상군의 돈을 빌린 사람들을 불러 이자 10만 전을 받아냈다. 우선 그 돈으로 많은 술을 빚어 살찐 소를 사들이고 채무자들을 모두 불러 모아놓고 이자를 낼 수 있는 사람이건 이자를 낼 수 없는 사람도 모두 모이도록 하고 그들이 채무문서를 가지고 오자 이를 모두 대조하였다. 그리고 일제히 만날 날을 정하였다.

약속한 날이 되자 소를 잡고 술을 준비하여 주연을 벌였다. 증서를 내어 먼저와 같이 맞추어 보고, 이자를 낼 수 있는 자는 서로 상의하여 원금과 이자를 갚을 기일을 다시 정하였다.

그리고 가난하여 이자를 낼 수 없는 자는 그 자리에서 그 증서를 불살라 버리면서 이렇게 말하였다.

"맹상군이 돈을 대부한 것은, 주민 중 자금 없는 자에게 밑천을 주어 본업을 경영토록 하기 위한 것이오. 이자를 받는 것은 식객을 대접할 돈이 모자라기 때문이오. 이제 여러분이 본 바와 같이 넉넉한 자에게는 갚을 기일을 정하고 가난한 자는 증서를 불태워 버렸소. 여러분들은 음식을 많이 잡수시오. 이런 군주가 있는데 어찌하여 그 뜻을 저버릴 수 있겠소?"

앉아 있던 자들이 모두 일어나 두 번 절하였다.

맹상군은 풍환이 증서를 모두 불태워 버렸다는 말을 듣고 노하여 사자를 보내어 풍환을 소환하였다. 풍환이 돌아오니 맹상군은 말하였다.

"나의 식객은 3천 명, 이에 설 땅에 돈을 대부한 것이오. 나는 봉읍이 좁고 세납의 수입이 없어 고통을 당하고 있는데 그곳 주민들은 대부분이 기한이 닥쳐도 이자를 내지 않고 있소. 이에는 식객을 모실 밑천마저 딸리는 것을 걱정하여 선생에게 일을 돌봐 주기를 청한 것이오. 들으니 선생은 돈을 손에 넣자, 곧 그 돈으로 많은 고기와 술을 준비하고 증서를 불태웠다니 대체 어찌 된 일이오?"

풍환이 대답하였다.

"그렇습니다. 고기와 술을 많이 준비하지 않고서는 모든 채무자들을 불러 모을 수가 없었고, 이자를 낼 만큼 여유 있는 자와 그렇지 못한 자를 구별해 낼 수도 없었습니다. 또한 여유 있는 자에게는 기한을 정할 필요가 있거니와 여유가 없어 낼 수 없는 자에게는 증서를 보존하여

10년을 재촉해도 단지 이자만 자꾸 쌓일 뿐입니다. 엄하게 독촉하면 도망을 쳐 버릴 것이요, 스스로 그 증서를 버릴 것이니 결국 갚지 못하는 지경에 처하고 말 것입니다. 게다가 위로 대왕은, 그대를 두고 윗자리에 있으면서 이익을 탐하여 주민을 사랑하지 않는다고 여길 것이며, 아래에서는 백성들은 군주를 멀리하여 부채를 갚지 않는다는 나쁜 이름을 남기게 될 것입니다. 이것은 백성을 격려하고 군주의 이름을 드러내는 일이 아닙니다. 쓸모없는 빈 문서를 불살라서 설 땅의 주민을 군주와 친하게 하고 떳떳하게 살도록 한 것입니다. 당신은 이런 결정이 그릇된 것이라고 생각하십니까?"

맹상군은 손뼉을 치며 칭찬하고 고마워하였다.

居朞年, 馮驩無所言. 孟嘗君時相齊, 封萬戶於薛. 其食客三千人, 邑入不足以奉客, 使人出錢於薛. 歲餘不入, 貸錢者多不能與其息, 客奉將不給. 孟嘗君憂之, 問左右:「何人可使收債於薛者?」傳舍長曰:「代舍客馮公形容狀貌甚辯, 長者, 無他伎能, 宜可令收債.」孟嘗君乃進馮驩而請之曰:「賓客不知文不肖, 幸臨文者三千餘人, 邑入不足以奉賓客, 故出息錢於薛. 薛歲不入, 民頗不與其息. 今客食恐不給, 願先生責之.」馮驩曰:「諾.」辭行, 至薛, 召取孟嘗君錢者皆會, 得息錢十萬. 迺多釀酒, 買肥牛, 召諸取錢者, 能與息者皆來, 不能與息者亦來, 皆持取錢之券書合之. 齊爲會, 日殺牛置酒. 酒酣, 乃持券如前合之, 能與息者, 與爲期; 貧不能與息者, 取其券而燒之. 曰:「孟嘗君所以貸錢者, 爲民之無者以爲本業也; 所以求息者, 爲無以奉客也. 今富給者以要期, 貧窮者燔券書以捐之. 諸君彊飮食. 有君如此, 豈可負哉!」坐者皆起, 再拜.

孟嘗君聞馮驩燒券書, 怒而使使召驩. 驩至, 孟嘗君曰:「文食客三千人, 故貸錢於薛. 文奉邑少, 而民尚多不以時與其息, 客食恐不足, 故請先生收責之. 聞先生得錢, 卽以多具牛酒而燒券書, 何?」馮驩曰:「然. 不多具牛酒卽不能畢會, 無以知其有餘不足. 有餘者, 爲要期. 不足者, 雖守而責之十年, 息愈多, 急, 卽以逃亡自捐之. 若急, 終無以償, 上則爲君好利不愛士民, 下則有離上抵負之名, 非所以厲士民彰君聲也. 焚無用虛債之券, 捐不可得之虛計, 令薛民親君而彰君之善聲也, 君有何疑焉!」孟嘗君乃拊手而謝之.

맹상군을 위기에서 구해낸 풍환

제나라 왕은 진나라와 초나라의 비방에 현혹되어, 맹상군의 명성이 임금을 능가하고 제나라의 정권을 마음대로 한다고 여겨 마침내 맹상군을 벼슬자리에서 물러나도록 하였다. 빈객들은 맹상군이 벼슬 자리에서 밀려나는 것을 보자 모두 그의 곁을 떠났다. 그러자 풍환이 말하였다.

"진나라로 가는 데 필요한 수레 한 대만 내어 주신다면 반드시 당신을 이 나라에서 중한 요직에 앉도록 하고, 게다가 그대의 봉읍도 더욱 넓어지도록 해 드릴 수가 있습니다."

맹상군은 수레와 예물을 마련하여 그를 진나라로 보내 주었다. 풍환은 서쪽 진나라로 가서 진나라 왕에게 말하였다.

"천하의 책사들로서 수레를 타고 말을 달려 이 진나라에 들어온 자는 그 누구도 진나라를 강하게 하고 제나라를 약하게 하려 들지 않는 자가 없습니다. 또 수레를 타고 말을 달려 동쪽 제나라로 들어가는 자는 그 누구도 제나라를 강하게 하고 진나라를 약하게 하려 들지 않는 자가 없습니다. 이 두 나라는 자웅을 겨루는 나라여서 힘이 양립하여 두 나라가 다 영웅이 될 수는 없습니다. 마침내 영웅이 되는 나라가 천하를 얻을 것입니다."

진나라 왕은 무릎을 꿇고 물었다.

"어떻게 해야 진나라가 암컷이 되지 않게 할 수 있겠소?"

풍환이 말하였다.

"제나라가 맹상군을 물러나게 한 것을 대왕께서 알고 계십니까?"

진왕이 말하였다.

"알고 있소."

풍환이 말하였다.

"제나라를 천하에서 중시되도록 만든 이는 맹상군입니다. 그런데 제나라 왕은 다른 나라의 비방에 현혹되어 그를 물리쳤습니다. 그는 마음에 원한을 가지고 틀림없이 제나라를 배반할 것입니다. 그가 제나라를 배반하고 진나라에 온다면 그를 통해 제나라의 내부 사정은 모두 알 수 있게 될 것이며 진나라는 제나라 땅을 손안에 넣을 수가 있을 것입니다. 그렇게 되면 진나라는 어찌 다만 수컷이 되는 정도뿐이겠습니까? 대왕께서는 속히 사자로 하여금 예물을 실어 보내 몰래 맹상군을 영접해 오느니만 못합니다. 때를 놓쳐서는 안 될 것입니다. 만약 제나라 왕이 자기의 허물을 깨닫고 다시 맹상군을 기용하게 되면, 자웅의 판가름은 아직 어느 쪽이라고 예측하기 어렵습니다."

진나라 왕은 크게 기뻐하여 수레 10대, 황금 100일을 보내어 맹상군을 영접해 오도록 하였다. 풍환은 진나라 왕에게 작별을 고하고 진나라 사자보다 앞서 진나라를 떠나 제나라에 돌아와 제나라 왕에게 이렇게 말하였다.

"천하의 책사로서 수레를 타고 말을 몰아 동쪽으로 제나라에 들어온 그 누구도 제나라를 강하게 하고 진나라를 약하게 하려고 논리를 펴지 않는 자는 없습니다. 진나라와 제나라는 자웅을 겨루는 나라여서 한쪽이 수컷이 되면 다른 쪽은 암컷이 됨과 같은 것이어서 진나라가 강해지면 제나라가 약해지게 마련입니다. 그 형세로 보아 쌍방이 모두 영웅이 될 수는 없습니다. 이제 신이 가만히 듣건대 진나라는 사자를 보내 수레 10채, 황금 100일을 보내 맹상군을 영접해 가기로 한다고 합니다. 맹상군이 서쪽으로 가지 않으면 그만이지만, 만약 서쪽으로 진나라에 들어가서 재상이 되는 날이면 천하는 진나라로 돌아가고 말 것입니다. 진나라가 강해지면 제나라가 약해지는 수밖에 없고, 약해지면 순식간에 제나라의 임치臨淄·즉묵卽墨은 위험하게 될 것입니다. 대왕께서는 어찌하여 진나라 사자가 오기 전에 맹상군을 재상으로 복직시켜 봉읍을 넓혀 주며 사과하지 않습니까? 맹상군은 기뻐하여 그 뜻을 받들 것이 틀림없습니다. 진나라가 아무리 강하다고 해도 자리에 앉아 있는 남의 나라 재상을 자기 나라로 영접해 가려고 하겠습니까! 이것이 진나라의 음모를 꺾어 패자가 되려는 모략을 끊어 버리는 방법일 것입니다."

제왕이 말하였다.

"옳군요."

그리고는 국경으로 사람을 보내어 진나라 사자를 관망토록 하였다. 진나라에서 보낸 수레 행렬이 제나라 국경 안으로 들어왔다. 제나라 사자가 곧 달려와서 제나라 왕에게 그 사실을 알렸다. 제나라 왕은 맹상군을 불러 다시 재상 자리에 앉히고 옛 봉읍 외에 다시 1천 호를 늘려 주었다. 진나라 사자는 맹상군이 다시 제나라의 재상이 되었다는 소식을 듣고 수레를 돌려 돌아가 버렸다.

齊王惑於秦·楚之毀, 以爲孟嘗君名高其主而擅齊國之權, 遂廢孟嘗君. 諸客見孟嘗君廢, 皆去. 馮驩曰: 「借臣車一乘, 可以入秦者, 必令君重於國而奉邑益廣, 可乎?」 孟嘗君乃約車幣而遣之. 馮驩乃西說秦王曰: 「天下之游士馮軾結靷西入秦者, 無不欲彊秦而弱齊; 馮軾結靷東入齊者, 無不欲彊齊而弱秦. 此雄雌之國也, 勢不兩立爲雄, 雄者得天下矣.」 秦王跽而問之曰: 「何以使秦無爲雌而可?」 馮曰: 「王亦知齊之廢孟嘗君乎?」 秦王曰: 「聞之.」 馮驩曰: 「使齊重於天下者, 孟嘗君也. 今齊王以毀廢之, 其心怨, 必背齊; 背齊入秦, 則齊國之情, 人事之誠, 盡委之秦, 齊地可得也, 豈直爲雄也! 君急使使載幣陰迎孟嘗君, 不可失時也. 如有齊覺悟, 復用孟嘗君, 則雌雄之所在未可知也.」 秦王大悅, 迺遣車十乘黃金百鎰以迎孟嘗君. 馮驩辭以先行, 至齊, 說齊王曰: 「天下之游士馮軾結靷東入齊者, 無不欲彊齊而弱秦者: 馮軾結靷西入秦者, 無不欲彊秦而弱齊者. 夫秦齊雄雌之國, 秦彊則齊弱矣, 此勢不兩雄. 今臣竊聞秦遣使車十乘載黃金百鎰以迎孟嘗君. 孟嘗君不西則已, 西入相秦則天下歸之, 秦爲雄而齊爲雌, 雌則臨淄·卽墨危矣. 王何不先秦使之未到, 復孟嘗君, 而益與之邑以謝之? 孟嘗君必喜而受之. 秦雖彊國, 豈可以請人相而迎之哉! 折秦之謀, 而絶其霸彊之略.」 齊王曰: 「善.」 乃使人至境候秦使. 秦使車適入齊境, 使還馳告之, 王召孟嘗君而復其相位, 而與其故邑之地, 又益以千戶. 秦之使者聞孟嘗君復相齊, 還車而去矣.

◎ 그 얼굴에 침을 뱉으리라

지난날 제나라 왕이 다른 나라의 비방으로 맹상군을 자리에서 물러나도록 하고부터 빈객들은 모두 맹상군의 곁을 떠났었다. 이제 또 재상의 자리로 돌아오자, 풍환은 다시 그 빈객들을 영접하려고 하였다. 맹상군은 한숨을 토하며 풍환에게 탄식하였다.

"나는 전에 빈객을 좋아하여 그 대접에 실수한 것이 없어 빈객이 3천 명에 이르렀던 것을 선생도 알고 있을 것이오. 그런데 빈객들은 내가 재상의 자리에서 물러나는 것을 보고는, 모두 나를 배반하여 떠나 버리고 돌아오는 자가 없었소. 이제 선생의 힘을 빌려 다시 재상 자리에 올랐지만 빈객들이 또 무슨 면목으로 나를 대할 수 있겠소? 만일 나를 다시 찾아오는 자가 있으면 그 얼굴에 침을 뱉어서 크게 모욕을 주겠소."

풍환은 고삐를 잡고 말에서 내려 맹상군에게 절하였다. 맹상군도 수레에서 내려 그 절을 받으며 말하였다.

"선생은 빈객을 대신해서 사과하는 것이오?"

그러자 풍환이 말하였다.

"빈객을 대신해서 사과하는 것이 아닙니다. 당신의 말이 분별을 잃었다고 생각되기 때문입니다. 대체로 만물에는 반드시 그렇게 될 수밖에 없는 결과가 있고, 일에는 당연히 바뀌지 않는 도리가 있습니다. 당신은 그 원리를 아십니까?"

맹상군이 말하였다.

"어리석은 내가 그것을 어찌 알 수 있겠소?"

풍환이 말하였다.

"살아 있는 자가 반드시 죽는 것은 사물의 필연이며, 부귀하면 추종하는 자가 많고, 가난하고 천하면 사귀는 자가 적어지는 것은 당연한 것입니다. 당신은 아침에 시장에 가는 사람들을 보신 적이 있을 것입니다. 아침에는 어깨를 나란히 하여 앞을 다투어 문으로 들어가지만, 날이 저문 뒤에 시장을 지나는 사람들은 어깨를 늘어뜨리고 돌아보지도 않습니다. 그것은 아침을 좋아하고 저녁을 싫어해서가 아니라 저녁에는 기대하는 물건이 시장에 없기 때문입니다. 그와 같이 당신이 자리를 물러났을 때 빈객들이 모두 떠나 버린 것은 일의 당연한 이치입니다. 그러한 일로 원망을 하고 일부러 빈객들의 발길을 끊을 필요까지는 없습니다. 당신은 손님 대접하기를 옛날과 똑같이 해 주시기를 바랍니다."

맹상군은 두 번 절하며 말하였다.

"삼가 그 말씀대로 따르겠소. 선생의 말씀을 듣고 어찌 그 가르침에 따르지 않을 수가 있겠소!"

自齊王毁廢孟嘗君, 諸客皆去. 後召而復之, 馮驩迎之. 未到, 孟嘗君太息歎曰:「文常好客, 遇客無所敢失, 食客三千有餘人, 先生所知也. 客見文一日廢, 皆背文而去, 莫顧文者. 今賴先生得復其位, 客亦有何面目復見文乎? 如復見文者, 必唾其面而大辱之.」馮驩結轡下拜. 孟嘗君下車接之, 曰:「先生爲客謝乎?」馮驩曰:「非爲客謝也, 爲君之言失. 夫物有必至, 事有固然, 君知之乎?」孟嘗君曰:「愚不知所謂也.」曰:「生者必有死, 物之必至也; 富貴多士, 貧賤寡友, 事之固然也. 君獨不見夫(朝)趣市[朝]者乎? 明旦, 側肩爭門而入; 日暮之後, 過市朝者掉臂而不顧. 非好朝而惡暮, 所期物忘其中. 今君失位, 賓客皆去, 不足以怨士而徒絶賓客之路. 願君遇客如故.」孟嘗君再拜曰:「敬從命矣. 聞先生之言, 敢不奉敎焉!」

사마천의 평어

나 태사공은 이렇게 생각한다.

내가 일찍이 설薛 땅을 방문하였는데, 그 마을의 풍속은 난폭하고 간악한 젊은이들이 많아, 가까운 거리에 있는 추鄒나라나 노魯나라와는 풍속이 매우 달랐다. 그 까닭을 그 지방 사람들에게 물었더니 그들은 이렇게 말하는 것이었다.

“옛날에 맹상군이 천하의 협객들을 불러들여 간악한 무리들이 이 설 땅에 들어와 산 자들이 거의 6만여 가구나 되었다 합니다.”

세상에서 전해지는 말에 의하면 맹상군은 손님을 좋아하고 스스로 기뻐하였다고 하는데 그 말이 헛된 것만은 아니리라.

太史公曰: 吾嘗過薛, 其俗閭里率多暴桀子弟, 與鄒·魯殊. 問其故, 曰:「孟嘗君招致天下任俠, 姦人入薛中蓋六萬餘家矣.」世之傳孟嘗君好客自喜, 名不虛矣.

016(76) 평원군우경 열전平原君虞卿列傳

① 평원군平原君 趙勝 ② 우경虞卿

〈1〉평원군平原君, 趙勝

절름발이를 비웃은 애첩

평원군平原君 조승趙勝은 조나라 여러 공자의 중의 하나로, 그중 가장 똑똑하였으며 빈객을 좋아하여 그에게 찾아온 빈객이 수천 명에 이르렀다. 평원군은 조나라 혜문왕惠文王과 효성왕孝成王에 걸쳐 재상을 지내다가, 세 번이나 물러났다가 세 번이나 복직되기도 하였으며 동무성東武城에 봉해졌다.

평원군의 저택 누각은 민가를 내려다볼 수 있는 곳에 있었으며, 그 민가에는 절름발이가 하나가 살고 있었다. 그는 다리를 절면서도 자신이 물을 길어다 먹었다. 그런데 어느 날 평원군의 애첩이 그 모습이 우습다고 깔깔거리며 소리내어 웃는 것이었다. 그러자 이튿날 그 절름발이는 평원군의 저택으로 찾아와 이렇게 말하였다.

"저는 공자께서 선비들을 후대하신다고 들었습니다. 또 선비들 역시 천 리를 멀다 여기지 않고 공자를 찾아오는 것은, 공자께서 선비들을 소중히 여기고 첩을 하찮게 여긴다고 생각하기 때문입니다. 그런데 공자의 첩은 제가 불행히 다리를 절뚝거리고 곱사등인 것을 내려다보고 비웃었습니다. 그러니 저를 비웃어 댄 자의 목을 베어 주십시오."

평원군은 웃으며 대답하였다.

"알았소."

그러나 절름발이가 물러가자 평원군은 이렇게 말하였다.

"이 녀석 좀 보게. 한 번 웃었다는 이유로 내 애첩을 죽이라니 너무 심하지 않은가?"

평원군은 끝내 애첩을 죽이지 않았다.

平原君趙勝者, 趙之諸公子也. 諸子中勝最賢, 喜賓客, 賓客蓋至者數千人. 平原君相趙惠文王 及孝成王, 三去相, 三復位, 封於東武城.

平原君家樓臨民家. 民家有躄者, 槃散行汲. 平原君美人居樓上, 臨見, 大笑之. 明日, 躄者至平原君門, 請曰: 「臣聞君之喜士, 士不遠千里而至者, 以君能貴士而賤妾也. 臣不幸有罷癃之病, 而君之後宮臨而笑臣, 臣願得笑臣者頭.」 平原君笑應曰: 「諾.」 躄者去, 平原君笑曰: 「觀此豎子, 乃欲以一笑之故殺吾美人, 不亦甚乎!」 終不殺.

식객들이 떠나가다

그로부터 빈객들이 하나 둘 떠나가더니 1년이 채 못 되어 절반이 줄어들고 말았다. 평원군은 까닭을 몰라 빈객들에게 물어 보았다.

"내가 여러분을 대우하는 데 있어서 조금도 소홀한 점이 없었다고 생각하는데 떠나는 식객이 이렇게 많으니 어찌된 일이오?"

그러자 문인 중 하나가 앞으로 나서면 이렇게 대답하였다.

"공자께서 지난 번 절름발이를 비웃었던 첩을 죽이지 않았기 때문에 공자께서는 여색을 좋아하고 선비쯤은 하찮게 생각하는 분으로 여겼던 것입니다. 이에 모두들 떠나는 것입니다."

그제야 평원군은 곧 절름발이를 비웃었던 애첩의 목을 베어 들고 몸소 그를 찾아가 사과하였다. 이 일이 세상에 알려지자, 문하에는 다시 빈객들이 차츰 모여들기 시작하였다.

居歲餘, 賓客門下舍人稍稍引去者過半. 平原君怪之, 曰: 「勝所以待諸君者未嘗敢失禮, 而去者何多也?」 門下一人前對曰: 「以君之不殺笑躄者, 以君爲愛色而賤士, 士卽去耳.」 於是平原君乃斬笑躄者美人頭, 自造門進躄者, 因謝焉. 其後門下乃復稍稍來.

◎ 전국戰國 사공자四公子

당시에는 이처럼 제齊나라 맹상군孟嘗君, 위魏나라 신릉군信陵君, 초楚나라 춘신군春申君 등이 있어 서로 다투어 선비들을 불러모아 후대하고 있었다.

是時齊有孟嘗, 魏有信陵, 楚有春申, 故爭相傾以待士.

◎ 주머니 속의 송곳을 자청한 모수

얼마 뒤 진나라가 조나라 서울 한단邯鄲을 포위하자, 조나라는 평원군을 초나라로 보내 구원병을 청하게 하고 초나라와 합종하려 하였다. 평원군은 조나라 왕에게 출발에 앞서 빈객들 중에서 용기 있고 문무를 겸비한 사람 20명을 데리고 가겠다고 말하며 이렇게 약속하였다.

"그저 문서로 맹약을 맺을 수 있다면 다행이겠지 만일 문서로서 쉽게 타협이 되지 않을 경우 초나라 궁전 밑에서 피를 마시며 반드시 합종을 성취하고 돌아오겠습니다. 같이 갈 선비들은 밖에서 구할 것이 아니라 저의 식객들 중에서 뽑아가겠습니다."

그리고 19명까지는 쉽게 선발하였지만, 마지막 한 사람을 고를 수 없어 20명을 채우지 못하였다. 이때 문하에 모수毛遂라는 자가 평원군에게 스스로를 추천하며 나섰다.

"듣건대 공자께서는 초나라와 합종의 약속을 맺기 위해 공자의 빈객 가운데서 20명을 데리고 갈 것을 왕과 약속하였다는데 지금 한 사람이 모자란다고 들었습니다. 제가 그 일행에 끼어 가고 싶습니다."

평원군이 물었다.

"선생께서 저의 집에 식객으로 와 계신 지 몇 해나 되었소?"

모수가 대답하였다.

"3년입니다."

그러자 평원군은 거절하였다.

"대체로 똑똑한 자의 처세란 마치 주머니 속의 송곳과 같아서, 곧 송곳 끝이 주머니를 뚫고 나오듯이 금방 세상에 알려지게 되는 것이오. 그런데 지금 선생은 내 집에 3년이나 계셨다지만, 좌우에서 한 번도 선생을 칭찬하는 말이 없었고, 나 역시 선생의 훌륭한 점을 들은 일이 없소. 이것은 결국 선생에게는 특별한 재주가 없다는 뜻이오. 이번은 같이 갈 수가 없소. 여기 그대로 머물러 계시오."

이 말에 모수는 이렇게 말하였다.

"저는 오늘 비로소 주머니 속에 넣어 주십사고 청하는 것입니다. 만일 일찍부터 주머니 속에 들었으면 그 송곳의 자루까지 밖으로 나오게 되었을 것입니다. 그까짓 송곳 끝이 문제겠습니까?"

평원군은 결국 모수와 같이 가기로 하였다. 그러나 다른 19명은 입 밖에 말을 내지 않았지만 모수를 업신여겨 서로가 눈짓하며 비웃었지만 그렇다고 내칠 수도 없었다.

그런데 이들이 초나라에 도착하기까지 토론을 벌인 결과, 그 19명은 모두 모수에게 굴복하고 말았다.

평원군은 초나라와의 합종을 주장하며 그것의 이로운 점과 해로운 점에 대해 설명하였으나, 해 뜰 무렵부터 시작한 토론은 한낮이 되도록 결론이 나지 않았다. 그러자 일행 19명은 모두 모수에게 청하였다.

"선생이 당 위로 올라가시오."

모수는 칼자루를 손에 잡은 채 급히 계단으로 뛰어올라가 평원군에게 말하였다.

"합종의 이로운 점과 해로운 점은 단 두 마디면 결정되는데 해 뜰 무렵부터 한낮이 되도록 합종에 대한 이야기가 결론이 나지 않은 것은 무엇 때문입니까?"

초나라 왕이 평원군을 보며 말하였다.

"저 사람은 누구입니까?"

평원군이 말하였다.

"저의 사인舍人입니다."

초나라 왕은 모수를 큰 소리로 이렇게 꾸짖었다.

"당장 아래로 내려가라. 내가 그대의 주인과 이야기하고 있는 데 무슨 짓인가?"

모수는 칼을 만지면서 더욱 앞으로 나서며 이렇게 말하였다.

"대왕께서 저를 꾸짖는 것은 초나라의 많은 군사를 믿기 때문입니다. 그러나 지금 열 걸음 안의 이곳에서는 대왕께서 더 이상 그들을 믿을 수 없습니다. 대왕의 목숨은 저의 손에 달려 있습니다. 우리 주인이 앞에 계신데 그를 무시하고 저를 꾸짖는 것은 또 무슨 일입니까? 옛 은나라 탕왕은 겨우 사방 70리 땅을 가지고 천하의 왕이 되었고, 주나라 문왕은 사방 100리 땅의 작은 나라로서 제후들을 신하로 만들었다고 듣고 있습니다. 그들의 군사가 많았기 때문은 아닙니다. 그 형세에 의지하여 위엄을 떨쳤기 때문입니다. 지금 초나라 땅은 사방이 5천 리이고 창을 잡은 군사는 100만 명이나 됩니다. 이야말로 천하의 패자가 되는 바탕입니다. 이 강대한 힘에 대적할 군사는 천하에 없습니다. 그런데도 진나라 장군 백기白起와 같이 보잘것없는 자가 이끄는 불과 수만 명의 군대가 초나라를 한 번 공격하여 언鄢과 영郢을 차지하였고, 두 번 공격에 이릉夷陵을 불살랐으며, 세 번 공격에 종묘를 욕보였습니다. 이야말로 초나라로서 백대가 지나도 잊을 수 없는 원한이니 우리 조나라 사람들로서도 초나라를 대신하여 수치로 여기고 있습니다. 그런데 대왕께서만 이러한 수치스러움을 깨닫지 못하고 있습니다. 합종은 초나라를 위하는 것이지 조나라를 위한 것은 아닙니다. 이제 우리 주인이 앞에 있는 데도 그를 무시하고 저를 꾸짖다니 어찌 된 것입니까?"

초나라 왕은 말하였다.

"과연 그렇소. 선생의 말씀이 맞소. 삼가 나라를 들어 선생의 말을 따르겠소."

모수가 물었다.

"합종은 결정이 된 것입니까?"

초나라 왕이 대답하였다.

"결정하였소."

모수는 초나라 왕의 좌우 신하들에게 의식을 준비시켰다.

"닭·개·말의 피를 준비해 가져오시오."

모수는 직접 그 피를 담은 구리쟁반을 받쳐 들고 무릎을 꿇은 채 초나라 왕에게 올리면서 말하였다.

"왕께서 먼저 피를 마셔 합종 맹약을 결정해 주십시오. 그 다음은 우리 주인, 다음은 저의 차례입니다."

이리하여 어전 위에서 마침내 합종을 약정하였다. 모수는 왼손에 구리 쟁반을 들고 오른손으로 열아홉 명을 손짓해 부르며 이렇게 말하였다.

"그대들도 당 아래에서 함께 피를 마시도록 하시오. 그대들은 그저 따라왔을 뿐이니 그 자리가 좋소. 이런 경우가 사람의 힘에 의해 일을 이루었다 하는 것이오."

평원군은 합종을 약정하고 조나라로 돌아오자 이렇게 탄식하였다.

"나는 다시는 감히 선비를 고르려 하지 않겠다. 내가 지금까지 선비를 고른 수가 많으면 1천 명, 적게는 100명은 넘을 것이다. 그리고 내 스스로는 천하의 선비들을 한 사람도 잃지 않았다고 생각해 왔는데, 이번 모 선생의 경우 큰 실수를 하였다. 모수선생은 한 번 초나라에 가서, 조나라를 구정九鼎과 대려大呂보다도 더 중하게 해 주었다. 모 선생의 무기는 다만 세 치 혀이지만, 그 힘은 100만의 군사보다도 더 강한 것이었다. 진실로 나는 두 번 다시 선비들을 고르려 하지 않겠다."

그리고 곧 모수를 상객上客으로 모셨다.

秦之圍邯鄲, 趙使平原君求救, 合從於楚, 約與食客門下有勇力文武備具者二十人偕. 平原君曰;「使文能取勝, 則善矣. 文不能取勝, 則歃血於華屋之下, 必得定從而還. 士不外索, 取於食客門下足矣.」得十九人, 餘無可取者, 無以滿二十人. 門下有毛遂者, 前, 自贊於平原君曰:「遂聞君將合從於楚, 約與食客門下二十人偕, 不外索. 今少一人, 願君卽以遂備員而行矣.」平原君曰:「先生處勝之門下幾年於此矣?」毛遂曰:「三年於此矣.」平原君曰:「夫賢士之處世也, 譬若錐之處囊中, 其末立見. 今先生處勝之門下三年於此矣, 左右未有所稱誦, 勝未有所聞, 是先生無所有也. 先生不能, 先生留.」毛遂曰:「臣乃今日請處囊中耳. 使遂蚤得處囊中, 乃穎脫而出, 非特其末見而已.」平原君竟與毛遂偕. 十九人相與目笑之而未廢也.

毛遂比至楚, 與十九人論議, 十九人皆服. 平原君與楚合從, 言其利害, 日出而言之, 日中不決. 十九人謂毛遂曰:「先生上.」毛遂按劍歷階而上,謂平原君曰:「從之利害, 兩言而決耳. 今日出而言從, 日中不決, 何也?」楚王謂平原君曰:「客何爲者也?」平原君曰:「是勝之舍人也.」楚王叱曰:「胡不下! 吾乃與而君言, 汝何爲者也!」毛遂按劍而前曰:「王之所以叱遂者, 以楚國之衆也. 今十步之內, 王不得恃楚國之衆也, 王之命縣於遂手. 吾君在前, 叱者何也? 且遂聞湯以七十里之地王天下, 文王以百里之壤而臣諸侯, 豈其士卒衆多哉, 誠能據其勢而奮其威. 今楚地方五十里, 持戟百萬, 此霸王之資也. 以楚之彊, 天下弗能當. 白起, 小竪子耳, 率數萬之衆, 興師以與楚戰, 一戰而擧鄢郢, 再戰而燒夷陵, 三戰而辱王之先人. 此百世之怨而趙之所羞, 而王弗知惡焉. 合從者爲楚, 非爲趙也. 吾君在前, 叱者何也?」楚王曰:「唯唯, 誠若先生之言, 謹奉社稷而以從.」毛遂曰:「從定乎?」楚王曰:「定矣.」毛遂謂楚王之左右曰: 「取雞狗馬之血來.」 毛遂奉銅槃而跪進之楚王曰:「王當歃血而定從, 次者吾君, 次者遂.」遂定從於殿上. 毛遂左手持槃血而右手招十九人曰:「公相與歃此血於堂下. 公等錄錄, 所謂因人成事者也.」

平原君已定從而歸, 歸至於趙, 曰:「勝不敢復相士. 勝相士多者千人, 寡者百數, 自以爲不失天下之士, 今乃於毛先生而失之也. 毛先生一至楚, 而使趙重於九鼎大呂. 毛先生以三寸之舌, 彊於百萬之師. 勝不敢復相士.」遂以爲上客.

◎ 나라가 망해 가는데 그 사치품을 어디에 쓰겠습니까?

평원군이 조나라로 돌아가자, 초나라는 춘신군春申君에게 군사를 주어 조나라를 구원하도록 하였다. 위나라 신릉군信陵君 역시 속임수를 써서 진비晉鄙의 군사를 탈취하여 조나라를 구원하였다. 그러나 그들 원군이 채 도착하기도 전에 진나라는 재빨리 한단을 포위해 왔으므로 한단은 함락 직전의 위기에 처하고 말았다. 평원군은 심히 걱정하였다. 이때 전사傳舍를 지키는 관리의 아들 이동李同이 평원군을 찾아왔다.

"공자께서는 조나라가 망하게 되는 것을 걱정하지 않으십니까?"

평원군이 말하였다.

"무슨 말이냐? 조나라가 망하면 나는 포로가 될 것이다. 어떻게 걱정을 하지 않겠느냐?"

이동이 말하였다.

"한단 백성들은 이제 땔감이 없어서 죽은 사람의 뼈로 불을 지피고 있으며, 먹을 것이 없어 서로 자식을 바꾸어 잡아먹고 있는 실정입니다. 이보다 더 위급한 상황이 어디 있겠습니까? 그런데 공자께서는 후궁 부인만도 백을 헤아릴 뿐 아니라 시녀와 하녀들까지도 비단 옷을 감고 찰밥과 고기를 싫도록 먹고 있습니다. 백성들은 누더기도 제대로 걸치지 못하고 술지게미와 쌀겨도 배불리 먹지 못하고 있는데도 말입니다. 또한 백성들은 무기마저 없어 나무를 깎아 창과 화살을 만들어 쓰고 있는 형편입니다. 그런데도 공자의 집에는 종과 경磬 같은 악기까지 전과 다름없이 지니고 계십니다. 진나라가 조나라를 이기게 되는 그 날 공자께서는 어떻게 그것들을 계속 소지할 수 있겠습니까? 조나라가 무사만 하다면 공자께서는 그런 것들이 없는 것을 걱정하실 필요가 있겠습니까? 그러니 공자께서는 부인 이하 저택의 모든 사람을 병졸들과 함께 일을 시킬 것이며, 집안의 모든 물자를 있는 대로 다 병사들에게 나누어 쓰도록 하십시오. 그렇게만 하신다면 병사들은 위급하고 고통스런 처지에 놓여 있는 만큼 더욱 은혜에 감격하게 될 것입니다."

평원군은 그의 말을 따랐다. 그 결과 결사대를 지원하는 3천 명의 용사를 얻게 되었다. 이동은 그 3천 명과 함께 진나라 군대를 향해 돌진하였다. 진나라 군대는 이로 인해 30리나 후퇴하고 말았다. 그러자 때맞추어 초나라와 위나라의 원병이 도착하자, 진나라 군사는 포위를 풀고 가버렸고, 한단은 무사할 수 있었다.

이동은 이때 전사하여 대신 그의 아버지를 이후李侯에 봉하였다.

平原君旣返趙, 楚使春申君將兵赴救趙, 魏信陵君亦矯奪晉鄙軍往救趙, 皆未至. 秦急圍邯鄲, 邯鄲急, 且降, 平原君甚患之. 邯鄲傳舍吏子李同說平原君曰:「君不憂趙亡邪?」平原君曰:「趙亡則勝爲虜, 何爲不憂乎?」李同曰:「邯鄲之民, 炊骨易子而食, 可謂急矣, 而君之後宮以百數, 婢妾被綺縠, 餘粱肉, 而民褐衣不完, 糟糠不厭. 民困兵盡, 或剡木爲矛矢, 而君器物鍾磬自若. 使秦破趙, 君安得有此? 使趙得全, 君何患無有? 今君誠能令夫人以下編於士卒之閒, 分功而作, 家之所有盡散以饗士, 士方其危苦之時, 易德耳.」於是平原君從之, 得敢死之士三千人. 李同遂與三千人赴秦軍, 秦軍爲之卻三十里. 亦會楚·魏救至, 秦兵遂罷, 邯鄲復存. 李同戰死, 封其父爲李侯.

공손룡의 계책

이 무렵 조나라에 와 있던 유세객 우경虞卿은 신릉군이 구원병을 이끌고 한단을 구한 것은 오로지 평원군과 친분이 두터웠던 때문이라 하여, 그 공을 평원군에게 돌리고 평원군을 위해 봉지를 더 보태어 줄 것을 조나라 왕에게 청하려 하였다. 이 소식을 들은 공손룡公孫龍이 밤에 마차를 달려 평원군을 찾아오더니 이렇게 말하였다.

"들리는 말에 의하면 신릉군이 한단을 구해 주었다 해서 공자에게 봉지를 더 얹어 줄 것을 왕께 청하려 하고 있는데 그렇습니까?"

평원군이 말하였다.

"그렇습니다."

이에 공손룡이 이렇게 말하였다.

"그건 당치도 않은 일입니다. 대체로 왕이 공자를 조나라 재상으로 등용한 것은 공자의 지혜와 재주가 조나라 안에서 가장 뛰어나다고 해서 그런 것은 아닙니다. 또 동무성東武城을 떼어 그곳에 공자를 봉하게 된 것도 공자께만 공로가 있고 다른 사람에게는 공로가 없어서 그런 것이 아닙니다. 그것은 다만 공자는 왕의 친척이기 때문입니다. 또 공자께서 일찍이 재상의 인수를 받으면서도 능력이 없다며 사양한 일이 없고 봉지를 주었을 때도 이룬 공이 없다고 사양하지 않았던 것은 역시 스스로 친척이라고 생각하고 있었기 때문입니다. 지금 신릉군이 한단을 구한 것을 가지고 공자 스스로의 공로라고 해서 봉지를 더 받는다는 것은 부당합니다. 전에는 친척이란 이유로 봉지를 받았고, 이번에는 백성의 한 사람으로서 공을 따져 봉지를 더 받으려는 것이기 때문입니다. 뿐만 아니라 우경의 속셈은 두 곳에 모두 덕을 입기 위한 것입니다. 일이 성공되면 그것을 이유로 보상을 받으려는 것이고, 일이 성공하지 못하였을 경우에는 봉지를 더할 것을 청해 주었다는 헛된 이름으로 공자에게 생색을 내려 하는 것입니다. 우경의 말을 받아들여서는 안 됩니다."

평원군은 마침내 우경의 말을 받아들이지 않았다.

虞卿欲以信陵君之存邯鄲爲平原君請封. 公孫龍聞之, 夜駕見平原君曰: 「龍聞虞卿欲以信陵君之存邯鄲爲君請封, 有之乎?」 平原君曰: 「然.」 龍曰: 「此甚不可. 且王擧君而相趙者, 非以君之智能爲趙國無有也. 割東武城而封君者, 非以君爲有功也, 而以國人無勳, 乃以君爲親戚故也. 君受相印不辭無能, 割地不言無功者, 亦自以爲親戚故也. 今信陵君存邯鄲而請封, 是親戚受城而國人計功也. 此甚不可. 且虞卿操其兩權, 事成, 操右券以責; 事不成, 以虛名德君. 君必勿聽也.」 平原君遂不聽虞卿.

평원군의 죽음과 당시 학자들

평원군은 조나라 효성왕 15년에 죽었다. 자손이 대를 이어 갔으나 뒤에 결국 조나라와 함께 망하였다.

평원군은 공손룡을 후하게 대우하였다. 공손룡은 견백동이堅白同異의 변론에 능숙하였다. 그러나 추연鄒衍이 조나라를 지나면서 지극한 도道에 대하여 말한 뒤로 평원군은 공손룡을 멀리하였다.

平原君以趙孝成王十五年卒. 子孫代, 後竟與趙俱亡.

平原君厚待公孫龍. 公孫龍善爲堅白之辯, 及鄒衍過趙言至道, 乃絀公孫龍.

〈2〉우경虞卿

도위 하나를 잃었소

우경은 유세객이다. 수레도 없이 걸어서 자루가 긴 관을 쓴 채 조나라 효성왕에게 유세하였다. 그런데 한 번 만나고는 황금 100일과 백벽白璧

한 쌍을 얻었고, 두 번 만나 조나라 상경上卿에 올랐다. 이에 우경이라 부르게 된 것이다.

진나라와 조나라가 겨루었던 장평長平 싸움에서 조나라는 패하여 도위都尉 한 사람을 잃었다. 그러자 조나라 왕은 장군인 누창樓昌과 우경虞卿을 불러 이렇게 말하였다.

"우리 군사는 승리를 거두지 못하고 게다가 도위 한 사람이 전사하였소. 과인은 갑옷을 걷어붙인 채 가벼운 차림의 날랜 군사를 거느리고 진나라 진영으로 돌진하도록 하고 싶은데 어떻소?"

누창이 말하였다.

"이롭지 못한 일입니다. 그보다는 중요한 인물을 사신으로 보내어 화평을 맺도록 하느니만 못합니다."

그러나 우경은 이에 반대하였다.

"누창이 화평을 말하는 것은 그렇게 하지 않으면 우리 군사가 반드시 패할 것으로 미리 생각하고 있기 때문입니다. 그러나 화평을 맺고 맺지 않는 것은 진나라에 달려 있습니다. 왕께서는 진나라를 볼 때 진나라가 조나라 군대를 깨뜨릴 것으로 보십니까? 그렇지 않을 것으로 보십니까?"

조나라 왕이 대답하였다.

"진나라는 있는 힘을 다해 조나라 군대를 깨뜨릴 것이오."

그러자 우경이 말하였다.

"그러시면 왕께서는 신의 의견을 들으시고 사신에게 귀한 보물을 들려 초나라와 위나라에 보내어 그들을 우리편으로 끌어들이십시오. 그들 두 나라는 왕은 귀중한 보물을 얻기 위해 틀림없이 우리 사신들을 받아들일 것입니다. 조나라 사신이 초나라와 위나라로 들어가게 되면, 진나라는 천하가 합종하는 것이 아닌가 의심하고 두려워할 것이 뻔합니다. 이렇게 되면 저절로 진나라와 화평을 성취시킬 수 있습니다."

그러나 조나라 왕은 우경의 말을 받아들이지 않았다. 그리고 평양군平陽君과 상의하여 화평을 맺기로 하고 정주鄭朱를 진나라에 사신으로 파견하였다. 정주가 무사히 진나라에 입국하였다는 보고를 받자, 조나라 왕은 우경을 불러 이렇게 말하였다.

"과인은 평양군에게 명하여 진나라와의 화평을 계획하도록 하였소. 그 결과 진나라는 이미 우리 사신 정주를 맞아들였소. 경은 어떻게 생각하오?"

우경은 대답하였다.

"진나라와의 화평은 성립되지 않을 것이며 우리 군사만 패하게 될 것입니다. 승리를 축하하는 제후들의 사신들이 이미 진나라로 들어가고 있습니다. 정주는 귀인이니 진나라 왕은 응후應侯와 상의하여 틀림없이 그를 정중하게 대접하고 그가 조나라에서 화평 교섭을 위해 찾아온 사신이라고 천하에 떠벌리게 될 것입니다. 그렇게 되면 초나라와 위나라는 조나라가 진나라와 화평을 맺으려 하고 있다는 것을 이유로 결코 왕을 구원하려 들지 않을 것입니다. 천하가 왕을 돕지 않는 것을 진나라가 알게 되면 화평은 도저히 성립될 수 없습니다."

응후는 과연 정주를 정중히 대우하여 전쟁의 승리를 축하하기 위해 온 천하의 사신들에게 과시할 뿐 끝내 화평을 승낙하지 않았다.

이리하여 조나라는 장평에서 크게 패하고 마침내는 한단까지 포위를 당해 천하의 웃음거리가 되고 말았다.

虞卿者, 游說之士也. 躡蹻檐簦趙孝成王. 一見, 賜黃金百鎰, 白璧一雙; 再見, 爲趙上卿, 故號爲虞卿.

秦趙戰於長平, 趙不勝, 亡一都尉. 趙王召樓昌與虞卿曰:「軍戰不勝, 尉復死, 寡人使束甲而趨之, 何如?」樓昌曰:「無益也, 不如發重使爲媾.」虞卿曰:「昌言媾者, 以爲不媾軍必破也. 而制媾者在秦. 且王之論秦也, 欲破趙之軍乎, 不邪?」王曰:「秦不遺餘力矣, 必且欲破趙軍.」虞卿曰:「王聽臣, 發使出重寶以附楚·魏, 楚·魏欲得王之重寶, 必內吾使. 趙使入楚·魏, 秦必疑天下之合從, 且必恐. 如此, 則媾乃可爲也.」趙王不聽, 與平陽君爲媾, 發鄭朱入秦. 秦內之. 趙王召虞卿曰:「寡人使平陽君爲媾於秦, 秦已內鄭朱矣, 卿以爲奚如?」虞卿對曰:「王不得媾, 軍必破矣. 天下賀戰勝者皆在秦矣. 鄭朱, 貴人也, 入秦. 秦王與應侯必顯重以示天下. 楚·魏以趙爲媾, 必不救王. 秦知天下不救王, 則媾不可得成也.」應侯果顯鄭朱以示天下賀戰勝者, 終不肯媾. 長平大敗, 遂圍邯鄲, 爲天下笑.

주지 않아도 될 땅을 주다니요

진나라가 한단의 포위를 풀게 되자, 조나라 왕은 조학趙郝을 진나라로 보내 진나라에 여섯 현을 떼어 주는 조건으로 화평을 맺도록 하였다. 우경이 다시 조나라 왕에게 말하였다.

"진나라는 대왕을 공격하였다가 포위를 풀었습니다. 그것은 싸움에 지쳐서 돌아간 것이겠습니까? 아니면 진나라가 아직도 공격할 힘이 있지만 대왕을 아껴서 그만둔 것으로 생각하십니까?"

왕이 말하였다.

"진나라는 우리나라를 치는 데 전력을 기울였소. 그러니 틀림없이 지쳤기 때문에 돌아갔을 것이오."

우경이 말하였다.

"진나라는 그들 힘으로는 얻을 수 없는 것을 공격하다가 지쳐서 돌아간 것입니다. 그런데 왕께서는 진나라 힘으로서는 가질 수 없었던 여섯 현을 진나라에 주려 하십니다. 이것은 진나라를 도와 스스로 멸망하고자 하는 일에 불과합니다. 내년에 진나라가 다시 왕을 치게 되면 그때 왕은 구제받을 길이 없습니다."

왕이 우경의 말을 조학에게 전하자 조학은 이렇게 말하였다.

"우경이 진나라의 힘이 어느 정도라는 것을 어찌 알겠습니까? 만일 진나라가 진실로 지쳐 있다면 아무리 총알처럼 작은 땅이라도 줄 필요가 없습니다. 그러나 진나라에 힘이 있어 내년에 다시 왕을 공격해 온다면 그때는 이보다 더 많은 땅을 떼어 주어야 화평을 맺을 수 있을 것입니다."

조나라 왕은 말하였다.

"경의 의견을 받아들여 여섯 현을 떼어 주기로 한다면, 공은 진나라가 내년에 다시 우리나라를 쳐들어오지 못하도록 보장을 받아낼 수 있겠소?"

조학은 대답하였다.

"그것은 신이 감히 책임질 수 없는 일입니다. 옛날 삼진三晉과 진나라와의 사이는 서로 가까웠습니다. 그런데 지금 진나라가 한·위 두 나라와 친하고 왕을 공격하는 것은, 왕께서 진나라를 섬기는 것이 그들 두 나라만 못하기 때문입니다. 지금 왕께서 화친을 저버렸기 때문에 일어난 싸움을 풀고 관문을 열어 물자를 소통시키며, 진나라와의 국교를 한·위나라와 마찬가지로 터 둔다 하더라도, 내년에 다시 왕께서 진나라로부터 공격을 당하게 된다면, 그것은 왕께서 진나라를 섬기는 것이 한·위나라만 못하기 때문이지 이것은 제가 책임질 수 있는 일이 아닙니다."

왕이 그 말을 우경에게 전하자 우경은 이렇게 대답하였다.

"조학의 말은 화친을 하지 않으면 내년에 진나라가 다시 왕을 공격하게 될 것이며, 그렇게 되면 다시 그 안쪽의 땅을 떼어 주어야만 화평을 맺을 수 있다는 것인데, 지금 화친을 한다 해도 조학은 진나라가 다시금 쳐들어오지 않을 것이라는 것을 보장하지 못한다고 보았습니다. 그렇다면 진나라에게 여섯 현을 떼어 준들 무슨 소용이 있겠습니까? 내년에 진나라가 또 쳐들어오면, 왕은 또 다시 진나라 힘으로는 얻을 수 없는 땅을 떼어 주고 화친을 하게 될 것입니다. 이것은 스스로 멸망하는 것일 뿐입니다. 그러므로 화친하지 않느니만 못합니다. 진나라가 아무리 공격을 잘 한다 해도 여섯 현을 빼앗아 갈 수는 없을 것이며, 조나라가 당해 내지 못한다 해도 결코 여섯 현까지 잃게 되지는 않을 것입니다. 진나라가 싸움에 지쳐 돌아갔다면 그 군사들은 피폐해 있을 것입니다. 그러므로 우리나라가 여섯 현을 천하 제후들에게 주고 우리편을 만든 다음 지쳐 있는 진나라를 공격하게 되면, 천하 제후들에게 준 여섯 현의 대가를 진나라로부터 얻게 되므로 우리나라로서는 유리한 것입니다. 가만히 앉아 있으면서 땅을 떼어 주어 스스로를 약하게 하고 진나라를 강하게 하는 것과 비교한다면 어느 쪽이 낫겠습니까?

지금 조학은 '진나라가 한·위나라와 친하게 지내며 조나라를 공격하는 것은, 그렇게 하면 한·위가 틀림없이 조나라를 돕지 않게 되고 왕의 군사가 고립될 것으로 생각하기 때문이다. 또 왕이 진나라를 섬기는 것이 한·위만 못하기 때문이다'라고 말하는데, 그 같은 생각대로 한다면 왕은 해마다 여섯 현씩을 떼어 주고 진나라를 섬겨야 됩니다. 내년에 진나라가 또 땅을 떼어 줄 것을 요구해 온다면 왕은 어찌하겠습니까? 그때 또 떼어 주지 않으면 지금까지 땅을 떼어 준 보람도 없이 진나라가 공격해 들어오는 화만 불러일으키게 될 것입니다. 주기로 한다면 결국에는 줄 땅이 없어지고 말 것입니다.

옛말에 '강한 자는 공격을 잘 하고 약한 자는 잘 지키지 못한다'고 하였습니다. 지금 가만히 앉아서 진나라의 요구를 들어 주게 되면, 진나라는 군사를 움직여 애쓰는 일도 없이 많은 땅을 얻게 될 것입니다. 이것은 진나라를 강하게 하고 조나라를 약하게 하는 것입니다. 점점 강해져 가는 진나라가 점점 약해져 가는 조나라 땅을 떼어 가지게 되는 만큼 진나라의 계략은 그칠 리가 없습니다. 그리고 왕의 땅은 한계가 있으나 진나라의 요구는 끝이 없습니다. 한계가 있는 땅을 가지고 한이 없는 요구에 응한다면 그 결과는 조나라의 멸망뿐입니다."

秦旣解邯鄲圍, 而趙王入朝, 使趙郝約事於秦, 割六縣而媾. 虞卿謂趙王曰:「秦之攻王也, 倦而歸乎? 王以其力尙能進, 愛王而弗攻乎?」王曰:「秦之攻我也, 不遺餘力矣, 必以倦而歸也.」虞卿曰:「秦以其力攻其所不能取, 倦而歸, 王又以其力之所不能取以送之, 是助秦自攻也. 來年秦復攻王, 王無救矣.」王以虞卿之言告趙郝. 趙郝曰:「虞卿誠能盡秦力之所至乎? 誠知秦力之所不能進, 此彈丸之地弗予, 令秦來年復攻王, 王得無割其內而媾乎?」王曰:「請聽子割矣, 子能必使來年秦之不復攻我乎?」趙郝對曰:「此非臣之所敢任也. 他日三晉之交於秦, 相善也. 今秦善韓·魏而攻王, 王之所以事秦必不如韓·魏也. 今臣爲足下解負親之攻, 開關通幣, 齊交韓·魏, 至來年而王獨取攻於秦, 此王之所以事秦必在韓·魏之後也. 此非臣之所敢任也.」

王以告虞卿. 虞卿對曰:「郝言『不媾, 來年秦復攻王, 王得無割其內而媾乎』. 今媾, 郝又以不能必秦之不復攻也. 今雖割六城, 何益? 來年復攻, 又割其力之所不能取而媾, 此自盡之術也, 不如無媾. 秦雖善攻, 不能取六縣; 趙雖不能守, 終不失六城. 秦倦而歸, 兵必罷. 我以六城收天下以攻罷秦, 是我失之於天下而取償於秦也. 吾國尙利, 孰與坐而割地, 自弱以彊秦哉? 今郝曰:『秦善韓·魏而攻趙者, 必(以爲韓魏不救趙也而王之軍必孤有以)王之事秦不如韓·魏也』, 是使王歲以六城事秦也, 卽坐而城盡. 來年秦復求割地, 王將與之乎? 弗與, 是弃前功而挑秦禍也; 與之, 則無地而給之. 語曰:『彊者善攻, 弱者不能守』. 今坐而聽秦, 秦兵不獘而多得地, 是彊秦而弱趙也.

以益彊之秦而割愈弱之趙, 其計故不止矣. 且王之地有盡而秦之求無已, 以有盡之地而給無已之求, 其勢必無趙矣.」

◎ 아들이 죽었는데 울지 않는 어머니

조나라 왕은 결정을 내릴 수 없었다.

이 무렵 진나라로부터 누완樓緩이 찾아왔다. 조나라 왕은 그와 이 일을 상의하고자 하였다.

"진나라에 땅을 주는 것과 주지 않는 것과 어느 쪽이 좋겠소?"

누완은 사양하며 말하였다.

"그것은 신이 대답할 것이 아니옵니다."

왕이 다시 말하였다.

"그래도 경의 의견을 말해 보시오."

누완이 대답하였다.

"왕께서도 저 '공보문백公甫文伯의 어머니' 이야기를 들으셨습니까? 공보문백은 노魯나라에 벼슬을 하고 있었는데 병으로 죽게 되자, 그의 죽음을 슬퍼하여 안방에서 자살한 그의 여자가 둘이나 되었습니다. 문백의 어머니는 이 말을 듣고도 울지 않자 문백의 유모가 물었습니다.

'자식이 죽었는데도 울지 않을 수가 있습니까?'

그러자 어머니는 이렇게 대답하였다지요.

'공자는 어진 분인데 그가 노나라에서 쫓겨났을 때 문백은 그를 따라가지 않았다. 그런데 지금 아들이 죽으니 그를 위해 자살한 여자가 둘이나 있었다. 이는 그 놈이 덕이 있는 사람에게는 박정하고 여자에게는 다정하였던 것으로 볼 수밖에 없으니 아무리 내 자식이라 한들 그 때문에 울지 않는 것이다.'

말이 어머니 입에서 나오게 되면 어진 어머니란 평을 듣게 되지만, 만약 그 아내의 입에서 나왔다면 이는 질투가 심한 아내란 평을 듣지 않을 수 없습니다. 같은 말이지만, 그 말을 누가 하느냐에 따라 듣는 사람의 생각이 달라지는 것입니다. 지금 신은 진나라에서 왔으므로, 진나라 사정을 잘 압니다. '주지 마십시오'라고 말씀을 드리면 훌륭한 모책이 아니라고 할 것이요, '주십시오'라고 말씀드리면 아마 왕께서는 신이 진나라를 위해서 하는 말인 줄로 여기게 될 것입니다. 이를 두려워하여 감히 대답을 못 하는 것입니다. 사실에 신이 대왕을 위해 말씀드리면 주느니만 못합니다."

왕은 말하였다.

"좋소."

趙王計未定, 樓緩從秦來, 趙王與樓緩計之, 曰:「予秦地(何)如毋予, 孰吉?」緩辭讓曰:「此非臣之所能知也.」王曰:「雖然, 試言公之私.」樓緩對曰:「王亦聞夫公甫文伯母乎? 公甫文伯仕於魯, 病死, 女子爲自殺於房中者二人. 其母聞之, 弗哭也. 其相室曰:『焉有子死而弗哭者乎?』其母曰:『孔子, 賢人也, 逐於魯, 而是人不隨也. 今死而婦人爲之自殺者二人, 若是者必其於長者薄而於婦人厚也.』故從母言之, 是爲賢母; 從妻言之, 是必不免爲妒妻. 故其言一也, 言者異則人心變矣. 今臣新從秦來而言勿予, 則非計之; 言予之, 恐王以臣爲爲秦也: 故不敢對. 使臣得爲大王計, 不如予之.」王曰:「諾.」

하나는 알고 둘은 모른다

우경이 이를 전해 듣자 궁중으로 달려가 왕에게 말하였다.

"누완의 말은 다만 그럴 듯하게 꾸며진 것뿐으로 조나라를 위한 것은 아닙니다. 왕께서는 깊이 생각하여 진나라에게 땅을 주지 않도록 하십시오."

누완이 이 말을 듣자 그도 역시 왕을 뵈었다. 왕이 우경의 말을 누완에게 일러 주자 누완은 이렇게 말하였다.

"그렇지 않습니다. 우경은 하나를 알고 둘은 모릅니다. 대체 진나라·조나라가 전쟁을 하게 되면 천하 제후들이 모두 기뻐하는 것은 무슨 까닭입니까? 제후들은 '나는 강한 쪽에 가담하여 약한 쪽을 노리리라' 하고 있는 것입니다. 지금 조나라 군대가 진나라 군대 때문에 고통을 겪고 있으므로, 승리를 축하하는 제후들의 사신들이 틀림없이 모두 진나라로 모여들고 있을 것입니다. 그러므로 빨리 땅을 떼어 주고 화평을 맺어 제후들이 갈피를 잡을 수 없도록 하고, 진나라의 마음을 달래 주느니만 못합니다. 그렇지 않으면 천하의 제후들은 진나라의 노여움을 이용하여 조나라가 지친 틈을 타고 참외를 쪼개듯 조나라를 나눠 가지려 들 것입니다. 그렇게 되면 조나라는 곧바로 멸망하고 맙니다. 진나라가 꾀할 것까지도 없는 일입니다. 그러므로 우경은 하나는 알고 둘은 모른다는 것입니다. 왕은 이것으로 결정을 짓고 더 이상 다른 생각을 마십시오."

우경이 이를 듣고 들어가 왕에게 말하였다.

"누완이 조나라를 위하려는 생각은 참으로 위험합니다. 이 계책은 천하 제후들의 의심을 더 사게 될 뿐 진나라의 마음을 달래는 것이 되지 못하며, 다만 조나라가 약하다는 것을 천하에 보여 줄 따름입니다. 또 신이 '땅을 진나라에 주지 마십시오'라고 한 것은 그저 주지 말자는 생각에서가 아닙니다. 진나라가 왕에게 여섯 현을 요구하거든 왕은 차라리 그 여섯 현을 뇌물로 제나라에 주자는 것입니다. 제나라는 진나라와 깊은 원수지간입니다. 제나라가 왕의 여섯 고을을 얻게 되면 왕과 힘을 합쳐 서쪽으로 진나라를 공격하게 될 것입니다. 제나라는 사신의 말이 떨어지자마자 왕의 제안을 받아들일 것입니다. 이렇게 되면 왕은 여섯 고을을 제나라에 주되 그 대가를 진나라로부터 얻게 되는 것이며, 제·조나라의 진나라에 대한 원수도 갚게 되는 것입니다. 그리고 천하에 조나라의 능력을 보여 주는 것이 됩니다. 왕께서 이 방침을 선언하게 되면, 제·조 두 나라 군대가 아직 진나라 국경을 엿보기도 전에 진나라가 도리어 큰 뇌물을 조나라에 보내어 왕에게 화친을 청해 올 것입니다. 진나라가 화친을 청해 오면, 한·위나라는 이 말만 듣고도 왕을 중히 여기게 여길 것입니다. 왕을 중히 여기게 되면, 틀림없이 앞을 다투어 귀중한 보물로 왕께 화친을 청하게 될 것입니다. 즉 왕께서는 한 번에 제·한·위 세 나라와 화친을 맺어 조나라와 진나라의 위상을 바꾸어 놓게 되는 것입니다."

조왕이 말하였다.

"좋소."

이리하여 우경으로 하여금 동쪽 제나라 왕을 찾아가 함께 진나라를 칠 것을 상의하도록 임무를 맡겼다. 그러자 우경이 제나라에서 채 돌아오기도 전에 진나라의 사신이 조나라를 찾아왔다. 이 소식을 들은 누완은 도망치고 말았다. 조나라는 우경의 공을 표창하여 한 개의 성읍에 봉하였다.

虞卿聞之, 入見王曰:「此飾說也, 王愼勿予!」樓緩聞之, 往見王. 王又以虞卿之言告樓緩. 樓緩對曰:「不然. 虞卿得其一, 不得其二. 夫秦趙構難而天下皆說, 何也? 曰:『吾且因彊而乘弱矣』. 今趙兵困於秦, 天下之賀戰勝者則必盡在於秦矣. 故不如亟割地爲和, 以疑天下而慰秦之心. 不然, 天下將因秦之(彊)怒, 乘趙之獘, 瓜分之. 趙且亡, 何秦之圖乎? 故曰虞卿得其一, 不得其二. 願王以此決之, 勿復計也.」

虞卿聞之, 往見王曰:「危哉樓子之所以爲秦者, 是愈疑天下, 而何慰秦之心哉? 獨不言其示天下弱乎? 且臣言勿予者, 非固勿予而已也. 秦索六城於王, 而王以六城賂齊. 齊, 秦之深讎也, 得王之六城, 幷力西擊秦, 齊之聽王, 不待辭之畢也. 則是王失之於齊而取償於秦也. 而齊·趙之深讎可以報矣, 而示天下有能爲也. 王以此發聲, 兵未窺於境, 臣見秦之重賂至趙而反媾於王也. 從秦爲媾, 韓·魏聞之, 必盡重王; 重王, 必出重寶以先於王. 則是王一擧而結三國之親, 而與秦易道也.」趙王曰:「善.」則使虞卿東見齊王, 與之謀秦. 虞卿未返, 秦使者已在趙矣. 樓緩聞之, 亡去. 趙於是封虞卿以一城.

◎ 둘 모두 틀렸습니다

그 뒤 얼마 뒤 위나라가 조나라와 합종을 하자고 청해 왔다. 조나라 효성왕은 우경을 불러 상의하려 하였다.

우경은 궁중으로 가는 도중 평원군에게 들렀다. 평원군이 말하였다.

"부디 위나라와의 합종이 좋다는 것을 왕에게 말씀드려 주시오."

우경이 궁중으로 들어가 왕을 만나자 왕은 이렇게 말하였다.

"위나라가 합종을 하자고 청해 왔소."

우경이 말하였다.

"위나라가 실수를 저지르고 있는 것입니다."

왕이 말하였다.

"과인은 그 때문에 아직 승낙하지 않았소."

우경이 말하였다.

"왕께서도 잘못입니다."

왕의 의아히 여겨 물었다.

"위나라가 합종을 청해 왔다고 했더니 '위나라가 잘못'이라 하고, 과인은 아직 승낙하지 않았다고 했더니 이는 '과인의 잘못'이라고 하면, 합종은 결국 해서는 안 된다는 말이오?"

그러자 우경은 이렇게 말하였다.

"제가 듣건대 '작은 나라와 큰 나라가 같이 일을 하게 되면, 이로운 것이 있을 때는 큰 나라가 그 복을 누리고, 실패를 하게 되면 작은 나라가 그 화를 입는다'라고 하였습니다. 지금 위나라는 작은 나라로 화를 자청하고 있고, 왕은 큰 나라인데 복을 사양하고 계십니다. 그러므로 왕께서도 잘못이고, 위나라도 잘못이라고 한 것입니다. 제 생각으로는 합종이 좋을 듯합니다."

왕이 허락하였다.

"좋소."

이리하여 위나라와의 합종이 성사되었다.

居頃之, 而魏請爲從. 趙孝成王召虞卿謀. 過平原君, 平原君曰:「願卿之論從也.」虞卿入見王. 王曰:「魏請爲從.」對曰:「魏過.」王曰:「寡人固未之許.」對曰:「王過.」王曰:「魏請從, 卿曰魏過, 寡人未之許, 又曰寡人過, 然則從終不可乎?」對曰:「臣聞小國之與大國從事也, 有利則大國受其福, 有敗則小國受其禍. 今魏以小國請其禍, 而王以大國辭其福, 臣故曰王過, 魏亦過. 竊以爲從便.」王曰:「善.」乃合魏爲從.

《우씨춘추》를 짓다

그 뒤 우경은 위나라 재상 위제魏齊와의 관계로 인해, 만호후萬戶侯와 경상卿相의 인수를 내던지고 위제와 함께 사람의 눈을 피해 조나라를 빠져 나갔으나, 위나라 수도 대량大梁으로 들어가 고통을 겪었다. 그리고 위제가 죽은 뒤, 우경은 다 이루지 못한 그의 뜻을 책으로 지어 펴냈다. 이 책은 위로는 《춘추春秋》에서 채록하고, 아래로는 근세를 두루 살핀 것으로 〈절의節義〉, 〈칭호稱號〉, 〈췌마揣摩〉, 〈정모政謀〉 등 8편으로 되어 있다. 우경은 이를 통해 국가의 득실을 비판하였다. 세상에서 이것을 전하여 《우씨춘추虞氏春秋》라 한다.

虞卿旣以魏齊之故, 不重萬戶侯卿相之印, 與魏齊閒行, 卒去趙, 困於梁. 魏齊已死, 不得意, 乃著書, 上採春秋, 下觀近世, 曰節義·稱號·揣摩·政謀, 凡八篇. 以刺譏國家得失, 世傳之曰虞氏春秋.

사마천의 평어

나 태사공은 이렇게 생각한다.

평원군은 혼란한 시대에 새가 하늘 높이 날 듯 재능과 지혜가 뛰어난 공자公子였다. 그러나 그는 나라를 다스리는 커다란 이치를 알지는 못하였다. 속담에 '이익에 사로잡히면 지혜가 흐려진다'고 하였다. 평원군은 풍정馮亭의 잘못된 말에 빠져, 장평에 진을 치고 있던 40만이 넘는 조나라 군사를 산 채로 매장될 수밖에 없도록 하였으며, 한단을 거의 멸망시킬 뻔하였다.

우경은 사태와 정세를 올바로 추측하고 판단하여 조나라를 위하여 모책을 세운 일들은 참으로 교묘하였다. 그 뒤 위제의 불행을 차마 보지 못하고 마침내는 대량에서 고생을 겪었다. 평범한 사람들도 그것이 옳지 못하다는 것을 알 수 있는데, 하물며 우경 같은 현자가 그것을 모를 리가 없다. 그러나 우경이 그러한 고통과 근심이 없었던들 책을 지어 스스로를 후세에 드러낼 수는 없었을 것이라 말할 수 있다.

太史公曰: 平原君, 翩翩濁世之佳公子也, 然未睹大體. 鄙語曰『利令智昏』, 平原君貪馮亭邪說, 使趙陷長平兵四十餘萬衆, 邯鄲幾亡. 虞卿料事揣情, 爲趙畫策, 何其工也! 及不忍魏齊, 卒困於大梁, 庸夫且知其不可, 況賢人乎? 然虞卿非窮愁, 亦不能著書以自見於後世云.

史記列傳

017(77) 위공자 열전魏公子列傳

위공자신릉군魏公子信陵君 公孫無忌

어질고 겸손한 신릉군

위魏나라 공자 무기無忌는 소왕昭王의 막내아들이며 안희왕安釐王의 배다른 동생이다. 소왕이 죽고 안희왕이 즉위하면서 그를 신릉군信陵君에 봉하였다.

그 무렵 진나라 재상은 위나라에서 도망간 간 범저范雎였다. 범저는 위나라에 있을 때, 재상 위제魏齊로부터 첩자라는 의혹을 사서 죽음을 당할 뻔하였으므로, 그 원한을 풀기 위하여 마침내 군대를 일으켰다. 진나라 군사는 위나라 수도 대량大梁을 포위하고, 또 화양華陽에서 위나라 군대를 쳐부수어 장군 망묘芒卯를 패주시켰다. 이 진나라와의 전쟁은 위나라 왕과 공자에게 큰 걱정거리였다.

신릉군은 사람됨이 어질고 겸허하였다. 선비들과 만나면 그가 착하고 착하지 않은 것을 묻지 않았고, 누구에게나 겸손하고 예의바르게 교제하였으며, 자신이 부귀한 몸이라고 해서 거만한 태도를 갖는 일이 없었다. 그러므로 사방 수천 리 지방에서 선비들이 몰려와 이 신릉군에게 몸을 의지하게 되었는데, 그 수가 3천 명이나 되었다. 신릉군이 현명하고 또 빈객도 많아 제후들은 10여 년 동안 섣불리 군대를 보내 위나라를 치려 하지 않았다.

魏公子無忌者, 魏昭王少子而魏安釐王異母弟也. 昭王薨, 安釐王卽位, 封公子爲信陵君. 是時范雎亡魏相秦, 以怨魏齊故, 秦兵圍大梁, 破魏華陽下軍, 走芒卯. 魏王及公子患之.

公子爲人仁而下士, 士無賢不肖皆謙而禮交之, 不敢以其富貴驕士. 士以此方數千里爭往歸之, 致食客三千人. 當是時, 諸侯以公子賢, 多客, 不敢加兵謀魏十餘年.

❁ 사냥 나온 것이지 공격해 오는 것이 아니다

공자가 위나라 왕과 장기를 두고 있는데, 북쪽 국경으로부터 봉화가 계속 오르며 조趙나라 군대의 내습을 알려왔다.

위왕이 즉시 대신들을 불러 상의하려 하자 신릉군이 제지하며 말하였다.

"조나라 왕은 사냥을 하고 있을 뿐, 침략해 온 것은 아닙니다."

그러면서 그대로 장기를 두자고 하였다. 왕은 걱정이 되어 장기에는 정신이 없었다. 그런 얼마 뒤 북방으로부터 전령이 왔다.

"조나라 왕이 사냥을 하고 있을 뿐, 침략해 온 것은 아닙니다."

왕이 크게 놀라 물었다.

"공자는 어떻게 그것을 알았소?"

신릉군이 대답하였다.

"신의 빈객 중 조나라 궁정에 깊이 들어 정보를 알아내는 자가 있어 조나라 왕의 움직임을 저에게 즉시 알려오지요. 이를 통해 아는 것입니다."

그 뒤 왕은 신릉군의 똑똑하고 능력 있음을 두려워하여 그를 국정에 참여시키지 않으려 하였다.

公子與魏王博, 而北境傳擧烽, 言「趙寇至, 且入界」. 魏王釋博, 欲召大臣謀. 公子止王曰:「趙王田獵耳, 非爲寇也.」復博如故. 王恐, 心不在博. 居頃, 復從北方來傳言曰:「趙王獵耳, 非爲寇也.」魏王大驚, 曰:「公子何以知之?」公子曰:「臣之客有能深得趙王陰事者, 趙王所爲, 客輒以報臣, 臣以此知之.」是後魏王畏公子之賢能, 不敢任公子以國政.

❁ 후영이라는 인물

위나라에는 숨어서 사는 후영侯嬴이라는 인물이 하나 있었다. 나이 70으로 대량大梁의 동쪽 성문인 이문夷門의 문지기를 하고 있었다. 신릉군은 그의 이야기를 듣자 빈객으로 모실 생각으로 아주 많은 선물을 보냈다. 그러자 후영은 이를 받으려 하지 않으면서 이렇게 말하였다.

"저는 수십 년에 걸쳐 몸을 닦고 행실을 깨끗이 해 왔습니다. 새삼

문지기로서의 생활이 고달프고 가난하다 해서 공자의 분에 넘치는 재물을 받고 싶지는 않습니다."

뒷날 공자는 술자리를 크게 벌이고 손님들을 초대하였다. 그리고 연회장의 자리가 다 정해졌을 무렵, 수레와 말을 거느리고 자기가 탄 수레의 왼쪽 자리를 비워둔 채 몸소 이문으로 후영을 맞이하러 갔다. 후영은 다 낡은 의관을 차려 입은 채 거침없이 마차에 올라 공자의 윗자리에 앉고도 조금도 어려워하는 기색이 없었다. 사실 후영은 그렇게 하여 공자의 태도를 살피려 하였던 것이다. 그러나 공자는 고삐를 잡은 채 더욱 공손하게 대하였다. 후영은 다시 공자에게 이렇게 말하였다.

"내 친구 한 사람이 시장 푸줏간에 살고 있습니다. 미안하지만 길을 좀 돌아서 그곳에 들러가도록 해 주십시오."

공자는 수레를 몰고 시장 안으로 들어갔다. 후영은 수레에서 내려 친구 주해朱亥와 만나 고의로 오래도록 이야기를 나누며 곁눈질로 가만히 공자의 기색을 살폈다. 그래도 공자의 얼굴빛은 부드럽기만 하였다. 한편 공자의 집에서는 장군, 대신 및 종실의 많은 사람들과 빈객들이 다 모였다. 술잔을 들지 않고 그들은 공자가 돌아오기만 기다렸다.

시장 사람들은 공자가 말고삐를 잡고 있는 것을 보고 있었고, 공자의 호위병들은 모두 들리지 않게 후영을 욕하고 있었다. 후영은 공자의 안색이 끝내 변하지 않는 것을 알자, 친구와 하직 인사를 나누고 수레에 올라 공자의 집으로 왔다. 공자는 후영을 안내해서 윗자리에 앉힌 다음 손님들에게 그를 소개하였다. 손님들은 모두 놀랐다. 술자리가 한창 무르익어 갈 무렵 공자는 일어나 후영의 앞으로 나아가더니 술잔을 올리며 그의 장수를 빌었다. 그러자 후영은 이렇게 말하였다.

"오늘 저도 공자를 위해 충분한 일을 한 것으로 생각합니다. 저는 한낱 이문의 문지기에 불과합니다. 그런데 공자께서는 몸소 수레를 타고 오셔서 친히 저를 이 많은 손님들이 계신 자리로 맞아 주셨습니다. 또한 도중에 딴 곳을 들러서는 안 될 일이었습니다만, 공자께서는 저의 청을 쾌히 승낙하시고 주해의 집에 들러 주셨습니다. 그러나 이런 청을 하였던 것은 공자의 명성을 높여 드리기 위함이었습니다. 고의로 오래도록 공자의 수레를 시장 가운데 세워 두고 제가 친구 집에 들른 사이에 사람들에게 공자의 모습을 보여 드리고 싶었던 것입니다. 그때 공자는 더욱 공손한 태도를 보여 주셨습니다. 시장 사람들은 모두 저를 못된 사람으로 생각하고 공자를 덕이 있는 장자로서 능히 선비에게 몸을 낮추는 분이라고 생각하였을 줄 압니다."

이윽고 연회는 끝나고 후영은 공자의 상객이 되었다.

魏有隱士曰侯嬴, 年七十, 家貧, 爲大梁夷門監者. 公子聞之, 往請, 欲厚遺之. 不肯受, 曰:「臣脩身絜行數十年, 終不以監門困故而受公子財.」公子於是乃置酒大會賓客. 坐定, 公子從車騎, 虛左, 自迎夷門侯生. 侯生攝敝衣冠, 直上載公子上坐, 不讓, 欲以觀公子. 公子執轡愈恭. 侯生又謂公子曰:「臣有客在市屠中, 願枉車騎過之.」公子引車入市, 侯生下見其客朱亥, 俾倪故久立, 與其客語, 微察公子. 公子顏色愈和. 當是時, 魏將相宗室賓客滿堂, 待公子擧酒. 市人皆觀公子執轡. 從騎皆竊罵侯生. 侯生視公子色終不變, 乃謝客就車. 至家, 公子引侯生坐上坐, 徧贊賓客, 賓客皆驚. 酒酣, 公子起, 爲壽侯生前. 侯生因謂公子曰:「今日嬴之爲公子亦足矣. 嬴乃夷門抱關者也, 而公子親枉車騎, 自迎嬴於衆人廣坐之中, 不宜有所過, 今公子故過之. 然嬴欲就公子之名, 故久立公子車騎市中, 過客以觀公子, 公子愈恭. 市人皆以嬴爲小人, 而以公子爲長者能下士也.」於是罷酒, 侯生遂爲上客.

◎ 주해를 추천하다

후영이 공자에게 다시 말하였다.

"제가 들렀던 푸줏간의 주해란 사람은 현인이기는 하나, 세상에서는 그가 현명하다는 것을 아는 사람이 없습니다. 이에 푸줏간 같은 데 숨어서 살고 있는 것입니다."

이에 신릉군은 자주 주해의 집으로 찾아가서 빈객으로 모시고 싶다고 청하였다. 그러나 그때마다 주해는 일부러 답례를 하는 일조차 마다하였으므로 공자는 이상하게 여겼다.

侯生謂公子曰:「臣所過屠者朱亥, 此子賢者, 世莫能知, 故隱屠閒耳.」公子往數請之, 朱亥故不復謝, 公子怪之.

신릉군과 평원군

위나라 안희왕 20년, 진나라 소왕昭王은 장평長平에서 조나라 군대를 깨뜨리고, 다시 군사를 몰아 조나라 수도 한단을 포위하였다. 공자의 누님은 조나라 혜문왕惠文王의 동생 평원군平原君의 아내였다. 평원군은 위나라 왕과 공자에게 여러 번 편지를 보내 구원을 청하였다. 이에 위나라 왕은 장군 진비晉鄙에게 10만의 군사를 주어 조나라를 구원하도록 하였다.

그러자 이 사실을 알게 된 진나라 왕이, 즉시 위나라 왕에게 사신을 보내어 그 출병을 견제하며 협박하였다.

"우리 진나라는 조나라를 쳐서 머잖아 항복을 받아내게 되어 있소. 그런데 제후들 중에서 감히 조나라를 구원하는 자가 있으면 조나라의 항복을 받은 다음, 반드시 그 군사를 그리로 돌리게 될 것이오."

위나라 왕은 이 말에 겁을 먹고, 사자를 진비에게 보내어 군사를 업鄴에 머물도록 하였다. 위나라는 조나라에 구원병을 보내긴 하였으나, 실은 국경에서 정세를 관망하기만 하는 것이었다. 이에 평원군은 계속해서 사신을 위나라로 보내 공자를 독촉하였다.

"내가 자진해서 공자와 인척 관계를 맺은 것은, 공자가 의기가 높은 사람으로 남의 곤궁을 보면 곧 구제할 것으로 믿었기 때문이었소. 그런데 지금 한단은 진나라의 공격을 받아 함락 직전에 있는데도 위나라 구원병은 오지 않고 있소. 이래서야 어떻게 공자를 남의 곤궁한 것을 알면 곧 구제하는 사람이라 할 수 있겠소? 그리고 또 설령 공자가 나를 업신여겨 진나라에 항복하도록 내버려둔다는 것은 어쩔 수 없다 하더라도 공자의 누님이 불쌍해지는 꼴을 어찌 보고 있을 수 있겠소?"

신릉군은 속이 타서 몇 번이고 위나라 왕에게 간청해 보고, 또 공자의 빈객들과 변사들이 온갖 수단을 다 써서 왕을 달래어 보았으나, 위나라 왕은 진나라를 두려워하는 마음이 더 컸으므로 공자의 청을 끝내 들어 주지 않았다.

신릉군은 아무리 생각해도 왕의 승낙을 얻을 재간이 없었다. 그렇다고 조나라가 망하는 꼴을 보고 혼자 살아남고 싶은 생각도 없었다. 이에 빈객들에게 자기 심정을 토로하고 100여 대의 거기車騎를 준비하게 하였다. 빈객들을 이끌고 진나라 군대에 맞서 조나라와 생사를 같이하려는 것이었다.

魏安釐王二十年, 秦昭王已破趙長平軍, 又進兵圍邯鄲. 公子姊爲趙惠文王弟平原君夫人, 數遺魏王及公子書, 請救於魏. 魏王使將軍晉鄙將十萬衆救趙. 秦王使使者告魏王曰:「吾攻趙旦暮且下, 而諸侯敢救者, 已拔趙, 必移兵先擊之.」魏王恐, 使人止晉鄙, 留軍壁鄴, 名爲救趙, 實持兩端以觀望. 平原君使者冠蓋相屬於魏, 讓魏公子曰:「勝所以自附爲婚姻者, 以公子之高義, 爲能急人之困. 今邯鄲旦暮降秦而魏救不至, 安在公子能急人之困也! 且公子縱輕勝, 弃之降秦, 獨不憐公子姊邪?」公子患之, 數請魏王, 及賓客辯士說王萬端. 魏王畏秦, 終不聽公子. 公子自度終不能得之於王, 計不獨生而令趙亡, 乃請賓客, 約車騎百餘乘, 欲以客往赴秦軍, 與趙俱死.

되돌아올 줄 알았습니다

이윽고 신릉군 일행이 길을 떠나 이문夷門에 이르자, 공자는 후영에게 조나라와 운명을 같이하기 위해 진나라 군대를 향해 가는 길이라고 알리며 작별을 고하였다. 후영은 꼭 한 마디 이렇게 말할 뿐이었다.

"공자는 분발하시오. 이 늙은이는 함께 가지 못합니다."

공자는 몇 리 길을 가는 동안 끝내 불쾌한 마음을 달랠 길이 없었다.

"내가 후영을 대우함에 부족함이 없었음은 온 세상이 다 알고 있다. 그런데 내가 죽음의 길로 떠나는 이 마당에 후영은 일언반구도 도움이 될 만한 말을 하지 않았다. 내게 무슨 잘못된 점이라도 있었단 말인가?"

공자가 다시 수레를 돌려 후영을 찾아가자 후영은 웃으며 말하였다.

"저는 처음부터 공자가 되돌아오실 줄 알았습니다."

그리고 다시 말을 계속하였다.

"공자께서는 선비들을 좋아하며 이름이 천하에 알려져 있습니다. 지금 어려운 일을 당하여 아무런 대책도 없이 진나라 군대를 향해 뛰어들려

하고 있는데, 이것은 마치 굶주린 호랑이에게 날고기를 던지는 것과 같아 아무 효과도 기대할 수가 없습니다. 이런 시기에 소용이 닿지 않는 빈객이라면 평소 기를 필요도 없습니다. 공자는 저를 언제나 후히 대접해 주셨는데, 공자가 죽으려 떠나는 마당에 저는 한 마디 도움될 말씀을 드리지 않았습니다. 그러므로 공자께서 괘씸하다고 생각하여 되돌아오실 것으로 알고 있었습니다."

行過夷門, 見侯生, 具告所以欲死秦軍狀. 辭決而行, 侯生曰:「公子勉之矣, 老臣不能從.」公子行數里, 心不快, 曰:「吾所以待侯生者備矣, 天下莫召聞, 今吾且死而侯生曾無一言半辭送我, 我豈有所失哉?」復引車還, 問侯生. 侯生笑曰:「臣固知公子之還也.」曰:「公子喜士, 名聞天下. 今有難, 無他端而欲赴秦軍, 譬若以肉投餒虎, 何功之有哉? 尙安事客? 然公子遇臣厚, 公子往而臣不送, 以是知公子恨之復返也.」

병부를 훔치다

공자는 두 번 절하고 방법을 물었다. 그러자 후영은 사람들을 물리치고 말소리를 죽여 말하였다.

"들리는 말에 의하면, 진비가 가지고 있는 병부兵符의 한 조각은, 항상 왕의 침실에 보관되어 있다고 합니다. 그런데 여희如姬는 왕에게 끔찍이 사랑을 받고 있어 임의로 왕의 침실을 출입할 수 있다고 합니다. 그렇다면 여희는 병부를 훔쳐낼 수가 있을 것입니다. 또 제가 알기로는 여희의 아버지가 누군가에게 피살당하였을 때, 여희가 돈과 보물을 주어가며 사람을 시켜 3년 동안이나 찾았고, 왕 이하 많은 사람들도 여희의 원수를 갚아 주려 하였으나 그 원수를 잡을 수가 없었습니다. 그때 여희가 그대에게 울며 매달리자, 공자께서는 빈객들에게 부탁해서 그 원수의 목을 베어 여희에게 바쳤다고 듣고 있습니다. 따라서 공자에게 도움이 되는 일이라면 여희는 죽음이라도 사양치 않을 것입니다. 여희는 이제껏 그럴 기회가 없었을 뿐입니다. 공자께서 한번 입을 열어 여희에게 부탁만 하시게 되면 여희는 틀림없이 승낙하고 실행할 것입니다. 병부를 손에 넣고 진비의 군사를 빼앗아 북쪽으로 조나라를 구원하고 서쪽으로 진나라를 격퇴하게 된다면 이것이야 말로 오패五霸의 공로에 비교할 수 있는 것입니다."

공자는 그의 계책을 따라 여희에게 청을 넣었다. 여희는 과연 진비가 가지고 있는 병부의 다른 한 조각을 훔쳐내어 공자에게 주었다.

公子再拜, 因問. 侯生乃屛人閒語, 曰:「嬴聞晉鄙之兵符常在王臥內, 而如姬最幸, 出入王臥內, 力能竊之. 嬴聞如姬父爲人所殺, 如姬資之三年, 自王以下欲求報其父仇, 莫能得. 如姬爲公子泣, 公子使客斬其仇頭, 敬進如姬. 如姬之欲爲公子死, 無所辭, 顧未有路耳. 公子誠一開口請如姬, 如姬必許諾, 則得虎符奪晉鄙軍, 北救趙而西卻秦, 此五霸之伐也.」公子從其計, 請如姬. 如姬果盜晉鄙兵符與公子.

진비를 죽이고 군대를 빼앗다

신릉군이 떠나려 하자 후영이 다시 말하였다.

"장군이 군사를 거느리고 싸움터에 나가 있을 때는, 임금의 명령도 듣지 않는 경우가 있습니다. 그렇게 함으로써 나라의 이익을 도모하게 되는 것입니다. 공자께서 만일 병부를 맞춰 군대를 넘겨 줄 것을 요구하는 데도 진비가 공자에게 군대를 넘겨주지 않고, 병부의 진부를 확인하기 위해 다시 왕명을 청하게 된다면 그 때는 사태가 위급해지고 맙니다. 그러니 제 친구 푸줏간의 주해를 데리고 가시는 것이 좋을 것입니다. 그는 대단한 역사입니다. 진비가 공자의 요구를 순순히 듣는다면 다행한 일이지만 만일 듣지 않을 경우에는 주해로 하여금 그를 쳐서 죽이도록 하십시오."

이 말을 듣고 신릉군이 눈물을 흘리자 후영이 물었다.

"공자께서는 죽는 것을 두려워하십니까? 어찌하여 우는 겁니까?"

신릉군이 말하였다.

"진비는 용맹스런 노장이오. 내가 가서 요구를 해도 아마 듣지 않을 것입니다. 그렇게 되면 어쩔 수 없이 그를 죽여야 할텐데 그 때문에 우는 것입니다. 죽는 것이 무서워서가 아니오."

신릉군은 다시 주해를 찾아가 동행을 청하였다. 주해는 웃으며 말하였다.

"저는 장바닥에서 칼을 휘두르며 가축이나 잡는 일을 업으로 하고 있는 천한 몸입니다. 그런데도 공자께서는 몸소 자주 찾아 주셨습니다. 제가 일일이 답례하지 않은 것은 하찮은 예절 따위는 아무 쓸모가 없다고 생각하였기 때문입니다. 그런데 지금 공자께서는 위급한 처지에 서 계십니다. 지금이야말로 제 목숨을 던질 때입니다."

주해가 신릉군과 동행을 결정하고 신릉군은 후영에게 다시 들러 인사를 드리자 후영은 이렇게 말하였다.

"저도 공자를 따라가야 마땅하나 나이가 늙어 그렇게 하지 못합니다. 아쉬운 대로 공자께서 진비의 진지에 도착하실 날짜를 따져서 그날 북쪽을 향해 스스로 목숨을 끊는 것으로 전송을 대신하겠습니다."

신릉군이 업에 도착한 다음 위나라 왕의 명령이라 속이고 진비를 대신하려 하였다. 그러자 진비는 병부를 맞춰 보고도 의심을 품은 채 손을 들어 신릉군을 노려보며 말하였다.

"지금 나는 10만 군사를 거느리고 국경에 주둔하여 국가의 무거운 책임을 지고 있습니다. 그런데 겨우 한 대의 수레를 타고 와서 나를 대신하겠다니 도대체 어찌된 일입니까?"

진비는 신릉군의 말을 듣지 않았다. 이에 주해가 소매 속에 감추어 두었던 40근 철퇴를 꺼내어 진비를 죽이고 말았다. 공자는 마침내 진비의 군사를 이끌고 군대를 각각 부서에 배치시킨 다음 군중에 영을 내렸다.

"부자가 함께 군대에 있는 사람은 그 아버지를 돌려보내라. 형제가 함께 종군하고 있으면 그 형을 돌려보내라. 외아들로 종군하는 자도 돌아가서 부모를 모시도록 하라."

그리고 나머지 정병 8만을 거느리고 진나라 군대를 들이쳤다. 진나라 군대는 마침내 한단의 포위를 풀고 퇴각하였다.

이렇게 하여 신릉군은 한단을 구하여 조나라는 위급을 면할 수가 있었다. 조나라 왕과 평원군은 친히 국경으로 나와 신릉군을 맞았다. 평원군이 화살통을 메고 위엄 있는 차림을 갖춘 채 신릉군을 안내하였다. 조나라 왕은 두 번 절하며 이렇게 말하였다.

"예로부터 어진 사람은 많았지만, 공자를 따를 사람은 아직 없었습니다."

평원군도 이때만은 감히 공자 앞에서 머리를 들 수가 없었다.

한편 후영은 신릉군이 진비의 진영에 도착할 무렵, 약속대로 북쪽을 향해 스스로 목숨을 끊었다.

公子行, 侯生曰:「將在外, 主令有所不受, 以便國家. 公子卽合符, 而晉鄙不授公子兵而復請之, 事必危矣. 臣客屠者朱亥可與俱, 此人力士. 晉鄙聽, 大善; 不聽, 可使擊之.」於是公子泣. 侯生曰:「公子畏死邪? 何泣也?」公子曰:「晉鄙嚄唶宿將, 往恐不聽, 必當殺之, 是以泣耳, 豈畏死哉?」於是公子請朱亥. 朱亥笑曰:「臣迺市井鼓刀屠者, 而公子親數存之, 所以不報謝者, 以爲小禮無所用. 今公子有急, 此乃臣效命之秋也.」遂與公子俱. 公子過謝侯生. 侯生曰:「臣宜從, 老不能. 請數公子行日, 以至晉鄙軍之日, 北鄉自剄, 以送公子.」公子遂行.

至鄴, 矯魏王令代晉鄙. 晉鄙合符, 疑之, 擧手視公子曰:「今吾擁十萬之衆, 屯於境上, 國之重任, 今單車來代之, 何如哉?」欲無聽. 朱亥袖四十斤鐵椎, 椎殺晉鄙, 公子遂將晉鄙軍. 勒兵下令軍中曰:「父子俱在軍中, 父歸; 兄弟俱在軍中, 兄歸; 獨子無兄弟, 歸養.」得選兵八萬人, 進兵擊秦軍. 秦軍解去, 遂救邯鄲, 存趙. 趙王及平原君自迎公子於界, 平原君負韊矢爲公子先引. 趙王再拜曰:「自古賢人未有及公子者也.」當此之時, 平原君不敢自比於人. 公子與侯生決, 至軍, 侯生果北鄉自剄.

공은 잊어야 합니다

위나라 왕은 신릉군이 병부를 훔쳐내 왕명이라 속이고 진비를 죽인 것을 알자 크게 노하였다. 신릉군도 자신이 범한 죄를 알고 있으므로 진나라 군사를 물리치고 조나라를 무사히 건지게 되자, 부하 장수에게 그의 군사를 거느리고 위나라로 돌아가도록 하고 자신은 빈객들과 더불어 그대로 조나라에 머물렀다.

조나라 효성왕은 신릉군이 위나라 왕의 명령을 거짓 꾸며 진비의 군사를 빼앗아 조나라를 구원해 준 것을 고맙게 생각하고, 평원군과 상의해서 5개의 성으로 신릉군에게 봉하려 하였다.

신릉군은 이 이야기를 듣자, 문득 교만한 생각이 들어 공을 자랑하는 모습을 나타났다. 그러자 빈객 중 한 사람이 신릉군에게 이렇게 말하였다.

"세상에는 잊어서 안 될 일이 있고, 또 잊지 않으면 안 될 일이 있습니다. 남이 공자에게 덕을 베푼 것은 공자께서 잊어서는 안 됩니다. 그러나 공자께서 남에게 덕을 베풀었을 때는 부디 잊으십시오. 이번에 공자께서는 위나라 왕의 명령을 속여 진비의 군사를 빼앗아 조나라를 구원하였습니다. 이는 조나라에 대해서는 공이 되겠지만 위나라에 대해서는 충신이라 할 수가 없습니다. 그런데 공자께서는 교만한 생각에서 공로를 자랑하려 하시니 그것은 공자로서 취할 태도가 아닌 줄 압니다."

이 말을 듣자 신릉군은 부끄러워 몸둘 바를 몰라하였다.

그 뒤 조나라 왕이 궁전을 깨끗이 하고 몸소 나와 신릉군을 맞으며 주인의 예로서 객이 오르는 서쪽 계단으로 신릉군을 안내하였다. 이때 신릉군은 이를 사양하고 옆걸음을 치며 주인이 오르는 동쪽 계단을 거쳐 어전 위로 따라 올라갔다. 그리고 스스로 자기 죄를 말하여 위나라를 배반하였고, 조나라에 있어서는 공로가 없다고 말하였다.

그 때문에 조나라 왕은 해가 저물 때까지 신릉군과 술자리에 함께 앉아 있으면서도 차마 5개 성을 바치겠다는 말을 꺼내지 못하였다. 신릉군이 너무도 겸손한 태도를 취하였기 때문이었다. 그러나 신릉군이 끝내 조나라에 머물러 있게 되었으므로, 조왕은 호鄗 땅을 신릉군의 탕목읍湯沐邑으로 주었다. 뒤에 위나라도 또한 신릉信陵을 공자의 봉읍으로 주었다.

魏王怒公子之盜其兵符, 矯殺晉鄙, 公子亦自知也. 已卻秦存趙, 使將將其軍歸魏, 而公子獨與客留趙. 趙孝成王德公子之矯奪晉鄙兵而存趙, 乃與平原君計, 以五城封公子. 公子聞之, 意驕矜而有自功之色. 客有說公子曰: 「物有不可忘, 或有不可不忘. 夫人有德於公子, 公子不可忘也; 公子有德於人, 願公子忘之也. 且矯魏王令, 奪晉鄙兵以救趙, 於趙則有功矣, 於魏則未爲忠臣也. 公子乃自驕而功之, 竊爲公子不取也.」 於是公子立自責, 似若無所容者. 趙王埽除自迎, 執主人主禮, 引公子就西階. 公子側行辭讓, 從東階上. 自言罪過, 以負於魏, 無功於趙. 趙王侍酒至暮, 口不忍獻五城, 以公子退讓也. 公子竟留趙. 趙王以鄗爲公子湯沐邑, 魏亦復以信陵奉公子.

◎ 참다운 선비를 모르는 평원군

신릉군은 조나라에 머물면서 조나라에 두 인물이 있다는 말을 들었다. 모공毛公이란 사람은 노름꾼들 사이에 숨어서 살고 설공薛公은 술장수 집에 숨어산다는 것을 알게 되었다.

신릉군은 그들 두 사람과 사귀고 싶어 초대해 보았지만, 두 사람은 다같이 몸을 숨기고 신릉군을 만나 주지 않았다. 이에 신릉군은 그들의 거처를 수소문한 다음 옷을 바꾸어 입고 찾아가 그들과 함께 이야기를 나누어 보았다. 그리고 서로 완전히 뜻을 통하게 되었다.

평원군이 이런 소문을 듣자 그의 부인에게 이렇게 말하였다.

"처음 나는 부인의 친정 동생인 신릉군이 천하에 둘도 없는 인물이라고 듣고 있었소. 그런데 지금 들리는 소문에 의하면 망령되게 노름꾼과 술장수 따위와 교제하고 있다는 거요. 도대체 그 사람됨을 알 수가 없구려."

부인이 그 말을 신릉군에게 전하자 신릉군은 누님에게 이렇게 말하며 하직 인사를 하였다.

"처음 저는 평원군을 현자로 알고 있었으므로, 위나라 왕을 배반해 가면서까지 조나라를 구원하여 평원군의 뜻을 받들려 하였던 것입니다. 그러나 평원군의 교제를 보면 호걸만을 사귀고 있을 뿐 참다운 선비를 찾고 있는 것이 아니었소. 저는 대량에 있을 때부터 이미 두 사람이 어질다는 소문을 듣고 있었으며 조나라에 온 이래 혹시나 그들을 만나지 못할까 걱정하였습니다. 그러므로 저는 두 사람과 교제를 하고 있으면서도 오히려 그들이 저와의 교제를 싫어하지나 않을까 두려워하고 있는 형편입니다. 그런데 평원군은 그들과 교제하는 것을 부끄럽게 생각하고 있습니다. 평원군이 그런 사람이라면 저 역시 이곳에 더 이상 머물고 싶지 않습니다."

그리고는 짐을 꾸려 길을 떠나려 하였다.

부인이 평원군에게 되돌아가 공자가 한 말을 낱낱이 전하자, 평원군은 즉시 공자에게 달려가 관을 벗어 사죄하였다.

한편 이 이야기를 전해들은 평원군의 빈객들은 반수가 넘게 평원군 밑을 떠나 신릉군에게 찾아갔고 천하의 선비들도 또 잇달아 신릉군을 찾아 모여들었다.

公子留趙. 公子聞趙有處士毛公藏於博徒, 薛公藏於賣漿家, 公子欲見兩人, 兩人自匿不肯見公子. 公子聞所在, 乃閒步往從此兩人游, 甚歡. 平原君聞之, 謂其夫人曰: 「始吾聞夫人弟公子天下無雙, 今吾聞之, 乃妄從博徒賣漿者游, 公子妄人耳.」 夫人以告公子. 公子乃謝夫人去, 曰: 「始吾聞平原君賢, 故負魏王而救趙, 以稱平原君. 平原君之游, 徒豪擧耳, 不求士也. 無忌自在大梁時, 常聞此兩人賢, 至趙, 恐不得見. 以無忌從之游, 尙恐其不我欲也, 今平原君乃以爲羞, 其不足從游.」 乃裝爲去. 夫人具以語平原君. 平原君乃免冠謝, 固留公子. 平原君門下聞之, 半去平原君歸公子, 天下士復往歸公子, 公子傾平原君客.

고국이 망하고 나면

신릉군이 조나라에 머문 지 10년이 되었다. 진나라는 신릉군이 조나라에 머물고 있다는 것을 알자, 밤낮으로 군사를 보내 동쪽 위나라를 쳤다. 위나라 왕은 걱정한 나머지 사자를 보내어 신릉군에게 귀국할 것을 재촉하였다. 그러나 신릉군은 위나라 왕이 아직도 노여워하고 있을 것을 두려워하였다. 공자는 빈객들에게 단단히 일러놓고 있었다.

"감히 위나라 왕이 보내온 사자를 내게로 안내하는 자가 있으면 죽음을 면치 못하리라."

빈객들 역시 대부분이 위나라를 등지고 조나라로 온 사람들이었기 때문에 아무도 신릉군에게 귀국을 권하지 않았다. 그러던 어느 날 모공과 설공 두 사람이 신릉군을 찾아왔다.

"공자가 조나라에서 높은 대우를 받고 명성이 천하에 알려져 있는 것은 오로지 위나라라는 배경이 있기 때문입니다. 그런데 지금 진나라가 위나라를 공격하고 있고, 위나라에서는 위급함을 알려오고 있는데도 공자는 전혀 걱정하지 않고 있습니다. 만일 진나라가 위나라 대량을 무찌르고, 선왕의 종묘를 허물어 버리기라도 한다면 공자는 무슨 면목으로 이 세상에 살아 있을 수 있겠습니까?"

이 말이 채 끝나지도 않아서 신릉군은 얼굴빛이 변하여 수레를 준비시키고, 위나라를 구원하기 위해 귀국하였다.

公子留趙十年不歸. 秦聞公子在趙, 日夜出兵東伐魏. 魏王患之, 使使往請公子. 公子恐其怒之, 乃誡門下:「有敢爲魏王使通者, 死.」賓客皆背魏之趙, 莫敢勸公子歸. 毛公·薛公兩人往見公子曰:「公子所以重於趙, 名聞諸侯者, 徒以有魏也. 今秦攻魏, 魏急而公子不恤, 使秦破大梁而夷先王之宗廟, 公子當何面目立天下乎?」語未及卒, 公子立變色, 告車趣駕歸救魏.

위공자병법

위나라 왕은 공자를 만나자 기쁜 나머지 함께 울었다. 그리고는 신릉군에게 상장군上將軍의 인수를 내렸다. 위나라 안희왕 30년의 일이다. 공자는 제후들에게 사자를 보내어 자신이 상장군에 임명된 사실을 알렸다. 제후들은 신릉군이 위나라 장군이 된 것을 알게 되자, 잇달아 원군을 보내어 위나라를 구하러 나섰다.

신릉군은 위·초·연·한·조나라의 연합군을 이끌고 진나라 군대를 황하 이남 지역에서 깨뜨린 다음, 진나라 장군 몽오蒙驁를 패주시켰다. 나아가 승세를 몰아 진나라 군대를 뒤쫓아 함곡관까지 압박하자, 진나라 군은 감히 함곡관 밖으로 나오지 못하였다.

이 승리로 공자의 위세는 천하에 떨치게 되어 제후의 빈객들이 다투어 자신들의 저서 병법을 신릉군에게 바쳤다. 이렇게 바쳐진 병법서 하나하나에 자신의 이름을 붙여 주었으므로 세상에서는 이것을 《위공자병법魏公子兵法》이라 불렀다.

魏王見公子, 相與泣, 而以上將軍印授公子, 公子遂將. 魏安釐王三十年, 公子使使徧告諸侯. 諸侯聞公子將, 各遣將將兵救魏. 公子率五國之兵破秦軍於河外, 走蒙驁. 遂乘勝逐秦軍至函谷關, 抑秦兵, 秦兵不敢出. 當是時, 公子威振天下, 諸侯之客進兵法, 公子皆名之, 故世俗稱《魏公子兵法》.

◎ 신릉군이 왕위에 오르셨습니까

진나라 왕은 이런 상황을 걱정한 나머지 1만 근의 금을 위나라에 뿌리고, 일찍이 진비의 부하로 있던 빈객들을 찾아내 위나라 왕에게 신릉군을 중상하는 말을 퍼뜨리도록 하였다.

"공자는 위나라에서 망명하여 국외에 나가 있은 지 10년이나 되었음에도 지금은 위나라 장군이 되었고, 제후들의 장군들까지 모두 다 공자에게 매어 있습니다. 제후들은 다만 위나라에 공자가 있는 줄만 알지 왕이 있는 줄을 모르고 있습니다. 공자도 또 이때를 이용해서 왕이 될 것을 바라고 있으며 제후들도 공자의 위세를 두려워하며 다같이 공자를 왕위에 오르도록 하려 하고 있습니다."

진나라는 가끔 첩자들을 보내 거짓으로 묻게 하였다.

"신릉군이 위나라 왕으로 즉위하였습니까?"

위나라 왕은 매일 이같이 중상하는 말을 듣자 믿지 않을 도리가 없었다. 그리하여 결국은 다른 사람을 신릉군 대신 장군으로 임명하였다. 신릉군은 중상모략으로 말미암아 다시 쫓겨나게 된 것을 알자, 병을 핑계로 조정에 나가지 않았다. 공자는 빈객들과 밤낮으로 술자리를 벌여 좋은 술을 마시는가 하면 허다한 부녀자들을 가까이하였다. 이렇게 밤낮으로 즐기기를 4년, 마침내는 술에 빠져 죽고 말았다. 그 해에 위나라 안희왕도 죽었다.

秦王患之, 乃行金萬斤於魏, 求晉鄙客, 令毁公子於魏王曰:「公子亡在外十年矣, 今爲魏將, 諸侯將皆屬, 諸侯徒聞魏公子, 不聞魏王. 公子亦欲因此時定南面而王, 諸侯畏公子之威, 方欲共立之.」秦數使反閒, 僞賀公子得立爲魏王未也. 魏王日聞其毁, 不能不信, 後果使人代公子將. 公子自知再以毁廢, 乃謝病不朝, 與賓客爲長夜飮, 飮醇酒, 多近婦女. 日夜爲樂飮者四歲, 竟病酒而卒. 其歲, 魏安釐王亦薨.

◎ 위나라의 멸망

진나라는 신릉군이 죽었다는 소식을 듣자, 몽오를 보내어 위나라를 공격하여 20개 성을 함락시키고 동군東郡을 설치하였다. 진나라는 그 뒤에도 차례로 위나라를 잠식해 들어가다가 18년 뒤에는 마침내 위나라 왕을 사로잡고 대량을 무찔렀다.

한漢 고조高祖가 아직 미천하고 나이 젊었을 무렵, 자주 신릉군의 현명함을 들었다. 이에 천자의 자리에 오른 뒤로는 대량을 지날 때마다 항상 신릉군을 제사지내 주었다. 고조 12년, 경포黥布를 치고 돌아오던 길에는 신릉군을 위하여 묘지기 다섯 집을 두고 대대로 해마다 봄·여름·가을·겨울 네 차례씩 공자의 제사를 받들도록 하였다.

秦聞公子死, 使蒙驁攻魏, 拔二十城, 初置東郡. 其後秦稍蠶食魏, 十八歲而虜魏王, 屠大梁.

高祖始微少時, 數聞公子賢. 及卽天子位, 每過大梁, 常祠公子. 高祖十二年, 從擊黥布還, 爲公子置守冢五家, 世世歲以四時奉祠公子.

사마천의 평어

나 태사공은 이렇게 생각한다.

나는 대량의 성터를 지나게 되었을 때, 이른바 이문夷門이란 곳이 어디인가 찾아보았다. 이문은 성의 동문이었다. 천하의 여러 공자들 가운데는 선비들과 즐겨 교제하는 사람이 많았지만, 신릉군信陵君만이 바윗굴 속에 숨은 선비들과 접촉을 하고, 신분이 낮고 천한 사람들과 교제하는 것을 부끄러워하지 않았던 것에는 깊은 이유가 있었다. 그의 이름이 제후들 사이에서 으뜸이 되었던 것은 결코 헛소문이 아니었다. 한나라 고조도 대량을 지날 때마다 백성들에게 명해서 신릉군의 제사를 지내게 하고 그의 제사가 끊이지 않도록 하였다.

太史公曰: 吾過大梁之墟, 求問其所謂夷門. 夷門者, 城之東門也. 天下諸公子亦有喜士者矣, 然信陵君之接巖穴隱者, 不恥下交, 有以也. 名冠諸侯, 不虛耳. 高祖每過之而令民奉祠不絶也.

018(78) 춘신군 열전春申君列傳

춘신군春申君 黃歇

초나라와 진나라의 대결

춘신군春申君은 초나라 사람으로 이름은 헐歇, 성은 황씨黃氏이다. 각지를 두루 돌아다니며 배우고 견문을 넓혔다. 초나라 경양왕頃襄王을 섬겼는데 왕은 황헐이 변론에 뛰어난 것을 알고 진나라에 사신으로 다녀오게 하였다.

이보다 앞서 진秦나라 소왕昭王은 백기白起에게 한韓나라와 위魏나라를 치게 하였다. 백기는 한·위나라 군사를 화양華陽에서 깨뜨리고 위나라 장군 망묘芒卯를 포로로 잡으니, 결국 한·위 두 나라는 항복하여 진나라를 섬겼다. 이리하여 진나라 소왕은 장차 백기에게 명하여 한·위나라와 함께 초나라를 치고자 하였다. 그러나 그 군사가 아직 출발하기 전에, 초나라 사신 황헐이 마침 진나라에 도착하여 황헐은 진나라의 그러한 계획을 알게 되었다.

당시 진나라가 앞서 백기에게 초나라를 공격하도록 하여, 무군巫郡과 검중군黔中郡을 빼앗고 언鄢과 영郢을 함락시킨 다음, 동쪽으로 경릉竟陵까지 공격해 들어갔기 때문에 초나라 경양왕은 동쪽으로 옮겨 진현陳縣을 도읍으로 삼고 있었다.

황헐은 일찍이 초나라 회왕懷王이 꾐에 빠져 진나라로 들어갔다가 억류되어 끝내 진나라에서 객사한 것을 알고 있었다. 경양왕은 그 회왕의 아들이었므로 진나라는 그를 안중에 두지 않았다. 황헐은 진나라가 단번에 군사를 일으키기만 하면 초나라가 망하고 말 것임을 두려워하였다.

春申君者, 楚人也, 名歇, 姓黃氏. 游學博聞, 事楚頃襄王. 頃襄王以歇爲辯, 使於秦. 秦昭王使白起攻韓·魏, 敗之於華陽, 禽魏將芒卯, 韓·魏服而事秦. 秦昭王方令白起與韓·魏共伐楚, 未行, 而楚使黃歇適至於秦, 聞秦之計. 當是之時, 秦已前使白起攻楚, 取巫·黔中之郡, 拔鄢郢, 東至竟陵, 楚頃襄王東徙治於陳縣. 黃歇見楚懷王之爲秦所誘而入朝, 遂見欺, 留死於秦. 頃襄王, 其子也, 秦輕之, 恐壹擧兵而滅楚.

춘신군이 진나라 소왕에게 올린 글

황헐은 이에 진나라 소왕을 달래려 이렇게 글을 올렸다.

"천하에는 진나라와 초나라보다 더 강한 나라는 없습니다. 지금 듣기로 대왕께서 초나라를 치려 한다니 그것은 두 호랑이가 마주 싸우는 것과 같습니다. 두 호랑이가 마주 싸우게 되면, 으레 못생긴 개가 그들의 지친 기회를 노리게 마련입니다. 그러니 초나라와 친하게 지내느니만 못합니다. 청컨대 그 이유를 설명드리오니 들어 주십시오. 신이 듣건대 '사물의 이치가 극단에까지 이르면 다시 처음으로 돌아간다. 겨울과 여름이 바로 그런 것이다. 또 쌓인 것이 극도에까지 이르면 위태롭게 된다. 장기 말을 쌓아올리면 무너지게 된다'라고 하더이다. 지금 진나라는 이 비유와 같은 상황에 있습니다. 즉 그 땅은 천하에 고루 퍼져 북쪽과 서쪽 두 변방지역을 차지하고 있습니다. 이 같은 만승萬乘 대국은 일찍이 그 예가 없습니다. 선왕 문왕文王, 무왕武王 그리고 대왕의 삼대에 걸쳐, 진나라는 제齊나라와 국경이 이어져 있어 제후들의 합종의 허리를 끊어 버리려 하고 있습니다. 대왕이 한나라 재상으로 추천한 성교盛橋는 대왕의 뜻대로 한나라 땅을 진나라에 바쳤습니다. 이야말로 무장한 군대를 쓰지 않고도 100리의 땅을 얻은 것이니 대왕은 실로 유능한 분이라 말할 수 있습니다.

대왕이 또 군사를 일으켜 위나라를 공격하여 대량大梁의 문을 막고, 하내河內를 공략하여 연燕·산조酸棗·허虛·도桃·형邢을 함락시키자, 위나라 군사는 구름처럼 도망쳐 흩어질 뿐 감히 구원할 생각을 갖지 못하였습니다. 이로 보아 대왕의 무공 또한 크다 하겠습니다.

그리고 대왕은 병사와 백성들을 쉬게 한 다음, 2년 뒤에는 다시 군사를 일으켜 포蒲·연衍·수首·원垣을 병합하고, 인仁·평구平丘로 육박하여, 황黃·제양濟陽·영성嬰城을 포위함으로써 위나라를 굴복하게 만들었습니다. 대왕은 또 복수濮水·마磨의 북쪽을 떼어, 제나라와 진나라 사이의 허리 부분을 차지하고 초나라와 조나라 사이의 등뼈 부분을 끊어 버렸습니다. 천하 제후들은 그 때문에 여섯 차례에 걸쳐 군사를 집결시키기는 하였으나, 감히 구원하지는 못하였습니다. 이로 보아 대왕의 위력 또한 극도에 이르고 있습니다.

대왕께서 만약 지금까지의 공을 유지하고 위엄을 지키며, 더 이상 야심을 버리고 인의의 도를 두텁게 하여 뒷날의 근심을 방지하신다면, 옛 삼왕三王 오패五霸와 어깨를 겨루기는 쉬운 일로서, 삼왕은 대왕을 더하여 사왕四王으로 하고 오패는 대왕을 더하여 육패六霸로 칭하게 될 것입니다. 그러나 대왕이 만일 진나라의 백성이 많고 무력이 강한 것만을 믿고 나라를 깨뜨린 위력을 빌려, 힘으로 천하의 제후들을 굴복시키려 한다면, 다만 후환이 있을까 두렵습니다. 《시》에는 '시작하면서 잘하겠다고 벼르지 않는 사람 없으나 끝까지 잘 맺는 사람이 드물다'라 하였고, 《역》에는 '여우가 물을 건너다가 그 꼬리를 적신다'라고 하였습니다. 이것들은 시작은 쉽지만 끝맺음이 얼마나 어려운가를 말한 것입니다. 왜냐하면 옛날 지씨智氏는 조나라를 치는 이익만 내다보았지, 유차楡次에서 죽게 될 줄은 알지 못하였습니다. 또 오吳나라는 제나라를 치는 것이 좋은 줄만 내다보았지, 간수干隧에서 패하게 될 줄은 미처 생각지 못하였습니다. 지씨와 오나라는 큰 공을 세우지 않은 것은 아니었지만, 눈앞의 이익에만 마음이 쏠린 나머지 뒤에 올 재난을 소홀히 여겼던 것입니다. 오나라 왕은 월越나라를 믿고 월나라 군사를 이끌고 제나라를 쳤습니다. 그리고 제나라를 애릉艾陵에서 이기기는 하였으나, 돌아오다가 월나라 왕에게 삼저포三渚浦에서 사로잡혔습니다. 지씨는 한나라와 위나라를 믿은 채 한과 위의 군사를 거느리고 조나라를 쳤습니다. 그리고 진양성晉陽城을 쳐서 승리하는 날을 눈앞에 바라보게 되었으나, 한·위나라가 반기를 들어 지백 요瑤를 착대鑿臺 밑에서 죽였습니다. 지금 대왕께서는 초나라가 망하지 않는 것만 시기할 뿐, 초나라를 망하게 하는 것이, 한나라와 위나라를 강하게 만드는 결과가 되는 것을 잊고 계십니다. 신은 대왕을 위해 생각할 때 찬성할 일이 못 됩니다.

《시》에 '병법에 뛰어난 자는 먼 길을 돌아 정벌에 나서지 않는다'라 하였습니다. 이로 말미암아 보건대 초나라는 진나라 편이요, 한·위 두 나라는 진나라의 적인 것입니다. 또 《시》에는 '이리저리 날뛰는 날랜 토끼도 사냥개를 만나면 잡히고 말지. 다른 사람이 마음에 두고 있는 생각 내가 미루어 헤아릴 수 있지'라 하였습니다. 지금 대왕께서 한·위 두 나라를 믿고 계시는 것은, 다만 그들 두 나라가 대왕에게 잘하는 것만 믿는 것으로, 이것이 바로 오나라가 월나라를 믿었던 일과 같습니다. 제가 듣건대 '적은 용서할 것이 못 되며 기회는 놓쳐서는 안 된다'라 하였습니다. 저는 한·위나라가 말을 공손히 하며 진나라의 근심을 덜어 줄 것처럼 하는 것은 실상 진나라를 속이려 하는 것이 아닌가 염려스럽습니다. 왜냐하면 진나라는 대대로 한·위 두 나라에 대해 덕을 베푼 적이 없고, 도리어 한·위나라로부터 여러 대에 걸쳐 원한을 샀기 때문입니다. 대체로 한·위나라의 부자형제들은 진나라와 잇단 싸움에서 죽은 사람이 10대에 이르렀습니다. 그들 나라는 폐허가 되다 시피 하였고 사직과 종묘는 무너졌습니다. 배를 째고 창자를 끊고 목을 꺾고 턱이 달아나 머리와 몸뚱이가 떨어져 나왔으며, 배는 초원과 연못 근처에 흩어지고 머리는 땅에 나뒹그러진 채 서로 국경에서 바라보고 있습니다. 또 부자父子와 노약자들로서 목과 손이 묶이어 포로가 된 사람들이 길 위로 끊일 날이 없습니다. 죽은 사람의 영혼은 홀로 슬퍼할 뿐, 제사를 지내줄 유족마저 없습니다. 백성들은 삶을 즐길 수가 없고, 일가친척들은 뿔뿔이 흩어져 남의 집 첩이 되고, 종이 된 사람이 천하에 가득 차게 되었습니다. 그러므로 그 한·위 두 나라가 망하지 않는 한 그것이 바로 진나라의 후환이 되는 것입니다. 그런데 지금 대왕께서는 한·위나라에 원군을 보내어 함께 초나라를 치겠다고 하시니 이 어찌 잘못이 아니겠습니까?

그리고 만일 대왕께서 초나라를 치신다면, 어느 곳으로 군대를 내보내겠습니까? 대왕은 한·위 두 나라의 길을 빌려 통과하려 하십니까? 그렇게 되면 군사가 떠나는 그 날부터 대왕께서는 그 군사가 과연 돌아오게 될 것인가 하고 걱정을 하게 될 뿐입니다. 이것은 대왕께서 군사를 보내어 원수인 한·위나라를 돕는 것입니다. 대왕께서 만일 원수인 한·위나라로부터 길을 빌리지 않겠다고 하면 반드시 수수隨水의 오른쪽을 차지할 수는 있을 것입니다. 그러나 그곳은 넓고 큰 강물이 흐르고 숲과 골짜기만 있는 무인지경입니다. 대왕께서 그 땅을 차지한다 해도 아무 소용이 없는 곳입니다. 그렇게 되면 초나라를 공격하였다는 이름만 얻을 뿐 실속은 하나도 없게 됩니다.

따라서 대왕이 초나라를 치게 되는 날에는, 제·한·위·조 네 나라가 틀림없이 한꺼번에 군사를 일으켜 대왕에게 맞서게 될 것입니다. 진나라와 초나라 군사가 오랜 기간에 걸쳐 마주 싸우게 되면 그 동안에 위나라는 군대를 보내 유留·방여方與·질銍·호릉湖陵·탕碭·소蕭·상相을 쳐서, 송나라 옛 땅을 모조리 차지할 것입니다. 또 제나라는 남쪽으로 초나라를 공격하여 사수泗水 일대의 땅을 차지할 것입니다. 그곳은 모두 평야 지대로서 사방으로 길이 통하고 기름진 땅입니다. 결국 제·위나라만이 싸워서 이득을 독점하게 되는 것입니다. 다시 말하면 대왕께서 초나라를 치면, 중원의 한·위나라를 살찌게 하고 제나라를 강하게 만드는 결과가 됩니다. 한·위나라가 강해지면 그들은 진나라에 대항할 수가 있게 되며, 또 제나라는 남쪽으로는 사수를 경계로 하고, 동쪽은 바다를 등지며 북쪽은 황하를 의지하여 뒷날의 걱정거리가 사라지게 됩니다. 그리하여 천하에 제·위나라보다 더 강한 나라는 없게 됩니다. 이렇듯 제·위나라가 땅을 얻어 이득을 누리며 거짓으로 진나라를 떠받들고 있으면, 1년 뒤에는 스스로 제帝를 칭하지는 못한다더라도 대왕이 제를 칭하는 것을 방해할 만한 힘을 갖추고도 남을 것입니다.

대체 대왕께서 넓은 땅과 많은 백성, 강한 군사를 갖추고 있으면서 한번 일을 꾸며 초나라의 원한을 사고, 한·위나라로 하여금 귀중한 제호帝號를 제나라에 바치도록 만든다면 이는 대왕의 실책입니다. 신은 대왕을 위해 생각해 보건대 초나라와 친하게 지내느니만 못합니다. 진·초가 하나로 합쳐 한나라를 상대하게 되면 한나라는 틀림없이 손을 쓸 수가 없게 될 것입니다. 대왕께서 동산東山의 험악함과 황하의 이로움으로써 나라를 튼튼하게 하면, 한나라는 반드시 한낱 관문 안의 제후로 변하고 말 것입니다. 이런 뒤에 대왕이 10만의 군사로써 한나라 수도 정鄭에 주둔하게 되면, 위나라는 간담이 서늘해질 것입니다. 위나라의 허許와 언릉鄢陵은 성 안에 갇히게 되고, 상채上蔡와 소릉召陵은 도읍과의 교통이 끊기게 되어 위나라 역시 관문 안의 한 제후로 변하고 말 것입니다. 대왕께서 일단 초나라와 화친하여, 한·위나라의 전차 1만 대를 가진 두 임금을 관내후關內侯로 만들고, 영토를 넓혀 제나라와 국경을 맞대게 되면, 제나라 서쪽 땅은 손을 움직이지 않아도 차지하게 됩니다. 즉 대왕의 땅은 중국의 동쪽과 서쪽에 걸쳐 천하를 주름잡을 수 있게 될 것입니다. 이렇게 되면 연·조나라는 제·초나라의 도움을 얻지 못하게 되고, 제·초나라는 연나라와 조나라의 원조를 얻지 못하게 됩니다. 그런 다음에 연·조나라를 공포에 떨게 하고, 곧장 제·초나라를 뒤흔들게 되면 이들 네 나라는 힘들여 공격할 것도 없이 복종하게 될 것입니다."

소왕은 긍정하였다.

"과연 그렇군요."

그리고는 백기의 출발을 중지시킨 다음 한·위나라의 출병을 거절하였다. 그리고 초나라에 사신과 예물을 보내어 동맹 맺을 것을 약속하였다.

歇乃上書說秦昭王曰:

「天下莫彊於秦·楚. 今聞大王欲伐楚, 此猶兩虎相與鬬. 兩虎相與鬬而駑犬受其獘, 不如善楚. 臣請言其說: 臣聞物至則反, 冬夏是也; 致至則危, 累棊是也. 今大國之地, 徧天下有其二垂, 此從生民已來, 萬乘之地未嘗有也. 先帝文王·莊王之身, 三世不妄接地於齊, 以絶從親之要. 今王使盛橋守事於韓, 盛橋以其地入秦, 是王不用甲, 不信威, 而得百里之地. 王可謂能矣. 王又擧甲而攻魏, 杜大梁之門, 擧河內, 拔燕·酸棗·虛·桃, 入邢, 魏之兵雲翔而不敢捄. 王之功亦多矣. 王休甲息衆, 二年而後復之; 又幷蒲·衍·首·垣, 以臨仁·平丘, 黃·濟陽嬰城而魏氏服; 王又割濮磨之北, 注齊秦之要, 絶楚趙之脊, 天下五合六聚而不敢救. 王之威亦單矣.

王若能持功守威, 絀攻取之心而肥仁義之地, 使無後患, 三王不足四, 五伯不足六也. 王若負人徒之衆, 仗兵革之彊, 乘毁魏之威, 而欲以力臣天下之主, 臣恐其有後患也. 詩曰: 『靡不有初, 鮮克有終』. 易曰: 『狐涉水, 濡其尾』. 此言始之易, 終之難也. 何以知其然也? 昔智氏見伐趙之利而不知楡次之禍, 吳見伐齊之便而不知干隧之敗. 此二國者, 非無大功也, 沒利於前而易患於後也. 吳之信越也, 從而伐齊, 旣勝齊人於艾陵, 還爲越王禽三渚之浦. 智氏之信韓·魏也, 從而伐趙, 攻晉陽城, 勝有日矣, 韓·魏叛之, 殺智伯瑤於鑿臺之下. 今王妒楚之不毁也, 而忘毁楚之彊韓·魏也, 臣爲王慮而不取也.

詩曰:『大武遠宅而不涉』. 從此觀之, 楚國, 援也; 鄰國, 敵也. 詩云:『趯趯毚兔, 遇犬獲之. 他人有心, 余忖度之』. 今王中道而信韓·魏之善王也, 此正吳之信越也. 臣聞之: 敵不可假, 時不可失. 臣恐韓·魏卑辭除患而實欲欺大國也. 何則? 王無重世之德於韓·魏, 而有累世之怨焉. 夫韓·魏父子兄弟接踵而死於秦者將十世矣. 本國殘, 社稷壞, 宗廟毁. 刳腹絶腸, 折頸摺頤, 首身分離, 暴骸骨於草澤, 頭顱僵仆, 相望於境, 父子老弱係脰束手爲羣虜者相及於路. 鬼神孤傷, 無所血食. 人民不聊生, 族類離散, 流亡爲僕妾者, 盈滿海內矣. 故韓·魏之不亡, 秦社稷之憂也, 今王資之與攻楚, 不亦過乎!

且王攻楚將惡出兵? 王將借路於仇讎之韓·魏乎? 兵出之日而王憂其不返也, 是王以兵資於仇讎之韓·魏也. 王若不借路於仇讎之韓·魏, 必攻隨水右壤. 隨水右壤, 此皆廣川大水, 山林谿谷, 不食之地也, 王雖有之, 不爲得地. 是王有毁楚之名而無得地之實也.

且王攻楚之日, 四國必悉起兵以應王. 秦·楚之兵構而不離, 魏氏將出而攻留·方與·銍·湖陵·碭·蕭·相, 故宋必盡. 齊人南面攻楚, 泗上必擧. 此皆平原四達, 膏腴之地, 而使獨攻. 王破楚以肥韓·魏於中國而勁齊. 韓·魏之彊, 足以校於秦. 齊南以泗水爲境, 東負海, 北倚河, 而無後患, 天下之國莫彊於齊·魏, 齊·魏得地葆利而詳事下吏, 一年之後, 爲帝未能, 其於禁王之爲帝有餘矣.

夫以王壤土之博, 人徒之衆, 兵革之彊, 壹擧事而樹怨於楚, 遲令韓·魏歸帝重於齊, 是王失計也. 臣爲王慮, 莫若善楚. 秦·楚合而爲一以臨韓, 韓必斂手. 王施以東山之險, 帶以曲河之利, 韓必爲關內之侯. 若是而王以十萬戍鄭, 梁氏寒心, 許·鄢陵嬰城, 而上蔡·召陵不往來也, 如此而魏亦關內侯矣. 王壹善楚, 而關內兩萬乘之主注地於齊, 齊右壤可拱手而取也. 王之地一經兩海, 要約天下, 是燕·趙無齊·楚, 齊·楚無燕·趙也. 然後危動燕·趙, 直搖齊·楚, 此四國者不待痛而服矣.」

昭王曰:「善.」於是乃止白起而謝韓·魏. 發使賂楚, 約爲與國.

태자를 돌려보내 왕이 되도록 해 주시오

춘신군 황헐이 그 약속을 받고 초나라로 돌아오자, 초나라는 다시 황헐에게 태자 완完과 함께 진나라에 볼모로 가 있도록 하였다. 진나라가 두 사람을 잡아 두고 몇 해가 지났을 무렵, 초나라 경양왕이 병으로 눕게 되었으나 태자는 귀국할 길이 없었다. 초나라 태자는 진나라 재상 응후應侯와 사이가 좋았다. 이에 황헐은 평소부터 친하였던 응후를 설득하였다.

"상국께서는 참으로 초나라 태자와 친하십니까?"

응후가 대답하였다.

"그렇소."

그러나 황헐이 이렇게 말하여다.

"지금 초나라 임금께서 중병으로 아마 회복되지 못할 것입니다. 진나라는 초나라 태자를 돌려 보내느니만 못합니다. 태자가 돌아가 왕이 되면 진나라를 소중히 섬기게 될 것이며 그대 상국의 은혜를 잊지 않을 것입니다. 이야말로 동맹국을 다정하게 대하고 만승의 나라에 덕을 베푸는 것이 됩니다. 만일 돌려 보내지 못하면 태자는 한낱 지위도 벼슬도 없는 함양咸陽의 한 백성에 불과합니다. 초나라가 새로 태자를 세우게 되면 진나라를 섬기지 않을 것은 뻔한 일입니다. 동맹국을 잃고 만승의 대국과 화친을 끊는 것은 옳은 계책이 아닙니다. 부디 상국께서 이 점을 깊이 생각해 주기를 바랍니다."

이에 응후가 이 말을 진나라 왕에게 아뢰자 왕은 이렇게 말하였다.

"태자의 스승을 보내 초나라 왕의 병을 알아보게 하고 그가 돌아온 뒤에 생각해 보도록 하는 것이 좋겠소."

황헐은 계획을 세워 태자에게 이렇게 말하였다.

"진나라가 태자를 붙들어 놓는 것은 그로 인해 이익을 얻으려는 것입니다. 그러나 지금 태자께서는 진나라에 이익을 줄 만한 힘이 없습니다. 저는 그 점을 몹시 걱정하고 있습니다. 또 양문군陽文君의 두 아들이 초나라 국내에 있습니다. 왕께서 만일 세상을 뜨시고 그때까지 태자께서 초나라에 가지 못하면 양문군의 아들이 틀림없이 왕위를 잇게 될 것입니다. 태자께서는 왕위를 계승하여 종묘의 제사를 받들 수 없게 되는 것입니다. 사신과 함께 진나라를 빠져 나가는 도리밖에 없습니다. 신은 여기 머물러 있어 죽음으로써 뒤를 감당하겠습니다."

이리하여 초나라 태자는 변장하여 초나라 사신의 마부로 꾸민 다음 함곡관을 빠져 나갔다. 황헐은 태자의 숙사에 머물러 있으면서 태자가 병이 났다는 핑계로 바깥 출입을 하지 않았다. 그리고 태자가 벌써 멀리 떠나가서 진나라가 뒤쫓을 수 없을 때쯤 해서 직접 진나라 소왕에게 말하였다.

"초나라 태자는 벌써 귀국 길에 올라 함곡관을 지나 멀리 가 있습니다. 달아나게 한 저의 죄는 죽어 마땅합니다. 청컨대 죽음의 죄를 내려 주십시오."

진나라 소왕은 크게 화를 내며 그가 자결하도록 그대로 놓아두려 하였다. 그때 응후가 나서서 이렇게 말하였다.

"황헐은 신하로서 자신 한 몸을 던져 임금에게 충성을 다하였습니다. 태자가 즉위하게 되면 황헐을 중용할 것은 뻔합니다. 그러므로 죄를 묻지 말고 그를 초나라로 돌려보내 초나라와 화친하느니만 못합니다."

진나라는 이렇게 하여 황헐을 돌려보냈다. 황헐이 초나라에 도착하고 석 달 후 초나라 경양왕이 죽었다. 이에 태자 완完이 왕이 되니 그가 고열왕考烈王이다. 고열왕 원년, 왕은 황헐을 재상에 임명하고 춘신군春申君에 봉해 회북淮北 땅 12현을 주었다.

黃歇受約歸楚, 楚使歇與太子完入質於秦, 秦留之數年. 楚頃襄王病, 太子不得歸. 而楚太子與秦相應侯善, 於是黃歇乃說應侯曰:「相國誠善楚太子乎?」應侯曰:「然.」歇曰:「今楚王恐不起疾, 秦不如歸其太子. 太子得立, 其事秦必重而德相國無窮, 是親與國而得儲萬乘也. 若不歸, 則咸陽一布衣耳; 楚更立太子, 必不事秦. 夫失與國而絶萬乘之和, 非計也. 願相國孰慮之.」應侯以聞秦王. 秦王曰:「令楚太子之傅先往問楚王之疾, 返而後圖之.」黃歇爲楚太子計曰:「秦之留太子也, 欲以求利也. 今太子力未能有以利秦也, 歇憂之甚. 而陽文君子二人在中, 王若卒大命, 太子不在, 陽文君子必立爲後, 太子不得奉宗廟矣. 不如亡秦, 與使者俱出; 臣請止, 以死當之.」楚太子因變衣服爲楚使者御以出關, 而黃歇守舍, 常爲謝病. 度太子已遠, 秦不能追,歇乃自言秦昭王曰:「楚太子已歸, 出遠矣. 歇當死, 願賜死.」昭王大怒, 欲聽其自殺也. 應侯曰:「歇爲人臣, 出身以徇其主, 太子立, 必用歇, 故不如無罪而歸之, 以親楚. 秦因遣黃歇.

歇至楚三月, 楚頃襄王卒, 太子完立, 是爲考烈王. 考烈王元年, 以黃歇爲相, 封爲春申君, 賜淮北地十二縣.

춘신군의 봉읍

그로부터 15년 뒤에 황헐이 초나라 왕에게 말하였다.

"회북 땅은 초나라 변경에서 제나라와 맞닿아 있어 정치적으로 긴요한 곳입니다. 군郡으로 직접 관할하는 것이 편리할 줄 압니다."

그리하여 그의 봉읍인 회북 땅 열두 고을을 모조리 왕에게 바치고 그 대신 강동江東에 봉읍을 청하자, 고열왕은 이를 허락하였다. 이리하여 춘신군은 옛날 오나라 성터에다 성을 쌓고 그 땅을 자신의 봉읍을 삼았다.

춘신군이 초나라 재상이 되었을 당시는 제나라에 맹상군孟嘗君, 조나라에 평원군平原君, 위나라에 신릉군信陵君이 있었다. 이들은 모두 선비에게 몸을 낮추고 빈객들을 불러모으기에 서로 힘을 기울였고, 그 빈객들의 힘에 의해 나라의 정치를 돕는 한편 자신의 권력을 굳히려 하였다.

後十五歲, 黃歇言之楚王曰:「淮北地邊齊, 其事急, 請以爲郡便.」因并獻淮北十二縣, 請封於江東. 考烈王許之. 春申君因城故吳墟, 以自爲都邑.

春申君旣相楚, 是時齊有孟嘗君, 趙有平原君, 魏有信陵君, 方爭下士, 招致賓客, 以相傾奪, 輔國持權.

구슬로 장식한 신발

춘신군이 초나라의 재상이 된 지 4년 만에 진나라가 조나라의 장평長平에 있는 조나라 군사 40만 명을 깨뜨리고, 5년 뒤에는 한단邯鄲을 포위하였다. 조나라는 그 위급함을 초나라에 고하였다. 초나라는 춘신군으로 하여금 군사를 이끌고 구원에 나서도록 하였다. 그러나 진나라 군사가 이미 돌아가

버려 춘신군은 그대로 되돌아왔다.

춘신군이 초나라의 재상이 된 지 8년째 그는 북쪽으로 노魯나라를 쳐서 멸망시키고, 순경荀卿을 난릉蘭陵의 현령으로 임명하였다.

그리하여 초나라가 다시 강국의 위치에 올라서게 되었을 무렵, 조나라 평원군이 사신을 춘신군에게 보냈다. 춘신군은 그를 상등 객사에 묵게 하였다. 그런데 조나라 사자는 초나라에 자랑할 생각으로 거북등껍질로 만든 비녀를 꽂고 칼집을 구슬로 장식한 다음, 춘신군의 빈객에게 면회를 청하였다. 당시 춘신군의 빈객들은 3천 명이 넘었는데, 그 중의 상객들은 모두 구슬 장식이 붙은 신을 신고 있었으므로, 그들을 만나본 조나라 사신은 오히려 크게 부끄러워하였다.

春申君爲楚相四年, 秦破趙之長平軍四十餘萬. 五年, 圍邯鄲. 邯鄲告急於楚, 楚使春申君將兵往救之, 秦兵亦去, 春申君歸. 春申君相楚八年, 爲楚北伐滅魯, 以荀卿爲蘭陵令. 當是時, 楚復彊.

趙平原君使人於春申君, 春申君舍之於上舍. 趙使欲夸楚, 爲瑇瑁簪, 刀劍室以珠玉飾之, 請命春申君客. 春申君客三千餘人, 其上客皆躡珠履以見趙使, 趙使大慙.

주영의 계책

춘신군이 재상이 된 지 14년에, 진나라에는 장양왕莊襄王이 즉위하여 여불위呂不韋를 재상으로 삼고 문신후文信侯에 봉한 다음 동주東周를 취하였다.

춘신군이 재상이 된 지 22년에, 제후들은 진나라가 쉬지 않고 계속 공격하자, 이를 걱정한 나머지 서로가 합종하여 서쪽으로 진나라를 쳤다. 초나라 왕이 합종의 맹주가 되고 춘신군이 모든 일을 처리하였다. 그러나 제후국의 연합군이 함곡관에 이르렀을 때, 진나라 군사의 공격을 받고 그만 대패하여 흩어져 버렸다. 그러자 초나라 고열왕은 그 책임을 물어 춘신군을 책망하였고, 끝내는 고열왕과 춘신군의 사이가 더욱 벌어지게 되었다.

이 무렵 춘신군의 빈객 중 관진觀津 사람인 주영朱英이 이렇게 진언하였다.

"사람들은 모두 초나라는 원래 강하였는데, 상공이 재상이 되면서부터 약해졌다고 생각하고 있습니다. 그러나 저는 그렇게 생각지 않습니다. 선군이 계시던 때에 진나라와 20년 동안이나 친선 관계를 유지하며 그 사이 한 번도 진나라가 초나라를 공격해 오지 않았던 것은 무엇 때문이었겠습니까? 진나라가 민애黽隘의 요새를 넘어 초나라를 치기가 불편하였고, 또 길을 동주와 서주에서 빌려야 하였으며, 한·위나라를 등뒤에 두고 초나라를 치는 것이 불가능하였기 때문입니다. 그러나 지금은 그렇지가 않습니다. 위나라는 나날이 곧 멸망의 길을 걷고 있어 허許와 언릉鄢陵을 잃는다 해도 아까워할 수 없는 형편입니다. 그 허 땅을 위나라가 진나라에 떼어 주게 되면, 진나라 군사는 초나라의 도읍 진陳과 겨우 160리 거리까지 육박해 오게 됩니다. 제가 보기에는 이제 진나라와 초나라는 매일같이 싸워야 할 형편에 처하고 말 것입니다."

이리하여 초나라는 수도를 진에서 수춘壽春으로 옮겼다. 그러나 진나라는 위衛나라를 야왕野王으로 옮긴 다음 그 자리에는 동군東郡을 두었다. 이로 인해 춘신군은 자기 봉읍인 오吳에 머물러 살면서 그곳에서 재상의 일을 보게 되었다.

春申君相十四年, 秦莊襄王立, 以呂不韋爲相, 封爲文信侯. 取東周.

春申君相二十二年, 諸侯患秦攻伐無已時, 乃相與合從, 西伐秦, 而楚王爲從長, 春申君用事. 至函谷關, 秦出兵攻, 諸侯兵皆敗走. 楚考烈王以咎春申君, 春申君以此益疏.

客有觀津人朱英, 謂春申君曰:「人皆以楚爲彊而君用之弱, 其於英不然. 先君時善秦二十年而不攻楚, 何也? 秦踰黽隘之塞而攻楚, 不便; 假道於兩周, 背韓·魏而攻楚, 不可, 今則不然, 魏旦暮亡, 不能愛許·鄢陵, 其許魏割以與秦. 秦兵去陳百六十里, 臣之所觀者, 見秦·楚之日鬭也.」楚於是去陳徙壽春; 而秦徙衛野王, 作置東郡. 春申君由此就封於吳, 行相事.

이원의 누이동생

초나라 고열왕에게는 아들이 없었다. 춘신군은 그것이 걱정이 되어 자식을 낳을 만한 여자를 찾아 왕에게 차례로 바쳐 그 수가 헤아릴 수 없을 만큼 많았으나, 끝내 자식을 낳지 못하였다.

조나라 사람 이원李園이란 자가, 그 누이의 어여쁜 얼굴을 믿고 그녀를 초나라 왕에게 바칠 생각이었으나, 그녀가 꼭 자식을 낳는다는 보장도 없었고 게다가 만약 자식을 낳지 못한다면, 오랜 뒤에는 사랑을 잃고 말 것이 뻔할 것이라 여겨 걱정을 하고 있었다. 때문에 이원은 먼저 춘신군을 섬기기로 하고 그의 사인舍人이 되었다.

그가 휴가를 얻어 고향으로 갔다가 일부러 약속한 기일보다 늦게 돌아와 춘신군을 뵈었다. 춘신군이 그에게 늦게 온 까닭을 묻자 그는 짐짓 이렇게 대답하였다.

"제나라 왕이 사람을 통해 제 누이를 데려가려 하였습니다. 이에 그 사람과 술자리를 같이하다 보니 이렇게 늦어지고 말았습니다."

춘신군은 말하였다.

"이미 폐백을 받았소?"

이원이 대답하였다.

"아직 받지는 않았습니다."

춘신군이 말하였다.

"내가 만나볼 수 없겠소?"

이원이 말하였다.

"어렵지 않습니다."

이리하여 이원은 그 누이를 춘신군에게 바쳤다. 춘신군은 그녀가 마음에 들어 곁에 두었는데 얼마 뒤 춘신군의 아이를 갖게 되었다. 그렇게 되자 이원은 그 누이와 계략을 꾸몄으며, 이원의 누이는 계획대로 한가한 틈을 타서 춘신군에게 이렇게 말하였다.

"초나라 왕께서 상공을 소중히 여기고 사랑하는 정도는 형제에게 보다 더합니다. 지금 상공께서는 초나라의 재상으로 재임한 지 20년이나 되셨고 왕에게는 아들이 없습니다. 그러다가 왕에게 갑자기 불의의 사태라도 생긴다면 왕의 형제들 가운데 누군가가 새로 왕이 될 것이 아닙니까? 그렇게 되면 상공께서 어떻게 지금처럼 사랑을 계속 받을 수 있겠습니까? 그뿐만 아니라 상공께서는 높은 지위에 계시며 오랫동안 정치를 해 오는 사이에 왕의 형제들에게 알게 모르게 원한을 산 경우가 있을 것입니다. 그런 형제들이 왕위에 오르게 되면, 화가 상공의 몸에 미치게 될 것인데, 그렇게 되면 어떻게 재상의 자리와 강동의 봉읍을 그대로 지닐 수 있겠습니까? 지금 저는 아이를 가진 것을 알지만 남은 알지 못하고 있습니다. 제가 상공의 사랑을 받은지 아직 얼마 되지 않습니다. 만일 상공께서 상공의 높은 지위를 빌려 저를 초나라 왕에게 바치게 되면, 왕은 틀림없이 저를 사랑하게 될 것입니다. 그리고 제가 천행으로 사내아이를 낳게 되면 상공의 아들이 왕이 되는 것입니다. 그렇게 되면 상공께서는 초나라를 몽땅 손아귀에 넣게 되는 것입니다. 예측하기 어려운 화를 입게 되는 것과 어느 쪽이 좋겠습니까?"

춘신군은 그 말이 그럴듯하다고 여겨 이원의 누이를 따로 다른 집에 거처하게 한 다음, 초나라 왕에게 그녀를 천거하였다. 초왕은 왕궁으로 그녀를 불러들였으며 결국 총애하게 되었다. 마침내 그가 사내아이를 낳게 되자, 그 아들을 세워 태자로 봉하고 이원의 누이를 왕후로 삼았다. 이에 초나라 왕은 이원을 소중히 여기게 되었으며 이에 따라 이원은 정치에 관여하게 되었다.

이원은 이미 그의 누이가 왕후가 되고 그 아들이 태자가 되자, 춘신군의 입에서 비밀이 새어 나가고 또 그 일로 춘신군이 더욱 교만해질 것을 두려워한 나머지, 비밀리에 결사의 용사들을 길러 춘신군을 죽여 그의 입을 막으려 하였다. 그러나 나라 사람들 중에는 이미 그런 비밀을 알고 있는 사람이 많았다.

楚考烈王無子, 春申君患之, 求婦人宜子者進之, 甚衆, 卒無子. 趙人李園持其女弟, 欲進之楚王, 聞其不宜子, 恐久毋寵. 李園求事春申君爲舍人, 已而謁歸, 故失期. 還謁, 春申君問之狀, 對曰:「齊王使使求臣之女弟, 與其使者飮, 故失期.」春申君曰:「娉入乎?」對曰:「未也.」春申君曰:「可得見乎?」曰:「可.」於是李園乃進其女弟, 卽幸於春申君. 知其有身, 李園乃與其女弟謀. 園女弟承閒以說春申君曰:「楚王之貴幸君, 雖兄弟不如也. 今君相楚二十餘年, 而王無子, 卽百歲後將更立兄弟, 則楚更立君後, 亦各貴其故所親,君又安得長有寵乎? 非徒然也, 君貴用事久, 多失禮於王兄弟, 兄弟誠立, 禍且及身, 何以保相印江東之封乎? 今妾自知有身矣, 而人莫知. 妾幸君未久, 誠以君之重而進妾於楚王, 王必幸妾; 妾賴天有子男, 則是君之子爲王也, 楚國盡可得, 孰與身臨不測之罪乎?」 春申君大然之, 乃出李園女弟, 謹舍而言之楚王. 楚王召入幸之, 遂生子男, 立爲太子, 以李園女弟爲王后. 楚王貴李園, 園用事.

李園旣入其女弟, 立爲王后, 子爲太子, 恐春申君語泄而益驕, 陰養死士, 欲殺春申君以滅口, 而國人頗有知之者.

재앙을 막아 줄 인물을 찾으시오

춘신군이 재상이 된 지 25년, 초나라 고열왕이 병으로 눕게 되었다. 이때 주영이 춘신군에게 말하였다.

"세상에는 생각지 않았던 복이 있고, 또 생각지 않았던 화가 있습니다. 상공은 그러한 생각지 못한 화와 복이 일어날 수 있는 세상에 살고 있고, 병들어 언제 돌아가실 지 알 수 없는 임금을 섬기고 계신데, 어떤 경우에든 그런 화를 막아 낼 수 있는 인물을 찾아 두지 않으시렵니까?"

춘신군이 물었다.

"무엇을 생각지 못한 복이라고 하오?"

주영이 말하였다.

"상공께선 초나라 재상이 된 지 20년이 넘습니다. 명색은 상국이지만 실상은 초나라 왕의 권세를 누리고 있습니다. 지금 초나라 왕은 병중으로 언제 돌아가실 지 모릅니다. 앞으로 상공께서는 어린 임금을 도와 섭정이 되어 이윤伊尹이나 주공周公과 같이 나라의 정사를 담당하면서 왕이 성장한 뒤에 정권을 돌려 주든가, 아니면 용상에 올라 고孤를 일컬으며 초나라를 차지하게 될 것입니다. 이것이 이른바 생각지 못한 복입니다."

춘신군이 다시 물었다.

"그렇다면 생각하지 못한 화라는 것은 무엇이오?"

주영이 설명하였다.

"이원은 상공이 계시는 한 그 자신이 권력을 잡을 수 없기 때문에,

상공을 원수로 알고 벌써 오래 전부터 결사대를 기르고 있습니다. 초나라 왕이 돌아가시면 이원은 틀림없이 먼저 궁궐로 들어가 권력을 쥐고 상공을 죽여 입을 막으려 들 것입니다. 이것이 이른바 생각지 못한 화란 것입니다."

춘신군이 물었다.

"그 화를 막아 줄 수 있는 인물이이란 누구요?"

"저를 낭중郎中에 임명해 주십시오. 초나라 왕이 돌아가시면 이원은 반드시 먼저 궁궐로 들어오게 될 것입니다. 제가 상공을 위해 이원을 죽이겠습니다. 이것이 이른바 어떤 경우이든 화를 막을 수 있는 인물이라는 것입니다."

그러자 춘신군은 이렇게 말하였다.

"그만두시오. 이원은 나약한 사람이오. 나는 그를 정성껏 대하고 있소. 어찌 그와 같은 일이 일어날 수 있겠소?"

주영은 자기 말이 받아들여지지 않자, 화가 자기 몸에 미치게 될 것이 두려워 아예 달아나 버렸다.

春申君相二十五年, 楚考烈王病. 朱英謂春申君曰:「世有毋望之福, 又有毋望之禍. 今君處毋望之世, 事毋望之主, 安可以無毋望之人乎?」春申君曰:「何謂毋望之福?」曰:「君相楚二十餘年矣, 雖名相國, 實楚王也. 今楚王病, 旦暮且卒, 而君相少主, 因而代立當國, 如伊尹·周公, 王長而反政, 不卽遂南面稱孤而有楚國? 此所謂毋望之福也.」春申君曰:「何謂毋望之禍?」曰:「李園不治國而君之仇也, 不爲兵而養死士之日久矣, 楚王卒, 李園必先入據權而殺君以滅口. 此所謂毋望之禍也.」春申君曰:「何謂毋望之人?」對曰:「君置臣郎中, 楚王卒, 李園必先入, 臣爲君殺李園. 此所謂毋望之人也.」春申君曰:「足下置之. 李園, 弱人也, 僕又善之, 且又何至此!」朱英知言不用, 恐禍及身, 乃亡去.

춘신군의 비참한 말로

그로부터 17일 후 초나라 고열왕이 죽었다. 이원은 과연 먼저 궁궐로 들어가 결사대를 극문棘門 안에 숨겨 두었다. 춘신군이 극문으로 들어오자,

이원의 결사대들이 춘신군을 에워싸고 칼로 찌른 다음 그의 머리를 잘라 극문 밖으로 내던졌다. 그리고 관리를 춘신군의 집으로 보내어 집안 사람들을 모조리 죽여 없앴다. 이원의 누이가 낳은 자식이 마침내 왕위에 올랐다. 이 사람이 초나라 유왕幽王이다.

이 해는 진나라 시황제가 즉위한 지 9년이 되던 해였다. 노애嫪毐가 진나라에서 난을 일으켰다가 삼족이 몰살을 당하고 여불위는 벼슬에서 쫓겨났다.

後十七日, 楚考烈王卒, 李園果先入, 伏死士於棘門之內. 春申君入棘門, 園死士俠刺春申君, 斬其頭, 投之棘門外. 於是遂使吏盡滅春申君之家. 而李園女弟初幸春申君有身而入之王所生子者遂立, 是爲楚幽王.

是歲也, 秦始皇帝立九年矣. 嫪毐亦爲亂於秦, 覺, 夷其三族, 而呂不韋廢.

사마천의 평어

나 태사공은 이렇게 생각한다.

나는 초나라로 가서 춘신군의 옛 성과 집들을 구경한 일이 있는데 참으로 훌륭하였다! 처음 춘신군이 진나라 소왕을 설득시키고, 또 자신의 몸을 던져 초나라 태자를 귀국시킨 것은 그 얼마나 뛰어난 지혜인가! 뒤에 이원에게 당하고 만 것은 늙어서 사리에 어두워진 탓이었으리라. 옛말에 "마땅히 끊어야 할 때 끊지 않으면 도리어 그 재앙을 입는다'라 하였는데 춘신군이 주영의 말을 듣지 않은 것을 두고 한 말이리라!

太史公曰: 吾適楚, 觀春申君故城, 宮室盛矣哉! 楚, 春申君之說秦昭王, 及出身遣楚太子歸, 何其智之明也! 後制於李園, 旄矣. 語曰:「當斷不斷, 反受其亂.」春申君失朱英之謂邪!

史記列傳

019(79) 범저채택 열전范睢蔡澤列傳

能忍詬於魏齊 而信威於彊秦 推賢讓位 二子有之 作睢蔡澤列傳.

① 범저范睢 ② 채택蔡澤

〈1〉범저范睢

뇌물을 받았다고 의심받은 범저

범저范睢는 위魏나라 사람으로 자는 숙叔이다. 그는 제후들을 찾아 유세하여 위나라 왕을 섬기려 하였지만, 집이 가난하여 활동할 자금을 마음대로 마련하지 못하자 우선 위나라 중대부中大夫 수가須賈를 섬겼다.

범저는 수가가 위나라 소왕昭王의 명을 받아 제齊나라에 사신으로 가게 되자 그를 따라갔다. 그러나 몇 달을 머물렀으나 수가는 제나라로부터 제대로 회답을 얻지 못하였다. 제나라 양왕襄王은 범저가 변론에 뛰어나다는 말을 듣고, 사람을 보내 금 10근과 쇠고기·술 등을 보내왔다. 범저는 이를 거절하며 감히 받지 않았으나, 그 사실을 안 수가는 범저가 제나라에 위나라의 기밀을 팔아먹었기 때문에 그런 선물을 받게 된 것이라 의심한 나머지 격노하였다. 수가는 범저에게 쇠고기와 술만 받고 금은 돌려보내도록 하였다.

范睢者, 魏人也, 字叔. 游說諸侯, 欲事魏王, 家貧無以自資, 乃先事魏中大夫須賈.

須賈爲魏昭王使於齊, 范睢從. 留數月, 未得報. 齊襄王聞睢辯口, 乃使人賜睢金十斤及牛酒, 睢辭謝不敢受. 須賈知之, 大怒, 以爲睢持魏國陰事告齊, 故得此饋, 令睢受其牛酒, 還其金.

멍석에 말아 변소에 버려진 범저

이윽고 위나라로 돌아온 수가는 범저의 일을 곧 재상 위제魏齊에게 보고하였다. 위제 역시 크게 노하여 범저를 처벌하도록 하였다. 범저는 심한 매를 맞고 갈비뼈와 이빨이 부러져 나갔다. 견디다 못한 그는 마침내 죽은 척하고 움직이지 않았다. 사인舍人들이 그를 멍석으로 둘둘 말아 뒷간에 버려 두고 술 취한 뭇 사람들로 하여금 번갈아 거기에 오줌을 누게 하였다. 다시없는 모욕을 가함으로써 뒷날에 함부로 국가기밀을 누설하는 자가 없도록 하려는 것이었다.

범저는 멍석에 싸인 채 경비에게 이렇게 말하였다.

"당신이 나를 여기서 벗어나게만 해 준다면 반드시 후한 사례를 하겠소."

그리하여 경비병은 그 멍석 속의 시체를 내다 버리겠다고 말하였다. 위제는 술에 취하여 이를 허락하였다.

"그리하라."

범저는 가까스로 죽음에서 벗어날 수 있었다. 그런데 곧 이어 위제가 후회를 하고 다시금 범저를 찾도록 하였다. 그러나 범저는 이미 위나라 사람 정안평鄭安平의 보호를 받아 이름도 장록張祿으로 바꾸어 숨어버린 뒤였다.

旣歸, 心怒睢, 以告魏相. 魏相, 魏之諸公子, 曰魏齊. 魏齊大怒, 使舍人笞擊睢, 折脅摺齒. 睢詳死, 卽卷以簀, 置廁中. 賓客飮者醉, 更溺睢, 故僇辱以懲後, 令無妄言者. 睢從簀中謂守者曰:「公能出我, 我必厚謝公.」守者乃請出弃簀中死人. 魏齊醉, 曰:「可矣.」范睢得出. 後魏齊悔, 復召求之. 魏人鄭安平聞之, 乃遂操范睢亡, 伏匿, 更名姓曰張祿.

◎ 범저, 드디어 진나라로 가다

그 무렵 진나라 소왕昭王이 알자謁者 왕계王稽를 위나라에 사신으로 보냈다. 정안평은 신분을 속이고 왕계의 하인으로 들어갔는데 마침 왕계가 이렇게 물었다.

"위나라에 혹시 우리 진나라로 데리고 갈 만한 훌륭한 인물은 없소?"

정안평이 옳도다 하고 이렇게 말하였다.

"저의 마을에 장록 선생이란 분이 있습니다. 마침 당신을 뵈옵고 천하 대세에 대해 말씀드리고 싶다 합니다. 그러나 그에게는 원수가 있기 때문에 낮에는 나다닐 수가 없습니다."

왕계가 말하였다.

"그러면 밤에 같이 와 주시오."

그날 밤 정안평은 장록과 함께 왕계를 만났다. 이야기가 모두 끝나기도 전에 왕계는 범저의 훌륭한 재능을 알아차렸다.

"선생은 나를 삼정三亭 남쪽에서 기다려 주시오."

왕계는 범저와 이렇게 은밀히 약속을 하고 헤어졌다.

왕계는 위나라를 하직하고 가는 길에 삼정 남쪽에서 범저를 수레에 태우고 진나라로 들어갔다.

當此時, 秦昭王使謁者王稽於魏. 鄭安平詐爲卒, 侍王稽. 王稽問:「魏有賢人可與俱西游者乎?」鄭安平曰:「臣里中有張祿先生, 欲見君, 言天下事. 其人有仇, 不敢晝見.」王稽曰:「夜與俱來.」鄭安平夜與張祿見王稽. 語未究, 王稽知范雎賢, 謂曰:「先生待我於三亭之南.」與私約而去.

王稽辭魏去, 過載范雎入秦.

양후를 만나다

일행이 호湖 땅에 이르자, 서쪽으로부터 수레와 기마대가 다가오는 것이 바라보였다. 범저가 왕계에게 물었다.

"저기 오는 것이 누구입니까?"

왕계가 설명해 주었다.

"진나라 재상 양후穰侯가 동쪽의 각 고을들을 순시하고 있는 것입니다."

범저가 이렇게 말하였다.

"제가 듣기로 양후는 진나라의 정권을 마음대로 휘두르며, 제후들 나라의 세객들이 국내에 들어오는 것을 꺼린다고 하던데 아마 나를 보면 욕보일 것입니다. 차라리 잠시 수레 안에 숨어 있겠습니다."

잠시 후 과연 양후가 다가와 수레를 멈추고 왕계의 수고를 위로하면서 말하였다.

"관동關東에 무슨 변화라도 있소?"

왕계가 대답하였다.

"없습니다."

양후가 다시 물었다.

"당신은 혹시 제후의 세객 따위를 데려오지는 않았겠지요? 그런 자들은 아무 쓸모 없는 자들로 남의 나라를 어지럽게 할 뿐이오."

왕계가 속여 말하였다.

"감히 그럴 리 있겠습니까?"

이리하여 양후는 그대로 가버렸다. 범저가 이렇게 말하였다.

"양후는 지모가 있는 사람이라고 들었는데 뜻밖에 소홀한 점이 있군요. 아까 수레 안에 사람이 숨어 있지 않나 하고 의심을 하면서도 막상 뒤져보는 것은 잊고 그냥 갔습니다."

범저는 수레에서 뛰어내려 달아나며 말하였다.

"틀림없이 다시 뒤져보러 올 것입니다."

10리 남짓 갔을 때 과연 양후의 명령을 받은 기마병이 되돌아와 수레 속을 뒤졌다. 그러나 아무도 보이지 않자 그냥 돌아가 버렸다.

至湖, 望見車騎從西來. 范睢曰:「彼來者爲誰?」王稽曰:「秦相穰侯東行縣邑.」范睢曰:「吾聞穰侯傳秦權, 惡內諸侯客, 此恐辱我, 我寧且匿車中.」有頃, 穰侯果至, 勞王稽, 因立車而語曰:「關東有何變?」曰:「無有.」又謂王稽曰:「謁君得無與諸侯客子俱來乎? 無益, 徒亂人國耳.」王稽曰「不敢.」卽別去. 范睢曰:「吾聞穰侯智士也, 其見事遲, 鄕者疑車中有人, 忘索之.」於是范睢下車走, 曰:「此必悔之.」行十餘里, 果使騎還索車中, 無客, 乃已.

일년이 넘도록 왕을 만나지 못해

왕계는 드디어 범저를 동반하고 진나라 수도 함양咸陽으로 들어갔다. 그리고 진나라 왕에게 사신으로서의 보고를 하며 그 기회에 이렇게 말하였다.

"위나라에 장록 선생이란 인물이 있는데 천하의 변사입니다. 그의 말이 '진나라는 계란을 쌓아 놓은 것처럼 위기를 맞고 있으나 내 의견을 받아들이게 되면 무사할 수 있을 것이오. 그러나 그것은 글로써 전할 수가 없소'라고 하여 함께 데리고 왔습니다."

그러나 진나라 왕은 믿지 않았다. 숙사를 정해 주긴 하였으나 하찮은 대우를 할 뿐이었다. 범저는 진나라 왕에게서 통고가 있기만을 1년 남짓 기다렸다.

당시, 소왕昭王이 즉위한 지 36년이 되는 해였다. 그 동안 소왕은 남쪽으로 초나라의 언鄢과 도읍 영郢을 쳐서 함락시키고, 초나라 회왕懷王을 진나라에 억류하여 객사하도록 하였으며, 동쪽으로는 제齊나라를 쳐서 점령하였다. 제나라 민왕湣王은 한때 제帝라고 칭하였으나, 점령당한 뒤로 이 칭호를 쓰지 않았다.

한편 진나라는 자주 삼진三晉에게 시달린 일이 있으므로, 그곳 출신들의 천하의 유세가들의 말을 믿지 않고 싫어하였다.

양후와 화양군華陽君은 소왕의 어머니인 선태후宣太后의 아우였고, 경양군涇陽君과 고릉군高陵君은 소왕의 동생 사이였다. 양후는 재상이 되고 다른 세 사람은 번갈아 장군이 되어 봉읍을 받았으며, 태후와의 관계로 인해 그들의 개인 재물은 왕실을 능가할 정도였다.

이 무렵 양후는 진나라 장군이 되자 곧 한·위나라를 넘어 제나라 강수綱壽를 치고자 하였다. 그것은 자기의 봉읍 도陶 땅을 넓히려는 욕심에서였다.

王稽遂與范雎入咸陽.

已報使, 因言曰: 「魏有張祿先生, 天下辯士也. 曰『秦王之國危於累卵, 得臣則安. 然不可以書傳也』. 臣故載來.」 秦王弗信, 使舍食草具. 待命歲餘.

當是時, 昭王已立三十六年. 南拔楚之鄢郢, 楚懷王幽死於秦. 秦東破齊. 湣王嘗稱帝, 後去之. 數困三晉. 厭天下辯士, 無所信.

穰侯, 華陽君, 昭王母宣太后之弟也; 而涇陽君·高陵君皆昭王同母弟也. 穰侯相, 三人者更將, 有封邑, 以太后故, 私家富重於王室. 及穰侯爲秦將, 且欲越韓·魏而伐齊綱壽, 欲以廣其陶封.

범저가 올린 글

그러자 범저는 이렇게 글을 올렸다.

"신이 듣건대 '명군이 정치를 하면 공이 있는 자는 반드시 상을 받게 되고, 능력이 있는 자는 반드시 관직을 얻게 된다. 공로가 큰 자는 그의 봉록이 후하고, 공이 많은 자는 그의 벼슬이 높으며, 백성을 잘 다스리는 자는 그의 관직이 높아진다. 그러므로 능력이 없는 자는 감히 관직에 오르지 못하고, 능력이 있는 자는 스스로 재능을 덮어 숨길 수가 없다'라 하였습니다. 만일 신이 한 말이 왕의 뜻에 맞으면 부디 그것을 실행하십시오. 그리하면 왕의 정치가 더욱더 빛날 것입니다. 신의 말이 왕의 뜻에 들지 않는다면 오래도록 신을 머물러 있게 해도 무익한 일입니다. 옛말에도 '평범한 임금은 그가 사랑하는 자에게 상을 주고 그가 미워하는 자에게는 벌을 준다. 그러나 명군은 그렇지 않다. 상은 반드시 공이 있는 자에게 주어지고, 형벌은 반드시 죄가 있는 자에게 내린다'라 하였습니다. 신의 가슴은 칼을 받을 자격이 없고 허리는 도끼를 맞을 자격이 없는 천한 몸이기는 하나 감히 자신 없는 말로써 대왕을 시험하려 하겠습니까? 신을 천한 사람이라 하여 가볍게 여길지라도 신을 책임지고 천거한 사람 왕계가 왕을 배반할 인물이 아니란 것만은 믿으실 것입니다.

그리고 또 제가 듣기로 '주周나라에는 지액砥砨이라는 보배 구슬이 있고, 송宋나라에는 결록結綠이 있으며, 양梁나라에는 현려縣藜가 있고, 초나라에는 화박和璞이 있는데, 이 네 개의 보배 구슬은 흙 속에서 나온 것으로 처음에는 뛰어난 옥공玉工들도 그것이 보물인 줄을 몰랐으나, 마침내는 천하의 유명한 보물이 되었다'고 하더이다. 그렇다면 선왕께서 버린 사람이라고 해서 반드시 나라를 번창하게 할 수 없는 사람이라고만 할 수 없는 일입니다.

신은 또 '대부의 집을 번창하게 할 인물은 나라 안에서 찾고, 제후의 나라를 번창하게 할 인재는 온 천하에서 찾는다'라고 들었습니다. 천하에 명군이 있으면 다른 제후들이 마음대로 인재를 얻을 수 없다는 것은 무엇 때문이겠습니까? 명군이 그 같은 인재를 제후들로부터 빼앗아오기 때문입니다. 명의는 병자가 죽고 사는 것을 알고, 훌륭한 군주는 일이 성공하고 실패하는 것에 밝습니다. 이로우면 실행하고 해로우면 버리며, 의심스러우면 좀더 시험해 봅니다. 이 점은 순舜임금이나 우禹임금이 다시 살아나도 고칠 수 없는 공식입니다. 감히 글로 적을 수 없고, 또 천박한 말은 왕께서 들으실 바가 못 되옵니다. 생각건대 대왕께서 지금껏

저를 내버려두신 것은 신이 어리석어 대왕의 마음에 들지 않기 때문이었을까요? 아니면 신을 천거한 사람의 지위가 낮은 자라서 신의 말을 들을 필요조차 없다고 생각하셨기 때문일까요? 만일 그 어느 쪽도 아니시라면 바라옵건대 구경다니시고 남은 여가에 대왕을 뵈올 수 있는 영광을 주시옵기를 바랍니다. 그때 신이 드리는 말씀에 한 마디라도 쓸모 없는 것이 있을 때에는 삼가 대왕의 처형을 달게 받겠습니다."

范雎乃上書曰:

「臣聞明主立政, 有功者不得不賞, 有能者不得不官, 勞大者其祿厚, 功多者其爵尊, 能治衆者其官大. 故無能者不敢當職焉, 有能者亦不得蔽隱. 使以臣之言爲可, 願行而益利其道; 以臣之言爲不可, 久留臣無爲也. 語曰: 「庸主賞所愛而罰所惡; 明主則不然, 賞必加於有功, 而刑必斷於有罪.」今臣之胸不足以當椹質, 而要不足以待斧鉞, 豈敢以疑事嘗試於王哉! 雖以臣爲賤人而輕辱, 獨不重任臣者之無反復於王邪?

且臣聞周有砥砨, 宋有結綠, 梁有縣藜, 楚有和朴, 此四寶者, 土之所生, 良工之所失也, 而爲天下名器. 然則聖王之所弃者, 獨不足以厚國家乎?

臣聞善厚家者取之於國, 善厚國者取之於諸侯. 天下有明主則諸侯不得擅厚者, 何也? 爲其割榮也. 良醫知病人之死生, 而聖主明於成敗之事, 利則行之, 害則舍之, 疑則少嘗之, 雖舜禹復生, 弗能改已. 語之至者, 臣不敢載之於書, 其淺者又不足聽也. 意者臣愚而不概於王心邪? 亡其言臣者賤而不可用乎? 自非然者, 臣願得少賜游觀之閒, 望見顔色. 一語無效, 請伏斧質.」

진나라에는 왕이 없다

이에 진나라 소왕은 크게 기뻐하며 우선 왕계에게 용서를 구하고 수레를 보내어 범저를 불러오게 하였다. 이리하여 범저는 이궁離宮에서 왕을 만나게 되었다. 그러나 막상 왕이 나타날 임시해서 짐짓 모른 척하며 남자의 출입이 금지된 궁전의 영항永巷으로 들어갔다. 이때 왕이 나타났다. 환관이 화를 내며 그를 쫓으려고 소리쳤다.

"대왕의 행차이시다!"

그러나 범저는 짐짓 환관에게 이렇게 말하였다.

"진나라에 어찌 왕이 있는가! 다만 태후와 양후가 있을 뿐이다."

이것은 소왕을 노엽게 만들 생각으로 한 말이었다. 소왕은 그곳에 이르러 범저가 환관과 말다툼하는 것을 듣자, 곧 범저를 궁중으로 청해 들이며 사과하였다.

"과인은 진작 선생을 만나보고 가르침을 받아야 하였소. 마침 의거義渠 나라와의 문제가 긴박한지라 조석으로 태후의 지시를 받아야만 하였기 때문에 바쁜 나날을 보냈소. 그럭저럭 의거의 문제도 마무리되었으니 선생의 가르침을 들을 수 있게 되었소. 과인은 스스로 어리석음을 민망하게 생각하고 있소. 그럼 삼가 주인과 손의 예로서 가르침을 받겠소."

그러나 범저는 이를 사양하였다.

이 날 범저가 소왕과 만나는 광경을 본 신하들은 모두 숙연히 낯빛을 바꾸고 지켜보았다.

진나라 소왕은 좌우를 물리쳤다. 그리고 단 둘이 되자, 소왕은 무릎을 꿇고 간청하였다.

"선생은 어떤 것을 과인에게 가르쳐 주시겠소?"

그러자 범저는 다만 이렇게 대답만 할 뿐이었다.

"예, 예."

잠시 후 진나라 왕은 다시 무릎을 꿇고 물었다.

"선생께서는 과인에게 무엇을 가르쳐 주시겠소?"

범저는 여전히 그저 대답만 할 뿐이었다.

"예, 예."

이런 일이 세 번이나 거듭되자 진나라 왕은 무릎을 꿇은 채 말하였다.

"선생께서는 끝내 과인에게 가르침을 주지 않으려는 것이오?"

그제야 범저가 입을 열었다.

"감히 그럴 리가 있겠습니까? 신은 옛날 태공망太公望 여상呂尙이 주周나라 문왕을 만나게 되었을 때, 한낱 고기잡이로서 위수渭水 기슭에서 낚시를 하고 있었다고 들었습니다. 그렇게 만나게 된 것은 두 사람 사이가 멀었기 때문이었으나 거기서 서로 이야기를 주고받은 결과 문왕은 여상의 말에 감복하여 태사太師로 모시고 수레를 함께 타고 돌아오게 되었습니다. 그것은 여상의 말에 뜻이 깊었던 때문입니다. 문왕은 마침내 여상의 힘에 의해 공을 이루고 천하의 왕이 된 것입니다. 만일 처음에 문왕이 여상을 소홀히 대하여 깊은 부분까지 이야기를 나누지 않았다면, 주나라에는 천자의 덕이 갖춰질 수 없었고, 문왕과 무왕도 그 왕업을 이룩할 수 없었을 것입니다. 지금 신은 다른 나라에서 들어온 나그네로서 대왕과의 사이는 멉니다. 그리고 신이 말씀드리고자 하는 것은 모두가 왕의 잘못을 바로잡으려는 것뿐이며, 또 왕의 가까운 골육 간에 관한 이야기이기도 합니다. 어리석은 신은 충성을 다하고 싶은 마음은 간절하나 아직 대왕의 속마음을 알 수가 없습니다. 이것이 대왕께서 세 번이나 물으시는 데도 감히 대답을 드리지 못한 까닭입니다.

신은 형벌을 받는 것이 두려워 말씀드리지 않는 것은 아닙니다. 오늘 말씀드리고 내일 죽게 되더라도 신은 결코 피하지는 않겠습니다. 대왕께서 참으로 신이 드린 말씀을 실행만 해 주신다면 죽음도 괴로울 것이 못되고, 멀리 떠도는 신세가 되어도 걱정할 일이 못되며, 몸에 옻칠하고 문둥병자로 가장을 하거나, 머리를 풀어헤치고 미치광이처럼 되는 한이 있더라도, 신은 그것을 부끄럽게 여기지 않을 것입니다. 또 오제五帝 같은 성인도 죽었고, 삼왕三王 같은 어진 분도 죽었으며, 오패五霸 같은 뛰어난 이들도 죽었고, 오획烏獲과 임비任鄙와 같은 장사도 죽었으며, 성형成荊·맹분孟賁·왕경기王慶忌·하육夏育 같은 용사도 죽었습니다. 죽음이란 사람으로서는 피할 수 없는 것입니다. 언젠가 한 번은 죽을 몸, 죽음으로써 조금이라도 진나라의 도움이 될 수만 있다면 그것이 신의 큰 바람인데 또 무엇을 두려워하겠습니까?

오자서伍子胥는 초나라를 탈출할 때 자루 속에 숨어서 수레에 실려 소관昭關을 빠져 나와 밤에는 걷고 낮에는 숨어서 능수陵水에 도착하였을 때는 입에 넣을 음식이 없었고, 오나라 시장 바닥에서는 무릎걸음치며 기어가 머리를 땅에 조아리고 옷을 벗은 채 절하며 배를 두들기기도 하고 피리를 불기도 하며 거지 노릇까지 하였으나, 마침내는 오나라를 크게 일으켜 오왕 합려闔廬로 하여금 천하의 패자가 되게 하였습니다. 신으로 하여금 오자서처럼 있는 계책을 다할 수 있게만 해 주신다면, 비록 옥에 갇히는 몸이 되어 평생토록 다시 대왕을 뵈올 수 없다 하더라도 신의 말이 실행하게 되는 마당에서 또 무엇을 걱정하겠습니까?

기자箕子와 접여接輿는 몸에 옻칠을 하여 문둥 병자를 가장하고 머리를 풀어 미치광이로 꾸미기까지 하였으나, 모두 그의 임금에게 도움을 주지 못하였습니다. 만일 신이 기자와 똑같은 행동을 하게 되더라도 현명한 군주에게 도움이 된다면, 신에게 큰 영광인데 또 무엇을 부끄러워하겠습니까? 다만 신이 두려워하는 것은 신이 죽은 뒤에 천하의 선비들이 신이 충성을 다하고도 죽음을 당하는 것을 보고, 그로 인해 입을 닫고 발을 싸맨 채 감히 진나라로 오려 하지 않을까 하는 것뿐입니다. 만일 대왕께서 위로는 태후의 위엄을 두려워하고 아래로는 간신들의 아첨과 거짓에 매혹되어 깊숙한 궁궐 속에만 계시면서 시종들의 손에서 떠나지 못하고, 평생을 미혹 속에 사로잡혀 간악한 신하를 가려내지 못한다면 크게는 종묘를 뒤집어 없애게 되고, 작게는 왕의 몸이 고립되어 위태롭게 될 것입니다. 이것만이 신이 두려워하는 것입니다. 신 자신이 곤궁하게 지내고 부끄러움을 당하는 것이라든가, 처형당하고 망명의 고초를 겪거나 하는 것은 결코 두려운 것이 아닙니다. 신이 죽고 진나라가 잘 다스려지기만 한다면 신의 죽음은 사는 것보다 더 낫다고 할 것입니다."

진나라 왕은 무릎을 꿇은 채 말하였다.

"선생께서는 어찌 그런 말씀을 하시오? 우리 진나라는 멀리 떨어져 있고 과인은 어리석고 똑똑하지 못한 사람입니다. 그런데 선생께서 욕됨을 무릅쓰고 와 주셨으니, 이는 하늘이 과인으로 하여금 선생에게 힘입어 선왕의 종묘를 이어갈 수 있도록 한 것입니다. 과인이 선생의 가르침을 받게 된 것은, 하늘이 우리 선왕을 위해 그 고아인 과인을 버리지 않았기 때문입니다. 그런데 선생께서는 어떻게 그런 말씀을 하십니까? 앞으로는 크고 작은 일을 가리지 않고 위로는 태후에 관한 일로부터 아래로는 대신에 관한 일까지 모든 것을 과인에게 가르쳐 주시고 과인을 의심치 말아 주시오."

이 말에 범저가 절을 하자, 진왕도 역시 절을 해 예를 갖추었다.

이어서 범저는 이렇게 말하였다.

"대왕의 나라는 사방이 자연의 요새로 견고합니다. 북쪽에는 감천甘泉·곡구谷口가 있고, 남쪽에는 경수涇水·위수渭水가 있으며, 농隴·촉蜀을 서쪽에 두고, 함곡관과 상판商阪을 동으로 하고 있습니다. 그리고 용맹스런 군사는 100만 명에 이르고 전차는 1천 대나 되어, 유리할 때면 나아가 싸우고 불리하면 안에서 지킬 수 있습니다. 이야말로 패업을 이룰 수 있는 땅입니다. 또 백성들은 사사로운 싸움에는 겁을 내고, 나라를 위한 싸움에는 용감합니다. 이 또한 제왕의 백성입니다. 대왕께서는 이 두 가지를 모두 갖추고 계십니다. 따라서 군사들의 용맹과 거기車騎만으로도 제후들을 평정할 수 있습니다. 그것은 마치 한로韓盧라는 사냥개를 몰아 절름발이 토끼를 잡는 것이나 다를 것이 없습니다. 이렇게 하면 패왕霸王의 공업을 성취시킬 수 있는 것입니다. 그런데 대왕의 뭇 신하들은 모두 그 관직을 감당해 내지 못하고, 지금까지 함곡관을 닫은 지 15년이 되도록 감히 군사를 일으켜 산동山東을 엿보지 못하고 있습니다. 그것은 양후가 진나라를 위하여 꾀하는 데 성의가 없고 대왕의 처사에도 또한 마땅치 못한 점이 있기 때문입니다."

이를 듣자 진나라 왕은 무릎을 꿇은 채 다시 물었다.

"과인의 처사가 부당하였던 점에 대해 듣고 싶소."

於是秦昭王大說, 乃謝王稽, 使以傳車召范睢.

於是范睢乃得見於離宮, 詳爲不知永巷而入其中. 王來而宦者怒, 逐之, 曰:「王至!」范睢繆爲曰:「秦安得王? 秦獨有太后·穰侯耳.」欲以感怒昭王. 昭王至, 聞其與宦者爭言, 遂延迎, 謝曰:「寡人宜以身受命久矣, 會義渠之事急, 寡人旦暮自請太后; 今義渠之事已, 寡人乃得受命. 竊閔然不敏, 敬執賓主之禮.」范睢辭讓. 是日觀范睢之見者, 羣臣莫不洒然變色易容者.

秦王屛左右, 宮中虛無人. 秦王跽而請曰:「先生何以幸教寡人?」范睢曰:「唯唯.」有閒, 秦王復跽而請曰:「先生何以幸教寡人?」范睢曰:「唯唯.」若是者三. 秦王跽曰:「先生卒不幸教寡人邪?」范睢曰:「非敢然也. 臣聞昔者呂尙之遇文王也, 身爲漁父而釣於渭濱耳. 若是者, 交疏也. 已說而立爲太師, 載與俱歸者, 其言深也. 故文王遂收功於呂尙而卒王天下. 鄕使文王疏呂尙而不與深言, 是周無天子之德, 而文武無與成其王業也. 今臣羈旅之臣也, 交疏於王, 而所願陳者皆匡君之事, 處人骨肉之閒, 願效愚忠而未知王之心也. 此所以王三問而不敢對者也. 臣非有畏而不敢言也. 臣知今日言之於前而明日伏誅於後, 然臣不敢避也. 大王信行臣之言, 死不足以爲臣患, 亡不足以爲臣憂, 漆身爲厲被髮爲狂不足以爲臣恥. 且以五帝之聖焉而死, 三王之仁焉而死, 五伯之賢焉而死, 烏獲·任鄙之力焉而死, 成荊·孟賁·王慶忌·夏育之勇焉而死. 死者, 人之所必不免也. 處必然之勢, 可以少有補於秦, 此臣之所大願也, 臣又何患哉! 伍子胥橐載而出昭關, 夜行晝伏, 至於陵水, 無以餬其口, 膝行蒲伏, 稽首肉袒, 鼓腹吹篪, 乞食於吳市, 卒興吳國, 闔閭爲伯. 使臣得盡謀如伍子胥, 加之以幽囚, 終身不復見, 是臣之說行也, 臣又何憂? 箕子·接輿漆身爲厲, 被髮爲狂, 無益於主. 假使臣得同行於箕子, 可以有補於所賢之主, 是臣之大榮也, 臣有何恥? 臣之所恐者, 獨恐臣死之後, 天下見臣之盡忠而身死, 因以是杜口裹足, 莫肯鄉秦耳. 足下上畏太后之嚴, 下惑於姦臣之態, 居深宮之中, 不離阿保之手, 終身迷惑, 無與昭姦. 大者宗廟滅覆, 小者身以孤危, 此臣之所恐耳. 若夫窮辱之事, 死亡之患, 臣不敢畏也. 臣死而秦治, 是臣死賢於生.」 秦王跽曰: 「先生是何言也! 夫秦國辟遠, 寡人愚不肖, 先生乃幸辱至於此, 是天以寡人慁先生而存先王之宗廟也. 寡人得受命於先生, 是天所以幸先王, 而不弃其孤也. 先生柰何而言若是! 事無小大, 上及太后, 下至大臣, 願先生悉以教寡人, 無疑寡人也.」 范雎拜, 秦王亦拜.

范雎曰: 「大王之國, 四塞以爲固, 北有甘泉·谷口, 南帶涇·渭, 右隴·蜀, 左關·阪, 奮擊百萬, 戰車千乘, 利則出攻, 不利則入守, 此王者之地也. 民怯於私鬬而勇於公戰, 此王者之民也. 王并此二者而有之. 夫以秦卒之勇, 車騎之衆, 以治諸侯, 譬若施韓盧而搏蹇兔也, 霸王之業可致也, 而羣臣莫當其位. 至今閉關十五年, 不敢窺兵於山東者, 是穰侯爲秦謀不忠, 而大王之計有所失也.」 秦王跽曰: 「寡人願聞失計.」

◎ 위나라를 치시오

그러나 좌우로 비밀을 엿듣는 사람이 많은 것 같아, 말이 새어 나가는 것이 두려워 나라 안의 문제는 언급하지 않았다. 먼저 나라 밖의 문제를 다루어 왕의 태도를 살피려 하였다. 이에 다가앉으며 말하였다.

"양후가 한·위나라를 넘어가서 제나라 강수를 치려 하는 것은 좋은 계책이 되지 못합니다. 적은 군사로는 제나라를 이길 수 없고, 많은 군사를 보내면 진나라에 해를 끼치게 됩니다. 생각해 보건대 대왕께서는 되도록 진나라에서는 군사를 적게 동원하고 모자라는 병력은 한·위나라의 군사로 보충하려고 하시지만 그것은 옳지 못한 일입니다. 지금 동맹국인 제나라와 사이가 좋지 않다고 해서 남의 나라를 타넘어 가면서까지 공격하는 것이 옳은 일입니까? 아무래도 이 계책에는 소홀한 점이 있습니다.

옛날 제나라 민왕湣王이 남쪽으로 초나라를 쳐서 적을 이기고 장군을 죽이고 영토를 다시 사방 천 리나 넓히려 하였지만, 결과에 있어서 제나라는 단 한 치의 땅도 얻지 못하였습니다. 그것은 땅을 얻기 싫어서였겠습니까? 형세가 땅을 차지할 수 없었기 때문입니다. 제후들은 제나라가 지쳐 있고 임금과 신하 사이가 화목하지 못한 것을 알게 되자, 군사를 일으켜 제나라를 쳤으며 제나라는 크게 패하여 장수는 치욕을 당하고 군사는 꺾이고 말았던 것입니다. 제나라에서는 모두 왕을 책망하여 '누가 그런 계획을 세웠습니까?' 라고 물었더니 왕이 '전문田文이 세웠다'고 대답하자, 대신들이 반란을 일으켜 마침내 전문이 달아났습니다. 제나라가 싸움에 크게 패한 이유는 초나라를 침으로써 한·위를 강대하게 만들어 주었기 때문입니다. 이것이 바로 '도적에게 무기를 빌려 주고 식량을 주는 꼴'이라는 것입니다. 대왕께서는 먼 나라와 친교를 맺고 가까운 나라를 치는 것이 최상의 방책입니다. 그렇게 하면 한 치의 땅을 얻어도 대왕의 것이 되고, 한 자의 땅을 얻어도 대왕의 것이 되옵니다. 지금 이같이 좋은 계책이 있는데 이것을 버리고 먼 나라를 치려하니 어찌 잘못된 일이 아니겠습니까?

옛날 중산국中山國은 영토가 사방 100리나 되었지만, 중산에서 가장 가까운 조나라가 혼자서 이것을 차지하였습니다. 명분은 명분대로 얻고 이익은 조나라에 돌아간 것입니다. 그래도 천하의 어느 나라도 이를 방해하지 못하였습니다. 대체로 지금 한나라와 위나라는 중원에 위치하여 천하의 등뼈를 차지하고 있습니다. 대왕께서 패자가 되시려면 반드시 중원에 있는 나라들과 가까워져서 천하의 등뼈가 되어 초나라와 조나라를 눌러야 합니다. 초나라가 강하면 초나라를 내 편으로 끌어들이고, 조나라가 강하면 조나라를 내 편으로 하십시오. 초나라와 조나라가 모두 내 편이 되면 제나라는 틀림없이 두려워할 것입니다. 제나라가 두려워하면 그들은 틀림없이 말을 공손히 하며 많은 예물로 진나라를 섬기게 될 것입니다. 제나라가 내 편이 되면 한·위나라도 저절고 손에 넣을 수 있게 되는 것입니다."

소왕이 다시 말하였다.

"과인이 위나라와 친하게 지내려고 한 지는 이미 오래되었소. 그러나 위나라는 변덕스런 나라라 과인은 친할 수가 없었소. 위나라와 친할 수 있는 방법을 가르쳐 주시오."

범저가 말하였다.

"대왕께서 말을 겸손히 하고 많은 예물로 위나라를 섬기도록 하십시오. 그래도 안 되거든 땅을 떼어 예물로 주십시오. 그래도 안 되거든 그때는 군사를 일으켜 위나라를 치십시오."

소왕이 동의하였다.

"삼가 가르침에 따르겠소."

그리하여 진나라 소왕은 범저를 객경客卿에 임명하고 군사에 관한 일을 상의하게 되었다. 소왕은 마침내 범저의 계책을 받아들여, 오대부五大夫 관綰을 보내어 위나라를 공격하도록 하여 회懷 땅을 함락시켰으며, 2년 뒤에는 형구邢丘를 함락시켰다.

然左右多竊聽者, 范雎恐, 未敢言內, 先言外事, 以觀秦王之俯仰. 因進曰: 「夫穰侯越韓·魏而攻齊綱·壽, 非計也. 少出師則不足以傷齊, 多出師則害於秦. 臣意王之計, 欲少出師而悉韓·魏之兵也, 則不義矣. 今見與國之不親也, 越人之國而攻, 可乎? 其於計疏矣. 且昔齊湣王南攻楚, 破軍殺將, 再辟地千里, 而齊尺寸之地無得焉者, 豈不欲得地哉, 形勢不能有也. 諸侯見齊之罷獘, 君臣之不和也, 興兵而伐齊, 大破之. 士辱兵頓, 皆咎其王, 曰: 『誰爲此計者乎?』 王曰: 『文子爲之.』 大臣作亂, 文子出走. 故齊所以大破者, 以其伐楚而肥韓·魏也. 此所謂借賊兵而齎盜糧者也. 王不如遠交而近攻, 得寸則王之寸也, 得尺亦王之尺也. 今釋此而遠攻, 不亦繆乎! 且昔者中山之國地方五百里, 趙獨呑之, 功成名立而利附焉, 天下莫之能害也. 今夫韓·魏, 中國之處而天下之樞也, 王其欲霸, 必親中國以爲天下樞, 以威楚·趙. 楚彊則附趙, 趙彊則附楚, 楚·趙皆附, 齊必懼矣. 齊懼, 必卑辭重幣以事秦. 齊附而韓·魏因可虜也.」昭王曰:「吾欲親魏久矣, 而魏多變之國也, 寡人不能親. 請問親魏柰何?」對曰:「王卑詞重幣以事之; 不可, 則割地而賂之; 不可, 因擧兵而伐之.」王曰:「寡人敬聞命矣.」乃拜范雎爲客卿, 謀兵事. 卒聽范雎謀, 使五大夫綰伐魏, 拔懷. 後二歲, 拔邢丘.

◎ 한나라를 치시오

객경 범저가 다시 진나라 소왕을 설득하였다.

"진나라와 한나라는 지형이 서로 얽혀 있어 마치 수라도 놓은 것처럼 되어 있습니다. 진나라에 있어서 한나라의 존재는 나무에 좀벌레가 있고 사람의 내장에 병이 있는 것과 같습니다. 천하에 변이 없으면 모르거니와 만일 변이 생기게 되면 진나라의 적으로 한나라보다 더한 나라가 없습니다. 그러므로 대왕께서는 한나라를 내 편으로 해 두는 것이 좋습니다."

소왕이 말하였다.

"과인도 한나라를 내 편으로 만들어 두고 싶은데 한나라가 듣지를 않소. 어떻게 하면 좋겠소?"

범저가 설명하였다.

"한나라가 어째서 진나라 편이 되지 않을 수 있겠습니까? 만일 대왕께서 군대를 보내 형양滎陽을 치면 공鞏과 성고成皐로 통하는 길이 막히게 되고, 북쪽으로 태행산太行山 길목을 끊게 되면 상당上黨의 군사는 남쪽으로 내려올 수 없게 됩니다. 다시 말해 대왕께서 한 번 군사를 일으켜 형양을 치게 되면, 한나라는 세 토막으로 나눠지게 됩니다. 그리고 기어코 망하게 된다는 것을 한나라가 아는 이상 어떻게 진나라의 요구를 듣지 않을 수 있겠습니까? 한나라가 진나라의 요구를 들어 주게 되면, 마침내 패업을 달성하기 위한 계획을 짤 수 있게 됩니다."

진나라 소왕이 말하였다.

"과연 그렇소."

소왕은 곧 사신을 한나라에 보내려 하였다.

客卿范雎復說昭王曰:「秦韓之地形, 相錯如繡. 秦之有韓也, 譬如木之有蠹也, 人之有心腹之病也. 天下無變則已, 天下有變, 其爲秦患者孰大於韓乎? 王不如收韓.」昭王曰:「吾固欲收韓, 韓不聽, 爲之柰何?」對曰:「韓安得無聽乎? 王下兵而攻滎陽, 則鞏·成皐之道不通; 北斷太行之道, 則上黨之師不下. 王一興兵而攻滎陽, 則其國斷而爲三. 夫韓見必亡, 安得不聽乎? 若韓聽, 而霸事因可慮矣.」王曰:「善.」且欲發使於韓.

◎ 신하가 높으면 임금이 낮아진다

범저는 날이 갈수록 소왕의 신임을 얻게 되었다. 이렇게 소왕에게 진언하면서 지낸 지 어느 덧 몇 해에 이르렀다. 범저는 비로소 기회를 엿보아 내정 개혁 문제를 들고 소왕을 설득시키기로 하였다.

"신이 산동에 있을 때에 많은 이야기를 들었습니다. 제나라에는 전문田文이 있을 뿐 그 왕에 대해 듣지 못하였고, 진나라에는 태후·양후·화양군·고릉군·경양군이 있을 뿐 왕에 대해서는 듣지 못하였습니다. 대체로 나라일을 마음대로 할 수 있는 자를 왕이라 부르고, 사람에게 이익과 해를 줄 수 있는 권력을 가진 자를 왕이라 하며, 사람을 살리고 죽이고 하는 위력을 가지고 있는 자를 왕이라 합니다. 그런데 지금 태후는 왕을 돌아보지 않고 마음대로 처리하고 있고, 양후는 외국으로 사신을 보내면서도 대왕께 보고도 하지 않으며, 화양군과 경양군은 사람을 마음대로 처형하면서도 조금도 왕을 어려워하지 않고, 고릉군은 사람을 자기 생각대로 채용하고 파면하면서도 왕의 허락을 받지 않고 있습니다. 즉 진나라에는 네 사람의 귀인이 있는 셈인데, 이러고서야 나라가 위태롭지 않을 수가 없는 일입니다. 대왕께서 이들 네 사람의 아랫자리에 서게 되면 왕이 없는 것이나 다름없습니다. 그렇게 되면 대왕의 권력은 기울어지지 않을 수 없고, 명령도 대왕으로부터 나갈 수 없게 됩니다.

신은 '나라를 잘 다스리는 자는 안으로 위엄을 굳히고, 밖으로는 권력을 무겁게 한다'라고 들었습니다. 그런데 양후는 대왕의 중요한 권력을 장악하여 마음대로 사신을 보내 제후들을 다루고, 천하의 땅을 나눠 사람을 봉하고, 적을 무찌르고 나라를 치는 등 진나라의 국사를 전횡하다시피 하고 있습니다. 싸움에서 이기면 그 이익을 자기의 봉읍인 도陶 땅의 것으로 만들고, 싸움에 패하면 백성들을 원망하고 그 화를 다른 나라에 돌립니다. 《시》에 '나무 열매가 지나치게 많으면 가지가 부러지고, 가지가 부러지면 나무의 기를 해친다. 도읍이 너무 크면 나라가 위태롭고 신하가 높으면 임금은 낮아진다'라고 하였습니다.

최저崔杼·요치淖齒의 예를 보십시오. 그들은 모두가 제나라 국정을 맡고 있었습니다만 최저는 제나라 장왕莊王의 다리를 활로 쏘아 죽이고, 요치는 민왕湣王의 힘줄을 뽑아내어 밤새도록 사당 대들보에 매달아 죽였습니다. 조나라 이태李兌는 국정을 장악하게 되자, 무령왕武靈王을 사구沙丘에 유폐시켜 100일 만에 굶어 죽게 하였습니다. 그런데 지금 진나라에서는 태후와 양후가 나라일을 도맡아하며, 고릉군·화양군·경양군이 이를 도와 진나라 왕을 안중에 두지 않고 있다 하니, 이 또한 요치·이태와 같은 무리와 다를 바 없습니다.

또한 하·은·주 삼대의 왕조가 차례로 망한 까닭은, 임금이 정권을 오로지 신하에게만 맡겨 둔 채 술에 빠지고 사냥이나 하며 직접 정사를 돌보지 않았기 때문입니다. 또 정권을 맡은 신하가 현인을 시기하고 유능한 자를 미워하며, 아래를 누르고 위를 가로막아 사욕만을 채우고, 임금을 위한 계책을 세우지 않건만, 임금이 그것을 깨닫지 못하였기 때문에 나라를 잃은 것입니다. 그런데 지금 진나라에서는 지방 수령을 비롯한 모든 높은 벼슬아치로부터 심지어는 왕의 좌우에 있는 근신들까지, 상국 양후의 측근이 아닌 자가 없습니다. 신이 보는 바로는 대왕께서는 완전히 조정에 고립되어 있을 뿐입니다. 신은 두려워하건대 만세 뒤에 진나라를 통치하게 될 사람은 대왕의 자손이 아닐 수도 있지 않을까 하는 것입니다."

진나라 소왕은 이 말을 듣자 크게 두려워하며 말하였다.

"과연 그렇소."

그리고 소왕은 태후를 폐하는 한편, 양후·고릉군·화양군·경양군을 함곡관 밖으로 내쫓았다.

그리하여 소왕은 범저를 재상에 앉히고 양후의 직인을 거둔 다음 봉읍인 도읍으로 돌아가게 하였다. 그때 고을의 관리에게 명해서 짐을 실어갈 수레와 소를 양후에게 제공하도록 하였는데 그 수가 1천 대를 넘었다. 함곡관에 이르자 관문을 지키는 관리가 귀중품들을 조사하였다. 보물과 진기한 물건들이 왕실보다도 더 많았다.

진나라는 범저를 응應 땅에 봉하고 응후應侯라 불렀다. 진나라 소왕 41년의 일이었다.

范雎日益親, 復說用數年矣, 因請閒說曰:「臣居山東時, 聞齊之有田文, 不聞其有王也; 聞秦之有太后·穰侯·華陽·高陵·涇陽, 不聞其有王也. 夫擅國之謂王, 能利害之謂王, 制殺生之威之謂王. 今太后擅行不顧, 穰侯出使不報, 華陽·涇陽等擊斷無諱, 高陵進退不請. 四貴備而國不危者, 未之有也. 爲此四貴者下, 乃所謂無王也. 然則權安得不傾, 令安得從王出乎? 臣聞善治國者, 乃內固其威而外重其權. 穰侯使者操王之重, 決制於諸侯, 剖符於天下, 政適伐國, 莫敢不聽. 戰勝攻取則利歸於陶, 國獘御於諸侯; 戰敗則結怨於百姓, 而禍歸於社稷. 詩曰:『木實繁者披其枝, 披其枝者傷其心; 大其都者危其國, 尊其臣者卑其主』. 崔杼·淖齒管齊, 射王股, 擢王筋, 縣之於廟梁, 宿昔而死. 李兌管趙, 囚主父於沙丘, 百日而餓死. 今臣聞秦太后·穰侯用事, 高陵·華陽·涇陽佐之, 卒無秦王, 此亦淖齒·李兌之類也. 且夫三代所以亡國者, 君專授政, 縱酒馳騁弋獵, 不聽政事. 其所授者, 妒賢嫉能, 御下蔽上, 以成其私, 不爲主計, 而主不覺悟, 故失其國. 今自有秩以上至諸大吏, 下及王左右, 無非相國之人者. 見王獨立於朝, 臣竊爲王恐, 萬世之後, 有秦國者非王子孫也.」昭王聞之大懼, 曰:「善.」於是廢太后, 逐穰侯·高陵·華陽·涇陽君於關外. 秦王乃拜范雎爲相. 收穰侯之印, 使歸陶, 因使縣官給車牛以徙, 千乘有餘. 到關, 關閱其寶器, 寶器珍怪多於王室.

秦封范雎以應, 號爲應侯. 當是時, 秦昭王四十一年也.

◎ 옛날의 원수를 만나다

범저가 진나라 재상이 되었지만, 진나라에서는 그를 '장록'이라 부르고 있었으므로, 위나라에서는 이를 모른 채 범저가 이미 죽은 지 오래되었을 것으로 생각하고 있었다.

그런데 위나라는 진나라가 동쪽으로 한·위나라를 치려 한다는 말을 듣고, 수가須賈를 사신으로 진나라에 보냈다. 범저는 이를 알자 신분을 감추고 해진 옷을 걸친 채 한가히 걸어서 객관으로 찾아가 수가를 만났다.

수가는 범저를 보자 깜짝 놀라며 말하였다.

"범숙范叔, 그 동안 살아 있었구려!"

범저가 말하였다.

"그렇습니다."

수가는 웃으며 말하였다.

"범숙은 진나라에 유세를 하고 있소?"

범저가 말하였다.

"그렇지는 못합니다. 저는 그때 위나라 재상에게 죄를 얻어 도망쳐 이곳으로 와 있습니다. 어찌 감히 유세를 할 상황이었겠습니까?"

수가가 다시 물었다.

"그럼 지금 무얼 하고 있소?"

범저가 대답하였다.

"남의 집에서 날품팔이를 하고 있습니다."

수가는 마음 속으로 불쌍한 생각이 들어, 그를 붙들고 함께 음식을 나누며 위로하였다.

"범숙이 이토록 고생을 하고 있단 말인가?"

또 두꺼운 비단 솜 두루마기 한 벌을 꺼내 주면서 이렇게 물었다.

"진나라의 재상이 장 선생이라 하던데 그대는 그걸 알고 있소? 들리는 말로는 장 선생이 왕의 신임을 받고 있어서 천하의 모든 일은 모두 그의 의견에 의해서 결정된다고 하던데. 이번에 내가 사명을 완수하느냐 못하느냐 하는 것은 장 선생의 생각 하나에 달려 있는 것이 아니겠소? 자네 혹시 재상과 친한 사람을 알고 있소?"

범저가 말하였다.

"저의 주인이 잘 알고 있습니다. 이에 저도 한 번 재상을 뵌 적이 있습니다. 어디 한 번 주인에게 부탁해서 당신을 만나 보도록 해 드리지요."

수가가 말하였다.

"내 말은 병이 들어 있고 수레도 차축이 부러졌다오. 네 마리 말이 끄는 큰 수레가 없어 나설 수도 없소."

이 말에 범저가 이렇게 말하였다.

"그럼, 네 마리 말이 끄는 큰 수레를 주인에게서 빌려 오겠습니다."

범저는 돌아가 네 마리 말이 끄는 큰 마차를 준비해 가지고 와서 수가를 위해 손수 말을 몰고 진나라 재상이 있는 청사로 들어갔다. 그러자 관사 안에 있던 사람들 중에 범저를 알고 있는 사람은 모두 피해 숨어 버렸다. 수가는 이상한 느낌이 들었다. 재상이 거처하는 관사 정문 앞에 이르자 범저가 수가에게 말하였다.

"여기서 잠시 기다려 주시면 제가 먼저 들어가 재상께 말씀드린 다음 안내하겠습니다."

수가는 문간에서 기다리고 있었다. 마차를 멈추어 둔 지 꽤나 오래 지나 그가 나타나지 않자 수가가 문지기에게 물었다.

"범숙이 들어가고 나오지 않으니 어찌된 일이오?"

문지기가 물었다.

"범숙이라니 누구 말입니까?"

수가가 말하였다.

"방금 나와 함께 수레를 타고 와서 안으로 들어간 사람 말이오."

그러자 문지기가 이렇게 말하는 것이었다.

"아, 그분이요? 그분은 우리 재상 장 선생입니다."

수가는 크게 놀라 그제야 알아차리고는 웃옷을 벗고 무릎으로 걸어들어가 문지기를 통해 죄를 빌었다.

범저는 비로소 장막을 밀치고 많은 군사들의 호위를 받으며 나와 수가를 만났다. 수가는 땅에 머리를 조아리며 스스로 죽을죄를 지었음을 고백하며 이렇게 말하였다.

"이 수가는 상공께서 이토록 출세하시리라고는 생각조차 하지 못하였습니다. 이토록 수가에게는 사람 보는 눈이 없었으니, 다시는 천하의 글을 읽지도 않을 것이며, 천하의 일에도 관여하지 않겠습니다. 저의 죄는 가마솥에 삶아 죽어 마땅하지만 스스로 북쪽 오랑캐 땅으로 물러가 있고자 합니다. 그저 상공의 너그러우신 처분만을 바랍니다."

범저가 말하였다.

"네 죄가 몇 가지나 되는지 아느냐?"

수가가 말하였다.

"머리털을 모두 뽑아 세어도 모자랄 만큼 많은 줄로 압니다."

범저가 말하였다.

"그대에게는 죄가 세 가지가 있다. 옛날 초나라 소왕昭王 때, 신포서申包胥가 초나라를 위해 오나라 군사를 물리치자, 초나라 왕은 그에게 5천 호의 고을로 봉하려 하였지만 신포서는 사양하고 받지 않았다. 그것은 오나라 군사를 물리친 것은 조상 무덤이 초나라에 있기 때문이었지 그저 초나라만을 위한 것이 아니라고 생각하였기 때문이다. 그런데 우리 조상의 무덤은 위나라에 있고 나도 위나라를 배반할 생각은 없었다. 그런데 너는 내가 제나라와 내통하였다 하여 나를 위제에게 모함하였으니 이것이 네 죄의 첫 번째이다.

위제가 나를 욕보이기 위해 변소간에 내 팽개쳤을 때 너는 그 짓을 말리지 않았다. 이것이 너의 두 번째 죄이다. 술 취한 위제의 빈객들이 번갈아 가며 내게 오줌을 누었으나, 너는 모르는 척하고 있었다. 이것이 너의 세 번째 죄이다. 그러나 네가 죽지 않게 된 것은, 방금 나에게 비단 솜 두루마기를 걸쳐 주며 옛 정을 못 잊어하는 태도를 보여 주었기 때문이다. 이에 살려 주는 것이다."

이렇게 접견은 끝났다. 범저는 왕궁으로 들어가 위나라에서 있었던 자초지종을 소왕에게 말하고, 수가의 사신 자격을 박탈한 다음 본국으로 돌려보내기로 하였다. 수가가 하직을 하러 가자, 범저는 크게 연회를 벌이고 제후들의 사신들을 모두 초대하여 함께 대청 위에 앉아 풍성한 음식을 대접하였다. 그리고 수가를 대청 밑에 앉힌 다음 그 앞에 말에게 주는 여물과 콩을 놓아두고 이마에 먹물을 넣은 두 죄인을 양쪽에 서게 하여 수가에게 말을 먹이듯 먹이게 하면서 꾸짖어 말하였다.

"나를 위해 위나라 임금에게 일러라. '당장 위제의 목을 가져오라. 그렇지 않으면 내가 곧 대량을 짓밟고 말겠다'고."

위나라로 돌아온 수가는 이 사실을 위제에게 전하였다. 위제는 겁을 먹고 조나라로 달아나 평원군 밑에 몸을 숨겨 버렸다.

范睢旣相秦, 秦號曰張祿, 而魏不知, 以爲范睢已死久矣. 魏聞秦且東伐韓·魏, 魏使須賈於秦. 范睢聞之, 爲微行, 敝衣閒步之邸, 見須賈. 須賈見之而驚曰:「范叔固無恙乎!」范睢曰:「然.」須賈笑曰:「范叔有說於秦邪?」曰:「不也. 睢前日得過於魏相, 故亡逃至此, 安敢說乎!」須賈曰:「今叔何事?」范睢曰:「臣爲人庸賃.」須賈意哀之, 留與坐飮食, 曰:「范叔一寒如此哉!」乃取其一綈袍以賜之. 須賈因問曰:「秦相張君, 公知之乎? 吾聞幸於王, 天下之事皆決於相君. 今吾事之去留在張君. 孺子豈有客習於相君者哉?」范睢曰:「主人翁習知之. 唯睢亦得謁, 睢請爲見君於張君.」須賈曰:「吾馬病, 車軸折, 非大車駟馬, 吾固不出.」范睢曰:「願爲君借大車駟馬於主人翁.」

范睢歸取大車駟馬, 爲須賈御之, 入秦相府. 府中望見, 有識者皆避匿. 須賈怪之. 至相舍門, 謂須賈曰:「待我, 我爲君先入通於相君.」須賈待門下, 持車良久, 問門下曰:「范叔不出, 何也?」門下曰:「無范叔.」須賈曰:「鄕者與我載而入者.」門下曰:「乃吾相張君也.」須賈大驚, 自知見賣, 乃肉袒膝行, 因門下人謝罪. 於是范睢盛帷帳, 侍者甚衆, 見之. 須賈頓首言死罪, 曰:「賈不意君能自致於靑雲之上, 賈不敢復讀天下之書, 不敢復與天下之事. 賈有湯鑊之罪, 請自屛於胡貉之地, 唯君死生之!」范睢曰:「汝罪有幾?」曰:「擢賈之髮以續賈之罪, 尙未足.」范睢曰:「汝罪有三耳. 昔者, 楚昭王時而申包胥爲楚卻吳軍, 楚王封之以荊五千戶, 包胥辭不受, 爲丘墓之寄於荊也. 今睢之先人丘墓亦在魏, 公前以睢爲有外心於齊而惡睢於魏齊, 公之罪一也. 當魏齊辱我於廁中, 公不止, 罪二也. 更醉而溺我, 公其何忍乎? 罪三矣. 然公之所以得無死者, 以綈袍戀戀, 有故人之意, 故釋公.」乃謝罷. 入言之昭王, 罷歸須賈.

須賈辭於范雎, 范雎大供具, 盡請諸侯使, 與坐堂上, 食飮甚設. 而坐須賈於堂下, 置莝豆其前, 令兩黥徒夾而馬食之. 數曰:「爲我告魏王, 急持魏齊頭來! 不然者, 我且屠大梁.」須賈歸, 以告魏齊. 魏齊恐, 亡走趙, 匿平原君所.

불행에 대한 세 가지 예측

범저가 재상이 된 뒤, 어느 날 왕계가 범저에게 말하였다.

"지금 예측할 수 없는 일이 셋이 있고, 어떻게 할 수 없는 것이 또한 셋이 있습니다. 왕이 언제 돌아가실 지 모르는 이것이 예측할 수 없는 일의 하나입니다. 상공께서 갑자기 관사를 버리고 세상을 등질지 모르는 이것이 예측하기 어려운 것의 둘입니다. 내가 언제 구렁에 빠져 죽을지 모르는 이것이 예측하기 어려운 것의 셋입니다.

하루 아침 왕이 돌아가셨을 경우, 상공이 나를 왕에게 진작 천거하지 못한 것을 후회해 봐야 이미 어찌해 볼 수 없는 일입니다. 상공께서 관사를 버리고 세상을 등질 경우, 저를 등용하지 않은 것을 후회해도 그때는 이미 어찌해 볼 수 없는 일입니다. 내가 갑자기 구렁에 빠져 죽게 되었을 때 내게 대해 똑같은 후회를 해도 그때 역시 어찌해 볼 수 없는 일입니다."

범저는 불쾌하게 생각되었다. 그러나 왕에게 가서 말하였다.

"왕계처럼 진나라에 대해 충성을 가진 사람이 없었던들 신은 함곡관을 지나 이리로 오지 못하였을 것입니다. 또 대왕과 같은 현군이 아니었다면 신은 높은 지위에 오를 수 없었을 것입니다. 지금 신의 벼슬은 재상에 이르고 작위는 열후에 있는데, 왕계의 벼슬은 아직도 알자謁者에 머물러 있습니다. 이것은 신을 진나라로 데리고 온 왕계의 본뜻이 아닐 줄로 압니다."

이리하여 소왕은 왕계를 불러 하동河東 태수에 임명하였다. 그런데 왕계는 부임한 지 9년이 지나도 행정에 관한 보고를 한 번도 올리지 않았다.

범저는 또 정안평을 천거하여 그는 장군에 올랐다. 그리고 범저는 다시 자기 집 재물을 풀어 일찍이 가난하게 살 때 신세 진 사람에게 일일이 보답을 하였다. 그때 단 한 끼의 밥을 대접받았더라도 반드시 이를 갚았고, 또 한 번 눈만 흘긴 원한이라도 반드시 앙갚음을 하였다.

范雎旣相, 王稽謂范雎曰:「事有不可知者三, 有不可柰何者亦三. 宮車一日晏駕, 是事之不可知者一也. 君卒然捐館舍, 是事之不可知者二也. 使臣卒然塡溝壑, 是事之不可知者三也. 宮車一日晏駕, 君雖恨於臣, 無可柰何. 君卒然捐館舍, 君雖恨於臣, 亦無可柰何. 使臣卒然塡溝壑, 君雖恨於臣, 亦無可柰何.」范雎不懌, 乃入言於王曰:「非王稽之忠, 莫能內臣於函谷關; 非大王之賢聖, 莫能貴臣. 今臣官至於相, 爵在列侯, 王稽之官尙止於謁者, 非其內臣之意也.」昭王召王稽, 拜爲河東守, 三歲不上計. 又任鄭安平, 昭王以爲將軍. 范雎於是散家財物, 盡以報所嘗困戹者. 一飯之德必償, 睚眦之怨必報.

원수의 머리를 가져오라

범저가 진나라 재상이 된 지 2년, 진나라 소왕 42년에 동쪽으로 한나라의 소곡少曲·고평高平을 쳐서 이를 함락시켰다. 진나라 소왕은 위제가 평원군 밑에 숨어 있다는 말을 듣고는 범저를 위하여 기어코 원수를 갚아 줄 생각이었다. 이에 친선을 도모하는 척하는 편지를 평원군에게 보냈다.

"과인은 공자의 높은 이름을 듣고 있습니다. 그리하여 공자와 지위를 묻지 않는 인간으로서의 교제를 맺기가 소원입니다. 바라건대 과인의 나라로 찾아와 주십시오. 공자와 열흘을 두고 술자리를 함께 하며 즐기려 합니다."

평원군은 진나라가 두렵기도 하고 소왕의 말이 그럴 듯하게도 생각되었다. 그런데 끝내 진나라로 들어가 소왕을 만났다. 소왕은 평원군과 며칠에 걸쳐 술자리를 함께 한 다음 말을 꺼냈다.

"옛날 주나라 문왕은 여상呂尙을 얻어 '태공太公'으로 받들었고, 제나라 환공桓公은 관이오管夷吾를 얻어 '중보仲父'라 높였습니다. 지금 범군范君도 또한 과인의 '숙부叔父'와 같은 존재입니다. 그런데 범군의 원수가 지금 공자의 집에 있습니다. 청컨대 사람을 보내 그 원수의 머리를 베어 오도록 해 주시오. 그렇지 못하면 공자를 함곡관 밖으로 내보내지 않겠습니다."

평원군은 대답하였다.

"높은 자리에 있으면서 사람과 사귀게 되는 것은 천한 몸으로 떨어졌을 때 도움을 받고 싶은 생각 때문입니다. 부유할 때 벗을 사귀게 되는 것은 가난하게 되었을 때 도움을 받기 위해서입니다. 위제는 내 친구입니다. 설사 내 집에 있더라도 그를 내놓을 수는 없습니다. 게다가 지금 내 집에는 있지 않습니다."

그러자 진나라 소왕은 이번에는 조나라 왕에게 편지를 보냈다.

"지금 평원군은 진나라에 와 있습니다. 우리 범군의 원수인 위제가 평원군의 집에 있으니 왕께서는 사자편에 그의 머리를 빨리 보내 주시오. 그렇지 않으면 군사를 일으켜 조나라를 칠 것이며, 또 왕의 아우 평원군을 함곡관 밖으로 내보내지도 않겠소."

范雎相秦二年, 秦昭王之四十二年, 東伐韓少曲·高平, 拔之.

秦昭王聞魏齊在平原君所, 欲爲范雎必報其仇, 乃詳爲好書遺平原君曰:「寡人聞君之高義, 願與君爲布衣之友, 君幸過寡人, 寡人願與君爲十日之飮.」平原君畏秦, 且以爲然, 而入秦見昭王. 昭王與平原君飮數日, 昭王謂平原君曰:「昔周文王得呂尙以爲太公, 齊桓公得管夷吾以爲仲父, 今范君亦寡人之叔父也. 范君之仇在君之家, 願使人歸取其頭來; 不然, 吾不出君於關.」平原君曰:「貴而爲交者, 爲賤也; 富而爲交者, 爲貧也. 夫魏齊者, 勝之友也, 在, 固不出也, 今又不在臣所.」昭王乃遺趙王書曰:「王之弟在秦, 范君之仇魏齊在平原君之家. 王使人疾持其頭來; 不然, 吾擧兵而伐趙, 又不出王之弟於關.」

범저로 인해 제후들이 벌벌 떨다

이에 조나라 효성왕孝成王은 급히 군사를 보내 평원군의 집을 포위하였으나, 위제는 밤을 틈타 도망쳐서 조나라 재상 우경虞卿에게로 가서 매달렸다.

우경은 여러 모로 생각해 보았으나, 조나라 왕을 설득시킬 방법이 없다 생각하고 자신의 재상 인수를 풀어놓고 위제와 함께 몰래 조나라를 떠나버렸다.

그리고 의지할 만한 제후들을 생각해 보았으나 갑자기 찾아갈 만한 곳이 없었다. 우선 대량으로 가서 신릉군信陵君의 주선을 받아 초나라로 달아나려 하였다. 신릉군은 두 사람이 왔다는 소식을 들었으나, 진나라가 겁이 나는지라 만날 생각도 않고 묻기부터 하였다.

"우경은 대체 어떤 인물이오?"

그 때 후영侯嬴이 신릉군 옆에 있다가 이렇게 말하였다.

"사람은 원래 자신을 알기 힘든 것이지만 남을 아는 것도 쉬운 일은 아닙니다. 저 우경이란 사람은 짚신을 신고 자루 긴 관을 쓴 초라한 모습으로 한번 조나라 왕을 만나보고 구슬 한 쌍과 황금 100일을 상으로 받았고, 두 번 만난 후 상경에 임명되었으며, 세 번 만나보자 재상의 인수를 받고 만호후萬戶侯에 봉해졌습니다. 그 당시는 천하가 다투어 그를 알려고 하였습니다. 그런데 위제가 올데갈데 없어 우경에게 매달리자 우경은 높은 작록爵祿도 중하게 여기지 않고 재상의 인수를 돌려 주고, 만호후의 녹도 버린 채 몰래 이리로 찾아온 것입니다. 즉 남의 어려움을 중하게 생각하여 공자를 의지하러 온 것입니다. 그런데 공자께서는 어떤 인물이냐고 물었습니다. 사람은 자기를 알기도 어렵지만 남을 아는 것도 쉬운 일은 아닙니다."

신릉군은 크게 부끄러워하며 마차를 몰고 들 밖으로 나가 두 사람을 맞았다. 그러나 위제는 이미 신릉군이 자기를 만나기를 주저하고 있다는 소식을 듣고 노여움에 못 견뎌 스스로 목숨을 끊고 난 뒤였다.

조나라 왕은 이 소식을 듣고 끝내는 그의 머리를 얻어 진나라로 보내 주었다. 진나라 소왕은 평원군을 조나라로 돌려보냈다.

趙孝成王乃發卒圍平原君家, 急, 魏齊夜亡出, 見趙相虞卿. 虞卿度趙王終不可說, 乃解其相印, 與魏齊亡, 閒行, 念諸侯莫可以急抵者, 乃復走大梁, 欲因信陵君以走楚. 信陵君聞之, 畏秦, 猶豫未肯見, 曰:「虞卿何如人也?」時侯嬴在旁, 曰:「人固未易知, 知人亦未易也. 夫虞卿躡屩檐簦, 一見趙王,賜白璧一雙, 黃金百鎰; 再見, 拜爲上卿; 三見, 卒受相印, 封萬戶侯. 當此之時, 天下爭知之. 夫魏齊窮困過虞卿, 虞卿不敢重爵祿之尊, 解相印, 捐萬戶侯而閒行. 急士之窮而歸公子, 公子曰『何如人』. 人固不易知, 知人亦未易也!」信陵君大慙, 駕如野迎之. 魏齊聞信陵君之初難見之, 怒而自剄. 趙王聞之, 卒取其頭予秦. 秦昭王乃出平原君歸趙.

조나라에 반간계를 쓰다

소왕 43년, 진나라는 한나라의 분汾과 형陘 땅을 쳐서 이를 함락시킨 다음 황하黃河 가까이 있는 광무廣武에다 성을 쌓았다.

그로부터 5년 뒤에 소왕은 응후 범저의 계교를 써서 첩자를 조나라에 보내어 반간계를 써서 조나라는 염파廉頗 대신 마복군馬服君의 아들인 조괄趙括을 장군에 임명하였다. 진나라는 조나라 군사를 장평長平에서 크게 깨뜨리고 마침내는 수도 한단을 포위하였다.

昭王四十三年, 秦攻韓汾陘, 拔之, 因城河上廣武.

後五年, 昭王用應侯謀, 縱反閒賣趙, 趙以其故, 令馬服子代廉頗將. 秦大破趙於長平, 遂圍邯鄲.

끝까지 범저를 감싸 준 소왕

그 얼마 뒤 응후는 무안군武安君 백기白起와 사이가 벌어져 그를 중상해 죽이고 말았다. 그리고 정안평을 장군으로 추천하여 조나라를 치게 하였다. 그런데 정안평은 조나라 군대에 포위되어 위험한 지경에 이르자 군사 2만을 거느린 채 조나라에 항복하고 말았다.

이 때문에 응후는 짚자리를 깔고 앉아 왕에게 처형을 청하였다. 본래 진나라 법에는 사람을 추천하였을 경우, 추천받은 사람이 죄를 범하게 되면 추천한 사람도 그와 똑같은 처벌을 받게 되어 있었다. 이에 따라 응후의 죄는 삼족을 멸하는 죄에 해당되지만, 진나라 소왕은 응후가 불안해 할 것을 염려하여 전국에 포고령을 내려 '감히 정안평의 사건을 말하는 자가 있으면 정안평과 같은 처벌을 받을 것이다'라고 하였다. 그리고 상국인 응후에게는 먹을 것을 평상시보다 더 많이 하사하여 그의 마음을 달래 주었다.

그로부터 2년 뒤, 이번에는 왕계가 하동 태수로 있으면서 제후와 내통하다가 법에 저촉되어 사형을 받게 되었다. 응후는 갈수록 마음이 불안해졌다.

그런 어느 날 소왕이 조정에 나와 있으면서 한숨을 내쉬었다. 그러자 응후가 나와서 말하였다.

"신이 듣건대 '임금이 근심이 있으면 신하는 욕을 당하게 되고, 임금이 욕을 당하면 신하는 죽는다'라고 하였습니다. 지금 대왕께서는 조회 도중에 근심스런 모습을 보이셨습니다. 이는 신의 부족한 탓이오니 감히 죄를 듣고자 하옵니다."

소왕이 말하였다.

"내가 듣기로는 초나라의 철검鐵劍은 매우 예리하나 광대들은 서투르다 하오. 철검이 예리하면 군사들은 용감할 것이며 광대들이 서툴다면 생각이 깊은 것이 아니겠소? 깊은 생각을 가지고 용감한 군사를 부리게 된다면 초나라가 진나라를 꾀하게 되지 않을까 두려운 생각이 듭니다. 대개 세상일이란 미리부터 준비가 없으면 급한 경우에 대처할 수 없는 거요. 지금 우리나라에는 무안군이 이미 죽었고 정안평의 무리들은 나라를 배반하였소. 안에는 좋은 장수가 없고 밖으로는 적국이 많은 형편이라 그것이 걱정이 되는 것이오."

소왕은 이렇게 응후를 격려하려 하였던 것이지만, 응후는 도리어 황공해서 몸둘 곳을 몰라하였다. 그 무렵 이 소식을 전해들은 채택이 진나라를 찾아왔다.

已而與武安君白起有隙, 言而殺之. 任鄭安平, 使擊趙. 鄭安平爲趙所圍, 急, 以兵二萬人降趙. 應侯席稿請罪. 秦之法, 任人而所任不善者, 各以其罪罪之. 於是應侯罪當收三族. 秦昭王恐傷應侯之意, 乃下令國中:「有敢言鄭安平事者, 以其罪罪之.」而加賜相國應侯食物日益厚, 以順適其意. 後二歲, 王稽爲河東守, 與諸侯通, 坐法誅. 而應侯日益以不懌.

昭王臨朝歎息, 應侯進曰:「臣聞:『主憂臣辱, 主辱臣死』. 今大王中朝而憂, 臣敢請其罪.」昭王曰:「吾聞楚之鐵劍利而倡優拙. 夫鐵劍利則士勇, 倡優拙則思慮遠. 夫以遠思慮而御勇士, 吾恐楚之圖秦也. 夫物不素具, 不可以應卒, 今武安君旣死, 而鄭安平等畔, 內無良將而外多敵國, 吾是以憂.」欲以激勵應侯. 應侯懼, 不知所出. 蔡澤聞之, 往入秦也.

〈2〉채택蔡澤

일부러 범저를 노하게 하다

채택蔡澤은 연燕나라 사람이다. 그는 각처로 다니며 공부를 하였고, 벼슬을 얻기 위하여 크고 작은 제후들을 무수히 찾아다녔으나 뜻을 이루지 못하였다. 이에 채택은 당거唐擧에게 관상을 보러 가서 말하였다.

"소문에 의하면 선생께서 이태李兌의 관상을 보고 100일 안에 나라의 정권을 잡겠다고 하였다는데 그것이 사실입니까?"

당거가 말하였다.

"그렇소."

채택은 이렇게 부탁하였다.

"그럼 나 같은 사람은 어떻습니까?"

당거는 한참동안 물끄러미 바라보더니 웃으며 말하였다.

"선생은 납작코에 어깨는 목보다도 높이 솟아 있고 툭 불거진 이마에 얼굴은 상투처럼 생겼으며 쭈글쭈글한 콧대에 다리마저 활처럼 휘어 있습니다. '성인聖人의 상相은 보아도 모른다'고 하였는데 그 말이 바로 선생을 두고 한 말 같소."

채택은 당거가 농담을 하고 있는 것으로 알고 이렇게 말하였다.

"부귀는 내가 본래부터 가지고 있는 거요. 내가 알 수 없는 것은 수명뿐이니 그것이나 좀 알았으면 좋겠소."

당거는 이렇게 말하였다.

"선생은 앞으로 43년을 더 사시게 될 겁니다."

채택은 웃으며 고맙다는 인사를 하고 떠나면서 마부에게 말하였다.

"내가 쌀밥에 연한 고기반찬을 먹고 준마를 몰고 다니며, 황금 직인을 가슴에 품고 자줏빛 인수를 허리에 차고, 임금 앞을 오고 가는 부귀한 생활을 할 수 있다면 43년만으로도 충분하겠지."

그리고 그 길로 조나라로 갔으나 결국 쫓겨나고 말았으며, 이에 다시 한·위나라로 갔으나 가지고 다니던 가마솥과 세발 솥마저 도중에서 도적을 만나 빼앗기고 말았다.

그런데 응후가 정안평·왕계를 진나라 왕에게 천거하였다가 그들이 모두 진나라에 대해 중죄를 지게 되어 몹시 불안해하고 있다는 소식을 듣고는 그는 진나라로 향하였다.

그리고는 소왕과 만날 기회를 만들고자 먼저 사람들에게 다음과 같은 소문을 퍼뜨려 응후를 격분시키고자 하였다.

"연나라 사람 채택은 천하의 영웅호걸로서 변론이 뛰어나고 지혜가 놀라운 선비이다. 그가 한 번 진나라 왕을 만나기만 하면 왕은 그를 좋아하여 틀림없이 범저를 궁지로 몰아넣고 필경은 그의 지위를 빼앗게 될 것이다."

蔡澤者, 燕人也. 游學干諸侯小大甚衆, 不遇. 而從唐擧相, 曰:「吾聞先生相李兌, 曰『百日之內持國秉』, 有之乎?」曰:「有之.」曰:「若臣者何如?」唐擧孰視而笑曰:「先生曷鼻, 巨肩, 魋顔, 蹙齃, 膝攣. 吾聞聖人不相, 殆先生乎?」蔡澤知唐擧戲之, 乃曰:「富貴吾所自有, 吾所不知者壽也, 願聞之.」唐擧曰:「先生之壽, 從今以往者四十三歲.」蔡澤笑謝而去, 謂其御者曰:「吾持梁刺齒肥, 躍馬疾驅, 懷黃金之印, 結紫綬於要, 揖讓人主之前, 食肉富貴, 四十三年足矣.」去之趙, 見逐. 之韓·魏, 遇奪釜鬲於塗. 聞應侯任鄭安平·王稽皆負重罪於秦, 應侯內慙, 蔡澤乃西入秦.

將見昭王, 使人宣言以感怒應侯曰:「燕客蔡澤, 天下雄俊弘辯智士也. 彼一見秦王, 秦王必困君而奪君之位.」

채택과 응후의 대면

응후가 그 소문을 듣자 이렇게 말하였다.

"오제五帝와 하·은·주 삼대의 사적과 제자 백가의 학설은 나도 이미 알고 있은 지 오래다. 또 많은 사람들의 변론도 내가 다 누를 수 있었다. 그가 어떻게 나를 궁지로 몰아넣고 내 지위를 빼앗을 수 있다는 말인가?"

그리고는 사람을 보내어 채택을 불렀다. 채택은 응후를 만나자 가볍게 손만 들어 보였다. 응후는 처음부터 불쾌한 생각을 가졌지만 만나보니 더욱 거만한지라 이렇게 꾸짖었다.

"그대가 나를 대신해서 진나라 재상이 된다고 큰소리치며 다녔다는데, 그것이 사실인가?"

채택이 말하였다.

"그렇소."

범저가 말하였다.

"어디 그 이야기나 한 번 들어보자."

채택이 말하였다.

"아직도 그 이유를 모르고 있단 말입니까? 봄·여름·가을·겨울도 각각 맡았던 일을 끝내면 다음 계절과 교대합니다. 사람이 세상에 태어난 이상 몸의 온갖 곳이 건강하고, 손발이 말을 잘 듣고, 귀와 눈이 밝고, 마음이 광명하고 지혜로운 것이 선비된 사람의 소원이 아니겠습니까?"

범저가 대답하였다.

"물론 그렇소."

채택이 말하였다.

"인仁을 바탕으로 의義를 지키며 도를 행하고 덕을 베푼다면 천하에 자기 뜻을 이루는 것이고, 천하 사람들이 모두 그리워하며 사랑하고 존경하여 임금으로도 떠받들고 싶어한다면, 이것이야말로 변설이 뛰어나고 지모를 가진 선비들의 기대하는 바가 아니겠습니까?"

범저가 대답하였다.

"그것도 그렇소."

채택이 말을 계속하였다.

"부귀와 명예를 함께 누리며, 천하 만물을 올바르게 처리하여 각기 제자리를 찾게 하고, 하늘이 준 수명을 다하여 요절하는 일이 없으며,

천하 사람들이 전통을 이어 사업을 지켜 나가 영원토록 전해 가도록 해주고, 이름과 실상이 참되어 그 은택이 천 리 먼 곳에까지 미치며, 대대로 이를 칭송하여 끊임없이 천지와 더불어 함께 한다면, 이것이 곧 도덕의 실현이니 성인이 말하듯 상서롭고 좋은 일이 아니겠습니까?"

범저가 말하였다.

"물론 그렇소."

채택이 다시 말을 이었다.

"저 진나라 상군商君과 초나라 오기吳起, 월나라 대부 문종文種 같은 사람들은 결과에 있어서 선비들이 바라고 원하는 인물이 될 수 있겠습니까?"

응후는 채택이 자기를 궁지로 몰아넣고 설득시킬 계획임을 알아차리게 되었다. 이에 마음에도 없는 대답을 하였다.

"바라서 안 될 것이 무엇 있겠소? 대저 공손앙公孫鞅이 진나라 효공孝公을 섬기게 되었을 때에는, 몸과 마음을 다해 자신의 일을 돌아보지 않고 나라일을 위해 충성을 바쳤소. 그는 법령을 만들어 간사한 행위를 금하였으며, 상벌을 참되게 실시하여 세상을 바로잡았던 것이오. 참된 마음, 참된 뜻을 피력하는 데서 남의 원한을 사게 되는 것도 마다하지 않으며, 옛 친구를 속여 위나라 공자 앙卬을 사로잡았고, 진나라 사직을 평안히 하여 백성들을 이롭게 하였으며, 마침내는 진나라를 위해 적장을 사로잡았고, 적군을 깨뜨려 영토를 천 리나 넓히지 않았소?

오기가 초나라 도왕悼王을 섬길 때에는, 사사로운 이익으로 공익을 해치지 못하게 하고, 참소하는 말이 충신을 가로막지 못하도록 하였으며, 말을 억지로 꾸며대지 않고, 도리에 맞지 않는 행동을 구차하게 하지 않았으며, 위험에 직면해 있어도 방침을 바꾸지 않고, 의로운 행동이라면 어려움을 피하지 않았으며, 임금을 패자로 하고, 나라를 강하게 하기 위해서는 화와 재앙을 사양치 않았던 것이오. 대부 문종이 월왕 구천句踐을 섬길 때에는, 충성을 다해 조금도 게을리함이 없었으며, 임금이 죽거나 망할 위험에 놓였어도 있는 재주를 다해 떠나지 않았고, 공을 이루어도 자랑함이 없었으며, 부귀한 몸이 되어도 교만하거나 게으름 피우는 일이 없었소.

이들 세 사람은 원래가 의리와 충성이 지극하였소. 군자는 의를 위해서는 어려운 일을 당해 죽는 것도 마다하지 않으며, 죽는 것을 내 집에 돌아가듯이 하고, 살아서 욕을 당하는 것보다는 죽어서 이름을 남기는 것을 귀하게 여기는 것이오. 선비란 원래 자기 몸을 죽여 이름을 남기는 것이며 정의를 위해서는 죽음도 사양치 않는 것이오. 어째서 이들 세 사람이 선비가 바라는 대상이 될 수 없단 말이오?"

應侯聞, 曰:「五帝三代之事, 百家之說, 吾旣知之, 衆口之辯, 吾皆摧之, 是惡能困我而奪我位乎?」使人召蔡澤. 蔡澤入, 則揖應侯. 應侯固不快, 及見之, 又倨, 應侯因讓之曰:「子嘗宣言欲代我相秦, 寧有之乎?」對曰:「然.」應侯曰:「請聞其說.」蔡澤曰:「吁, 君何見之晩也! 夫四時之序, 成功者去. 夫人生百體堅彊, 手足便利, 耳目聰明而心聖智, 豈非士之願與?」應侯曰:「然.」蔡澤曰:「質仁秉義, 行道施德, 得志於天下, 天下懷樂敬愛而尊慕之, 皆願以爲君王, 豈不辯智之期與?」應侯曰:「然.」蔡澤復曰:「富貴顯榮, 成理萬物, 使各得其所; 性命壽長, 終其天年而不夭傷; 天下繼其統, 守其業, 傳之無窮; 名實純粹, 澤流千里, 世世稱之而無絶, 與天地終始: 豈道德之符而聖人所謂吉祥善事者與?」應侯曰:「然.」

蔡澤曰:「若夫秦之商君, 楚之吳起, 越之大夫種, 其卒然亦可願與?」應侯知蔡澤之欲困己以說, 復謬曰:「何爲不可? 夫公孫鞅之事孝公也, 極身無貳慮, 盡公而不顧私; 設刀鋸以禁姦邪, 信賞罰以致治; 披腹心, 示情素, 蒙怨咎, 欺舊友, 奪魏公子卬, 安秦社稷, 利百姓, 卒爲秦禽將破敵, 攘地千里. 吳起之事悼王也, 使私不得害公, 讒不得蔽忠, 言不取苟合, 行不取苟容, 不爲危易行, 行義不辟難, 然爲霸主强國, 不辭禍凶. 大夫種之事越王也, 主雖困辱, 悉忠而不解, 主雖絶亡, 盡能而弗離, 成功而弗矜, 貴富而不驕怠. 若此三子者, 固義之至也, 忠之節也. 是故君子以義死難, 視死如歸; 生而辱不如死而榮. 士固有殺身以成名, 唯義之所在, 雖死無所恨. 何爲不可哉?」

◎ 임금이 성스럽고 신하가 어질다면

채택이 말하였다.

"임금이 성스럽고 신하가 어질다면 이는 천하의 지극한 복입니다. 임금이 밝고 신하가 정직한 것은 나라의 복입니다. 아비가 자비롭고 자식이 효심이 두터우며, 남편이 성실하고 아내가 정숙한 것은 집안의 복입니다. 그런데 비간比干은 충성스러웠으나 은나라를 보존시키지 못하였고, 오자서伍子胥는 지혜로웠으나 오나라를 온전하게 하지 못하였으며, 신생申生은 효도를 다하였으나 진晉나라는 어지러워졌습니다.

이들은 모두 충신이요 효자였지만, 나라와 집이 망하고 어지러워진 것은 무엇 때문이었겠습니까? 그것은 지혜로운 임금과 현명한 아비가 없어, 충신과 효자의 말을 듣지 않았기 때문입니다. 그러기에 세상 사람들은 그런 임금과 아비를 더러운 사람이라 하여 천하게 여기고, 그런 신하와 아들을 가엾게 생각하였던 것입니다. 그런데 상군·오기·대부 종은 신하로서는 훌륭하였으나, 그들의 임금이 훌륭하지 못하였던 것입니다. 그러므로 세상에서는 세 사람이 공을 세우고도 자랑삼지 않은 점을 칭찬하지만 세상을 만나지 못하고 죽고 만 것을 부러워하지는 않습니다.

만일 죽음을 당한 뒤라야 충성이 되고, 이름을 이루게 되는 것이라면 미자微子는 어진 사람이 될 수는 없고, 공자도 성인일 수는 없으며 관중도 위대하다 할 수 없습니다. 또 공을 세울 때 어찌 완전하기를 기대하지 않는 사람이 있겠습니까? 그 몸과 이름이 함께 온전한 사람이 가장 훌륭하고, 이름은 남의 본받을 바가 되나 몸을 보전하지 못한 것은 그 다음이며, 이름은 욕되어도 그 몸만은 온전한 사람이 가장 아래가 되는 것입니다."

응후가 말하였다.

"과연 옳은 말이오."

채택은 비로소 인정을 받은 것으로 여겨 말을 계속하였다.

"저 상군·오기·대부 종은 신하로서 충성을 다하고 공을 세운 점에서는 선비 된 사람의 바라는 대상이 될 수 있으나, 굉요閎夭가 주나라 문왕을 섬기고, 주공周公이 주나라 성왕成王을 도운 것도 또한 충성스럽고 성스러운 것이 아니겠습니까? 또한 임금과 신하의 관계에서 보면 상군·오기·대부 종 세 사람과 굉요·주공과는 어느 쪽이 선비들이 바라는 사람이겠습니까?"

응후가 말하였다.

"상군·오기·대부 종이 못하겠지요."

채택이 계속해서 말하였다.

"다음으로 지금 상공의 왕이 인자하여 충신들을 신임하고 옛 친구들을 후하게 대접하며, 어질고 지혜로워 도를 지킬 줄 아는 선비들과 굳게 사귀며, 의를 지켜 공을 세운 신하를 저버리지 않는 점에서는 진나라 효공과 초나라 도왕과 월나라 왕 구천과 어느 쪽이 더 낫겠습니까?"

응후가 말하였다.

"그건 알 수가 없소."

채택이 말을 이었다.

"지금의 왕이 충신을 신임하는 정도는, 진나라 효공·초나라 도왕·월나라 왕 구천만 못합니다. 그리고 상공이 지혜와 재주를 다하여 임금을 위해 위태로운 것을 편안히 하여 정치를 바로잡고, 어지러운 것을 다스려 군사를 강하게 하며, 근심 걱정을 없애고, 영토를 넓혀 수확을 늘림으로써 나라를 부하게 하고 가정을 넉넉하게 만들며, 임금을 권위 있게 하여 사직을 높이고, 종묘를 빛나게 함으로써 천하에 감히 임금을 업신여기거나 침범할 자가 없어 그 결과 임금의 위엄이 세상을 덮게 되고, 공적이 만 리 밖에까지 미쳐 빛나는 이름이 천세토록 전하게 되는 점에서는 상공과 상군·오기·대부 종을 비교한다면, 어느 쪽이 더 낫습니까?"

응후가 대답하였다.

"내가 미치지 못하오."

채택이 말을 이었다.

"지금의 왕께서 충신을 가까이하고, 옛 친구를 잊지 않는 점에서는 효공·도왕·구천만 못하고, 상공의 공적과 임금의 사랑과 신임을 받는 정도가 또한 상군·오기·대부 종에 미치지 못합니다. 그런데 상공의 봉록은 후하고 지위는 높으며 가진 재산도 세 사람보다 많습니다. 만일 상공이 물러나지 않고 그대로 자리를 차지하고 있다면, 아마 상공이 받을 화와 근심은 세 사람보다 클 것입니다. 그 점을 이 사람은 상공을 위해 적이 두려워하고 있습니다.

옛말에도 '해가 중천에 오르면 이윽고 서쪽으로 기울게 되며, 달도 차면 기운다'라 하였습니다. 만물이 성하면 곧 쇠하는 것은 천지의 공평한 이치이며, 나아가고 물러서는 것, 굽히고 펴는 것이 때에 따라 바뀌는 것은 성인의 영원한 도리입니다. 그러므로 나라에 도가 행해지면 나아가서 벼슬하고, 나라에 도가 행해지지 않으면 물러나 숨는 것이 당연한 일입니다. 성인은 '나는 용이 하늘에 있으면 덕 있는 자를 만나는 것이 이롭다'라 하였고, '의롭지 못한 부귀는 내게 있어 뜬구름과 같다'고도 하였습니다. 지금 상공께서는 남에게서 받은 원한과 은혜는 갚을 대로 다 갚았으며 바라고 원하는 것은 다 이루었습니다. 그런데 상공께서는 변화에 대응할 수 있는 대책을 세우지 않고 있습니다. 상공을 위해 그대로 있을 수 없습니다.

그리고 또 물총새며 따오기, 코뿔소나 코끼리들만 해도 그들이 살고 있는 곳이 그렇게 안전한 곳이 아니지만 그런 대로 하늘이 내려 준 수명을 누릴 수 있습니다. 그런데도 잡혀 죽게 되는 것은 먹이를 탐하는 욕심에 끌리기 때문입니다. 소진蘇秦과 지백智伯의 지혜는 욕된 것은 피하고 죽음의 위험을 멀리하기에 부족하지 않았지만 그들이 죽음을 당한 것은 이익을 탐하는 데 마음이 빠져 그칠 줄을 몰랐기 때문입니다. 그러므로 성인은 예의를 만들어 욕심을 억제하고, 백성으로부터 세금을 거두는 데도 한도가 있고, 백성을 부리는 데도 그 농사철이 아닌 때를 고르도록 제한을 두었던 것입니다. 그러므로 생각은 지나치지 않고 행동은 교만하지 않으며 항상 도리에 맞아 어김이 없고, 천하 사람들도 그것을 본받아 이어 감으로써 끊이지 않는 것입니다.

옛날 제나라 환공은 제후들을 아홉 차례나 규합하여 처음으로 천하를 바로잡았으나, 규구葵邱의 회맹에서 교만한 마음을 보여 아홉 나라나 배반하게 되었습니다. 오나라 왕 부차夫差의 군사들은 용감하여 천하에 당할 자가 없었지만, 강대한 힘만 믿고 제후들을 업신여기고 제·진晉나라를 누르려다 결국 자신은 죽고 나라는 망하였습니다. 하육夏育과 태사太史교噭는 한번 호령하면 3군을 놀라게 하는 용사였습니다. 그러나 하찮은 사람에게 죽고 말았습니다. 이는 모두 가장 높은 지위에 올랐을 때 본연의 도리로 돌아오지 않고, 겸손하게 물러나 검약하게 처신을 못한 데서 일어난 화였습니다.

저 상군은 진나라 효공을 위해 법령을 정비하여 범죄의 원인을 없애고, 공이 있는 사람은 계급을 높여 반드시 상을 주고, 죄 있는 사람은 반드시 벌을 주었으며, 저울을 반듯이 하고 길이를 재고 부피를 헤아리는 것을 바르게 하며, 농지를 정리하여 논밭 사이 작은 길을 없애 백성들의 생활을 안정시키고, 풍속을 똑같이 하고, 백성들에게 농사일을 장려하여 땅의 생산력을 올리며, 한 집에서 두 가지 생업을 하지 못하게 하고, 농사에 힘을 기울여 식량을 쌓아 두게 하는 한편 전쟁에 관한 훈련도 시켰습니다. 그러므로 전쟁이 있을 때마다 영토는 넓어졌고, 전쟁이 없으면 나라는 강해졌습니다. 이리하여 진나라는 천하에 적이 없고, 위엄은 제후들을 누르게 되어 진나라의 공업을 이루었습니다. 그런데 공이 이루어지자 상군은 거열형에 처해지고 말았습니다.

초나라는 땅이 사방 수천 리에 달하였고, 창을 든 전사가 백만에 이르는 큰 나라였으나, 백기는 겨우 수만 명의 군사를 이끌고 초나라와 싸워 한 번 싸움에 언鄢·영郢을 쳐서 앗고 이릉夷陵을 불살랐으며, 두 번 싸워 남쪽으로 촉나라와 한漢나라를 병합하였습니다. 또 한·위나라를 지나 강대한 조나라를 쳐서, 북쪽으로 마복군馬服君 조괄趙括을 산 채로 묻고 40만 명이 넘는 많은 군사를 무찔러 이를 장평성 아래에서 전멸시킴으로써 흐르는 피는 내를 이루고 울부짖는 소리는 천지를 진동시켰습니다. 그리고 마침내는 한단을 포위하여 진나라로 하여금 제업帝業을 누리게 하였습니다. 원래 초나라와 조나라는 천하의 강국으로 진나라의 원수였습니다. 그런데도 그 뒤로 초나라와 조나라는 모두 겁이 나서 진나라를 칠 생각을 못한 것은 백기의 위세 때문입니다. 백기는 혼자 70여 성을 항복시켰습니다. 그런데 공을 이루게 되자, 마침내는 왕이 보낸 칼을 받고 두우杜郵에서 자결하였습니다.

오기는 초나라 도왕을 위해, 법을 세워 대신들의 무거운 권위를 낮추고 무능한 관리를 파면시키고, 쓸모 없는 직위를 없애 버리며, 필요하지 않은 벼슬을 줄이고 사사로운 청탁을 막았으며, 초나라 풍속을 하나로 만들고 유세를 금하며, 농부와 전사들을 철저히 훈련시켜 남쪽으로는 양주揚州의 월나라를 손에 넣고, 북쪽으로는 진陳나라와 채蔡나라를 병합시켰으며, 연횡과 합종의 외교정책을 버림으로써 유세를 일삼고 좇아다니는 선비들이 입을 열지 못하도록 만들고 당파를 만드는 것을 금하였습니다. 이로써 백성들을 격려하고 초나라 정치를 바로잡아 그 군사는 천하를 떨게 만들고 위엄은 제후들을 굴복시켰습니다. 그런데 공이 이루어지자, 오기는 마침내 사지가 찢겨죽는 형벌을 받고 말았습니다.

대부 문종은 월왕 구천을 위해 깊고 원대한 계책을 꾸며 회계會稽의 위급한 상황에서 벗어나게 하고, 망하게 된 나라를 다시 일으켜 치욕을 영예로 돌리고, 초원을 개간하여 새로운 고을로 만들며, 땅을 개간하여 곡식을 심고, 사방의 선비들을 거느리고 위아래의 힘을 하나로 뭉쳐 구천의 어짊을 돕고, 오왕 부차에게서 받은 원수를 갚고 마침내는 억센 오나라 왕을 사로잡고 월나라로 하여금 패업을 이룩하게 하였습니다. 그의 공적은 너무도 뚜렷하였고 사람들도 다 믿었지만, 구천은 그를 저버리고 죽였습니다.

위에 말한 네 사람은 공을 이룬 다음 물러나지 못한 탓으로 화를 입게 된 것으로, 이른바 '펴고 굽힐 줄을 모르며, 갈 줄만 알고 돌아올 줄을 모르는 사람'들인 것입니다. 범려范蠡는 이 이치를 알고 있어 초연히 세상을 피해 길이 도주공陶朱公으로서 살아남았던 것입니다.

상공께서 저 도박하는 사람을 보지 못하였습니까? 승부를 크게 단번에 내려는 사람이 있는가 하면, 끈기 있게 조금씩 이기려는 사람도 있습니다. 이 점은 상공도 잘 아시는 일입니다.

그런데 상공은 진나라 재상 자리에서 계획을 꾸미고 조정에 머문 채 다만 계책으로 제후들을 누르며, 삼천三川의 땅을 평정하여 의양宜陽의 부를 충실하게 하고, 양장羊腸의 험지를 돌파하여 태행도太行道를 막고, 또 범范과 중행中行으로 통하는 길을 끊어 6국이 합종할 수 없게 만들고, 천 리에 달하는 험한 벼랑 같은 곳에 잔도棧道를 놓아 촉蜀나라와 한나라로 통하게 함으로써 천하 제후들이 다같이 진나라를 두려워하도록 만들었습니다.

이리하여 진나라가 바라는 일은 이루어졌고 상공의 공은 극도에 이르렀습니다. 지금이야말로 진나라는 서서히 조금씩 공을 나누어야 할 시기입니다. 이러한 상황에서 물러나지 않는다면 상군·백기·오기·대부 종과 같은 처지가 됩니다.

듣건대 '물을 거울로 삼는 자는 자기의 얼굴을 볼 수 있고, 사람을 거울로 하는 자는 자신의 길흉을 안다'라고 하였습니다. 《서》에 '성공하였으면 그 자리에 오래 머물러 있지 말라'라고도 하였습니다. 왜 저들 네 사람의 화 가운데 몸을 두려 합니까? 어찌하여 이 기회에 재상의 인수를 돌려 주고 어진 사람에게 자리를 물려 준 다음, 물러나 바위 밑에 살며 냇가의 경치를 구경하며 살려 하지 않습니까?

그렇게 한다면 틀림없이 백이伯夷와 같은 청렴한 이름을 얻게 되고, 영원히 응후로 불리어 자자손손이 대대로 제후로 있게 되며, 허유許由와 연릉계자延陵季子처럼 겸양의 칭송을 받고, 왕자 교喬·적송자赤松子처럼 오래 살게 될 것입니다. 화를 입어 일생을 마치는 것과 어느 쪽이 낫겠습니까? 상공은 어느 쪽을 택하겠습니까? 만일 지금의 지위를 떠나는 것이 아까워서 어찌할까 하고 결단을 내리지 못한다면 반드시 저들 네 사람과 같은 화를 입게 될 것입니다.

《역》에 말하기를 '높이 올라간 용은 뉘우칠 날이 있게 된다'라 하였습니다. 이것은 오르기만 하고 내려갈 줄을 모르고, 펼 줄만 알고 굽힐 줄을 모르며, 나아가는 것만 알고 돌아설 줄을 모르는 자를 가리켜 하는 말입니다. 바라건대 깊이 생각하십시오!"

이를 모두 듣고 난 응후가 말하였다.

"잘 알았소. 나도 '욕심이 그칠 줄을 모르면 하고자 하는 것을 잃고, 가지고도 만족할 줄을 모르면 그 가진 것을 잃는다'라고 듣고 있습니다. 선생께서 다행스럽게 내게 가르쳐 주셨으니 삼가 가르침에 따르겠습니다."

그리고 곧 채택을 안으로 맞아들여 상객으로 모셨다.

蔡澤曰:「主聖臣賢, 天下之盛福也; 君明臣直, 國之福也; 父慈子孝, 夫信妻貞, 家之福也. 故比干忠而不能存殷, 子胥智而不能完吳, 申生孝而晉國亂.

是皆有忠臣孝子, 而國家滅亂者, 何也? 無明君賢父以聽之, 故天下以其君父爲僇辱而憐其臣子. 今商君·吳起·大夫種之爲人臣, 是也; 其君, 非也. 故世稱三子致功而不見德, 豈慕不遇世死乎? 夫待死而後可以立忠成名, 是微子不足仁, 孔子不足聖, 管仲不足大也. 夫人之立功, 豈不期於成全邪? 身與名俱全者, 上也. 名可法而身死者, 其次也. 名在僇辱而身全者, 下也.」於是應侯稱善.

蔡澤少得閒, 因曰: 「夫商君·吳起·大夫種, 其爲人臣盡忠致功則可願矣, 閎夭事文王, 周公輔成王也, 豈不亦忠聖乎? 以君臣論之, 商君·吳起·大夫種其可願孰與閎夭·周公哉?」應侯曰: 「商君·吳起·大夫種弗若也.」蔡澤曰: 「然則君之主慈仁任忠, 惇厚舊故, 其賢智與有道之士爲膠漆, 義不倍功臣, 孰與秦孝公·楚悼王·越王乎?」應侯曰: 「未知何如也.」蔡澤曰: 「今主親忠臣, 不過秦孝公·楚悼王·越王, 君之設智, 能爲主安危修政, 治亂彊兵, 批患折難, 廣地殖穀, 富國足家, 彊主, 尊社稷, 顯宗廟, 天下莫敢欺犯其主, 主之威蓋震海內, 功彰萬里之外, 聲名光輝傳於千世, 君孰與商君·吳起·大夫種?」應侯曰: 「不若.」蔡澤曰: 「今主之親忠臣不忘舊故不若孝公·悼王·句踐, 而君之功績愛信親幸又不若商君·吳起·大夫種, 然而君之祿位貴盛, 私家之富過於三子, 而身不退者, 恐患之甚於三子, 竊爲君危之. 語曰『日中則移, 月滿則虧』. 物盛則衰, 天地之常數也. 進退盈縮, 與時變化, 聖人之常道也. 故『國有道則仕, 國無道則隱』. 聖人曰『飛龍在天, 利見大人』. 『不義而富且貴, 於我如浮雲』. 今君之怨已讎而德已報, 意欲至矣, 而無變計, 竊爲君不取也. 且夫翠·鵠·犀·象, 其處勢非不遠死也, 而所以死者, 惑於餌也. 蘇秦·智伯之智, 非不足以辟辱遠死也, 而所以死者, 惑於貪利不止也. 是以聖人制禮節欲, 取於民有度, 使之以時, 用之有止, 故志不溢, 行不驕, 常與道俱而不失, 故天下承而不絕. 昔者, 齊桓公九合諸侯, 一匡天下, 至於葵丘之會, 有驕矜之志, 畔者九國. 吳王夫差兵無敵於天下. 勇彊以輕諸侯, 陵齊晉, 故遂以殺身亡國. 夏育·太史噭叱呼駭三軍, 然而身死於庸夫. 此皆乘至盛而不返道理, 不居卑退處儉約之患也. 夫商君爲秦孝公明法令, 禁姦本, 尊爵必賞, 有罪必罰, 平權衡, 正度量, 調輕重, 決裂阡陌, 以靜生民之業而一其俗, 勸民耕農利土, 一室無二事, 力田稸積, 習戰陳之事, 是以兵動而地廣, 兵休而國富, 故秦無敵於天下, 立威諸侯, 成秦國之業. 功已成矣, 而遂以車裂. 楚地方數千里, 持戟百萬, 白起率數萬之師以與楚戰, 一戰擧鄢郢以燒夷陵, 再戰南幷蜀漢. 又越韓·魏而攻彊趙, 北阬馬服, 誅屠四十餘萬之衆, 盡之于長平之下, 流血成川, 沸聲若雷, 遂入圍邯鄲, 使秦有帝業. 楚·趙天下之彊國而秦之仇敵也, 自是之後, 楚·趙皆懾伏不敢攻秦者, 白起之勢也. 身所服者七十餘城, 功已成矣, 而遂賜劍死於杜郵. 吳起爲楚悼王立法, 卑減大臣之威重, 罷無能, 廢無用, 損不急之官, 塞私門之請, 一楚國之俗, 禁游客之民, 精耕戰之士, 南收楊越, 北幷陳·蔡, 破橫散從, 使馳說之士無所開其口, 禁朋黨以勵百姓, 定楚國之政, 兵震天下, 威服諸侯. 功已成矣, 而卒枝解. 大夫種爲越王深謀遠計, 免會稽之危, 以亡爲存, 因辱爲榮, 墾草入邑, 辟地殖穀, 率四方之士, 專上下之力, 輔句踐之賢, 報夫差之讎, 卒擒勁吳, 令越成霸. 功已彰而信矣, 句踐終負而殺之. 此四子者, 功成不去, 禍至於此. 此所謂信而不能詘, 往而不能返者也. 范蠡知之, 超然辟世, 長爲陶朱公. 君獨不觀夫博者乎? 或欲大投, 或欲分功, 此皆君之所明知也. 今君相秦, 計不下席, 謀不出廊廟, 坐制諸侯, 利施三川, 以實宜陽, 決羊腸之險, 塞太行之道, 又斬范·中行之塗, 六國不得合從, 棧道千里, 通於蜀漢, 使天下皆畏秦, 秦之欲得矣, 君之功極矣, 此亦秦之分功之時也. 如是而不退, 則商君·白公·吳起·大夫種是也. 吾聞之:『鑒於水者見面之容, 鑒於人者知吉與凶』.《書》曰:『成功之下, 不可久處』. 四子之禍, 君何居焉? 君何不以此時歸相印, 讓賢者而授之, 退而巖居川觀, 必有伯夷之廉, 長爲應侯, 世世稱孤, 而有許由·延陵季子之讓, 喬松之壽, 孰與以禍終哉? 卽君何居焉? 忍不能自離, 疑不能自決, 必有四子之禍矣.《易》曰:『亢龍有悔』, 此言上而不能下, 信而不能詘, 往而不能自返者也. 願君孰計之!」應侯曰:「善. 吾聞:『欲而不知(止)[足], 失其所以欲; 有而不知(足)[止], 失其所以有』. 先生幸教, 雎敬受命.」於是乃延入坐, 爲上客.

응후, 결국 사직하다

그 며칠 뒤에 응후는 조회에 들어가 진나라 소왕에게 말하였다. "새로 산동에서 온 빈객이 있는데 채택이라 하옵니다. 그 사람은 변론이 뛰어난 사람으로 삼왕의 사적과 오패의 공업과 세상의 변화에 밝지 않은 것이 없어서, 진나라 정치를 맡기기에 충분한 인물이옵니다. 신은 지금까지 많은 사람들을 만나 보았으나 그만한 사람은 없었습니다. 신도 그만 못하므로 감히 아뢰는 것이옵니다."

진나라 소왕은 채택을 불러 만나보고 함께 이야기를 나누며 크게 기뻐하여 그를 객경客卿에 임명하였다. 응후는 곧 병이라 핑계하고 재상의 인수를 도로 바칠 것을 청하였다. 소왕은 억지로라도 응후를 머물게 할 생각이었으나, 응후는 굳이 병이 무겁다 하여 재상의 지위에서 물러나게 되었다.

소왕은 채택의 계획을 듣고 기뻐하여 마침내 그를 진나라 재상에 임명하고 동쪽으로 주나라 땅을 손아귀에 넣었다.

채택이 진나라 재상이 되고 몇 달이 지나자, 누군가가 그를 모함하였다. 이에 채택은 벌이 두려워 병을 핑계하고 재상의 인수를 도로 바쳤다.

그러나 진나라 소왕은 그를 강성군綱成君으로 봉하였다. 그는 진나라에 10여 년 동안 머물러 살며 소왕·효문왕孝文王·장양왕莊襄王을 섬기고 마지막으로 시황제를 섬겼다. 채택은 진나라 사신으로 연나라로 가게 되었다. 3년 뒤 연나라는 태자 단丹을 인질로 진나라에 보냈다.

後數日, 入朝, 言於秦昭王曰:「客新有從山東來者曰蔡澤, 其人辯士, 明於三王之事, 五伯之業, 世俗之變, 足以寄秦國之政. 臣之見人甚衆, 莫及, 臣不如也. 臣敢以聞.」秦昭王召見, 與語, 大說之, 拜爲客卿. 應侯因謝病請歸相印. 昭王彊起應侯, 應侯遂稱病篤. 范睢免相, 昭王新說蔡澤計畫, 遂拜爲秦相, 東收周室.

蔡澤相秦數月, 人或惡之, 懼誅, 乃謝病歸相印, 號爲綱成君. 居秦十餘年, 事昭王·孝文王·莊襄王. 卒事始皇帝, 爲秦使於燕, 三年而燕使太子丹入質於秦.

사마천의 평어

나 태사공은 이렇게 생각한다.

한비자韓非子는 '소매가 길면 춤이 잘 추어지고, 돈이 많으면 장사가 잘 된다'라 하였는데 이 말은 맞는 말이로다! 범저와 채택은 세상에서 말하는 '일체변사一切辯士' 즉 어떤 경우에도 자유자재로 변론을 펼 수 있는 유세객이었다. 그런데도 머리털이 희어지도록 제후들의 나라를 유세하였으나, 알아주는 임금을 만날 수 없었던 것은 계책이 서툴러서 그런 것은 아니었다. 유세한 나라들의 힘이 약하고 작았기 때문이다. 이 두 사람이 두루 돌아다닌 끝에 진나라로 들어가게 되자, 서로 뒤를 이어 경상卿相의 지위에 올라 그 공을 천하에 드날리게 된 것은, 사실 진나라와 다른 여러 나라들과의 강하고 약한 차이 때문이었다.

그러나 선비에게는 우연히 때를 만나게 되는 경우도 있다. 이들 두 사람 못지 않게 똑똑하면서도 뜻을 이루지 못한 사람은 이루 다 헤아릴 수 없을 정도로다! 그렇지만 이들 두 사람도 곤궁한 처지에 빠져보지 않았었다면 어떻게 떨치고 일어날 수 있었겠는가?

太史公曰: 韓子稱「長袖善舞, 多錢善賈」, 信哉是言也! 范雎·蔡澤世所謂一切辯士, 然游說諸侯至白首無所遇者, 非計策之拙, 所爲說力少也. 及二人羈旅入秦, 繼踵取卿相, 垂功於天下者, 固彊弱之勢異也. 然士亦有偶合, 賢者多如此二子, 不得盡意, 豈可勝道哉! 然二子不困戹, 惡能激乎?

史記列傳

임동석(茁浦 林東錫)

慶北 榮州 上苗에서 출생. 忠北 丹陽 德尙골에서 성장. 丹陽初中 졸업. 京東高 서울教大 國際大 建國大 대학원 졸업. 雨田 辛鎬烈 선생에게 漢學 배움. 臺灣 國立臺灣師範大學 國文研究所(大學院) 博士班 졸업. 中華民國 國家文學博士(1983). 建國大學校 教授. 文科大學長 역임. 成均館大 延世大 高麗大 外國語大 서울대 등 大學院 강의. 韓國中國言語學會 中國語文學研究會 韓國中語中文學會 會長 역임. 저서에 《朝鮮譯學考》(中文) 《中國學術概論》《中韓對比語文論》. 편역서에 《수레를 밀기 위해 내린 사람들》《栗谷先生詩文選》. 역서에 《漢語音韻學講義》《廣開土王碑研究》《東北民族源流》《龍鳳文化源流》《論語心得》〈漢語雙聲疊韻研究〉 등 학술 논문 50여 편.

임동석중국사상100

사기열전史記列傳

司馬遷 著 / 林東錫 譯註

1판 1쇄 발행/2009년 12월 12일

2쇄 발행/2011년 10월 10일

발행인 고정일

발행처 동서문화사

창업 1956. 12. 12. 등록 16-3799

서울강남구신사동563-10 ☎546-0331~6 (FAX)545-0331

www.epascal.co.kr

잘못 만들어진 책은 바꾸어 드립니다.

*

*

사업자등록번호 211-87-75330

ISBN 978-89-497-0561-3 04080

ISBN 978-89-497-0542-2 (세트)